CURIOSITÉS

THÉATRALES

CURIOSITÉS
THÉATRALES

ANCIENNES ET MODERNES

FRANÇAISES ET ÉTRANGÈRES

PAR

V. FOURNEL

NOUVELLE ÉDITION

REVUE, CORRIGÉE ET TRÈS AUGMENTÉE

PARIS

GARNIER FRÈRES, LIBRAIRES-ÉDITEURS

6, RUE DES SAINTS-PÈRES, 6

PRÉFACE

Cet ouvrage était depuis longtemps épuisé, et nous aurions voulu pouvoir en donner plus tôt la nouvelle édition revue, corrigée et complétée qu'on nous demandait, et pour laquelle nous n'avions cessé d'amasser des notes. Mais c'était une longue tâche, difficile à mener à terme au milieu d'occupations absorbantes. Enfin, la voici terminée. Depuis que la première édition a paru, notre connaissance de la matière et des sources qui la concernent s'est beaucoup accrue, et l'on a publié des travaux importants que nous avons utilisés pour enrichir notre récolte. Les remaniements que ce livre a subis en font presque, en certains chapitres, un nouvel ouvrage plutôt qu'une nouvelle édition, et nous espérons l'avoir amélioré de façon à satisfaire le nombreux public qui s'intéresse à l'histoire du théâtre.

Mais le lecteur est prié de remarquer tout d'abord que ce volume s'appelle *Curiosités théâtrales* et non *Curiosités dramatiques*. S'il confondait ces deux titres, il s'exposerait à plus d'un mécompte. En effet, l'extrême abondance des matières nous a forcément restreint au théâtre matériel, pour

b

ainsi dire, et ne nous a permis d'étudier les œuvres
dramatiques que dans leurs rapports intimes avec
la scène proprement dite. On trouvera sans doute
qu'il y avait matière à un recueil fort intéressant
dans l'examen de toutes ces pièces singulières,
bizarres, parfois incroyables, tragédies ou comédies, mélodrames ou vaudevilles, parodies ou
parades, etc., qu'a enfantées la muse dramatique
de tous les temps et de tous les pays ; dans le dé-
veloppement de certaines questions qu'eût naturellement amenées l'autre titre, telles que celles
des types de la vieille comédie, des origines du
drame moderne, du rapport ou du contraste entre
les pièces et les mœurs du temps, des arts dramatiques et de la guerre des unités, de la polémique
religieuse et autres contre le théâtre, etc., etc. Nous
le trouvons ainsi, et c'est malgré nous que nous
avons dû y renoncer : qui trop embrasse mal
étreint, dit le proverbe, et il fallait nous borner
pour ne point dépasser nos limites. A plus forte
raison le lecteur est-il prié de se souvenir également que ce n'est pas une *histoire* du théâtre,
mais un recueil de *curiosités* sur le théâtre que
nous lui donnons. On voit à peu près maintenant
ce que notre titre promet et ce qu'il exclut.

Est-il besoin d'ajouter qu'on ne doit pas chercher ici *toutes* les curiosités théâtrales ? Le mot
tout est infini et nous n'y avons jamais songé.
Néanmoins nous avions rêvé d'abord quelque chose
de relativement complet, une sorte de répertoire
qui pût donner un aperçu général et résumé du

théâtre, considéré au point de vue le plus curieux
et le plus singulier. Il n'y avait qu'un malheur à
ce plan, c'est qu'il eût fallu, pour le réaliser,
vingt volumes au lieu d'un. A mesure que nous
avancions, nous en apercevions de plus en plus
l'impossibilité absolue. Il a fallu, après avoir pris
nos notes, procéder par éliminations successives,
non seulement de faits, mais de divisions entières.
Nous avons éliminé d'abord tout ce qui tenait spécialement aux théâtres de chant et de danse et
au théâtre italien en France, puis une bonne
partie de ce qui tenait aux théâtres de la
foire; ensuite nous avons considérablement restreint ce qui regardait les scènes anciennes et
étrangères. Le titre et la nature de ce volume nous
laissaient naturellement le champ libre. C'est un
cadre qui peut s'élargir ou se resserrer suivant les
besoins. A côté de nos curiosités il y en a d'autres
non moins intéressantes, nous le savons; mais,
comme il fallait choisir, nous avons choisi celles-là.

Nous avons tâché du moins de traiter *sérieusement* les plus *sérieuses* et les moins étudiées jusqu'à présent de ces singularités, d'y apprendre
quelque chose au lecteur en l'amusant, de ranger
ces pages détachées dans un ordre aussi logique
que possible, enfin, même avec ces chapitres un
peu décousus, et pris de çà et de là, de faire un
ensemble qui se rapprochât d'un livre, et non un
simple recueil de traits sans liens.

Nous sommes loin de garantir l'authenticité de
tous les faits rapportés, surtout dans les chapitres

les moins sérieux, qui ne se composent que d'anecdotes légères, comme les *Gaietés du parterre*, les *Accidents comiques, maladresses, bévues sur la scène*, etc., mais les autres sont des pages d'histoire littéraire, étudiées dans les documents authentiques et appuyées sur la citation des sources ; nous ne nous en dispensons que dans les cas sans importance, pour ne pas multiplier inutilement en note l'indication de ces ouvrages courants et de seconde main que tout le monde connaît, par exemple, les *Anecdotes dramatiques*, le *Comediana*.

Et, puisque nous parlons des sources, ceux qui nous liront et qui ont l'idée de ces travaux se convaincront aisément de la multitude de celles que nous avons dû consulter pour ce volume. Nous pouvons assurer qu'elles se montent à plus de deux cents. Les principales, pour les citer très sommairement, sont d'abord tous les ouvrages classiques et généraux sur la matière : les frères Parfaict, le chevalier de Mouhy, Léris, Maupoint, Beauchamps, la Vallière, les Catalogues Soleinnes, Pont de Vesle, Potier, Fontaine, Sapin, etc., car on trouve amplement à récolter jusque dans ces livres, qui ne sembleraient ne pouvoir être utiles qu'aux bibliographes; Lemazurier, et les autres calqués sur le modèle du sien; puis les écrits s'appliquant à telle ou telle époque, à telle ou telle branche du théâtre ; pour l'antiquité, Aristote, Suidas, Vitruve, Pline l'Ancien, Diomède, Suétone, Flavius-Josèphe, le *Voyage d'Anachar-*

sis, *Rome au siècle d'Auguste*, de M. Dezobry,
M. Patin, le père Brumoy, M. Magnin, etc. ; pour
certaines dates déterminées de notre théâtre ou
certaines questions particulières, Chappuzeau,
d'Aubignac, Grimarest, Sorel, le *Roman comique*, le
Registre de La Grange, Boucher d'Argis, MM. Wal-
ckenaër, Taschereau, Bazin, Regnier, les *Mémoires
secrets*, la *Correspondance secrète*, l'*Année littéraire*, l'*Almanach des spectacles*, l'*Annuaire dramatique*, les journaux de théâtre, Étienne et
Martinville, Castil-Blaze, M. Laugier, MM. Ad.
Jullien, Despois, les frères de Goncourt, Hallays-
Dabot, Desnoiresterres, etc. ; pour le moyen âge
et les mystères, MM. Magnin, O. Leroy, Villemain,
Fr. Michel, Ach. Jubinal, etc. ; pour le théâtre italien, Riccoboni, d'Origny, M. Moland, etc., pour
la Foire et l'Opéra-comique, Desboulmiers, les
Mémoires des frères Parfaict, Monnet, le Sage
et d'Orneval ; pour les petits théâtres, Brazier,
le *Théâtre à quatre sous*, de M. J. Janin, le recueil des parades (1756), Jacques Arago, et beaucoup d'opuscules peu connus, qui sont depuis
longtemps ensevelis dans les oubliettes des bou-
quinistes ; pour les masques, les costumes, la
mise en scène à diverses époques, les décorations,
les machines, d'abord le traité latin, accompagné
de nombreuses figures : *De larvis scenicis et figuris
comicis*, par Ficorini, puis le Vacher de Charnois,
Em. Morice, M. de Mercey, l'*Envers du théâtre*,
de M. Moynet, une foule d'articles particuliers
dans les Revues, Dictionnaires et Encyclopédies,

MM. Sismondi, Villemain encore, Puibusque, Damas-Hinard, le *Voyage amusant*, de Rojas, etc., etc., nous ont fourni des renseignements particuliers sur divers pays étrangers. Joignez-y les *Annales dramatiques*, les *Anecdotes dramatiques*, le *Dictionnaire des théâtres*, les Mémoires français et étrangers écrits par des acteurs, beaucoup d'autres Mémoires, surtout du dix-huitième siècle, qui abondent en détails curieux sur les comédiens et les représentations (par exemple, ceux de Marmontel, Collé, Grimm, Favart, de la princesse Palatine, etc.), la *Bibliothèque du Théâtre-Français*, la collection du *Monde dramatique*, les *Lettres historiques sur les spectacles*, Desfontaines et Coupé, les *Ana*, les *Souvenirs anecdotiques*, de MM. Ch. de Boigne, Roger de Beauvoir, Jouslin de la Salle, Audibert, Ch. Maurice; les comptes rendus même de nos principaux critiques, surtout de M. J. Janin (*Histoire de la littérature dramatique*, in-12), sans compter les articles disséminés dans une foule de revues, et les ouvrages qui n'ont rien de spécial, où j'ai souvent trouvé d'intéressants documents, depuis Rabelais, G. Bouchet, Froissart, Olivier de la Marche, jusqu'à l'*Histoire de Sainte-Barbe*, par M. Quicherat, et les *Origines de la France contemporaine*, par M. Taine; enfin, une multitude d'autres, que j'oublie, ou qu'il m'est impossible de citer, d'abord parce que la liste n'en finirait pas, ensuite parce qu'ils sont aujourd'hui complètement inconnus. Il nous est permis, sans doute, de faire ressortir

toute l'étendue de ces recherches, qu'il a fallu
ensuite vérifier avec soin, car c'est la seule prétention que nous puissions avoir pour ce livre ;
nous reconnaissons volontiers que ce n'est qu'un
mérite secondaire et que tout cela est loin de valoir un bon ouvrage original. D'ailleurs, rien n'est
plus amusant, et ces excursions nous ont permis
de fouiller à fond l'histoire des théâtres, et de
recueillir, en dehors des limites où nous avons dû
nous restreindre, une foule de notes, qui trouveront sans doute leur place ailleurs.

Nous ne nous sommes pas fait faute de prendre
au besoin, à droite et à gauche, les passages qui
s'adaptaient à notre travail. Ceci n'est pas un ouvrage littéraire, ce n'est ni plus ni moins qu'une
compilation. Comme le *Pauvre Diable* chanté par
Voltaire, nous n'avons fait que compiler, compiler, compiler. L'amour-propre d'écrivain n'a rien
à y voir. Nous avons eu tout au plus à trouver,
à contrôler, à coordonner et mettre en œuvre des
renseignements empruntés à tout le monde. Il ne
faut pas chercher ici des idées philosophiques,
des vues d'ensemble, des théories, de la critique
proprement dite : nous espérons bien pourtant
qu'on en trouvera dans quelques chapitres ; mais,
en somme, le titre et la nature de ce livre n'an-
noncent et le plus souvent ne permettent rien
autre chose que des faits.

En général, nous ne nous occupons point des
vivants, sans pourtant nous les interdire d'une
façon absolue, quand les développements natu-

rels de l'ouvrage nous conduiront jusqu'à eux ;
mais ce ne sera jamais qu'une exception. Parmi
les anecdotes, nous avons souvent passé les plus
connues, ou du moins nous n'avons fait que les
indiquer sommairement. Il en est de même pour
tous ces faits scandaleux, controuvés, sans vraisemblance et sans intérêt, qui remplissent les ana et
ne sont bons qu'à amuser un moment les oisifs.
Plus que tout autre sujet d'études, le théâtre offre
de ces rencontres hasardeuses, et a prêté largement matière à l'imagination des fabricants de
bons mots et de traits grivois. Nous n'avons rien
de commun avec les chroniqueurs ordinaires des
petites galanteries de ces dames, et nous croyons
pouvoir promettre que ce volume sera plus sérieux dans sa légèreté même.

Il était impossible que plusieurs chapitres ne
rentrassent pas, par quelques points, les uns dans
les autres : il y en a qui ne sont, pour ainsi dire,
que des subdivisions distraites de celui qui le
précède, à cause de leur importance, et pour
éviter que le premier ne fût trop long ; c'est ainsi
que nous avons du morceler en deux ou trois
parties ce qui regardait le parterre. En ce cas,
c'est la diversité des points de vue où nous nous
mettons pour envisager un même sujet qui explique notre classement.

Nous avons cru ces quelques mots d'avertissement nécessaires pour expliquer le but et la nature
de ce livre.

CURIOSITÉS
THÉATRALES

CHAPITRE PREMIER

Des origines du théâtre moderne. — Mise en scène des mystères, moralités, farces et soties.

Dans notre intention de nous borner sévèrement à ce qui se rapporte au théâtre proprement dit, pour ne point faire dix volumes au lieu d'un, nous ne nous étendrons pas sur les *Fêtes de l'Ane et des Fous*, les *Entremets*, les représentations données aux entrées des rois à Paris, etc. Les premières n'étaient que le germe lointain du théâtre ; les seconds, des spectacles à machines, des espèces de *féeries* usitées seulement dans les cours princières ; les troisièmes des pantomimes en pleine rue, comme il appert des divers passages de Froissart et du *Journal d'un bourgeois de Paris*. Nous ferons seulement remarquer deux choses relativement à ces dernières représentations, celles de toutes qui se rapprochaient le plus du théâtre régulier : la première c'est qu'il y avait ordinairement par devant la scène, et un peu plus bas, des *personnages ordonnés pour faire déclaration* c'est-à-dire pour expliquer au peuple les détails des sujets ; la deuxième, c'est que chaque échafaud ne représentait qu'une partie de l'action, et que l'ensemble se déroulait, par scènes détachées, sur la série des échafauds dressés le long des rues[1]. Il fallait qu'il en fût ainsi, pour que le cortège pût jouir de la totalité du spectacle sans interrompre sa marche. En outre, cette disposition avait l'avantage de diviser les frais d'une manière supportable entre chaque quartier, et de permettre toujours aux nouveaux venus de voir la représentation en entier, et de la reprendre à leur guise du commencement à la fin, tant qu'elle restait en permanence[2]. Outre ces mystères sur place, il y avait aussi des *mystères ambulants*, comme celui du Juif qui avait percé l'hostie à coups de canif et l'avait fait bouillir, lequel se célébrait tous les ans par les rues à l'Octave de la Fête-Dieu, ou celui de la patience de Job, qu'a décrit l'Estoile dans son journal, à la date de 1591[3].

Ces *tableaux vivants*, accompagnés de pantomimes, furent en usage depuis la fin du règne de Charles V jusqu'à François Ier, inclusivement. Supprimés sous Henri II, ils furent remplacés par les arcs de triomphe aux entrées des rois. Il y avait déjà dans ces exhibitions un assez grand déploiement de mise en scène et un appareil assez compliqué ; on le voit par la description que nous en ont laissée les chroniqueurs : ainsi le ciel étoilé, Dieu le Père, le Fils et le Saint-Esprit, l'archange saint Michel pesant les âmes dans sa balance, le Saint-Esprit descendant sur les apôtres, des anges qui venaient

1. *Histoire de Charles VII*, attribuée à Alain Chartier.
2. Em. Morice, *Essai sur la mise en scène depuis les Mystères jusqu'au Cid*, ch. I. J'ai surtout suivi cet excellent ouvrage dans ce chapitre, en l'abrégeant beaucoup, en le complétant quelquefois, et en y ajoutant le résultat de mes propres recherches.
3. Voy. nos *Spectacles populaires* (Dentu, 1863, in-18), p. 23 et 188.

du paradis en terre, un cerf qui marchait à l'aide d'un homme caché dans l'intérieur de son corps, des combats de toutes façons, le sang coulant des plaies du Christ, voilà quelques-unes des choses qui s'y représentaient [1]. La description même de certains entremets, entre autres de celui qui fut donné en 1378 pendant un festin de Charles V et de l'empereur Charles IV dans la grande salle du Palais de Justice, et de celui que Philippe le Bon fit représenter le 17 février 1453 à Lille, à l'occasion d'une croisade qu'il voulait entreprendre [2], suppose des mécanismes ingénieux et fort avancés.

On trouvera dans une foule d'ouvrages spéciaux les détails de la transformation progressive de ces premiers essais ; les débuts des confrères de la Passion, pèlerins de la Sainte-Baume, de Jérusalem et de Saint-Jacques de Compostelle, etc., louant, en 1398, une salle à Saint-Maur, près Vincennes, pour y changer en actions dialoguées les cantiques qu'ils chantaient auparavant sur les places publiques ; leur établissement, en 1402, à l'hôpital de la Trinité, où ils fondent le premier théâtre fixe qu'on ait vu à Paris. Ils y restent jusqu'en 1539, qu'ils émigrent à l'hôtel de Flandres ; et, en 1543, la vente de ce dernier édifice les détermine à acheter l'hôtel de Bourgogne, qu'ils loueront, en 1588, lorsque les Mystères seront défendus, à une troupe de comédiens, en se réservant, pour eux et leurs amis, deux loges grillées, les plus proches de la scène.

Mais ce n'est pas à Paris qu'il faut étudier la mise en scène des Mystères, qui ne put jamais se déployer librement dans une salle plus ou moins étroite ; c'est dans les provinces, où elle se développait en plein air, dans les conditions les plus larges et les plus favorables.

1. Parfaict, *Histoire du Théâtre français*, II, 168.
2. Olivier de la Marche. Cette solennité est connue sous le nom de *Vœu du Faisan*.

La représentation d'un mystère était une entreprise sérieuse et solennelle qui occupait parfois, durant des années, des provinces tout entières. On élevait l'échafaud sur une place publique, dans une plaine, à l'extrémité supérieure d'une large rue, et on lui donnait toute l'extension nécessaire, suivant la pièce qu'on voulait représenter; quant aux spectateurs, ils se logeaient partout où ils pouvaient apercevoir la scène, étendant, au besoin, de la paille et des feuilles à terre pour s'y asseoir. Il y avait une enceinte réservée, garnie de sièges, pour les personnes de marque. Quelquefois le champ du théâtre se trouvait tracé par des accidents naturels de terrain; quelquefois enfin on ne se bornait pas à construire la scène, mais on construisait un théâtre tout entier, c'est-à-dire une enceinte régulière et couverte, destinée à recevoir les spectacteurs, comme celui qui se fit, en 1516, à Autun, et qui pouvait contenir quatre-vingt mille personnes. Le concours de tous les habitants pour ces constructions en bois de charpente diminuait l'énormité de la besogne; et, d'ailleurs, comme la représentation d'un mystère durait souvent une dizaine de jours, ou même un mois (le mystère des Actes des Apôtres, joué à Bourges, en 1536, dura quarante jours), on conçoit que ce fût la peine d'élever ces bâtiments.

Pour la disposition de la scène, elle est expliquée par la nature même des pièces, qui, ne se souciant aucunement de l'unité de lieu, embrassaient les événements les plus multiples, avec tous leurs détails, tous leurs incidents, sans en élaguer aucun, sans chercher à les réunir dans des localités choisies comme centres d'actions, mais en les laissant dans les temps et les lieux ou ils avaient été accomplis. Avec une *intrigue* aussi voyageuse, il fallait donc, ou que le théâtre changeât de décorations presque à chaque instant, ce qui eût indéfiniment morcelé l'action, et exigé de la part du machiniste la plus extrême habileté, une habileté presque impossible ; ou qu'il offrît simultanément tous les lieux où devait se passer la pièce. C'est là, en effet, ce qui se faisait toujours.

Habituellement le théâtre était divisé par étages. Chaque étage était affecté à une ville ou province, suivant le besoin, et se subdivisait au moyen de cloisons, en un plus ou moins grand nombre de scènes partielles qui représentaient les diverses localités de cette ville ou province.

Dans son état le plus rudimentaire, et pour les pièces les moins compliquées, le théâtre renfermait trois étages : celui d'en haut pour le ciel, celui d'en bas pour l'enfer et celui du milieu pour la terre. Le premier plan de la *terre* était occupé par la galerie, le *solier*, qui s'étendait sur toute la largeur du théâtre ; le fond par les *mansions* ou constructions, représentant les divers endroits, maisons, temple, palais, jardin, montagne, où se passait le mystère [1]. On voit, par la *Chronique de Metz*, que le théâtre avait parfois jusqu'à neuf étages.

Telle était la disposition ordinaire ; mais nous devons mentionner aussi deux autres formes : l'une qui n'avait qu'un seul étage, et où toutes les localités s'alignaient de plain-pied, de sorte qu'il compensait en largeur ce qui lui manquait en hauteur ; l'autre qui se composait de plusieurs échafauds séparés, quand le nombre des lieux était trop grand pour être compris en un seul. Chacun de ces échafauds était probablement affecté aux différentes divisions d'une même pièce, par exemple, aux diverses journées du mystère de la Passion, qui

---

1. *De la mise en scène et de la représentation des Mystères*, par Paulin Pàris, *Journal de l'instruction publique* du 30 mai 1855. M. Paulin Pàris combat, sans toutefois rien changer au fond, quelques-unes des explications généralement adoptées pour la disposition matérielle des théâtres où se jouaient les Mystères.

ne comprennent pas, en tout, moins d'une centaine
de lieux distincts. Les différents étages s'appelaient
établies [1].

Le paradis occupait toujours la partie la plus élevée,
et c'était là que se déployait toute la magnificence du
décorateur. Celui du théâtre de Saumur était renommé
entre tous par l'art avec lequel l'avait peint l'artiste,
qui s'écriait dans un mouvement de légitime orgueil :
« Voilà bien le plus beau paradis que vous vistes jamais,
ne que vous verrez [2]. » Il y avait toujours là un orgue
pour accompagner ou suppléer les chœurs des anges. Le
paradis était parfois distingué des *cieux* [3] ; on en faisait
même à deux étages. En outre, le paradis terrestre con-
stituait, dans certains cas, une troisième division ; le
Mystère de la Résurrection donne des instructions détail-
lées pour ce dernier lieu. C'est là que s'ouvre la scène
d'*Adam*, drame du douzième siècle, récemment publié
par M. Luzarche. Le paradis devait avoir des dimen-
sions très étendues, car dans plusieurs mystères on y
voit figurer plus de cent personnages. Parmi ces personnages étaient les neuf ordres d'anges rangés autour du
trône divin, et le Saint-Esprit, en forme de colombe,
qui parlait par la bouche d'un interlocuteur caché.

Le paradis pouvait se fermer ; mais l'enfer surtout,
placé sous la *galerie*, dérogeait à la coutume d'offrir
toutes les parties de la scène constamment ouvertes au
regard. Il était généralement clos, et ne s'ouvrait,
sous la forme d'une énorme gueule de dragon, que pour
livrer un passage, après quoi la gueule se refermait en
jetant le feu par les yeux et les narines. Il comprenait,
à son avant-scène, le purgatoire et les limbes, qui sont

---

1. Voy. dans les frères Parfaict (II, 495-500), le détail des établies du
Mystère de l'Incarnation, joué à Rouen en 1474.
2. Guillaume Bouchet, *Serées*, III⁰ partie, série 28.
3. *Moralité de l'homme juste et de l'homme mondain.*

encore minutieusement décrits dans le *Mystère de la Résurrection*.

« L'enfer, dit Monteil [1], en racontant, d'après la chronique de Godefroi de Paris, la grande représentation donnée par Philippe le Bel aux Parisiens dans le pré ou île Notre-Dame, en 1313, lorsque ses fils furent armés chevaliers, l'enfer y était représenté comme un vaste lac de soufre, de poix et de feu. Au milieu de ses noirs flots était une profonde caverne, ouvrant son épouvantable bouche, par laquelle sortaient et rentraient des légions de diables tous chargés d'âmes. Et mon père, qui avait une excellente mémoire et beaucoup d'esprit, en imitait alors les tourments, les gémissements, avec tant d'art, qu'on voyait, qu'on entendait : j'ajoute même qu'on sentait, pour ainsi dire, quand il parlait, l'atmosphère vaporeuse, épaisse et puante, qui s'élevait au-dessus de l'enfer. Il en était de même lorsqu'il parlait des richesses, de la musique et des parfums du paradis : on voyait, on entendait, on sentait. »

Rabelais nous apprend [2] le costume *horrificque* que Villon avait donné à ses diables, quand il entreprit de faire jouer la Passion à Saint-Maixent. Nous voyons dans plusieurs mystères que les malins esprits avaient forme de chiens, surtout noirs, ou de taureaux. A ces diables d'âge mûr se joignaient des diablotins, chargés principalement d'égayer la scène en poursuivant les âmes sur le théâtre. Les morts étaient emportés par les démons en charrette, en brouette, ou dans une hotte. Quant aux jeux de scène en enfer, au feu, aux *flambées*, aux clameurs, *noises* et *grants bruits* du lieu, les divers mystères donnent la description des procédés pour arriver au but : le soufre, les brandons enflammés, les

---

1. *Histoire des Français*, XIVe siècle, ép. 56.
2. *Pantagruel*, IV, ch. XIII.

canons, coulevrines et arbalètes, les tonneaux pleins de pierres, etc., y jouaient largement leur rôle[1].

Il n'y avait pas de rideau ; le théâtre était entièrement ouvert. Une exception, la seule peut-être, avait lieu pour le Mystère de la Création, qui fait partie de ceux du *Vieil Testament : les establies* étaient cachées par des *custodes* qu'on tirait au fur et à mesure que Dieu créait les diverses parties du monde. Les détails les plus scabreux, qui étaient fréquemment représentés ou simulés sous les yeux des spectateurs, s'abritaient à la rigueur derrière des custodes qui voilaient une partie d'un lieu (par exemple, le lit où accouchait sainte Anne), en laisant le lieu lui-même ouvert aux regards. Des écriteaux, souvent en latin, étaient placés au-dessus de chaque loge, c'est-à-dire de chaque subdivision des divers étages pour indiquer ce qu'elle représentait.

Voilà le théâtre décrit, nous allons maintenant le voir occupé par une représentation. A Paris, les confrères de la Passion représentaient à de court intervalles, surtout les dimanches et fêtes, jusqu'à ce qu'on leur eût interdit les jours de fêtes solennelles et les jeudis (1460). Mais, en province, les représentations ayant lieu en plein vent, on choisissait l'été (juin, juillet, août et septembre), sauf de très rares exceptions.

Chaque représentation était précédée d'un *cry*, ou proclamation par la ville en très grand apparat[2], pour annoncer le projet de trouver des acteurs de bonne volonté : il en fallait beaucoup, car certaines pièces avaient plusieurs centaines de personnages. Il y avait souvent aussi des *montres* où l'on promenait par les rues et les marchés les acteurs du drame, sous leur costume et

---

1. Voy. Em. Morice, 51-74.
2. Voy. la description détaillée d'un de ces cri*, fait à Paris, le 16 décembre 1540, dans Parfaict, II, 330-5.

avec un grand fracas de mise en scène, afin d'allécher la curiosité publique[1]. Certains rôles étaient très recherchés, à cause des privilèges qu'ils entraînaient, par exemple, ceux des diables. Ainsi, à Chaumont, les personnes qui les avaient représentés pouvaient vivre à discrétion pendant huit jours dans le pays ; de là ce dicton resté populaire : « S'il plaît à Dieu, à la Sainte Vierge et à monsieur saint Jean, je serai diable et je paierai mes dettes[2]. » On donnait le nom de *diablerie* à la troupe d'acteurs chargés spécialement de ces personnages dans les Mystères.

D'autres rôles n'étaient pas sans dangers, tels que ceux des martyrs, battus à chaque instant, brûlés, écorchés, etc. Dans la scène de la tentation, Jésus-Christ était guindé sur le haut du pinacle, et, dans la transfiguration, il restait suspendu en l'air à l'aide de contrepoids. Une telle situation, surtout avec un mécanisme imparfait, et lorsqu'elle se prolongeait pendant treize cents vers, c'est-à-dire près de deux heures, ne laissait pas d'être périlleuse. On cite des prêtres qui faillirent périr en représentant le Christ en croix ou la pendaison de Judas[3]. Lorsque cela était possible, au moment périlleux, on remplaçait les acteurs par des mannequins.

Les candidats étaient soigneusement examinés, puis on commençait les répétitions, qui étaient longues et laborieuses. Le rôle du Christ, dans le seul Mystère de la Passion, contient plus de trois mille quatre cents vers. De toutes ces difficultés, il résulte qu'on était obligé d'astreindre sous serment les acteurs à remplir leur tâche, et qu'on intentait une action contre ceux qui l'abandonnaient après l'avoir acceptée.

1. Rabelais, *Pantagruel*, IV, ch. XIII.
2. Louandre, *Histoire du diable. Revue des Deux Mondes* (15 août 1842).
3. Voy. notre chapitre *Accidents et malheurs arrivés sur la scène.*

Les rôles de femmes étaient remplis par des hommes,
au moins dans la plupart des cas ; on voit, par diverses
pièces originales, qu'il en était ainsi même pour Notre-
Dame. Les costumes, comme bien on pense, n'avaient
rien de la couleur locale. On représentait Lazare « en
état de chevalier, son oiseau sur le poing ». Dans le
drame d'*Adam*, Dieu est revêtu d'une dalmatique et Ève
d'une robe de soie blanche [1]. Dans un mystère, la toilette de la Madeleine est décrite en détail, comme celle
d'une courtisane du moyen âge, avec les plus naïfs et
les plus complets anachronismes.

Les représentations commençaient souvent par une
symphonie et finissaient presque toujours par un *Te
Deum* ou *rondel*. Un orgue portatif exécutait cette musique, plus avancée qu'on ne serait porté à le croire. Il
y avait des cantiques entonnés par les acteurs et con-
tinués par l'orgue et par l'assistance, des jeux d'instruments [2], des chœurs chantant des répons, des morceaux
d'ensemble non sans art, qui se trouvent indiqués sur
les *libretti* pendant les marches, jeux de théâtre, en un
mot pendant toutes les *pauses* où les acteurs cessaient
de parler. Outre ces petites pauses, il y en avait une
grande au milieu de la journée, pour permettre aux
acteurs et aux spectateurs de prendre leur repas.

A défaut d'une symphonie, on débutait soit par un
dialogue peu important, soit par quelque bruyante parade, jusqu'à ce que le silence fût établi. Les acteurs
étaient tous à leur poste, visibles dès le début, sauf ceux
de l'enfer dont la gueule restait habituellement fer-
mée. Quand ils avaient fini leur rôle, ils retournaient
s'asseoir à leur place, et dès lors ils étaient censés dis-
parus.

1. *Athenæum français*, du 28 avril 1855, p. 345.
2. Quelquefois, comme dans le premier jour du *Mystère de la Résurrection*, le concert musical était remplacé par des bruits de tambours,
d'armes à feu, etc., quand la situation du drame l'exigeait.

Les machines, nommées alors *secrets*, étaient fort en usage ; on ne reculait devant rien, pas même devant le déluge, et le *Mystère du Vieil Testament*, spécialement dans la partie consacrée à la création, où se multipliaient les changements à vue, était rempli des jeux de théâtre les plus compliqués. Aux *Noces de Cana*, dans une représentation donnée à Valenciennes (1547), on vit l'eau changée tout à coup en vin, et plus de cent personnes en voulurent goûter. Le figuier maudit parut sécher en un instant ; la verge de Moïse poussa tout à coup des feuilles et des fleurs. L'éclipse, le tremblement de terre, le brisement des pierres de la Passion, furent rendus avec succès. Dans le *Mystère des Apôtres*, une nuée blanche devait couvrir ceux-ci qui prêchent en diverses contrées, et les apporter devant la porte de Notre-Dame. On trouve dans différents mystères l'indication d'une idole qui fond, d'un temple qui s'écroule, d'un navire surpris par la tempête en plein théâtre, d'une tête qui roule à terre en faisant trois sauts, à chacun desquels coule un ruisseau de sang, d'un palmier qui pousse soudainement, d'un lion, d'un cerf, ou d'un dragon représenté sur la scène, d'une apparition pour laquelle il fallait des trappes analogues à celles que nous avons aujourd'hui ; ces trappes, décrites en maint endroit, se nommaient précisément *apparitions*.

Il y avait des machines destinées aux vols et ascensions dans les airs. Les épées à lames rentrantes sont indiquées dans le *Mystère des Apôtres*. Pour le massacre des Innocents et la décollation de saint Jean-Baptiste, le public croyait voir couper la tête de l'acteur et percer les enfants d'outre en outre. On représentait souvent les âmes au sortir du corps. Dans le *Mystère de saint Crespin*, la chaudière où on a jeté le saint et ses compagnons éclate, tue le tyran avec ses suppôts, et les martyrs en sortent sains et saufs. Dans le *Mystère de la Création*, « se doivent élever Lucifer et ses anges, dit le *scenario*, par une roue secrètement faicte dessus un pivot à vis ». Dans le *Mystère des Apôtres*, où saint André délivre la Grèce d'un serpent monstrueux, « doibt avoir ung chesne planté et se doibt lyer le serpent à l'entour du dict chesne, en criant, et doibt jaillir grant quantité de sang, et puis meurt ». Tout cela exigeait quelque habileté. Ainsi, pour ce dernier jeu de scène, le machiniste qui faisait mouvoir le serpent était placé au cintre du théâtre, et en attirant l'animal à lui au moyen d'une corde de crin noir, il le tortillait autour du chêne sur l'écorce duquel étaient fixées des pointes de fer qui perçaient la peau du serpent, et en faisaient sortir une eau couleur de sang. Il fallait souvent aussi d'adroites substitutions de personnes, de véritables escamotages, par exemple, au moment des supplices, qui sont fréquents et horribles dans les Mystères, et qui se passent toujours sous les yeux des spectateurs.

Ces pièces entraient dans chaque détail et ne laissaient aucune particularité minutieuse sans la décrire ; il fallait bien que la mise en scène les suivît sur ce terrain ; aussi le matériel des accessoires était-il nécessairement fort compliqué. On passait ces jeux de théâtre lorsqu'on ne pouvait les exécuter.

Les animaux les plus divers et les géants jouaient un grand rôle, les premiers surtout, dans les Mystères. Indépendamment de l'art et des difficultés pratiques de son exécution, la mise en scène déployait souvent une grande pompe : les morts apparaissant, les cortèges nombreux, les costumes éclatants, etc., tout cela était mis en usage, avec plus ou moins de bonheur, comme dans nos drames à grand spectacle. Dans le *Mystère de l'Assomption*, Jésus vint trouver sa mère au son des orgues et environné de flammes brillantes, « flambées sans cesser; » les apôtres ont en main des cierges, et saint Michel terrasse Satan ; puis Jésus monte au ciel avec l'âme de sa mère, au milieu des acclamations des anges, et le corps de la Vierge est également enlevé par saint Michel, et réuni à son âme dans la gloire.

Dans le *Mystère de sainte Barbe*, celle-ci est dépouillée nue sur la scène, et dans celui du *Vieil Testament* (*Histoire de Judith*), avant que Judith ne sorte de Béthulie, « icy, dit l'auteur, sera licite d'avoir... certains personnages tout nuds en manière de pénitens ». De même la *Satisfaction* apparaît nue dans la *Moralité de bien advisé et mal advisé;* aussi le prologue prie-t-il les spectateurs de ne se point scandaliser. Mais il est plus que probable que ces nudités n'étaient pas effectives, et que le *maillot* était déjà inventé.

Le *maître* ou *meneur du jeu*, dont les fonctions correspondaient à celles de régisseur, s'appelait *protocole* ou *porteroolle*, et remplissait, en outre, l'office de souffleur. Il est assez ordinairement désigné dans les exemplaires des Mystères par cette qualification : l'*acteur*. Il avait pour mission de complimenter le public, d'annoncer et de récapituler la pièce, de rendre compte aux spectateurs des jeux de théâtre qui avaient besoin d'explication. C'était à peu près le rôle du chœur antique [1].

Les Mystères étaient un spectacle essentiellement religieux, né de l'église, et même le clergé y intervenait soit pour revoir la pièce et surveiller les préparatifs, soit pour y jouer des rôles. On avançait quelquefois la grand'messe et on retardait les vêpres, afin que les chanoines et chantres pussent assister au spectacle; souvent les intermèdes étaient remplis par des chants d'église ; à Angers (1486), on célébra une grand'messe sur les lieux. Les Mystères furent plusieurs fois

1. Parfaict, II, p. 473, note; p. 521, *id.*

représentés, non seulement dans des cimétières atte-
nant aux églises, mais dans des églises[1] même avec
accession de personnages bouffons. Un long procès-
verbal, cité par M. Achille Jubinal[2], nous montre les
acteurs de ces divertissements populaires, après avoir
préludé par une farce, allant, au son des trompettes,
chanter un salut dans l'église, afin d'obtenir de Dieu
un beau temps pour le Mystère.

Ces représentations plus ou moins modifiées, surtout dans leur esprit et leur inspiration première, se
prolongèrent fort tard en certains pays. Charles Sorel
nous a laissé dans sa *Maison des jeux* (1642, p. 465) la
description plaisante de deux mystères ou moralités :
le *Mauvais riche* et l'*Enfant prodigue*, joués alors dans
un village. En 1684 seulement, fut aboli, à Dieppe, un
spectacle-pantomime, vrai mystère, moins les paroles,
mais accompagné de chants et de musique, par lequel
on figurait chaque année, dans l'église, l'Assomption
de la Vierge. De pareilles représentations se maintinrent
jusqu'à la fin du dernier siècle dans une foule d'églises
de l'Ouest et du Midi.

A Paris même, en 1772, suivant les *Mémoires secrets*,
de Bachaumont (VI, 261), il se forma un projet, qui,
malheureusement, ne put aboutir, de représenter un
véritable Mystère : *le Jugement dernier*. M. Em. Morice nous apprend qu'une tragédie primitive des
Quatre fils Aymon se montait, il y a quelques années,
dans un chef-lieu de canton des Côtes-du-Nord ; et il
nous donne les plus curieux et les plus incroyables détails sur un mystère : le *Commencement et la fin du
monde*, en trente-sept tableaux, joué à la même époque
dans le même pays. On peut lire aussi un très intéressant article de M. Francisque Michel sur les représen-

---

1. *Mercure de France*, décembre 1729, II* volume ; avril 1755, p. 698.
2. *Mystère inédit du XV* siècle*, préface, XLVI-XLVIII.

tations dramatiques du pays basque (pastorales bi-
bliques, pièces tirées de la légende, de la mythologie ou
des anciennes chansons de geste), tout à fait dans les
mêmes conditions de costume, de mise en scène, etc.,
que les anciens mystères [1].

Enfin le Mystère de la Passion se célèbre encore aujourd'hui, tous les dix ans, à Oberammergau, dans la
Haute-Bavière, au milieu d'une affluence énorme, qui
apporte à ce spectacle la naïveté d'impression et la foi
du moyen âge. Le jeu, mêlé de musique, — chœurs,
récitatifs, duos, morceaux d'ensemble, composés par
un maître d'école du pays, — dure huit heures, se donne
à ciel découvert, en plein été, comprend quatre parties, qui vont depuis l'expulsion d'Adam et Ève du paradis terrestre jusqu'à la résurrection du Christ, et occupe environ quatre cents acteurs de tout sexe et de
tout âge, sur les quinze cents habitants qui se lèguent,
du père en fils, la tradition de leurs rôles [2].

A Limoges, jusqu'en 1820, on simulait les divers
épisodes de la Passion dans des processions en marche.
Il en était de même surtout dans les Flandres. En 1835,
on jouait encore la Passion, tous les ans, les dimanches
de carême, à Lincelles, aux environs de Lille, et, quelques années avant, à Werwick, à Halluin, à Tour-
coing, à Comines, et dans les environs de Dunkerque.
Il y avait des concours entre les sociétés de ces divers
endroits, héritières des confréries dramatiques d'autrefois [3].

Comme transition entre ceux-ci et les moralités, nous
mentionnerons diverses sociétés provinciales, telles que
la *Confrérie des Fous de Clèves*, des *Cornards d'Evreux*.

1: *Athenæum français*, du 2 décembre 1854.
2. On peut lire sur le Mystère d'Oberammergau les deux articles de
M. de Roisin dans les *Annales archéologiques* de Didron, en 1851.
3. Onésime Leroy, *Etudes sur les mystères*, etc., p. 150-6.

et la *Compagnie de la Mère folle de Dijon*. Les *Cornards* avaient un *abbé*, qu'on promenait monté sur un âne, et grotesquement habillé, en chantant des chansons burlesques; on le réélisait chaque année, quand les arrêts du parlement de Paris, puis du parlement de Rouen étaient intervenus pour autoriser les *exercices* des *Cornards*. Ils avaient surtout pour but de signaler et de railler les infortunes conjugales. La hardiesse de leurs censures, le scandale de leurs bouffonneries, finirent par les faire abolir.

Il en était à peu près de même pour la *Compagnie de la Mère folle*, la plus importante de toutes, dont la physionomie scénique ressemblait beaucoup à celle des chariots de Thespis, et qui poursuivait de ses quolibets tous les faits locaux pouvant se prêter à la satire, en parcourant processionnellement la ville avec un des leurs, habillé de façon à représenter la charge des héros de l'aventure. Fondée vers 1380, cette confrérie fut entièrement abolie en 1630 [1].

Les Mystères jouissaient encore d'une grande vogue, lorsque les clercs de la Basoche vinrent faire une rude concurrence aux *Confrères*. C'était une compagnie en possession de représenter certaines pièces à époques fixes. Voulant étendre leur cadre dramatique et arrêtés par le privilège des *Confrères*, les clercs créèrent la *Moralité*, espèce de satire allégorique qui personnifiait les vices, les vertus, etc., en ayant soin de mêler à leurs allégories des personnalités transparentes. Mais nous n'avons pas à nous occuper ici de la nature de ces pièces.

Dans le principe, les clercs de la Basoche ne jouaient régulièrement que trois fois par an; après l'invention des Moralités, ces représentations devinrent beaucoup plus

---

1. Boucher d'Argis, *Variétés historiques*, VI.

fréquentes, sans qu'on puisse leur assigner des dates fixes, non plus que des endroits attitrés, ce qui, joint à la nature de leur répertoire, fait supposer que leur mise en scène ne devait pas être très compliquée. Cette supposition est confirmée par le privilège que leur donne Louis XII, d'établir leur théâtre dans la salle de la Table de marbre, au Palais de Justice. En outre, fût-ce dans les Moralités les plus étendues, il n'y avait généralement pas plus de dix personnages, et l'action, peu compliquée, n'exigeait point de changement de décors, ni même, sauf un petit nombre de cas, la représentation de plusieurs accessoires à la fois sur la scène. Il y a pourtant, dans la *Moralité de l'homme juste et de l'homme mondain*, le voyage d'une âme emportée par les diables, tandis que son bon ange lui explique tout ce qu'elle voit en chemin ; mais il est probable que la chose se passait principalement en récits.

Dans la Moralité de l'*Homme blasphémateur*, on voyait aussi la Mort avec des spectres hideux, et les coupables dans l'enfer. Puis les personnifications et les allégories exigeaient certaines conbinaisons, certaines habiletés de costumes. Ainsi, dans les *Membres et l'Estomac*, Cœur, Chef, Jambes, Ventre, jouaient un rôle actif. Sur le premier feuillet retrouvé d'une Moralité perdue, on voit, au nombre des personnages, Tartelette, Fromage, Farine, etc., qu'il devait être assez difficile de représenter, et qu'on se contentait sans doute de figurer sommairement, comme dans nos *revues*. Ce sont là les cas où il fallait faire le plus de frais d'imagination pour la mise en scène.

Les *soties* et les *farces*, se rapprochant de plus en plus de la comédie, qui allait en sortir, vinrent après les *Moralités*. Elles étaient jouées ordinairement aux Halles, par des fils de famille, nommés *Enfants sans souci*. Leur nom venait de ce qu'ils avaient jeté leur dévolu sur la sottise humaine. Ils avaient pour chef le *Prince des Sots*, et au second rang la *Mère Sotte*.

Nous trouvons dans une *sotie* quelques indications qui peuvent nous donner une idée de la mise en scène. *Abus*, après avoir endormi le *Vieux Monde*, va frapper à divers arbres, dont les écriteaux indiquent qu'ils servent de séjour chacun à quelque vice. Ces arbres s'ouvrent, et il en sort : *Sot dissolu*, *Sot glorieux*, *Sot trompeur*, etc. Après s'être défaits du *Vieux monde*, ils bâtissent un monde nouveau, en prenant pour base la table de Confusion ; chaque sot y dresse un pilier à sa fantaisie; et sur ces' piliers on pose une grosse boule de carton qui représente le monde. Puis *Sotte Folle* annonce qu'elle donnera son amour à qui passera le plus vite à travers ces piliers. Ils courent en se re- poussant l'un l'autre, et se débattent si bien, qu'ils renversent l'édifice nouvellement construit. On le voit, il y avait là des jeux de scène assez remarquables, quoique peu compliqués ; mais c'est une exception, et l'action de la plupart des autres *soties* n'exigeait rien de tel.

Les soties étaient précédées d'un *cry* ordinairement en vers.

Lorsqu'en 1548, le parlement eut défendu de mêler les cérémonies du culte catholique aux représentations scéniques, les confrères de la Passion cédèrent leurs privilèges à une société qui entreprit de donner exclu- sivement des farces. Le théâtre construit à cet effet, rue Mauconseil, était en rapport, pour la pauvreté de son matériel, à la pauvreté du répertoire. La scène n'avait point de coulisses ; trois morceaux de tapisserie décoraient et circonscrivaient en même temps l'espace occupé par les acteurs. Jusqu'au *Cid*, l'art du machi- niste ne fit pas grand'chose de plus pour le théâtre, mais nous allons le voir se développer dans le chapitre suivant.

CHAPITRE II

De la mise en scène des pièces régulières.

Les anciens avaient trois genres de décorations pour leurs trois genres de pièces : tragiques, comiques et satiriques ; ces trois genres de décorations pouvaient sans doute varier de bien des manières, mais le fond en restait le même, ainsi que la disposition générale. Ainsi les décorations tragiques représentaient toujours de grands édifices avec colonnes et statues ; les comiques, des bâtiments particuliers semblables aux maisons ordinaires ; les satiriques, des lieux champêtres, arbres, rochers, avec quelques cabanes. Chacune avait cinq entrées, trois dans le fond et deux latérales ; toutes ces entrées avaient leur destination particulière : celle du milieu servait au principal acteur ; celle de droite et de gauche aux seconds rôles ; les latérales, l'une à ceux qui venaient de la campagne, l'autre à ceux qui venaient du port ou de la place publique.

La scène grecque, dressée en plein air, sous un ciel éclatant, n'était pas limitée comme la nôtre à des proportions mesquines, et se prêtait au déploiement des pompes les plus vastes et les plus splendides. Il suffit de lire le *Prométhée* et les *Perses* d'Eschyle, pour avoir une idée de la magnificence du spectacle que devait, à certains moments, présenter le théâtre grec. Il ne faut pas trop croire à la simplicité des moyens mis en œuvre par les tragiques d'Athènes. Ceux-ci appelaient, en quelque sorte, la nature entière à leur aide : ils mettaient, au besoin, tous les éléments en action. D'ailleurs la tragédie était la réunion de tous les arts, du chant

et de la danse aussi bien que de la poésie, et, si nous
voulions y trouver un point de comparaison chez nous,
il faudrait le chercher dans notre opéra. On a essayé
de transporter sur notre scène quelques-unes de ces tragédies antiques avec leurs chœurs et tout ce qu'on avait
pu retrouver de leur mise en scène : ce n'a jamais été
qu'un succès de curiosité.

La perspective était observée dans les décorations
romaines, car Vitruve remarque (liv. VII), que les
règles en furent inventées et mises en pratique dès le
temps d'Eschyle.

Servius nous apprend que les changements de décoration se faisaient ou par des feuilles tournantes qui
transformaient en un instant la face de la scène, ou par
des châssis qui se tiraient de part et d'autre de même
que ceux de nos théâtres ; mais, comme il ajoute qu'on
levait la toile (la toile se levait chez les anciens pour
fermer la scène, et se baissait pour l'ouvrir) à chacun
de ces changements, il est très probable qu'ils ne s'exé-
cutaient pas avec tant de rapidité que les nôtres.

Longtemps les ornements scéniques ne se composèrent
que de châssis qui n'étaient pas seulement peints. Ce
fut Claudius Pulcher qui orna la scène de décorations
peintes. Trente ans après, C. Antonius fit voir une décoration d'argent, Pétréius une d'or, et Q. Catulus une
d'ivoire.

Les splendeurs du théâtre romain arrivèrent à leur
comble sous l'empire. Avec la décadence de la poésie
dramatique, vint le triomphe de la mise en scène.
Horace nous apprend[1] que de son temps le plaisir du
théâtre était passé de l'oreille aux yeux, et qu'on ne
voyait plus d'escadrons de cavalerie et bataillons de
fantassins, cortèges de rois enchaînés, vaisseaux, car-

---

1. Epitres, I, II, 1.

rosses, processions triomphales portant les dépouilles de la conquête, exhibitions de girafes et d'éléphants blancs au milieu des pièces, etc., quelque chose enfin comme les drames à grand spectacle du Châtelet ou de la Porte-Saint-Martin[1].

On parle quelquefois de la richesse et du luxe inouï de nos principaux théâtres, on s'extasie devant la magnificence de nos décors en toile peinte, et on admire l'étonnante prodigalité des *impresarios*, qui se ruinent en morceaux de cartons coloriés, représentant au naturel des statues, des colonnes, des arbres, des palais. Hélas ! les Romains étaient nos maîtres en cela comme en bien d'autres choses. Nous ne pouvons pas plus lutter avec eux sur ce point que le plus somptueux repas organisé par nos Brillat-Savarin ne peut soutenir la comparaison avec l'*ordinaire* des Vitellius et des Apicius, et la somptuosité de nos plus opulents souverains avec celle de cet Héliogabale qui faisait semer de poudre d'or les chemins par où il passait. Et pourtant la plupart de leurs théâtres n'étaient, pour ainsi dire, que des tentes dressées un jour et repliées le lendemain. C'est dans ces monuments transitoires et destinés à une destruction prochaine que les édiles, pour la satisfaction de leur vanité personnelle ou de leur ambition, jetaient des millions de sesterces sans y regarder. Il fallait bien surpasser son prédécesseur, sous peine de devenir impopulaire ; amuser, éblouir, étonner la plèbe pour conserver sa faveur et pour être réélu. De là ces luttes de magnificence où personne ne voulait être vaincu.

Nous allons en citer deux exemples rapportés par

---

1. Ce n'est pas ici le lieu d'entrer dans plus de détails ; nous nous bornerons à renvoyer le lecteur à la *Revue des Deux Mondes*, 1er sept. 1839, 15 avril 1840, etc., pour les articles de M. Magnin sur la *Mise en scène chez les anciens*, puis à Dezobry, *Rome au siècle d'Auguste*, IV, lett. 108e, et à l'*Architechtonographie des théâtres*, in-8°, 2e série, 3-11.

Pline l'Ancien, dans son *Histoire naturelle*[1]. L'édile
Scaurus fit bâtir, pour les plaisirs du peuple-roi, un
théâtre à trois étages, soutenu par trois cent soixante
colonnes. L'étage inférieur était tout entier en marbre,
celui du milieu en verre et celui du haut en bois doré.
Les colonnes du bas avaient trente-huit pieds de hauteur, et partout étaient distribuées avec symétrie des
statues de bronze, au nombre de trois mille, sans parler
des tableaux les plus riches et les plus magnifiques.
Tapisseries, tentures, costumes, décorations, tout était
en toile d'or, et il y avait place en ce splendide théâtre
pour quatre-vingt mille spectateurs. Scaurus avait si
largement fait les choses qu'il lui resta pour deux millions et demi d'ornements superflus dont il ne put se
servir, et qu'il fallut transporter à sa villa de Tusculum,
où ses esclaves, qui lui en voulaient, les détruisirent
par le feu.

Il avait cru fermer la porte à toute rivalité possible
de la part de ses successeurs, et néanmoins un autre
patricien, Caius Curion, trouva moyen de l'égaler,
sinon de le surpasser encore. Il ne pouvait songer à
lutter de magnificence avec lui, mais il le vainquit par
la hardiesse ingénieuse du plan qu'il imagina. Il s'agissait d'honorer les funérailles de son père. Curion fit
construire deux théâtres de bois, tous deux fort grands
qui, même étant chargés de peuple, pouvaient se tourner comme on voulait, se joindre ou s'éloigner à plaisir
par le moyen d'un seul pivot sur lequel reposait chaque
théâtre. Avant midi, pour le spectacle des jeux scéniques, ils étaient adossés l'un à l'autre ; l'après-midi, ils
faisaient tout à coup volte-face, tournaient sur eux-
mêmes et venaient se réunir à chaque extrémité, de
manière à former un amphithéâtre clos de toutes parts,
et prêt pour les combats des gladiateurs.

1. L. XXXVI, ch. xv.

Pline admire la témérité du peuple romain qui osa se confier à un mécanisme aussi compromettant, et se laisser promener dans les airs sur un pivot dont le moindre affaissement pouvait engloutir tous les citoyens dans une mort commune. Il arriva en effet que cette machine se fatigua, et que le dernier jour des jeux elle fut assez dérangée pour qu'on ne pût la faire mouvoir sans péril ; mais ce ne fut pour Curion qu'une occasion de varier les plaisirs du peuple-roi, car, gardant la forme d'amphithéâtre, et coupant l'espace central par le milieu, il fit combattre des athlètes, puis, enlevant la séparation, il opposa les uns aux autres ceux des gladiateurs qui avaient été victorieux.

Je ne parlerai pas ici des théâtres permanents, ni du théâtre de Pergame, pavé en mosaïque, ni de ce fameux théâtre de Pompée, que Néron fit un jour recouvrir tout entier de lames d'or[1]. Si l'on veut trouver chez nous quelque chose d'analogue, ou du moins qui soit digne d'être cité après ces mémorables exemples, il faut arriver au théâtre que le cardinal de Richelieu fit construire dans l'aile droite de son palais pour la représentation de *Mirame*, en 1641. Cette salle avait coûté deux cent mille écus, qui en vaudraient beaucoup plus du double aujourd'hui, et plusieurs années de travail. Mazarin, qui n'était alors que Giulio Mazarini, avait reçu la mission expresse, dans son ambassade extraordinaire en Italie, d'y faire construire, pour les expédier ensuite en France, les machines qui devaient manœuvrer sur cette admirable scène. Mercier avait donné tous ses soins à la salle, et Lemaire en avait peint le plafond en perspective, y représentant une longue ordonnance de colonnes corinthiennes qui portaient une voûte fort haute, enrichie de rayons, et cela avec tant d'art que cette voûte semblait exister

1. Dezobry, *Rome au siècle d'Auguste*, t. IV, lett. CVIII.

véritablement, et que le couvert de la salle en était rehaussé de beaucoup. On employa dans la charpente huit chênes de vingt toises chacun, qu'on avait choisis dans toutes les forêts du royaume, et qu'il en coûta huit mille livres pour amener. Lorsque le rideau se leva, la splendeur des décors excita l'enthousiasme de tous les courtisans. On vit « de fort délicieux jardins ornés de grottes, de statues, de fontaines, de grands parterres en terrasse sur la mer, avec des agitations qui semblaient naturelles aux vagues de ce vaste élément, et deux grandes flottes, dont l'une paraissait éloignée de deux lieues, qui passèrent toutes deux à la vue des spectateurs. » Bien plus, le scrupule de la mise en scène alla jusqu'à marquer, pendant la durée de la tragédie, la succession du crépuscule de la nuit, de l'aube et du jour, qu'on parvint, à force d'art, à figurer de manière à faire illusion. Puis, après le dernier acte, par une nouvelle galanterie du cardinal, on vit s'abaisser sur le théâtre une toile peinte en nuages, et s'avancer jusqu'aux pieds de la reine un pont doré par où elle passa sur la scène, alors convertie en un riche salon pour la danse.

La naissance, ou plutôt la renaissance de la mise en scène date chez nous de la représentation de *Mirame ;* je dis la renaissance, car la mise en scène existait déjà, nous l'avons vu, avec les mystères, et c'était la mortelle tragédie des Jodelle, des Montchrestien et des Garnier, qui l'avait tuée.

La gaucherie des machinistes d'alors était grande, comme on peut croire. Jodelle nous a laissé le récit des tribulations qu'il éprouva, lors d'une fête donnée à Henri II par le prévôt des marchands et les échevins, à l'hôtel de ville, le 17 février 1558. Il en était l'ordonnateur, le peintre, l'architecte, en même temps que le poète, et Dieu sait ce qu'il dut souffrir en voyant, lors des changements à vue, le machiniste lui amener deux clochers au lieu d'un rocher qu'il avait commandé au peintre[1].

Pourtant, çà et là, par hasard, la mise en scène préludait aux merveilles qu'elle allait accomplir sous l'impulsion de Richelieu, mais surtout de Mazarin et de Louis XIV. Ainsi dans le *Ballet comique de la Royne*, fait par Beaujoyeux (1581) pour les noces de mademoiselle de Vaudemont et du duc de Joyeuse, on vit un bosquet d'arbres *naturels* couverts de leurs divinités protectrices, des nuages dorés portant des dieux dans leurs flancs, et cent autres merveilles. Quinze ans après, le 25 février 1596, Nicolas de Montreux faisait représenter au château de Nantes, l'*Arimène*, pastorale, dont les jeux de scène dépassaient de beaucoup ceux du *Ballet comique*. L'auteur nous a laissé lui-même de très curieux détails sur la magnifique mise en scène de cette pièce ; nous ne pouvons, par malheur, les citer ici à cause de leur longueur[2] ; mais nous allons en choisir quelques-uns des plus saillants.

Le théâtre portait en face quatre pentagones mus par une vis de fer, qu'un seul homme pouvait tourner sous le théâtre. Chacun de ces pentagones avait cinq faces peintes diversement. A l'un des bouts était la grotte d'un sorcier d'où sortaient les démons lors des enchantements ; et à l'autre un rocher, d'où son pouvoir magique tirait des feux, des fontaines, des serpents, etc.

C'est surtout pendant les intermèdes mythologiques alternant avec chacun des cinq actes, que toutes les ressources de la mise en scène étaient employées. On y voyait, par exemple, Jupiter « en un globe tournant,

---

1. Beauchamps, *Recherches*, in-12, t. IV, p. 410.
2. On les trouvera dans un article de M. L. Lacour : un *Opéra au seizième siècle* (*Revue française*, n° 110), d'où nous extrayons ces particularités.

qui, venant à s'ouvrir, fait voir ce Dieu assis sur l'arc
du ciel, vestu d'une robe de toille d'or » ; il lançait son
foudre ardent contre les géants, au milieu des éclairs.
A l'instant, hommes et rochers étaient abîmés au fond
des enfers, et le foudre allumé courait sur le théâtre,
Le ciel se refermait, et les pentagones, mus de nouveau,
revenaient à une décoration champêtre pour la suite de
la pastorale.

Au second intermède, on voyait en perspective la
ville de Mycènes, avec ses ports, tours, donjons, palais.
La mer coulait sur la scène ; il y avait un combat naval
dans toutes les règles. Au troisième, on aperçut une
mer agitée, Andromède enchaînée à un roc, le monstre
sortant avec fracas des flots pour la dévorer, et Persée
descendant des airs sur Pégase pour le combattre, etc.

Ces quelques détails, bien abrégés, suffiront pour
donner une idée de cette mise en scène vraiment extraordinaire pour l'époque. Il y avait là toute la splendeur
de nos féeries modernes, et, ce semble, aussi toute la
précision des machines actuelles.

Quelques pièces contribuèrent encore à développer
les progrès de cet art. Il fallait un grand déploiement de
machines pour jouer le *Mariage d'Orphée et d'Eurydice*
ou la *Grande Journée des machines*, de Chapoton (1640),
Orphée et Eurydice, de l'abbé Perrin (1647), dont le
père Ménétrier, dans son *Traité des ballets*, a exposé
les changements à vue, les vols, machines et décorations magnifiques ; *Andromède*, de P. Corneille (1650) ;
la *Toison d'or*, que fit donner Alexandre de Rieux,
marquis de Sourdeac, à qui l'on est redevable de la
perfection des machines théâtrales ; *Circé*, de Thomas
Corneille (1675), et beaucoup d'autres pièces. C'était
le célèbre Torelli qui avait travaillé aux machines
d'*Andromède*, et cet opéra eut tant de succès par la magnificence inouïe du spectacle, que, joué d'abord dans

la salle du Petit-Bourbon, il fut repris ensuite par la troupe du Marais, puis par la grande troupe des comédiens (1682). Ce fut alors qu'on s'avisa de représenter Pégase par un véritable cheval, le premier qui eût paru sur la scène française, et, pour l'exciter à bien jouer son rôle et à mettre de l'ardeur dans ses mouvements, on avait soin de le faire jeûner sévèrement avant le spectacle, pendant lequel un gagiste vannait de l'avoine dans la coulisse, ce qui faisait hennir et trépigner l'animal. Quant aux machines de *Circé*, elles dépassèrent encore celles d'*Andromède*; elles demandaient même tant de dépenses, conjointement avec les décorations et les habits, que les acteurs en furent effrayés, et que quelques-uns n'y voulurent contribuer en rien.

L'introduction de l'opéra proprement dit en France, la magnificence du règne de Louis XIV et des fêtes qu'il donnait, fêtes où il y avait souvent des représentations dramatiques, enfin la vogue des ballets royaux, amenèrent bientôt à son plus haut point la splendeur de la mise en scène. Torelli et Vigarani, tous deux Italiens d'origine, portèrent alors chez nous l'art du décorateur et du machiniste à un degré voisin de la perfection. Parmi les théâtres de Paris, celui du Marais était le plus spécialement affecté aux pièces à machines, et, comme on dirait aujourd'hui, à grand spectacle.

Pour mesurer les progrès immenses accomplis en si peu de temps, il suffit de comparer ces décorations d'*Andromède*, du *Mariage d'Orphée et d'Eurydice*, de la *Princesse d'Élide*, de *Circé*, avec ce qu'étaient les décors habituels du théâtre au commencement du dix-septième siècle, c'est-à-dire trois ou quatre châssis de chaque côté de l'estrade qui servait de scène, une toile peinte dans le fond, quelques bandes de papier bleu pour imiter les nuages, et le reste à l'avenant.

En 1746, dans le *Prince de Salerne*, de Louis Riccoboni, pièce toute pleine de machines, il y avait un vol
très hardi qu'on fut obligé de supprimer pendant le
cours des représentations, de crainte d'accident. Arlequin enlevait le docteur du théâtre, et disparaissait avec
lui par une trappe pratiquée au-dessus du parterre pour
donner de l'air à la salle.

Ce fut encore un Italien, Servandoni, qui tint en ce
siècle le sceptre de la décoration théâtrale. Il la porta
à une hauteur qu'elle n'avait pas atteinte. Durant l'espace de dix-huit ans, il exécuta à l'Opéra plus de
soixante décorations d'une richesse et d'un effet remarquables, et il se surpassa surtout dans celle du Génie du
Feu pour l'*Empire de l'Air*.

Certaines pièces classiques de notre théâtre permettent ou même exigent, contre l'usage, un grand déploiement de mise en scène : *Athalie*, par exemple, dont
le dénouement présente un tableau d'une majesté sans
rivale, au moment où le voile du temple, en s'ouvrant,
laisse voir Joas sur son trône d'or, avec sa nourrice
à genoux d'un côté, Azarias debout de l'autre, une
épée à la main ; Zacharie et Salomith agenouillés
sur les degrés du trône, puis la foule des lévites et
des guerriers débouchant sur le théâtre en rangs
pressés.

Au siècle suivant, Voltaire appela plusieurs fois les
effets de la mise en scène au secours de sa muse tragique, guidé en cela, on peut le croire, par l'influence
de Shakespeare et du théâtre anglais. Il a souvent recours au tonnerre, aux apparitions, etc., tous moyens
qu'il a réunis dans *Sémiramis* en particulier (acte III,
scène VI). On sait l'effet produit par Lekain dans cette
tragédie, lorsqu'il sortait du tombeau de Ninus, le bras
nu et ensanglanté, les cheveux épars, au bruit de la
foudre, à la lueur des éclairs, cloué par la terreur à la

porte, luttant, pour ainsi dire, contre le tonnerre qui le repoussait dans le monument funèbre.

À la suite de la réforme du costume en 1755[1], on donna plus d'ampleur à la mise en scène, qui, malgré les exemples dont nous venons de parler, était généralement mesquine ; on multiplia les gardes et soldats qui suivent les héros tragiques ; on dressa les comparses ; on exécuta les coups de théâtre avec plus de précision et de faste. Néanmoins les banquettes de la scène gênaient encore tellement que la même décoration servait souvent au tragique et au comique, représentant tantôt un temple, tantôt un salon, tantôt un vestibule public, etc. La suppression de ces banquettes (1759-1760)[2] vint ouvrir un nouveau champ aux progrès de la mise en scène. Peu de temps après, le roi fit présent de plusieurs décorations aux comédiens, ou, du moins, leur en permit l'usage.

En 1769, la Comédie-Française s'avisa de mettre le dénoûment d'*Iphigénie* en action, au lieu de le faire raconter par Ulysse. Cette idée singulière ne réussit point ; on n'y vit qu'une agitation confuse et une mêlée sans intérêt. Ce ne fut pas la seule fois que le désir d'allécher le public fit tenter des entreprises de ce genre : il est rare qu'elles aient été plus heureuses.

La mise en scène avait aussi ses contre-sens et ses anachronismes, comme le costume. En 1768, le *Devin du village* fut joué plusieurs fois à Fontainebleau avec une décoration de diamants. *Brutus* fut représenté dans un temple grec. Le ballet des *Horaces*, de Noverre (février 1777), quoique se passant aux premiers temps de Rome barbare, se déployait au milieu d'une décoration ornée de tout le luxe de la Rome impériale, avec des dorures et des broderies partout ; et, pendant ce

1. Voy. le chapitre suivant.
2. Voy. le ch. IV.

temps, le metteur en scène de la Comédie-Française montrait au public, dans *Zuma*, tragédie de Marmontel dont l'action se passe lors de la conquête du Mexique, des soldats avec des fusils armés de baïonnettes[1]. Mercier se plaignait amèrement de voir sur notre première scène les Scythes et les Sarmates dans un palais d'architecture grecque, et le farouche Zamore sous un portique romain. Crébillon a vertement critiqué aussi la mise en scène du temps dans sa *Lettre sur les spectacles*. La vérité historique n'avait pas été recherchée si vite ni avec tant de bonheur dans la mise en scène que dans le costume. On connaît l'éternel vestibule, d'une douteuse architecture, qui sert souvent encore aujourd'hui, et qui servait toujours, il y a très peu d'années, de décor à la tragédie. Le Théâtre-Français a commencé à réagir contre cette banalité de la mise en scène dans les œuvres classiques, et nous y avons vu jouer particulièrement le *Cid*, *Polyeucte*, *Andromaque*, *Britannicus*, *Zaïre*, avec des décorations soigneusement étudiées. Mais, ailleurs, la tragédie classique se joue toujours, comme la comédie de Molière, dans un décor *factotum* qui sert uniformément à toutes les représentations du même genre.

En Italie, les progrès de la mise en scène avaient été plus rapides. C'est de là que nous étaient venus ceux qui l'avaient créée, ou, du moins, renouvelée avec éclat chez nous. La magnificence italienne se faisait jour dans l'appareil scénique et dans l'édifice théâtral. Nulle part on ne rencontre de plus grandioses salles de spectacles, et qui se prêtent mieux à toutes les exigences de la mise en scène, que celles de Parme, de la Scala, de San Carlo, de la Fenice, Argentina, Pergola, etc. En 1514, la ville de Vicence fit d'énormes dépenses pour placer dans un cadre digne d'elle une des pre-

1. *Correspondance secrète*, IV, 145-6.

mières tragédies modernes, due au Trissin, et Léon X
dépassa encore de beaucoup cette magnificence dans la
représentation de la *Rosamonda*, de Rucelaï, à Florence, et de plusieurs autres pièces.

En Espagne, ce fut Lopès de Rueda, natif de Séville,
qui créa l'art de la mise en scène et se préoccupa de
l'appareil des représentations théâtrales. Avant lui,
suivant un prologue de Cervantès, tout l'habillement
d'un acteur pouvait tenir dans un sac, et se composait
de quatre peaux blanches garnies de franges dorées, de
quatre barbes, d'autant de perruques et de quelques hou-
lettes. La scène se formait en posant des planches sur
quatre bancs, et on l'ornait, pour tout décor, avec une
couverture tirée par deux cordes, derrière laquelle s'ha-
billaient les comédiens et se tenaient les musiciens qui
chantaient, sans guitares, quelque ancienne romance.
Il n'y avait alors ni machines, ni apparitions à l'aide de
trappes, ni nuages descendant du ciel avec des anges
ou des âmes. Navarro, de Tolède, fut appelé l'inventeur
des théâtres pour avoir apporté quelque pompe à la
représentation : ce fut lui qui mit en avant la musique,
jusque-là cachée derrière la couverture, qui inventa
les machines, les nuages, les tonnerres, les éclairs, etc.
Cervantès lui-même, qui nous donne ces détails, se
préoccupa beaucoup de la mise en scène, et il a accompagné le traité de ses ouvrages dramatiques de recom-
mandations qui prouvent combien elle était encore peu
avancée à cette époque[1].

Pour la Hollande, bornons-nous à ce léger crayon de
Samuel Sorbière, qui montre où l'on en était encore à
Amsterdam en plein dix-septième siècle : « Il y a, dit-il
en parlant de cette ville, un amphithéâtre assez ma-
lotru, dont la scène est fixe et sur lequel on jouait des
momeries qui ne sentoient ni sel ni sauge. La pièce, du

1. Em. Morice, 289-92.

jour que j'y assistai, étoit une pastorale tragi-comédie...
Cela étoit représenté par quelques histrions de petite
mine, et je ne sais quelles femmes barbues assez salo-
tement embéguinées. Pour la musique, un Yon et
un Schipper en faisoient la meilleure partie, de quoi
il y avoit peine à s'empêcher de crever de rire. Je
m'étonnai d'y voir Barlœus. — Les comédiens sont
trois soldats, un portier et deux clercs de notaire. Ils
ont leur écu par tête chaque fois qu'ils montent sur le
théâtre, et si les quatre sols qu'on donne à la porte
vont plus loin que ces gages-là, le reste est pour les
pauvres. »

En Angleterre, au seizième et même au dix-septième
siècle, on trouve la mise en scène la plus pauvre avec
des pièces qui auraient justement demandé la plus riche
et la plus compliquée. Philip Sidney nous apprend, en
termes railleurs, que le même lieu, sans changements
de décorations, était censé représenter successivement
un jardin, un rocher, une caverne, un champ de bataille, etc. Le rideau s'ouvrait par le milieu, la scène
était recouverte de joncs. Shakespeare, dont les pièces
changent de lieu cinq ou six fois par acte, était réduit
à recourir aux écriteaux, comme dans nos mystères,
pour suppléer par ce moyen naïf à l'extrême insuffisance
des décorations[1]. Les charmantes scènes du *Songe d'une
nuit d'été*, où Vilbrequin, Mufle, Lecoing, Lanavette,
Flûté et Meurt-de-Faim mettent en commun toute leur
imagination pour représenter le lion, le clair de lune et
le mur avec sa fente, qui doivent figurer dans leur
représentation de *Pyrame et Thisbé*, peuvent être prise

1. Nous eûmes chez nous quelque chose d'analogue, au dix-huitième
siècle, sur le théâtre de la Foire, dans ces écriteaux, descendant du
cintre, qui n'étaient pas chargés, il est vrai, de désigner les lieux, mais
les couplets que chantait le public sur l'air joué par l'orchestre, lorsqu'on
eut défendu aux forains de donner aucune pièce, soit par dialogue, soit
par monologue (Desboulmiers, *Opéra-Comique*, préface).

pour un tableau comique, mais point trop exagéré, des ressources dont certains théâtres disposaient alors.

L'amélioration matérielle des théâtres d'Angleterre fut lente à s'accomplir. Chappuzeau donne[1] quelques détails naïfs et bien insuffisants sur la mise en scène anglaise de son époque. Il nous apprend seulement que les acteurs de ce pays visent avant tout au naturel dans l'appareil théâtral; que, lorsqu'un roi paraît sur la scène, plusieurs officiers marchent devant lui, criant: *Place, place !* comme lorsque leur souverain passe à Witehall; qu'ils aiment à remplir la scène de personnages muets pour satisfaire la vue; que Mustapha se défendait vigoureusement contre les muets qui voulaient l'étrangler, toujours par amour du naturel, — ce qui les scandalise et lui prête à rire.

Le théâtre anglais aimait beaucoup aussi le tapage et ne s'en faisait pas faute quand la circonstance y prêtait. Addison raconte, dans le *Spectateur*, que le bruit des tambours, des trompettes, des hurrahs, lorsqu'il y avait bataille au théâtre de New-Market, était si grand qu'on pouvait l'entendre de l'autre bout de la ville.

L'Anglais Dennis, auteur de plusieurs tragédies, inventa un tonnerre perfectionné pour son *Appius and Virginia ;* l'ouvrage n'eut qu'une représentation, mais le tonnerre en eut plusieurs, car, à sa grande indignation, Dennis le reconnut en assistant plus tard à une représentation de *Macbeth.*

Mais ce n'était pas Dennis qui avait créé le tonnerre au théâtre. Il existait déjà dans l'antiquité. Œdipe et Prométhée étaient engloutis au bruit de la foudre. A Rome, il y avait ce qu'on nommait le tonnerre de Claudius, parce qu'il avait été inventé par Claudius Pulcher; il se produisait en roulant, derrière la scène et sous le plancher, des cailloux dans des vases d'airain.

1. *Théâtre françois*, 1674, l. I, ch. XXIII.

Jadis on imitait dans nos théâtres le bruit du tonnerre avec une brouette à quatres roues polygonales, chargée de pierres, qu'on roulait à grand renfort de bras, sur les corridors du cintre. Aujourd'hui, on en imite les roulements lointains avec une grande feuille de tôle, graduellement secouée, tandis qu'un homme, placé au fond du théâtre, tient une longue corde suspendue à une poulie au-dessus de laquelle sont enfilées, à leurs extrémités, de nombreuses rondelles de fer et des douves de tonneaux qu'il remue par intervalles et qu'il laisse tomber tout à coup sur le parquet lorsque la foudre doit éclater [1]. Meyerbeer, pendant les répétitions du *Pardon de Ploërmel*, imagina un tonnerre plus expressif et plus dramatique, dont il avait pris l'idée en passant près des chantiers du Louvre, alors en réparation, et en voyant des maçons décharger, par les fenêtres d'un étage supérieur, des plâtras qu'ils faisaient rouler dans un conduit en charpente. Il commanda, en épaisses planches de sapin, une vaste cheminée ou trémie, partant du cintre et arrivant à la scène, avec des traverses obliques disposées à l'intérieur, et fermées en haut par une trappe. « Lorsque l'appareil doit servir, une charge de moellons, de cailloux, de morceaux de fonte est placée sur la trappe qui bascule à un moment donné, les objets s'engouffrent, rebondissent sur les obstacles, frappent les parois et retombent avec un bruit assourdissant sur le plancher. Ce genre de procédé un peu encombrant ne sert que dans les grandes occasions [2]. » Un machiniste vint tout exprès de Berlin pour entreprendre ce tonnerre romantique.

Des torches à lycopode enflammées et secouées rendent la lumière vive, instantanée des éclairs, à moins qu'on ne préfère jeter de l'arcanson sur un

1-2. Moynet, *l'Envers du théâtre*, p. 165.

flambeau allumé. On peut voir la description de l'appareil spécial pour l'emploi du lycopode dans le livre curieux de M. Moynet. « Un autre moyen plus économique encore, ajoute-t-il [1], consiste à disposer un certain nombre de becs de gaz, que l'on tient à la lumière bleue et auxquels on donne du feu tout à coup en ouvrant la clef du tuyau qui les alimente. Le procédé le meilleur est celui-ci. On découpe dans le rideau de vastes parties que l'on recouvre de calicot peint à l'essence. Au moyen de la lumière électrique, on jette un rayon lumineux, qui vient éclairer par transparence les endroits réservés. » Le gaz électrique surtout a été employé, depuis vingt ans et plus, pour la reproduction au théâtre des phénomènes météorologiques. « Il est devenu tour à tour le disque même de l'astre éclatant quand il se montre empourpré derrière les brumes du *Prophète* ; l'éclair diffus qui palpite au fond du ciel obscur et sur lequel courent, dans le *Pardon de Ploërmel*, des lambeaux de nuées ; il est l'éclair rapide, étincelant, qui s'attache aux vêtements de Nicanor, dans *Herculanum*, et les parcourt, comme l'étincelle parcourt une étoffe brûlée [2]. »

Le bruissement de la pluie et de la grêle est suffisamment imité par de petites pierres qu'on agite dans une vanne métallique. La neige se reproduit au moyen des fragments de papier blanc et d'ouate jetés à foison du haut du théâtre ; le vent venant par les coulisses leur communique une oscillation qui ajoute à la ressemblance.

En 1865, le Châtelet joua le *Déluge universel*, drame à grand spectacle, de MM. Clairville et Siraudin. Le théâtre figura la pluie diluvienne en faisant descendre au premier plan une gaze très transparente, zébrée de

1. Moynet, *l'Envers du théâtre*, ch. xv, p. 167.
2. Ed. Thierry, *Moniteur*, du 6 septembre 1859.

fils d'argent en zigzags, sur laquelle venaient se briser, tandis qu'on l'agitait, des rayons de lumière Drumond. A la Gaîté, qui donnait concurremment une pièce sur le même sujet, la lumière Drumond se jouait sur une lame d'eau tombant du cintre et occupant tout la largeur du théâtre.

A l'aide d'une roue montée comme celle d'un remouleur, garnie d'un nombre suffisant de palettes en bois, larges de sept à huit pouces, coupées carrément, et d'un taffetas en demi-cercle tendu vers la partie supérieure de cette roue et touchant aux palettes, on obtient, en tournant la manivelle, un sifflement pareil à celui du vent qui s'engouffre dans les corridors ou les cheminées [1].

Un des auteurs qui ont, chez nous, le plus attaché d'importance à la mise en scène exacte, scrupuleuse et détaillée, c'est Beaumarchais. On sait qu'indépendamment de l'âge, de la physionomie, du caractère, du costume de ses personnages, toujours minutieusement décrits, il a poussé le scrupule jusqu'à indiquer, dans *Eugénie*, les jeux de scène qui doivent remplir les entr'actes pour relier entre elles les diverses parties de la pièce: « L'action théâtrale ne reposant jamais, dit-il à ce sujet, j'ai pensé qu'on pourrait essayer de lier un acte à celui qui le suit par une action pantomime qui soutiendrait, sans la fatiguer, l'attention des spectateurs, et indiquerait ce qui se passe derrière la scène pendant l'entr'acte. Tout ce qui tend à donner de la vérité est précieux dans un drame sérieux, et l'illusion tient plutôt aux petites choses qu'aux grandes. » Mais les comédiens n'osèrent hasarder l'innovation. Bouilly est celui qui s'est le mieux conformé à ces préceptes : Beaumarchais ne se serait certes pas attendu à un tel disciple.

1. *Architectonographie des théâtres*, 2ᵉ série, par Kauffmann, p. 81-8. Jouslin de la Salle, *Souvenirs dramatiques* (*Revue française*, n° 111).

CHAPITRE III

Du costume au théâtre.

Ce chapitre n'est qu'un corollaire du précédent, que son importance nous a déterminé à traiter à part.

Les anachronismes du costume ont été pendant très longtemps l'une des plaies de l'art théâtral. Nous en avons déjà vu quelque chose pour ce qui regarde les mystères; après les mystères, et jusqu'à Lekain, il en fut à peu près de même.

En tête de l'*Épithalame pudique*, pièce jouée au collège de Tournon, en 1583, l'auteur, d'Urfé, a désigné quel devait être le costume d'Apollon : il avait une grande robe de taffetas cramoisi orange garnie d'argent, un mantelet d'argent flottant sur les épaules, une perruque, etc. A la représentation de la pastorale d'*Arimène*, dont nous avons parlé au chapitre précédent (1596), les acteurs « estoient habillez à la forme des pasteurs d'Arcadie, tous de satin de diverses couleurs, enrichiz de clincamp... les habits fort esclatants, riches et bien faicts. Circimant, habillé de satin noir, à la mode des anciens mages d'Égypte. Assave, le pedant, de noir, en robe pedantesque. Orithie, nymphe, de jaulne doré, avec une coiffure pointue, à la mode des nymphes ». Voilà l'idée qu'on se faisait alors de la couleur locale en fait de costumes.

Quand vint le théâtre régulier, les premiers comédiens ne se doutaient même pas de ce que devait être l'accoutrement de leurs rôles. Et d'abord les héros tragiques prirent dès lors, et gardèrent un siècle et demi, l'habitude de comparaître en perruques à trois marteaux, qui leur semblaient plus conformes à la majesté

3

de la pièce et du personnage. Mondory est à peu près le seul que le ridicule de cet usage eût frappé ; on le cite pour avoir rejeté les perruques et avoir toujours voulu jouer avec de petits cheveux courts : sa réforme s'arrêta là.

Les pièces de Rotrou étaient représentées sous le costume contemporain, tel qu'on peut le voir dans les planches de Callot[1]. Plus tard, Baron et Dufresne se montraient dans *Venceslas* en habits français et avec des cordons bleus qui ressemblaient à l'ordre du Saint-Esprit[2]. Le *Cid* et *Cinna*, aussi, ce semble, firent leur apparition en costume de cour de l'époque ; c'est-à-dire que les hommes avaient généralement la fraise plate, les hauts-de-chausse à bout de dentelle, le justaucorps à petites basques, la longue épée, les souliers à nœuds énormes ; et les femmes, le corsage court et rond, le sein découvert, la grande, ample et solide jupe à queue, les talons hauts, les cheveux crêpés et bouffants, ou retombant en boucles. Auguste portait une couronne de lauriers par-dessus sa vaste perruque. Il paraît pourtant bien difficile que toutes les tragédies romaines de Corneille aient été jouées sans avoir déterminé un certain mouvement, un certain effort, très insuffisant à coup sûr, vers le costume romain. Nous savons, en particulier, que la demoiselle Petit de Beauchamp représenta Rodogune avec un magnifique habit à la romaine que lui avait donné Richelieu[3]. Elle eût pu mieux choisir la pièce, mais ce costume antique n'en était pas moins un effort de couleur locale qui fut remarqué. En règle générale, les cadeaux d'habits faits par les grands seigneurs aux comédiens avaient un tout autre résultat, comme nous le verrons plus loin. En faisant jouer sa

---

1. Pour ce chapitre, nous avons profité plus d'une fois d'un curieux article publié par M. Emile Lamé, dans la revue le *Présent*, n° 13.

2. *Journal de Collé*, II, p. 278.

3. Dreux du Radier, *Variétés historiques*, t. I.

Bradamante ridicule (1664), le duc de Saint-Aignan donna à la troupe du Palais-Royal, suivant le registre de La Grange, cent louis d'or pour la dépense des habits. Cela peut faire juger de leur magnificence. La garde-robe des comédiens était souvent très riche : qu'on parcoure l'inventaire de celle de Molière, publié par M. Eudore Soulié. Ils se préoccupaient beaucoup plus de la richesse que de l'exactitude des costumes.

Les tragédies de Racine étaient jouées aussi en grands et solennels habits de cour, qu'on tâchait de modeler sur ceux des empereurs romains, mais en les tournant à la moderne. Les femmes se contentaient, pour toutes modifications à leurs habits ordinaires, de hausser leurs talons, de surcharger de broderies le corps de brocart et le manteau à taille de l'habit de cérémonie, enfin de se mettre sur la tête des voiles, d'immenses panaches et des couronnes. On a fait remarquer avec justesse que non seulement la déclamation et la pantomime des acteurs étaient en rapport avec le costume théâtral et en ont suivi les péripéties, mais que ce rapport existait souvent aussi entre le costume et les défauts des pièces. Rien n'est isolé au théâtre ; au contraire, tout se tient et s'enchaîne. Lorsque Quinault fait dire à Thomiris :

Que l'on cherche partout mes tablettes perdues,

il commet un anachronisme aussi naïf que l'actrice qui représentait Thomiris en panier, et on ne concevrait pas ces mots dans la bouche d'une Thomiris vêtue en vraie reine des Scythes. De même ces costumes de cour appelaient naturellement la galanterie et le langage choisi des héros de Racine. Corneille avait raison de trouver trop français les Turcs de *Bajazet ;* mais, sous l'habit du Turc en scène, on devinait le gentilhomme de la cour de France. La gravure placée en tête de

l'*Amant libéral*, de Scudéry, nous montre quel était le
costume officiel des Turcs dans les tragédies d'alors.
Sous Louis XIV, il se fait un progrès de couleur locale :
le Turc porte un turban empanaché ou surmonté d'une
corne ; il a une grande ceinture et un sabre recourbé ;
mais là se bornent l'effort et le progrès, et le reste de
l'habit est contemporain.

Toutefois, il est juste de dire que Racine avait parfaitement senti l'invraisemblance et le ridicule du costume
théâtral, en homme qui connaissait à fond l'antiquité.
Il essaya plusieurs fois de s'opposer à ces anachronismes, par exemple, lorsque Baron voulut jouer Achille
dans *Iphigénie*, avec les cheveux frisés et bouclés.
Mais il pouvait bien peu de chose à lui seul contre le
parti pris des comédiens. Nous avons déjà vu Baron en
faute sur ce point, et nous pourrions l'y montrer bien
d'autres fois encore : en effet, ce grand acteur, si digne
pourtant de s'élever au-dessus du mauvais goût commun, et de réformer cet usage, comme il avait fait pour
la déclamation ampoulée et chantante de ses prédéces-
seurs, ne semble pas même avoir soupçonné l'absurdité des costumes tragiques, ou du moins avoir essayé
de la combattre en rien. Plus tard, on le vit jouer le
jeune Misaël, dans les *Machabées*, de La Motte, vêtu
comme eût pu l'être le fils d'un bourgeois de Paris,
avec un toquet d'enfant et les manches pendantes [1].

Baron nous a donné lui-même un renseignement curieux sur les costumes du théâtre à son époque, dans
l'*Homme à bonne fortune* (IV, sc. VIII), où Pasquin avoue
avoir prêté le justaucorps de son maître pour un jeune

---

1. On a remarqué qu'il visait toujours à la noblesse dans ses costumes.
Ainsi, pour Arnolphe de l'*Ecole des femmes*, il s'habillait, contrairement
à la tradition établie, avec une sorte de dignité bourgeoise, un habit de
velours, des bas noirs, le chapeau sur la tète, etc. C'est peut-être tout
simplement, il est vrai, parce qu'Arnolphe avait des prétentions nobi-
liaires, ayant pris le nom *pompeux* de M. de la Souche.

homme qui faisait le roi dans une tragédie de collège. Or, les tragédies étaient jouées alors au collège avec tout l'appareil des représentations publiques [1]. On voit donc que les héros tragiques se montraient en habit de ville ; seulement ce devaient être des habits riches. Les guerriers portaient des *tonnelets* ou petits paniers ronds s'attachant au-dessous de la cuirasse, et sur ses tonnelets un court jupon tombant jusqu'aux genoux [2]. Les Grecs et les Romains paraissaient avec des chapeaux à plumes, des gants blancs à franges d'or, une épée suspendue à un large baudrier. On ne songeait qu'à l'opulence et à la majesté du costume, sans songer à consulter les érudits, que l'on consulte peut-être trop parfois aujourd'hui, par un excès d'un autre genre et qui n'est guère moins fâcheux, car il arrive (par exemple dans les pièces comme les *Merveilleuses*, de M. Sardou), à déplacer l'intérêt et à détourner l'attention de l'œuvre proprement dite, en substituant à la vérité relative et de convention, qui est la vérité théâtrale, une exactitude matérielle et absolue, qui non seulement n'est pas nécessaire, mais a ses inconvénients sur un lieu d'illusion comme la scène.

Des esprits sensés étaient frappés de ces grotesques travestissements, et les railleries ne firent pas défaut. Sorel s'en est moqué dans la *Maison des jeux* (Sercy, 1642, in-8°, p. 454 et suiv.) : « J'ai vu quelquefois passer à Paris de ces gens-là qui n'avoient chacun qu'un habit pour toute sorte de personnages, et ne se déguisoient que par de fausses barbes ou par quelque marque assez faible, selon le personnage qu'ils représentoient. Apollon et Hercule y paraissoient en chausses et en pourpoint... Cet Hercule, se voulant faire remarquer, avoit seulement les bras retroussés comme un cuisinier qui

---

1. Voy. le chapitre VI.
2. Andrieux, notice en tête des *Mémoires de Mademoiselle Clairon*, in-8°.

est en faction, et tenait une petite bûche sur son épaule pour sa massue, de telle sorte qu'en cet équipage l'on l'eût pris encore pour un gagne-dernier qui demande à fendre du bois. Pour Apollon, il avoit derrière sa tête une grande plaque jaune prise de quelque armoirie, pour contrefaire le soleil. » Scarron n'était que rigoureusement exact quand il montrait, au début de son *Roman comique*, le Destin faisant son entrée au Mans, avec « des chausses troussées à bas d'attache, comme ceux des comédiens quand ils représentent un héros de l'antiquité ». Plus loin, le Destin joue le rôle d'Hérode, couché sur un matelas, et un corbillon sur la tête en guise de couronne, et mademoiselle de la Caverne ne se donne même pas la peine de changer de costume pour jouer ceux de Marianne et de Salomé, parce que, comme le fait observer la Rappinière, avec son habit ordinaire elle peut passer pour tout ce qu'on voudra dans une comédie.

La parodie de la *Cléopâtre*, de la Chapelle, au quatrième acte du *Ragotin*, de la Fontaine et Champmeslé, nous apprend que la célèbre reine égyptienne paraissait sur la scène en habit espagnol, et les auteurs s'écrient :

On va vous prendre ici pour Jeanneton la folle !

Le dix-huitième siècle marcha sur les traces du dix-septième. Il me paraît curieux de citer, à ce propos, le passage suivant du *Spectateur anglais* (23ᵉ disc.) : « Tous les acteurs qui viennent sur le théâtre (en France), sont autant de damoiseaux. Les reines et les héroïnes y sont si fardées que leur teint paraît frais et vermeil comme celui de nos jeunes laitières. Les bergers y sont tout couverts de broderie... J'y ai vu deux Fleuves en bas rouges, et Alphée, au lieu d'avoir la tête couverte de joncs, conter fleurettes avec une belle perruque blonde et un plumet... Dans l'*Enlèvement de Proserpine*, Pluton était équipé à la française. »

Dufresne, représentant Gustave, sortait des cavernes de la Dalécarlie en habit bleu céleste à parements d'hermine. C'était non seulement dans un magnifique palais, mais couvert d'un habit de brocart d'or, que Sarrazin-Pharasmane disait à l'ambassadeur de Rome:

> La nature marâtre, en ces affreux climats,
> Ne produit, au lieu d'or, que du fer, des soldats[1].

Du reste, Sarrazin était un des acteurs les moins soigneux de la vérité du costume.

Pendant la première moitié du dix-huitième siècle, on conserva à peu près l'habit à la romaine du siècle précédent, d'après les traditions de Baron ; la grande perruque sur laquelle on mettait le casque, au besoin, et le tonnelet, de plus en plus bourré, de façon à faire d'énormes hanches au héros. On vit le roi Priam vêtu en marchand arménien. Mais le costume des femmes se modifia davantage, suivant les variations de la mode. Adrienne Lecouvreur abandonna les grands panaches, prit des étoffes de soie plus légères, la poudre, les paniers (qui, aussitôt après leur invention, furent adoptés par Andromaque et Mérope, aussi bien que par Araminte et Célimène, et par les héros tragiques en même temps que par les danseurs), conserva le corps de brocart, et la jupe de dessus s'étendant derrière elle en manteau de cour[2]. C'est sous cet accoutrement, qui ne différait guère de celui des petites maîtresses que par une coiffure de mauvais goût, laissée à l'imagination de l'actrice, que furent jouées les tragédies de Voltaire à leur apparition. Et chacun de se récrier sur la beauté et la convenance de ces costumes. On croyait qu'elle renouvelait l'habillement tragique alors qu'elle ne faisait que suivre les changements de la mode. Les grands

---

1. *Encyclopédie*, article *Décoration*, par Marmontel.
2. Emile Lamé, *Présent*, n° 13.

seigneurs et les grandes dames contribuaient à entretenir cet abus par la générosité avec laquelle ils faisaient cadeau d'une partie de leurs garde-robes aux acteurs. Ce genre de présents était passé en usage dans la noblesse de Paris et de province [1].

Le duc d'Aumont fit un jour cadeau au comédien Baron d'un habit de cour scintillant de paillettes qu'il n'avait porté que trois fois et qui coûtait 8.000 livres. Richelieu en envoya un à Molé, qui valait dix mille livres. Le baron d'Oppède, renchérissant sur les deux premiers, donna à Fleury un habit qu'il n'avait porté qu'une fois à une fête de la cour, et qu'il avait payé dix-huit mille livres. Les dames ne se laissaient point dépasser. Lors de ses débuts à la Comédie-Française, mademoiselle Raucourt fut comblée de cadeaux pareils. Madame Du Barry lui laissa le choix d'un superbe costume tragique ou de trois belles robes de villes, et l'actrice préféra le premier. Les princesses de Beauvau, de Guémenée, la duchesse de Villeroy, lui donnèrent aussi des robes somptueuses. La plupart des habits que les dames de la cour avaient portés aux fêtes du Dauphin allèrent se joindre à la garde-robe théâtrale de mademoiselle Raucourt, qui devint des plus brillantes. Celle de mademoiselle Lecouvreur était devenue si riche, par ce moyen surtout, qu'à sa mort, la fameuse mademoiselle Pélissier, de l'Opéra, acheta toute sa défroque théâtrale au prix de soixante mille écus, et pendant vingt-cinq représentations d'un divertissement lyrique où elle représentait le personnage de la Folie, elle la fit défiler pièce à pièce sous les yeux des spectateurs. Il faut ajouter que chacun de ces costumes était réhaussé. par des diamants estimés quatre-vingt mille livres.

1. Voy. Chappuzeau, le *Théâtre français*, l. III, ch. XVIII, le *Ragotin* de la Fontaine, II, 4; le *Roman comique*, 3ᵉ partie, ch. V, et la note que nous avons mise à ce passage dans notre édit. (Bibl. elzévir, t. II, p. 162).

La comédie n'était pas toujours beaucoup mieux partagée que la tragédie au point de vue de la convenance des costumes. On sait par Lekain que Paulin portait des manchettes en jouant les paysans. Il est vrai que nous voyons bien pis aujourd'hui encore, avec nos villageois d'opéra-comique. Et nos actrices à la mode ne jouent-elles pas, chaque jour, des rôles de soubrettes ou de petites bourgeoises avec tous leurs diamants?

C'est avec raison qu'on fait honneur de la première réforme importante du costume théâtral à mademoiselle Clairon et surtout à Lekain; mais ils eurent des précurseurs qui méritent de n'être pas oubliés.

En 1747, on joua l'*Amour castillan*, de La Chaussée, avec les habits espagnols, ce qui étonna beaucoup le public. Madame Favart se montra, en plusieurs circonstances, préoccupée de la vérité du costume. Ainsi, dans le role de Bastienne (26 septembre 1753), contrairement à toutes les autres actrices, qui, en représentant des soubrettes et des paysannes, paraissent avec de grands paniers (même dans la Martine, des *Femmes savantes*), gantées jusqu'au coude, et souvent même la tête chargée de diamants, elle adopta l'habit de serge comme les villageoises en portent, la petit croix d'or, puis la chevelure plate, les bras nus et des sabots. Ce dernier point surtout déplut aux raffinés du parterre, à qui Voisenon répondit : « Ces sabots-là donneront des souliers aux comédiens. »

Comme madame Favart, madame Bellecourt se montra toujours attentive à revêtir le vrai costume de son emploi. Abandonnant les plumes, les gazes, les taffetas, elle portait une coiffure simple, un tablier uni, dans ses rôles de soubrettes, et, dans ceux de villageoises, une cornette et des étoffes semblables à celles des vraies paysannes.

Suivant les *Anecdotes dramatiques* (III, 252), c'est à

3*

de la Garde, qui fut directeur de fait, sans l'être en titre, des fêtes données par Louis XV à sa cour, dans les petits appartements, qu'on doit l'établissement du costume sur nos théâtres ; mais cet ouvrage ne s'explique pas sur la date ni la nature précise des réformes opérées par lui.

L'année 1755 peut être considérée comme l'hégire du costume théâtral. Il y avait alors sur la scène deux grands acteurs qui faisaient de leur art l'objet incessant de leurs études, Lekain et mademoiselle Clairon. Tous deux furent frappés en même temps de ces anachronismes bouffons acceptés par leurs camarades, et résolurent de les combattre sans merci.

Lekain commença à exécuter son projet par le rôle d'Oreste, dans *Andromaque*. Il dessina lui-même son habillement, suivant son usage ; car, même lorsqu'il n'avait encore que de très médiocres appointements, il se privait de tout pour se monter une garde-robe de théâtre à son goût. Ce fut un grand événement dans les coulisses quand le tailleur lui apporta cet habit, bien éloigné de tout ce à quoi l'on était accoutumé. Néanmoins, l'impression fut bonne en général : « Ah ! qu'il est beau ! s'écria Dauberval ; le premier habit romain dont j'aurai besoin, je me le ferai faire à la grecque. » Cette naïve exclamation montre où en étaient encore les comédiens sur la question des costumes.

Sans influer autant que Lekain sur cet heureux changement, mademoiselle Clairon y contribua néanmoins beaucoup pour sa part. Marmontel nous a raconté, dans ses *Mémoires*, comment elle joua pour la première fois Roxane sans paniers et les bras nus ; comment, dans l'*Électre*, de Crébillon, elle parut en simple habit d'esclave, échevelée, les mains chargées de chaînes. Il y eut là vraiment une révolution théâtrale.

De ce jour, qu'ils se soumissent plus ou moins volontairement, les acteurs furent du moins forcés d'abandonner les tonnelets, les gants blancs à franges, la perruque volumineuse et frisée, la culotte bouclée et jarretée à la française, et les plus grossiers des anachronismes usités jusqu'alors. Mais on était encore bien loin de la vérité scrupuleuse. Quand on joua la tragédie de Saurin : *Blanche et Guiscard* (1763), la question des costumes préoccupa beaucoup les acteurs. Ils allèrent au cabinet des estampes, pour y chercher « l'habillement des Siciliens de ce temps-là, » mais ils le trouvèrent « peu pittoresque et peu théâtral » ; il fallut y suppléer « en se rapprochant davantage des temps modernes [1] ». Lekain lui-même s'était arrêté à mi-chemin : « Je me souviens de l'avoir vu dans le rôle d'Oreste, dit mistress Bellamy [2], roulant entre ses mains, au lieu de casque, un petit chapeau garni de plumes à l'espagnole, pendant que le reste de son costume était grec. » C'était toujours, la coiffure qui péchait. S'il en était ainsi, même pour Lekain, à plus forte raison pour les autres acteurs. Ils se couvraient, au lieu de casques, de chapeaux à trois cornes, ornés de gigantesques panaches. Andrieux rapporte [3] qu'il a vu, dans *Zuma*, de Marmontel, un sauvage en cheveux poudrés, et Ulysse et Théramène avec la même coiffure.

Les paniers même avaient été conservés presque partout, quoique, en 1755, les actrices les eussent bannis de leur habillement pour représenter l'*Orphelin de la Chine*, de Voltaire, une des premières pièces où l'on ait appliqué la réforme. Mademoiselle Dumesnil, qui devait plus à la nature qu'à l'étude et à l'art, en portait encore dans *Sémiramis* et *Athalie*. Mademoiselle Raucourt et

---

1. *Mémoires*, lett. XLVIII.
2. *Mémoires secrets de la république des lettres*, an 1763.
3. Notice sur Mademoiselle Clairon.

la plupart de ses compagnes en portaient également, ainsi que de la poudre, à une époque où cette mode avait disparu dans les costumes de ville. (Nous avons bien vu encore Célimène en crinoline, il y a quelques années.) La réforme pour les femmes consista surtout à substituer à l'uniformité d'autrefois une grande variété de costumes tragiques, suivant les temps et les lieux, ce qui indiquait une louable préoccupation de la vérité et de la couleur locale. Le corps et la jupe de brocart cédèrent la place à un manteau de soie damassée, froncé, jeté sur une épaule, revenant sur lui-même, relevé par des nœuds, ayant enfin quelque analogie avec les ajustements des dames romaines.

Pour les hommes, la réforme fut plus radicale, sans être encore à beaucoup près suffisante. Tout en changeant la disposition des perruques, en en dénouant la queue et en montrant le cou nu, ils gardèrent la poudre. Le costume moyen âge eut pour signes distinctifs le pourpoint de satin à basques et le court manteau sans manches, fixé au dos comme le petit manteau d'abbé; de plus, et toujours, la culotte de velours, les bas de soie et les souliers à talons rouges, ce qui était bien d'accord avec la science historique d'alors. Mais ce fut dans les costumes turcs et orientaux que les progrès furent les plus sensibles : l'habit très riche, et qui serait encore acceptable aujourd'hui, comprenait un turban avec plumet, aigrette et petit croissant, une pelisse à queue presque toujours ramenée par devant et passée dans la ceinture[1]. C'est surtout à madame Favart et à la représentation des *Trois Sultanes* qu'on fut redevable de ce progrès : quand on représenta à la cour, quelque temps après, l'opéra de *Scanderberg*, on emprunta l'habit qu'elle avait fait venir de Constantinople pour en tailler sur ce modèle, qu'imita aussi mademoiselle

1. Emile Lamé, *Présent*, n° 13.

Clairon, en se faisant faire un costume pour ses rôles orientaux à la Comédie-Française [1].

Parmi les acteurs qui, après la réforme, se firent le plus remarquer par leur attention à la vérité des accoutrements, il faut citer Brizard. Lorsqu'on lui apporta de la part du roi un habit de satin bleu céleste à la première représentation d'*Œdipe chez Admète*, il le refusa pour en prendre simplement un de laine, destiné aux confidents [2].

N'oublions pas non plus mademoiselle Doligny, qui rompit la première avec la tradition de l'éventail et des gants blancs, invariable apanage des amoureuses.

Talma devait, sinon achever, du moins reprendre et poursuivre d'une manière sérieuse la réforme heureusement entreprise par son illustre prédécesseur. Il commença, dès 1789, c'est-à-dire à son début, sa longue lutte pour la conquête du vrai costume antique. Il ne s'était guère encore révélé que dans le *Charles IX*, de Chénier, quand, chargé du rôle insignifiant de Proculus, qui n'a pas vingt vers, dans le *Brutus*, de Voltaire, il sortit de sa loge avec cet habit austère qui fit crier à mademoiselle Contat : « Ah ! mon Dieu ! il a l'air d'une statue ! » En jouant Titus, dans la même pièce, il se fit couper les cheveux sur le modèle d'un buste romain, ce qui introduisit la mode de se coiffer à la Titus. Ce fut surtout pour la coiffure et le caractère de la tête que Talma compléta l'œuvre de Lekain : de ce côté, il joignit la beauté artistique à l'exactitude historique. L'exclamation de mademoiselle Contat marque à la fois le mérite et le défaut de sa réforme. Son mérite fut de ne rien donner à la fantaisie, à l'ornementation bizarre et fausse, de chercher, en un mot, à se modeler sur les monuments anciens ; son défaut fut de se laisser trop

1. *Anecdotes dramatiques*, II, 185.
2. Lemazurier, *Galerie des actualités*, I, 175.

dominer par les idées exclusives de David et de son école, qui, dans l'ardeur de leur réaction, n'avaient vu qu'un coin de l'antiquité, le coin le plus austère, le plus dépourvu de grâce et de soleil, et l'avaient rendu avec une roideur majestueuse et gourmée. Il est à remarquer aussi qu'avec son haut sentiment du costume antique, Talma n'eut point celui du costume du moyen âge. Mais faut-il s'étonner qu'il en ait confondu toutes les époques, ou qu'il ait été faux dans l'ensemble, même avec des détails à peu près justes, puisque la connaissance de cette époque difficile date à peine de nos jours?

Talma rencontra naturellement des esprits mieux disposés que du temps de Lekain à accueillir cette réforme. Quelques acteurs toutefois ne se montrèrent pas très empressés à le seconder. Quand on fit quitter à Vanhove les lambrequins et la culotte de soie cramoisie du costume d'Agamemnon, en cherchant à lui démontrer les avantages d'un vêtement historique : « Le beau progrès, dit-il ; ils ne font pas seulement une poche pour mettre la clef de sa loge [1] ! » C'était à ce point de vue intime qu'il envisageait la question.

Sous la Révolution, le patriotisme introduisit un nouvel anachronisme, qui n'était pas le moins bizarre, dans les costumes de théâtre. Les acteurs tragiques ou comiques, hommes ou femmes, grecs ou romains, ne paraissaient sur la scène qu'avec la cocarde tricolore, qui faisait un singulier effet sur la tête de Fénelon, d'Œdipe ou de Brutus.

D'après le Vacher de Charnois [2], en 1802, malgré tous les efforts tentés pour arriver à la régularité du costume, il ne s'était pas encore trouvé sur la scène lyrique une actrice qui eût voulu renoncer, même dans les rôles antiques, aux jupons, aux robes plissées, aux

---

1. Ch. Maurice, *Histoire anecdotique du théâtre*, I, 14.
2. *Recherches sur les costumes et les théâtres.*

fourreaux garnis de bouillons, de dentelles ou de franges et on les voyait presque toutes persévérer à retrousser leurs vêtements avec des glands et des cordons, à peu près comme on relève les rideaux des alcôves. L'Opéra a été de tout temps le séjour favori de la fantaisie dans les costumes. Aux dix-septième et dix-huitième siècles, l'imagination presque seule en réglait les détails d'après un certain type gracieux de convention.

Mademoiselle Saint-Huberti, seule, essaya de sérieuses tentatives pour introduire les costumes exacts à l'Opéra. Elle faisait dessiner ses habits sous ses yeux, et un jour, dans une œuvre dont l'action se passait en Thessalie, elle parut sous un vêtement qui avait le double mérite, dit-on, d'être aussi gracieux que fidèle, mais qui n'avait pas celui d'être décent et qui lui fut aussitôt interdit par ordre.

Même après la réforme de Talma, il restait beaucoup à réformer encore. On voit dans un ouvrage daté de 1824 [1], que, sous la Restauration, le *Misanthrope* était encore joué au Théâtre-Français avec la poudre, la bourse et les ailes de pigeon du règne de Louis XV, et que, dans l'*Ecole des Bourgeois*, Madame de Sotenville avait le chignon lissé, la grecque poudrée, le bonnet pomponné, le mantelet, le panier, la robe à plis, les manchettes à trois rangs des petites maîtresses de la fin du même règne ; le valet, un habit de soie et une veste de satin broché, avec les cheveux plats et ronds : la jeune femme, la coiffure et le costume d'une merveilleuse de 1823. M. Jouslin de la Salle raconte, dans ses *Souvenirs dramatiques* [2], qu'il fut frappé un jour, pendant une représentation du *Misanthrope*, à la Comédie-Française, de voir Alceste, Oronte, Acaste, etc., porter des habits du temps de Louis XV et de Louis XVI,

1. *Voyage d'un jeune Grec à Paris*, t. II. ch. LII.
2. *Revue française*, n° 111, p. 178.

tandis que Célimène et Eliante étalaient naïvement sur
la scène des robes et des châles fabriqués d'après le
Journal des Modes de la semaine. Il y porta remède
avec le concours du sociétaire Guiaud, spécialement
chargé de cette partie au théâtre. En 1829, toutes les
actrices représentaient Elvire et Célimène en *manches
à gigot*. Ce fut le 15 janvier de la même année, anni-
versaire de la naissance de Molière, que les comédiens
se décidèrent enfin à représenter *Tartufe* avec les costumes du temps, grâce surtout à mademoiselle Mars,
qui fit en partie, pour les habits comiques, ce qu'avait
fait Lekain pour les habits tragiques [1].

Que de détails ne pourrait-on trouver à reprendre
encore aujourd'hui, quoique cependant les acteurs ne
se livrent plus à d'aussi grossiers anachronismes, et
que la recherche de l'exactitude dans le costume ait
naturellement suivi celle de l'exactitude dans la mise
en scène! On aura beau corriger de nouveau, il y aura
toujours quelque chose à corriger. D'ailleurs, la vérité
des costumes, au théâtre, ne peut être, comme la vérité
du langage, des mœurs, de l'observation, de la déclamation même, qu'une vérité relative et limitée ; mais
cette vérité relative, la seule à laquelle on puisse prétendre, il faut s'efforcer de l'atteindre. L'époque est
favorable pour cela, à cause de la curiosité des études
rétrospectives qui s'est emparée de tout le monde, et
de la passion avec laquelle on rétablit les moindres
monuments du passé.

Sans doute, indépendamment du costume, et même
avec un costume tout à fait opposé à la nature du rôle,
un grand acteur peut produire son effet ; mille exemples
le prouvent, entre autres ce que nous savons de l'impression produite par Eckhof en bonnet de nuit, en
lunettes et en robe de chambre, sur les acteurs les plus

---

1. *Code théâtral*, par J. Rousseau.

difficiles, successivement dans des scènes de tragédie, de comédie noble, puis de comédie bouffonne[1]. Mais la vérité de l'habit aide du moins puissamment à l'illusion, et, quand même elle y serait inutile, elle devrait encore être recherchée pour elle-même.

Les théâtres étrangers n'étaient pas plus avancés que le nôtre, Lope de Vega se plaint, dans son *Nouvel Art dramatique*, de voir sur la scène espagnole des Romains en hauts-de-chausses et des Turcs en collerettes à l'européenne. Sur le théâtre anglais, les héros antiques paraissaient en perruques in-folio, absolument comme chez nous, Garrick lui-même jouait Macbeth en costume d'officier général moderne, et ce fut Macklin qui réforma ce singulier usage. Quant à la comédie italienne, on sait que chaque acteur y portait le costume invariable de son caractère, de telle façon qu'on reconnût du premier coup, à leur entrée en scène, Arlequin, Briguelle, Pantalon, Cassandre, Colombine.

CHAPITRE IV

Disposition matérielle des salles de spectacle aux dix-septième et dix-huitième siècles. Les banquettes sur la scène.

Nous ne parlons que des salles de spectacle où se jouaient des pièces régulières, des théâtres en quelque sorte officiels.

Ces salles étaient loin d'offrir la commodité qu'on trouve dans les nôtres. D'abord, on était debout au parterre dans les premiers temps de notre théâtre, et, comme il n'existait pas de vestiaire, les spectateurs en-

---

1. *Charlotte Ackermann*, par Muller, traduction française, p. 256-7.

traient avec leurs manteaux, leurs cannes, leurs épées (tant qu'il n'y eut pas de règlement pour le défendre), et demeuraient entassés, heurtant, heurtés, se haussant sur la pointe du pied, car le plancher était de niveau, et les premiers rangs seuls pouvaient voir aisément. On conçoit comment une pareille disposition devait favoriser, d'une part, les désordres, les rixes, les insolences des bretteurs, des laquais, des écoliers, les vols des filous, les tours des pages, etc. ; de l'autre, le bruit, les sifflets, les huées, les interruptions, d'autant plus que c'était là que se réunissaient ceux qui entraient sans payer, et qui, venus seulement à défaut d'autre occupation, ne se souciaient guère d'entendre ce que disaient les comédiens. « Dans leur plus parfait repos, écrit un auteur du dix-septième siècle, en parlant des mille *marauds* toujours faufilés au parterre, ils ne cessent de parler, de crier et de siffler ». Des fusillers, placés de chaque côté, étaient chargés de surveiller et de contenir ce turbulent parterre.

L'incommodité porte à la mauvaise humeur; les foules pressées se communiquent leurs impressions avec une promptitude et une facilité surprenantes ; en outre, il était facile aux perturbateurs et aux cabaleurs de se cacher dans la masse. En asseyant le parterre et en le mettant à son aise, on a *muselé* la bête féroce; ce qui ne semblait qu'un acte d'humanité se trouve une mesure de haute politique.

Citons pourtant ce passage de Diderot, qui renferme quelque vérité mêlée à beaucoup de paradoxe : « Nos théâtres étaient des lieux de tumulte, dit-il en parlant du parterre debout. Les têtes les plus froides s'échauffaient en y entrant, et les hommes sensés y partageaient plus ou moins le transport des fous. On s'agitait, on se remuait, on se poussait, l'âme était mise hors d'elle-même. La pièce commençait avec peine, était souvent interrompue ; mais survenait-il un bel endroit ? c'était un fracas incroyable ; les *bis* se redemandaient sans fin, on s'enthousiasmait de l'auteur, de l'acteur et de l'actrice... Aujourd'hui on arrive froids, on écoute froids, on sort froids. » Je doute fort cependant que beaucoup d'auteurs soient de son avis lorsqu'il ajoute, après avoir si vivement dépeint l'état d'agitation et de turbulence de l'ancien parterre : « Je ne connais pas de disposition plus favorable au poète. » On conçoit au moins qu'il suffisait de l'incident le plus léger, le plus facile à produire, pour exercer une influence considérable sur le sort de la pièce. Les victoires étaient peut-être plus bruyantes, mais les défaites étaient certainement plus fréquentes et plus désastreuses.

Il ne faut pas perdre de vue cette disposition particulière du parterre dans l'ancien théâtre pour comprendre plusieurs des anecdotes que nous rapporterons plus loin ; cela seul les explique et les rend possibles ; sinon certaines.

Ce ne fut qu'à partir de 1782 qu'on établit des bancs au parterre dans la nouvelle salle du faubourg Saint-Germain (aujourd'hui l'Odéon). Il en avait déjà été question plusieurs fois, entre autres en 1777 ; mais les comédiens ne s'en étaient pas souciés, et leur mauvaise volonté ou leur inertie avait empêché d'accomplir ce projet. On ne s'aperçut guère tout d'abord que les sièges du parterre eussent rendu le public froid et passif, comme le prétend Diderot, ainsi que Mercier et bien d'autres, car la première soirée fut très tumultueuse et on enterra le prologue sous les sifflets.

Les théâtres, à l'origine, étaient presque toujours établis dans des jeux de paume disposés en forme de parallélogrammes. Une des extrémités de ce carré était occupée par une estrade qui servait de scène ; aux murailles s'appuyaient deux ou trois rangs de galeries en charpente qui suivaient les murs à angles droits. Aux places les plus proches on ne pouvait apercevoir les acteurs et la scène que de côté, et, dans celles de face, on était trop éloigné pour voir ou entendre nettement. Quand on abandonna les jeux de paume, du temps de Molière, les salles de spectacle se composaient encore de gradins disposés comme dans nos amphithéâtres, autour du parterre debout, et, au-dessus des gradins, de deux rangs de loges. Les violons, ordinairement au nombre de six, furent placés d'abord derrière le théâtre, où sur les ailes, ou « dans un retranchement entre le théâtre et le parterre », c'est-à-dire à peu près au lieu qu'ils occupent aujourd'hui; puis on les mit dans une des loges du fond [1], lieu qu'on avait reconnu favorable pour la sonorité.

La scène était couverte de banquettes où venaient s'asseoir, de chaque côté des acteurs, les marquis et gens du bel air. Ce n'avait été, à l'origine, qu'une tolérance, motivée par l'insuffisance des places, par le désir d'être agréable aux gens qui entraient sans payer, puis aux grands seigneurs et aux petits maîtres, et d'en tirer parti dans ce dernier cas pour la caisse [2]. L'habitude ne tarda pas à être consacrée et à passer en loi. Non seulement à l'hôtel de Bourgogne, au Marais, au Palais-Royal, plus tard encore au théâtre de la rue Mazarine, mais jusque dans la nouvelle salle de la rue des Fossés-Saint-Germain (actuellement rue de l'Ancienne-Comédie), on avait construit sur l'avant-scène des banquettes, précédées d'une petite barrière ou balustrade et alignées sur trois ou quatre rangs. Dans les

1. Chappuzeau. *Théâtre français*, 1674, p. 240.
2. *L'Epître à Guillemette*, de Scarron et la lettre de Mandory à Balzac sur les représentations du *Cid* (18 janvier 1837), semblent indiquer d'abord que la scène était habituellement réservée aux familiers de la maison qui avaient place gratuite et n'était occupée qu'exceptionnellement et dans les cas de grands succès ou de représentations extraordinaires, par le beau monde.

grandes occasions, on ajoutait encore une rangée le
long de la balustrade, sans parler des places debout
dans le fond. La cour faisait même porter des sièges au
théâtre lorsqu'il lui arrivait de s'y rendre : « La reine,
dit Bassompierre, commanda à Senecterre de porter un
siège à la comédie pour M. d'Épernon, et un pour
M. Zamet, car elle voulait qu'ils la vinssent ouïr[1]. »
Dangeau raconte qu'en décembre 1691 il s'éleva une dispute entre le grand chambellan, M. de Bouillon, et les
premiers gentilshommes de la chambre, à cause d'un
banc que ceux-ci avait fait placer sur la scène et où le
grand chambellan prétendait avoir le droit de s'asseoir.

On a peine à comprendre aujourd'hui que cet usage
absurde ait pu s'établir et subsister si longtemps. Rien
n'était plus insupportable pour les acteurs comme pour
les spectateurs : les premiers se trouvaient sans cesse
gênés dans leurs mouvements et les seconds dans la vue
du spectacle; mais c'était le moindre souci des fats
qui hantaient les banquettes. Ils ne se retenaient pas de
causer et rire à haute voix entre eux, de s'en prendre à
l'acteur ou au moucheur de chandelles quand ils étaient
en gaieté, d'interpeller les actrices, quelquefois même
d'interrompre la pièce.

On lit dans un rapport de police du 24 novembre 1700, que le marquis de Livry fils avait poussé le
sans façon jusqu'à amener sur la scène un chien danois,
qui « se mit à faire son manège, » encouragé par les
exhortations et les cris des gens du parterre[2]. Il est probable que ce n'était point là un fait absolument isolé.
On y vit même quelquefois des femmes. Il fallait que le
comédien fût doué d'un génie bien puissant pour produire l'illusion au milieu de ces têtes poudrées, de ces
canons ou de ces talons rouges, qui rappelaient sans

---

1. *Nouveaux mémoires* de Bassompierre.
2. Bonnassies, *La Comédie française*, p. 332.

cesse au public qu'il était dans une salle de spectacle.
Il arrivait souvent que l'on confondait l'entrée d'un
spectateur des banquettes avec l'entrée d'un acteur, et
que l'on prenait un marquis pour le jeune premier de
la pièce :

On attendait Auguste, on vit paraître un fat..

« Combien de fois, écrit l'abbé de Pure, sur ces morceaux de vers : « Mais le voici. Mais je le vois, » que
nos auteurs ne manquent point d'employer pour lier
leurs scènes, combien de fois, dis-je, a-t-on pris pour
un comédien et pour le personnage qu'on attendait, des
hommes bien faits et bien mis qui entraient alors sur
le théâtre et qui cherchaient des places, après même
plusieurs scènes déjà exécutées [1]. » Crébillon dit absolument la même chose dans sa *Lettre sur les spectacles*,
et il ajoute : « Le comédien manquait toujours son entrée ; il paraissait trop tôt ou trop tard, sortant du milieu des spectateurs comme un revenant ; il disparaissait
de même, sans qu'on s'aperçut de sa sortie. »

Il serait difficile d'énumérer en détail tous les inconvénients de cette incroyable coutume : le rétrécisse-
ment du théâtre, à ce point qu'à une représentation de
l'*Acajou*, de Favart, vers le milieu du dix-huitième
siècle, il ne put paraître qu'un seul acteur sur la scène,
tant elle était encombrée, et que, lors d'une représentation d'*Athalie* (16 décembre 1739), il fut impossible
d'achever la pièce, pour la même raison ; la gêne qu'elle
apportait aux gestes, à la marche, aux évolutions, aux
attitudes, par suite aux coups de théâtre, à la chaleur
de l'action, etc. ; la mesquinerie de la mise en scène,
par l'impossibilité de meubler ou de décorer suffisamment un endroit ainsi recouvert par les spectateurs, que
sais-je encore ?

1. *Idées des spectacles anciens et nouveaux*, 1668, p. 174.

« Les tragédies, dit Voltaire dans l'Épître dédicatoire de l'*Écossaise*, étaient souvent de longues conversations en cinq actes. Comment hasarder ces spectacles pompeux, ces tableaux frappants, ces actions grandes et terribles qui, bien ménagées, sont un des plus grands ressorts de la tragédie? Comment apporter le corps de César sanglant sur la scène? Comment faire descendre une reine éperdue dans le tombeau de son époux, et l'en faire sortir mourante de la main de son fils, au milieu d'une foule qui cache et le tombeau, et le fils et la mère, et qui énerve la terreur du spectacle par le contraste du ridicule? » Lors des grandes pièces à machines, on était quelquefois obligé de supprimer les banquettes de la scène, qui auraient rendu impossibles les changements à vue : ce fut ce qui arriva à la représentation de *Circé*, au Palais-Royal (17 mars 1675) [1]. Nul doute qu'il ne faille expliquer en partie par cet usage cette sévère et inflexible unité de lieu de nos anciennes tragédies ou comédies, qu'on a voulu, si mal à propos, ériger en loi immuable, tandis qu'elle n'était souvent qu'une contrainte imposée par des circonstances transitoires. Il était difficile, en effet, dans de pareilles conditions, de changer en place publique, d'une scène à l'autre, l'éternel vestibule des tragédies de Racine ou en salon l'éternelle place publique des comédies de Molière. De là encore, par suite, l'invraisemblance des entrées, des sorties, des rencontres fortuites, etc. Et voilà comment de petites causes amènent de graves conséquences, et comme quoi les banquettes de la scène ont gravement influé sur notre art dramatique. Mais si l'on a peine à comprendre qu'on les ait souffertes si longtemps sur le théâtre tragique ou comique, on com-

1. Voy. le Registre cité par M. Regnier dans le *Monde dramatique*, Iᵉʳ vol. Il y cite comme le Registre de la Grange, mais il doit se tromper car le Registre de La Grange a été publié par la Comédie-Française, comme on sait, en 1876, et cette particularité ne s'y trouve pas indiquée (V. p. 168).

prend beaucoup moins encore qu'elles aient pu exister, au moins pendant quelque temps, sur la scène même de l'Opéra, comme le prouvent les *Amusements*, de Dufresny[1].

Les anecdotes qui démontrent les inconvénients de ces banquettes, pris sur le fait, sont très nombreuses, et nous en citerons plusieurs. On reprochait à Baron de tourner quelquefois en scène le dos au public ; il ne le faisait que lorsqu'il y était forcé, en quelque sorte, par les spectateurs des banquettes, qu'il entendait rire ou causer tout haut derrière lui : c'était alors qu'il se retournait vers eux et leur imposait silence en leur adressant les vers qu'il avait à dire.

A une représentation de *Cinna*, le maréchal de la Feuillade, entendant le comédien, qui jouait Auguste, réciter ces vers :

> « Ma faveur fait ta gloire et ton pouvoir en vient,
> Elle seule t'élève et seule te soutient, » etc.

s'écria à mi-voix : « Ah ! tu me gâtes le : *Soyons amis, Cinna !* » L'acteur, troublé et croyant que cette apostrophe s'adressait à lui, faillit perdre la tête. Le maréchal lui expliqua après la pièce que c'était d'Auguste lui-même qu'il avait voulu parler.

Le marquis de Sablé arriva, un jour, à moitié ivre, sur le théâtre pendant les *Vendanges*, de Dancourt (1694). L'acteur-auteur était en scène, et chantait ces vers :

> En parterre, il boutra nos blés ;
> Nos prés, nos champs, seront *sablés*.

Le marquis, dont la raison était fort troublée, s'imagina que celui-ci l'insultait, et, se levant de sa place, il alla gravement souffleter le comédien, qui dut dévorer cet affront.

---

1. Publiés en 1699. Voy. *Cinquième amusement : l'Opéra*.

A la première représentation de l'*École des femmes*, Plapisson, qui passait pour un grand philosophe, était sur le théâtre, et à chaque éclat de rire du parterre il haussait les épaules et le regardait en pitié, disant même quelquefois tout haut : « Ris donc, sot de parterre, ris donc [1] ! »

C'est que ces deux parties de l'auditoire, celle qui s'étalait à son aise sur la scène et celle qui se tenait debout à l'autre extrémité de la salle, n'étaient pas toujours d'accord. On le remarqua surtout au *Grondeur*, de Brueys et Palaprat, qui fut sifflé par la première et vivement applaudi par la seconde.

De Beauchamps, dans ses *Recherches sur les théâtres*, a raconté l'anecdote suivante : Des seigneurs riaient avec Visé, sur la scène, des beaux endroits de son *Gentilhomme Guespin* (1670). Le parterre, au contraire, sifflait beaucoup. Un rieur des banquettes s'avança et dit : « Si vous n'êtes pas contents, on vous rendra votre argent à la porte ; mais ne nous empêchez pas d'entendre les choses qui nous font plaisir. » On lui cria :

Prince n'avez-vous rien à nous dire de plus ?

Une autre voix répondit pour lui :

Non ; d'en avoir tant dit il est même confus.

Ces deux vers font partie de l'*Andronic*, de Campistron, qui ne parut qu'en 1685 : donc il est certain que l'anecdote est fausse, ou qu'il faut la rapporter à une autre pièce.

Le public, bien qu'habitué à ces abus, n'était pas

1. Suivant quelques-uns, c'est fort sérieusement que Plapisson se serait écrié, dans son admiration pour Molière : « Ris donc, parterre, ris donc ! » Cela est peu probable, car c'est évidemment à ce Plapisson que fait allusion Dorante, dans la *Critique de l'École des femmes* (sc. 6), quand il parle de cet original qui, voyant rire le parterre, le prenait en pitié et l'apostrophait avec dépit.

toujours patient, et il avait, rarement il est vrai, ses accès de mauvaise humeur contre ces usurpateurs et ces intrus. Un jour, c'était en 1735, qu'on représentait *Aben-saïd*, tragédie inconnue du non moins inconnu abbé Le Blanc, un officier des gardes françaises, le cheva-lier de Tintiniac, se tenait debout au milieu du théâtre. « Annoncez ! » lui crie un spectateur du fond du par-terre. Le chevalier ne fit pas attention à cette incar-tade, et resta dans la même position. Aussitôt les cla-meurs redoublent de toutes parts ; on l'apostrophe de droite à gauche, d'en haut et d'en bas ; on l'interpelle en termes grossiers : « Eh ! là-bas, l'homme à l'habit gris de fer, galonné d'or, annoncez, annoncez donc ! » L'officier se retourne ; il n'y avait plus moyen de ne pas entendre, et, s'avançant jusqu'au bord de la rampe : « J'annonce, dit-il, que vous êtes des drôles que je rouerai de coups. » L'histoire ajoute que le parterre se tut aussitôt. Voilà un parterre précieux ! De nos jours, il n'aurait pas été si facile. Ordinairement on est brave en bloc, et, d'ailleurs, le parterre d'alors ne brillait point par sa résignation.

L'année suivante, un bon mot suggéré par la pré-sence de ces mêmes banquettes faillit faire tomber le *Childéric*, de Morand. Dans une des plus belles scènes de la pièce, un acteur entrait avec une lettre à la main ; comme il tâchait de se faire jour à travers la foule qui remplissait le théâtre, on entendit une voix qui criait de la salle : *Place au facteur !* et une hilarité univer-selle accueillit cette saillie.

Les choses durèrent ainsi jusqu'à la clôture de 1759, non sans de nombreuses réclamations, mais qui n'abou-tissaient à rien. Dès 1661, Molière, dans la première scène des *Fâcheux*, avait décrit tous les inconvénients de cet usage, en homme qui en avait souffert bien des fois :

Les acteurs commençoient, chacun prêtoit silence.
Lorsque, d'un air bruyant et plein d'extravagance,
Un homme à grands canons est entré brusquement,
En criant : Holà ! ho ! un siège promptement !
Et, de son grand fracas surprenant l'assemblée,
Dans son plus bel endroit à la pièce troublée...
Les acteurs ont volu continuer leurs rôles ;
Mais l'homme pour s'asseoir a fait nouveau fracas,
Et, traversant encore le théâtre à grands pas,
Bien que dans les côtés il pût être à son aise,
Au milieu du devant il a planté sa chaise,
Et de son large dos morguant les spectateurs,
Aux trois quarts du parterre a caché les acteurs, etc.

Quatre ans après, le 12 juin 1655, il revenait à la charge devant le roi, en jouant le *Favory* dans le jardin de Versailles : « M. de Molière, dit La Grange, fit un prologue en marquis ridicule, qui vouloit estre sur le théâtre malgré les gardes, et eut une conversation risible avec une marquise ridicule, placée au milieu de l'assemblée. »

Regnard a tracé dans le *Distrait* (I, sc. 6), un tableau semblable :

Sur un théâtre alors vous venez vous montrer,

dit Valère au chevalier ;

Là, parmi vos pareils on vous voit folâtrer ;
Vous allez vous baiser comme des demoiselles.
Et, pour vous faire voir jusque sur les chandelles,
Poussant l'un, heurtant l'autre et comptant vos exploits
Plus haut que les acteurs vous élevez la voix,
Et tout Paris, témoin de vos traits de folie,
Rit plus cent fois de vous que de la comédie.

Molière avait déjà dit en parlant de son *Fâcheux :*

Plus haut que les acteurs élevant ses paroles,

et ce seul détail suffirait à donner une idée du trouble qu'entraînaient de tels abus.

Nul n'en fut plus choqué que Voltaire; il en parle souvent dans ses préfaces. Il avait eu particulièrement à en souffrir pour sa tragédie de *Sémiramis*, où l'ombre de Ninus, se frayant un passage à travers les specta-teurs, avait failli tourner au ridicule et faire tomber complètement la pièce. Lekain eut aussi la gloire de contribuer beaucoup à la suppression des banquettes, commençant ainsi sa réforme de la mise en scène, de la pompe théâtrale et du costume. Il avait présenté au ministre un mémoire chaleureux à ce sujet ; mais les comédiens hésitaient à retrancher ces sièges parasites, qui leur rapportaient une somme considérable[1], et, tout en sentant l'absurdité de cette coutume, ils l'au-raient, sans doute, laissée subsister longtemps encore si le comte de Lauraguais n'eût fait généreusement les frais de la suppression (1759), pour laquelle il donna aux comédiens une somme qui ne se serait montée qu'à douze mille francs, suivant Grimm[2], mais que certains pas-sages d'une lettre de Lekain permettent d'évaluer à près du double, — chiffre encore inférieur, très probable-ment, au capital représenté par le revenu annuel de ces places, — et que Talma élève à plus de soixante mille francs, en ajoutant qu'il a vu les comptes. M. de Lau-raguais obtint en retour ses entrées à vie.

Pour la première fois, à la réouverture de cette année (31 mars), on vit enfin la scène libre et déblayée, même

1. Il y avait d'abord une soixantaine de places : c'est du moins le nombre de celles qu'on vendit en 1683, à l'une des premières représenta-tions du *Mercure galant*. Mais le nombre s'en était élevé par la suite et, comme nous l'avons dit, il s'augmentait encore, dans certains jours, par l'addition de banquettes supplémentaires et ensuite par les spectateurs debout dans le fond, qui se montaient souvent à plus de cinquante, sui-vant Barbier. Elles se louaient environ 6 livres au moment de leur sup-pression, comme on le voit, à la date, dans le *Journal* de Barbier.

2. L'avocat Barbier borne même à 1.500 livres la libéralité de M. de Lauraguais à cette occasion (éd. Charpentier in-18, t. VII, p. 162), ce qui serait bien peu de chose pour justifier les remerciements chaleureux qui lui furent adressés de toutes parts.

des spectateurs debout. Ce fut vraiment un nouveau spectacle. On avait choisi les *Troyennes*, de Châ-
teaubrun, où figuraient un grand nombre d'acteurs, pour
mieux faire sentir les avantages de ce changement au
public, qui remercia les comédiens par de chaleureux
applaudissements. Voltaire y joignit ses propres remerciements dans la dédicace de l'*Ecossaise* à M. de Lau-
raguais, et tous les écrivains célébrèrent à l'envi la
réforme [1]. Mais cette réforme ne s'était pas faite sans
exciter de violents murmures, et même une résistance
acharnée, de la part des jeunes seigneurs, accoutumés
à venir étaler leur fatuité sur le théâtre, et dont cette
disposition favorisait aussi le commerce galant avec les
actrices. Il y eut à ce propos une lutte sanglante au
café Procope, vis-à-vis le théâtre; les talons rouges y
tirèrent l'épée contre les comédiens, et il en coûta la
vie à plusieurs lustres et glaces de l'endroit.

Toutefois, après cette mesure, l'usage se conserva
encore, à certaines représentations dites de capitation,
de rétablir les banquettes sur la scène. Les gens du bel
air n'avaient garde de manquer au rendez-vous; moyennant un droit assez élevé, ils pouvaient, ces soirs-là,
jouir à leur aise d'un privilège disparu, et ils en abu-
saient souvent au point de causer des troubles. De son
côté, le public, habitué à voir la scène libre, souffrait impatiemment ce retour à l'ancien usage et les forçait quelquefois, par ses clameurs, à se retirer dans les coulisses [2].

Une coutume analogue existait dans la Grande-Bretagne : « Un spectateur qui était sur le théâtre, raconte
mistress Bellamy, dans ses *Mémoires*, un peu pris de vin

---

1. On peut voir dans les *Spectateurs sur le théâtre*, brochure de M. Ad.
Jullien, des extraits curieux du *Mercure*, du *Journal de Collé*, du *Journal*
de Barbier, de Voltaire, de Saint-Foix, de Dorat, et du discours de Brizard
annonçant, à la clôture de Pâques, l'innovation qui devait signaler la
rentrée.
2. Bachaumont, XXV, 234; XXVIII, 217.

probablement, au moment où je passais devant lui, baisa le derrière de mon cou. Irritée de cette insulte, oubliant la présence du lord-lieutenant et celle d'un si grand nombre de spectateurs, je me retournai sur-le-champ vers l'insolent et je lui donnai un soufflet. Quelque déplacée que fût cette manière de ressentir un outrage, elle reçut l'approbation de lord Chesterfield, qui, se levant dans sa loge, m'applaudit des deux mains. Toute la salle suivit son exemple. A la fin de l'acte, le major Macartney vint de la part du vice-roi (la scène se passe à Dublin), inviter M. Saint-Léger, — c'était le nom de l'indiscret, — à faire des excuses au public, ce qu'il fit sur-le-champ. Cette aventure contribua à une réforme que désirait depuis longtemps M. Sheridan. Il fut fait un règlement en conséquence duquel personne désormais ne devait être admis dans les coulisses[1], » c'est-à-dire aux places qu'on ménageait à certains spectateurs sur le théâtre, à l'extrémité des coulisses. Comme on le voit par ce passage et un autre plus loin (lettre XXIII), il ne s'agit pas de banquettes placées de chaque côté de la scène, mais de sièges où l'on se trouvait, pour ainsi dire, moitié dans la coulisse et moitié sur le théâtre.

Quelques lignes de Steele, dans le premier numéro du *Babillard*, sur la représentation d'*Amour pour amour*, de Dryden, en 1709, montrent que les spectateurs étaient admis aussi sur la scène en Angleterre, mais semblent établir que c'était seulement dans les cas de grande affluence. Le président de Brosses, voyageant en Italie, s'applaudit plusieurs fois de n'y jamais voir de spectateurs sur le théâtre. Bref, notre pays était le seul où cette absurde coutume eût été acceptée d'une façon régulière et continue.

1. Lett. xx.

CHAPITRE V

Théâtres de société.

Le théâtre bourgeois ou de société ne naquit guère ou du moins ne prit ses développements en France qu'au dix-huitième siècle. Ce n'est pas que, dans le siècle précédent, les grands seigneurs ne fissent souvent jouer la comédie à domicile ; nous savons même, par une foule de renseignements authentiques, que, dans leurs voyages, ils se faisaient suivre fréquemment de troupes comiques, comme la cour elle-même. Loret nous apprend[1] qu'on ne donnait point, de son temps, de grande fête, ni même de grand repas, sans une représentation théâtrale, et plusieurs passages du *Roman comique* et d'une foule d'autres ouvrages viennent à l'appui de cette assertion.

En Angleterre, sous Jacques Ier et son successeur, il n'y avait presque pas un château qui n'eût son théâtre et ne s'attachât son poète *ad hoc*[2].

C'est surtout vers l'époque de la Fronde que ce goût prononcé pour la comédie était répandu parmi les hautes classes. Durant la splendeur du règne de Louis XIV, nous voyons les plus grands personnages, le roi lui-même, figurer dans les ballets de Benserade, dans les divertissements de Molière, y chanter, y danser, y débiter des vers, y jouer des rôles, en un mot. Non seulement les comédiens vont représenter à la cour, mais ils vont souvent *en visite* chez les grands personnages. La duchesse de Bourgogne jouait la comédie avec ses familiers. Mais ce n'étaient pas là des théâtres de société proprement dits, ou du moins ce n'étaient pas des troupes de société.

1. *Muse historique*, IV, p. 94 et 95 ; Voy. p. 19 et 24.
2. *Histoire abrégée du théâtre anglais*, par Desprez.

Un des premiers et des plus célèbres théâtres de société fut celui que la duchesse du Maine avait établi dans sa petite cour de Sceaux. M. de Malezieu, de l'Académie française, en était le directeur et l'ordonnateur principal, et ce fut pour cette scène aristocratique que l'abbé Genest composa plusieurs de ses froides tragédies, qui, après avoir réussi devant des ducs et pairs, vinrent échouer devant l'indifférence du public. Plus d'une fois le large nez de l'*abbé Rhinocéros*, comme l'avait surnommé son confrère, fit les frais de divertissements sans prétention, plus gais que ses comédies. Dans le nom de Charles Genest, on avait trouvé l'anagramme : « Eh! c'est large nez! » L'auteur de *Pénélope* se prêtait de fort bonne grâce à la plaisanterie, et il n'était pas le dernier à donner la repartie sur ce riche sujet, dans les joyeux impromptus qui servaient d'intermèdes à des représentations plus graves.

Chaque année, à l'époque de la fête de Châtenay, Malezieu, qui possédait une maison dans ce village, offrait à la duchesse et à sa cour des fêtes qu'on voit commencer dans les premières années du dix-huitième siècle et où les représentations dramatiques tenaient une grande place. C'étaient des comédies, des parades, des opéras, des ballets, généralement composés exprès pour la circonstance, où il figurait lui-même, avec des gentilshommes du duc et des dames d'honneur de la duchesse, et où celle-ci tenait également sa place. Malezieu composa lui-même pour ces fêtes plusieurs pièces et divertissements, entre autres la *Tarentule*, où la duchesse du Maine représentait la suivante Finemouche, et qui obtint un vif succès d'hilarité. Il fit également jouer devant elle par des marionnettes, en 1705, la fameuse *Scène de Polichinelle et du Voisin*, espèce de parade assez grossière où l'Académie recevait force quolibets et qui souleva entre Malezieu et le docte corps dont il était membre, ou ses champions, une terrible guerre d'épigrammes. En même temps, la *Poupée du sang*, comme on l'avait surnommée, se livrait avec une égale ardeur à ses divertissements dramatiques dans son domaine de Clagny, près Versailles, où la duchesse de Bourgogne alla, en 1707, assister à la représentation des *Importuns*, de Malezieu.

Ce fut au printemps de 1714 que commencèrent à Sceaux les fêtes nocturnes inspirées par l'habitude qu'avait toujours eue la duchesse du Maine de faire de la nuit le jour, et qui sont connues sous le nom des *Grandes nuits de Sceaux*. Elles se succédaient de quinzaine en quinzaine, sous la présidence d'un roi et d'une reine chargés de leur organisation et qui tâchaient de se surpasser les uns les autres. Tous les beaux esprits de cette petite cour s'ingéniaient à créer des cadres ingénieux pour y faire rentrer ces divertissements complexes, où le bal, les mascarades, les feux d'artifice, les pantomimes, la musique, les loteries, les illuminations, les fantaisies de tout genre, alternaient avec les pièces proprement dites. La duchesse ne craignait pas de jouer avec les comédiens de profession, et elle se chargeait, suivant son caprice, des rôles les plus divers, se partageant entre la tragédie et la comédie, allant d'*Athalie*, d'*Andromaque*, de *Mithridate*, d'*Iphigénie*, de *Joseph*, de *Pénélope*, au *Misanthrope*, à la *Mère coquette*, à l'*Engouement* ou à la *Mode*, de mademoiselle de Launay. La somptuosité de ces fêtes et les énormes dépenses qu'elles entraînaient devinrent l'objet de bien des critiques. Saint-Simon les a rudement censurées dans ses *Mémoires*. Interrompues un moment, elles furent reprises avec moins de luxe, et la duchesse garda jusqu'à la fin son goût pour les divertissements dramatiques [1].

1. Consultez, sur ce sujet, les *Cours galantes*, de M. Desnoiresterres, t. IV, et les *Grandes nuits de Sceaux*, brochure de M. Ad. Jullien. On

Avant le départ de Voltaire pour la Prusse, la duchesse du Maine voulut faire représenter sur son théâtre de Sceaux la tragédie de *Rome sauvée*, qui n'avait encore été jouée que chez Voltaire même. Dans cette représentation, Lekain était chargé du rôle de Lentulus ; Voltaire, de celui de Cicéron ; et, à en croire le célèbre acteur, il était impossible de rien entendre de plus vrai, de plus pathétique, de plus romain que le poète sous le costume du grand orateur. Ce n'était pas, d'ailleurs, la première fois que Voltaire s'enrôlait dans la troupe de madame du Maine, et, quelques années auparavant, en 1747, il avait joué à Anet, dans le *Comte de Boursoufle*, avec madame du Châtelet ; puis il avait paru sur le théâtre de Sceaux pour y réciter le prologue de la *Prude*.

Voltaire avait lui-même un théâtre à Ferney, et auparavant, à Paris, rue Traversière. L'illustre écrivain y jouait quelquefois dans ses pièces, en compagnie de madame Denis, avec un feu, une inspiration extraordinaires, mais non sans quelque emphase. Il dirigeait de près les répétitions, instruisait les acteurs, surveillait tout de ses propres yeux. Il ne badinait pas dès qu'il s'agissait de représenter un de ses ouvrages : quelques anecdotes suffiront pour en donner une idée :

« Un jour, raconte Lekain, nous répétions chez lui, rue Traversière, la tragédie de *Mahomet* : je jouais Séide. Une jeune demoiselle, fille d'un procureur au parlement de Paris, jouait le rôle de Palmire. Elle n'avait tout au plus que quinze ans ; elle était très intéressante ; elle était aussi fort éloignée d'exhaler les imprécations qu'elle vomit contre Mahomet, avec la force et l'énergie que la situation de son rôle exigeait.

« M. de Voltaire, pour lui montrer combien elle était

peut voir la description sommaire de ces fêtes dans les *Divertissements de Sceaux*, 1712.

éloignée du sens de ce rôle, lui dit avec douceur : « Ma-
« demoiselle, figurez-vous que Mahomet est un impos-
« teur, un fourbe, un scélérat, qui a fait poignarder
« votre père, qui vient d'empoisonner votre frère, et
« qui, pour couronner ses bonnes œuvres, veut abso-
« lument coucher avec vous. Si tout ce petit manège
« vous fait un certain plaisir, vous avez raison de le
« ménager comme vous faites ; mais, si cela vous ré-
« pugne à un certain point, voilà comment il faut s'y
« prendre. » Alors M. de Voltaire, joignant l'exemple au
précepte, répète lui-même cette imprécation, et parvient
à faire de cette demoiselle une actrice intelligente et
très agréable. »

Nous nous permettrons seulement de trouver quelque
peu singulier l'argument *ad hominem* employé par le
poète à l'adresse de cette *très intéressante* demoiselle
de quinze ans. Elle s'appelait mademoiselle Baton.
A côté d'elle et de Lekain, l'ouvrier tapissier Mandron,
directeur de l'association de l'hôtel Jaback, représentait Zopire.

« En 1762, on joua à Ferney l'*Orphelin de la Chine*.
Le rôle de Gengiskan fut donné au libraire Cramer. Feu
M. le duc se chargea d'instruire Gengiskan. A la première répétition, M. de Voltaire sentit que M. le duc
n'avait fait de son élève qu'un plat et froid déclamateur.
Il persifla Cramer, qui eut bientôt oublié les leçons de
son maître. Quinze jours après, il revint à Ferney répéter son rôle avec M. de Voltaire, qui, s'apercevant
d'un grand changement, cria à madame Denis : « Ma
nièce, Dieu soit loué ! Cramer a dégorgé son duc ! »

Nous pourrions citer encore ici plusieurs traits bien
autrement énergiques, qui trouveront mieux leur place
dans d'autres chapitres. Il exigeait de tous ses acteurs,
comme il le disait lui-même à mademoiselle Dumesnil,
qu'ils eussent le diable au corps.

Ce fut lui, on le sait, qui forma Lekain. Il le rencontra pour la première fois, au mois de février 1750, sur le théâtre de l'hôtel de Clermont-Tonnerre, auquel s'était réuni celui de l'hôtel de Jaback, un des meilleurs de Paris, où avait joué jusqu'alors celui qui allait bientôt renouveler l'art du comédien, On donnait le *Mauvais riche*, de Baculard-d'Arnaud, devant une brillante assemblée. Voltaire se fit présenter le jeune acteur, lui adressa de chaudes félicitations, et, après avoir inutilement voulu le détourner de monter sur les planches en public, le voyant décidé, il le prit chez lui, éleva un théâtre au-dessus de son appartement, et l'y fit jouer avec ses nièces et la société de l'hôtel Jaback. C'était encore ainsi qu'il élevait « à la brochette » *le tyran* Paulin, qui ne lui fit pas tant d'honneur.

Mahomet d'abord, puis *Rome sauvée*, avaient été essayés sur la scène de la rue Traversière, devant un auditoire intime qui, la première fois, ne se composait guère que des deux nièces, de Pont-de-Veyle, du maréchal de Richelieu, du ménage d'Argental et de deux ou trois serviteurs, mais qui, pour la seconde, s'était assez notablement grossi, et comptait surtout, à côté de d'Alembert, de Diderot, du président Hénault, de Marmontel, non seulement des abbés philosophes comme l'abbé Raynal, l'abbé d'Olivet, l'abbé de Voisenon, mais encore des jésuites comme le Père de Latour, qui avait cédé aux obsessions de Voltaire et qui était venu avec son *socius*. Le poète ne voulut pas que sa tragédie du *Triumvirat* parût sur un autre théâtre que celui de Ferney. Tout cela lui amenait des visiteurs des quatre coins de l'Europe, et son auditoire se renouvelait sans cesse [1].

---

1. Sur les théâtres particuliers de Voltaire, et principalement celui de la rue Traversière, on peut voir les *Mémoires* de Longchamp et Wagnière, t. II, et *Voltaire à la Cour*, par G. Desnoiresterres, ch. IX.

On ne peut assigner un ordre chronologique rigoureux aux divers théâtres d'amateurs qui s'élevèrent peu à peu, au dix-huitième siècle, surtout après la paix de 1748, et ne tardèrent pas à prendre une réelle importance. Il y en eut bientôt partout, depuis la demeure des courtisanes jusqu'à celle des princes du sang, et même du roi :

« La fureur incroyable de jouer la comédie, lit-on dans les *Mémoires secrets* (17 novembre 1770), gagne journellement, et, malgré le ridicule dont l'immortel auteur de la *Métromanie* a couvert tous les histrions bourgeois, il n'est pas de procureur qui, dans sa bastide, ne veuille avoir des tréteaux et une troupe. »

La première société bourgeoise de ce genre, dit Lekain, fut établie à l'hôtel de Soyecourt, rue Saint-Honoré ; la deuxième, à l'hôtel de Clermont-Tonnerre, au Marais ; la troisième, à l'hôtel Jaback, rue Saint-Merry. Cependant, dès les premières années du siècle, et bien avant le théâtre de l'hôtel Soyecourt, Adrienne Lecouvreur s'était révélée sur une scène particulière que la présidente Lejay avait fait bâtir dans la cour de son hôtel, rue Garancière, pour quelques jeunes gens du quartier, constitués en société dramatique.

Qu'on nous permette de citer les autres un peu au hasard. Les demoiselles Verrières, « les Aspasies du siècle, » dont l'une fut l'arrière-grand'mère de George Sand, se distinguaient par des spectacles agréables où elles jouaient avec le plus grand succès, et où des pièces nouvelles, faites expressément à leur intention, alternaient avec des comédies empruntées aux principales scènes de Paris. Colardeau était un de leurs plus zélés fournisseurs ; La Harpe aussi travaillait pour elles. Il succéda à Colardeau dans la direction de leurs fêtes dramatiques, et on le vit même paraître sur la scène. Il s'y montrait d'ailleurs en assez bonne compagnie, car, avec

5

les mœurs faciles de l'époque, les amis de ces demoiselles, parmi lesquels on comptait maints grands seigneurs, et même un magistrat, — le président de Sala-
berry, — ne craignaient pas de jouer en leur compagnie
et de se mêler aux acteurs de la Comédie-Française et
de la Comédie-Italienne, voire aux danseuses de l'Opéra.
Dupin de Francueil, qui devait finir par épouser, dans
sa vieillesse, la fille de l'aînée des Verrières et du maréchal de Saxe, composait souvent la musique de leurs
pièces inédites. Elles avaient théâtre de ville dans leur
hôtel de la Chaussée-d'Antin, et théâtre de campagne,
à Auteuil. Leur salle de Paris surtout, grande et haute,
était fort jolie et fort ornée. Il y avait sept loges en
baldaquin, d'un dessin gracieux et richement décorées,
puis des loges grillées pour les personnes qui ne voulaient pas être vues. L'orchestre était nombreux et
brillant, et le plus beau monde s'y pressait à chaque
représentation [1].

Mais le théâtre, ou plutôt les théâtres de la Guimard,
car elle en avait deux aussi, l'un dans sa villa de Pantin,
l'autre dans son magnifique hôtel de la Chaussée-d'Antin, jouissaient d'une bien autre réputation encore. Cette
dernière salle était délicieuse, et décorée avec un goût
exquis : des tentures de taffetas rose, relevées d'un ga-
lon d'argent, décoraient les loges, qu'éclairait une
multitude de bougies parfumées. Un splendide jardin
d'hiver fournissait la plus agréable promenade pendant
les entr'actes. Toute la jeunesse à la mode se donnait
rendez-vous dans les salons de l'illustre danseuse, et les
loges grillées de son théâtre abritèrent même plus d'une
fois de grandes dames, qui s'esquivaient ensuite, par
une porte dérobée, après avoir assisté au spectacle.
Quant aux présidents de parlements, aux seigneurs de

---

1. *Mémoires secrets*, 1762, 1763, etc., *passim*. G. Sand, *Histoire de ma vie*, ch. II.

la cour et aux princes du sang, loin de se cacher, ils se carraient aux premières places. Carmontelle était le directeur de ces spectacles, d'une magnificence et d'une renommée vraiment royales.

Mademoiselle Guimard jouait elle-même, et jouait avec talent et succès, malgré sa voix rauque, dans sa salle de spectacle. Joseph II alla la voir dans une de ces représentations à Pantin, et s'en retourna charmé. Ses camarades d'Opéra et de galanterie, mesdemoiselles Du-thé, Dervieux, etc., la secondaient sur la scène, où montaient souvent aussi, et toujours avec le plus grand empressement, des acteurs du Théâtre-Français.

Je ne puis que citer les théâtres de mademoiselle Thé-venin, du comte de Montalembert, de M. de la Garde, de la duchesse de Bourbon, à Chantilly; du maréchal de Richelieu, à l'hôtel des Menus; du prince de Conti, au Temple et à l'Ile-Adam; du duc de Grammont, à Clichy, où Durosoy joua dans sa tragédie du *Siège de Calais;* du duc de Noailles, de la duchesse de Mazarin, au château de Chilly; de M. Bertin, trésorier des par-ties casuelles; du comte de Clermont et du prince de Marsan, à Bernis; du comte de Rohault, à Auteuil; de madame Dupin, à Chenonceaux; de M. d'Epinay, de mademoiselle Dangeville, de la Folie-Titon, etc. Made-moiselle Clairon se montrait souvent chez la duchesse de Villeroy, sa protectrice. Chez M. de Magnanville, garde du trésor royal, à la Chevrette, d'excellents ac-teurs représentaient des pièces toujours inédites. On y donnait *Roméo et Juliette*, « tiré du théâtre anglais et accommodé au nôtre par le chevalier de Chastellux. La marquise de Gléon et mademoiselle Savalette y bril-laient parmi les actrices, et quoique ce théâtre fût à trois lieues de Paris, il attirait le plus grand monde à ses représentations célèbres. M. de la Popelinière don-nait, dans son magnifique château de Passy, des comé-

dies et opéras, presque toujours de lui, où sa femme
jouait dans la perfection, et que les soupers de l'amphy-
trion faisaient applaudir. Le théâtre particulier du baron
d'Esclapon est demeuré célèbre par la représentation
qui y eut lieu en faveur de Molé, après sa maladie (février 1767), et qui produisit vingt-quatre mille livres.
Le salon du danseur d'Auberval, à l'aide d'un mécanisme ingénieux, pouvait se métamorphoser instantanément en une salle de spectacle, à l'usage des grandes
dames et des seigneurs qui venaient s'y exercer à briller
dans les divertissements de la cour ».

Tous les noms, on le voit, se trouvent mêlés et con-
fondus dans l'histoire de la comédie d'amateurs. Mais,
indépendamment de ceux que nous venons de citer,
il est quelques théâtres de société dont l'importance
toute particulière réclame plus de détails. C'est d'abord,
à Sainte-Assise et à Bagnolet, celui du duc d'Orléans
et de madame de Montesson, la Maintenon de ce prince,
un de ceux que les connaisseurs mettaient au plus haut
rang, et dont la Comédie-Française eût pu se montrer
jalouse. Il comptait parmi ses principaux acteurs le duc
d'Orléans, qui réussissait parfaitement dans les paysans,
les financiers et les rôles où il fallait surtout du naturel ;
le vicomte de Gand, le comte d'Onesan, M. de Ségur,
la comtesse de Lamark, la marquise de Crest, enfin,
madame de Montesson, qui affectionnait, malgré son
embonpoint, les rôles de bergères et d'amoureuses. Il
était placé sous la direction de madame Drouin, de la
Comédie-Française. On y exécutait souvent des ouvrages de la façon de madame de Montesson elle-même,
qui réunissait les talents d'actrice et d'auteur, et
Collé composait pour son Altesse des parades ordurières
qu'on n'eût osé jouer sur les tréteaux de la Foire. Dans
leur voyage en France, en 1782, le comte et la comtesse du Nord allèrent assister au spectacle chez ma-

dame de Montesson. Le duc d'Orléans avait fait préparer en leur honneur un souper où il y avait pour huit cent cinquante livres de fraises, mais ils n'y assistèrent pas [1].

L'engouement gagna jusqu'à la cour. Madame de Pompadour essayait d'amuser le roi, en représentant devant lui, sur un théâtre bâti exprès, et que Voltaire espéra un moment diriger, de petits opéras, quelquefois faits pour elle, et où elle brillait par son jeu comme par son chant. Le théâtre de madame de Pompadour et la troupe des « petits cabinets », où figuraient les plus grands noms de France, jouaient la comédie, le vaudeville, l'opéra, le ballet. L'organisation en était excellente et la réglementation sévère. Les représentations comprenaient les pièces de l'ordre le plus élevé, sauf dans la tragédie qui ne fut abordée qu'une fois, et Rameau y figurait à côté de Molière. Les décors, au besoin la machination, l'orchestre, les chœurs, le corps de ballet, ne laissaient rien à souhaiter, et un grand théâtre eût pu en être jaloux. Sept tailleurs étaient employés aux costumes ; les magasins comprenaient plus de deux cents habits d'hommes et cent cinquante-trois habits de femme. La scène s'élevait dans le cabinet des médailles. Le théâtre des petits appartements avait pour directeur le duc de la Vallière, qui en surveillait assidûment les répétitions et qui excellait personnellement dans les rôles de bailli. On assure que le duc de Nivernois, dans le Valère du *Méchant*, eût pu faire la leçon aux meilleurs acteurs de la Comédie-Française [2].

La jeune Dauphine, Marie-Antoinette, adorait le spectacle ; le comte et la comtesse de Provence, le comte et la comtesse d'Artois, partageaient le même goût : on débuta donc par jouer en cachette à l'aide

---

1. *Anecdotes du règne de Louis XVI*, 1791, t. VI, p. 32.
2. E. et J. de Goncourt, *Les maîtresses de Louis XV*, *Madame de Pompadour*.

d'un matériel élémentaire, qu'on enfermait vivement
à la moindre alarme. Madame Campan a donné quelques
détails intéressants, mais assez sommaires, sur ces
premiers essais, qui ne purent avoir lieu que dans le
court intervalle compris entre le mariage du comte
d'Artois, en décembre 1773, et la mort de Louis XV,
en mai 1774. Devenue reine, Marie-Antoinette, qui
avait pris des leçons de Dugazon, organisa ces représentations sur une plus large échelle. Peu à peu elle
parvint à habituer Louis XVI à l'idée de la voir monter elle-même sur la scène, et cela n'était pas facile
avec un prince ennemi du théâtre au point de jeter au
feu, sans la lire, la liste du nouveau répertoire de la
cour, en disant : « Voilà le cas que je fais de ces
choses-là ! » Ce fut d'abord à Choisy, puis à Trianon,
qu'eurent lieu ces représentations [1], presque toujours
devant un public très restreint. Cela devint une véritable passion : on chercha à lutter contre les théâtres
rivaux ; on se piqua au jeu, et les luttes et cabales de
coulisses se firent même quelquefois jour dans la noble
troupe.

La reine trouvait moyen de satisfaire à ce goût
déclaré dans presque toutes ses fêtes. « Le 24, veille
de la fête du roi, lit-on dans la *Correspondance secrète*,
à la date du 26 août 1777, notre jeune reine a surpris
très agréablement son auguste époux... Hier, Sa Majesté a donné, au Petit-Trianon, une fête plus brillante que la précédente. Le parc représentait une
foire ; les dames de la cour étaient des marchandes ;
la reine tenait un café comme limonadière. Il y avait
des théâtres et des parades çà et là, etc. »

Les *Mémoires de Fleury* donnent ainsi la distribution
du *Roi et le fermier*, qui fut la première pièce jouée
sur le théâtre de Trianon, par la reine et sa société, et

1. *Mémoires secrets*, Voy. p. 209.

la copie d'une affiche à la main apposée à cette occasion :

Les Comédiens ordinaires du roi donneront aujourd'hui, etc. :

PERSONNAGES.	ACTEURS.
Le roi.	M. le comte d'Adhémar.
Richard.	M. le comte de Vaudreuil.
Un Garde.	M. le comte d'Artois.
Jenny.	La reine.
Betty.	Madame la duchesse de Guise.
La Mère.	Madame Diane de Polignac.

Cette *troupe*, sans valoir celles de la Guimard ni de madame de Montesson, surtout dans la comédie, pouvait être supportée sans trop de complaisance. Le comte d'Adhémar n'eût certes pas été admis à la Comédie-Française, mais le comte de Vaudreuil était un des meilleurs acteurs de société qu'on pût voir, et il avait organisé dans son château un théâtre dont les spectacles étaient célèbres. Tout au rebours de son frère, le comte d'Artois manquait de mémoire pour apprendre ses rôles, et y suppléait par ses improvisations gênantes. Quant à la reine, malgré un mot bien connu, rapporté dans les *Mémoires secrets*, de Bachaumont : « Il faut convenir que c'est royalement mal joué [1], » et malgré le coup de sifflet clandestin que les faiseurs d'*ana* prêtent à Louis XVI à son adresse, il paraît qu'elle était fort bien en scène, et qu'elle se tirait à ravir de certains rôles naïvement coquets, surtout dans l'opéra-comique. Elle avait la voix juste et agréable, le jeu noble et gracieux.

Les représentations de la reine et de sa troupe sur le théâtre de Trianon durèrent du 1er août 1780 au 19 août 1785, mais avec de nombreuses et longues inter-

---

1. Ce mot en rappelle un autre du roi de Suède (le comte de Haga) qui, pressé de dire, après un concert que Marie-Antoinette lui avait donné dans ses appartements, ce qu'il pensait de la voix de Sa Majesté, répondit qu'elle chantait très bien pour une reine.

mittences. Elle comprenaient l'opéra-comique et la comédie. Parmi les rôles de Marie-Antoinette, on peut citer particulièrement la Colette du *Devin de village*, la Babet de la *Veillée villageoise ou le Sabot perdu*, la Rosine du *Barbier de Séville*, qui fut la dernière pièce représentée sur le théâtre de la cour. Elle s'occupait très activement de son théâtre et en surveillait tous les détails avec un soin jaloux. Il paraît certain, quoi qu'on en ait dit, que le roi avait au moins fini par s'intéresser beaucoup à ce divertissement [1].

Monsieur avait organisé aussi un théâtre de société chez lui, et ne se montrait pas plus scrupuleux que la plupart des contemporains pour le choix des pièces ni pour celui de l'auditoire. Des acteurs de la Comédie-Française, aidés de quelques autres empruntés à diverses sociétés bourgeoises, faisaient surtout les frais de ces représentations. Celles qu'il donna à son château de Brunoy excitèrent beaucoup de curiosités et quelque scandale. Le roi se repentit d'y être venu, et deux femmes de l'auditoire se sauvèrent avec confusion. Quant au comte d'Artois, il avait chez lui deux théâtres, comme le duc d'Orléans et le comte de Clermont.

On vit même un cordonnier pour femmes, du nom de Charpentier, établir chez lui un théâtre de société où il jouait la tragédie, entre autres le rôle d'Orosmane dans *Zaïre* : « Cette parade fait l'histoire du jour dans ce pays de modes et d'oisiveté, surtout depuis que le duc de Chartres y a assisté avec d'autres seigneurs de la cour. Ce prince y est allé à six chevaux, et c'est à qui aura des billets pour ce spectacle burlesque [2]. »

C'est probablement Charpentier dont Mercier raconte l'anecdote suivante dans son chapitre des *Théâtres bour-*

1. *Correspondance secrète entre Marie-Thérèse et Mercy-Argenteau*, t. III, p. 478. Ad. Julien, *la Comédie à la cour de Louis XVI*, broch. in-8°.
2. Bachaumont, t. III, p. 305.

geois (*Tableau de Paris*), en l'empruntant au *Babillard :*
« Un cordonnier habile à chausser le pied mignon de
toutes nos beautés chaussait le cothurne tous les dimanches. Il s'était brouillé avec le décorateur du
théâtre. Celui-ci devait pourvoir la scène, au cinquième
acte, d'un poignard et le poser sur l'autel. Par une vengeance malicieuse, il y substitua un tranchet. Le cor-
donnier-prince, dans la chaleur de la déclamation, ne
s'en aperçut pas d'abord, et voulant se donner la mort
à la fin de la pièce, il empoigna, aux yeux des spectateurs, l'instrument benin qui lui servait à gagner sa
vie. Qu'on juge des éclats de rire. »

Mentionnons encore, dans un autre genre, la plaisante bévue de cet amateur de Bruxelles, chargé du rôle
de Granville dans les *Comédiens*, de Casimir Delavigne,
qui, se creusant la tête pour *souligner* ses rôles et produire des effets nouveaux, en trouva un superbe pour
les deux vers suivants :

> Le public, dont l'arrêt punit et récompense,
> S'informe comme on *joue* et non pas comme on *pense*.

Il se frappa la joue au premier hémistiche du
deuxième vers, et le ventre à la fin. Cette innovation
fut accueillie avec le succès qu'elle méritait, et notre
amateur en pensa crever d'orgueil.

Les incidents de toute sorte ne manquaient pas en
ces réunions, favorisés par l'intimité et la belle humeur
des invités. Voici une petite anecdote dont nous laissons
la responsabilité à Bachaumont, qui la raconte [1] : « On
rit beaucoup à la cour d'une plaisanterie que s'est per-
mise M. le duc de Choiseul envers M. l'évêque d'Orléans,
à un spectacle particulier que donnait chez elle madame la comtesse d'Amblimont. Outre ce ministre et
autres seigneurs de la plus grande distinction, il y avait

1. T. IV, p. 322.

plusieurs prélats. Avant la comédie, M. le duc de Choiseul avait prévenu quelques actrices. Deux s'étaient pourvues d'habits d'abbé; elles se présentèrent dans cet accoutrement à M. de Jarente (ce prélat tenait la feuille des bénéfices). Ceux-ci, par leur figure intéressante, attirèrent son attention; ils lui adressèrent leur petit compliment, se donnèrent pour de jeunes candidats qui voulaient se consacrer aux services des autels, se renommèrent de la protection et même de la parenté de M. de Choiseul, qui n'était pas loin et vint appuyer leurs hommages et leurs demandes. Le cœur de l'évêque d'Orléans s'attendrit; il promit des merveilles, et, par une faveur insigne, ne put se refuser à donner l'accolade à ces deux aimables ecclésiastiques. Quelle surprise pour le prélat, lorsque, pendant le spectacle, il entrevit sur le théâtre des figures qui ressemblaient beaucoup à celles qu'il avait embrassées. Son embarras s'accrut par une petite parade où il fut obligé de se reconnaître. On y peignait adroitement son aventure. Enfin des couplets charmants le mirent absolument au fait. Il se prêta de la meilleure grâce à la raillerie. »

Un grand nombre d'amateurs se signalaient par leurs talents de comédiens. C'étaient, par exemple, outre ceux que j'ai déjà nommés, les comtes de Sabran, de Gouffier, de Loménie; la jeune marquise de Folleville et sa sœur, etc., qui se distinguaient sur le théâtre de la rue de Popincourt; la comtesse de Turpin, la marquise de Senneville; les marquis de Villars et de Rohan, le comte de Pons, Montcrif, Coypel, la Harpe, Morand, Rousseau, Duché, et plus tard Florian, qui réunissaient le double titre d'acteurs et d'auteurs; enfin Hue de Miromesnil, garde des sceaux, le Scapin le plus comique des théâtres de société, le Dugazon des soirées dramatiques qui se donnaient chez le ministre Maurepas. Ses hautes facultés mimiques étaient tellement notoires qu'elles donnèrent lieu à une sanglante facétie intitulée : *Très humbles remontrances de Guillaume-Nicodème Volange, dit Jeannot, acteur des Variétés amusantes, à Monseigneur de Miromesnil, garde des sceaux de France.*

Le goût du spectacle bourgeois était donc devenu une vraie fureur. Symptôme significatif que cette rage d'amusement, cette passion de se donner en spectacle, d'entrer en lutte avec les comédiens et de mettre la scène de plain-pied avec le salon : « Il y avait tel château, celui de Saint-Aubin, où la dame du logis, pour avoir une troupe suffisante, enrôlait ses quatre femmes de chambre, faisait jouer *Zaïre* à sa fille, âgée de dix ans, et, pendant plus de vingt mois, ne faisait pas relâche. Après sa banqueroute et dans son exil, le premier soin de la princesse de Guémenée fut de demander les tapissiers pour leur faire dresser un théâtre [1]. »

« Rivaux redoutables ou illustres, dit l'auteur des *Mémoires de Fleury* en parlant de ces théâtres particuliers, ils nous dérobaient la meilleure partie de notre public, notre public des places supérieures. Nous en étions réduits au parterre dans sa plus simple expression, et nos loges officielles étaient vides quand le beau monde affluait dans les loges de riches et puissants amateurs. — Cette mode, introduite dans tous les ordres de l'État, faisait presque de ce talent une partie essentielle de l'éducation de nos petits-maîtres et de nos agréables ; il n'était pas de noble fille, pas de femme de cour ou de haute finance qui ne rencontrât dans la rue la Lisette ou la Célimène d'une troupe rivale. On entendait souvent les hommes les plus qualifiés s'aborder par leur nom de théâtre le plus habituel : M. le duc était Crispin ; M. le marquis, Dorante ; tel grave magistrat, Damis ; tel mousquetaire, Purgon ou Sganarelle. »

1. Taine, *Origines de la France contemporaine*, I, 201.

Les moralistes prétendaient faire du théâtre un moyen d'éducation. C'est dans ce but que madame de Genlis faisait représenter chez elle de petites comédies morales de sa composition, où il n'y avait que des rôles de femmes. Ses filles, âgées l'une de douze, l'autre de treize ans, y jouaient avec une intelligence et une sensibilité au-dessus de leur âge. Ces représentations devinrent célèbres, et la Harpe les chanta dans des vers enthousiastes. Un jour, un religieux, Bernardin de la Bresse, écrivit à Collé qu'il allait élever un petit théâtre pour y jouer avec ses confrères la *Partie de chasse de Henri IV*.

L'armée elle-même n'avait pu se dérober à l'engouement général : « Le goût de jouer à la comédie avait donné lieu à un abus considérable dans les garnisons, où l'on voyait des officiers donner au public ce spectacle indécent en s'associant aux actrices et en paraissant sur la scène avec elles. On en avait vu quelques-uns tellement ensorcelés de cette fureur, qu'ils avaient quitté le service pour se livrer entièrement à l'état d'histrion. M. le marquis de Monteynard, ministre d'un caractère grave et sérieux, n'a pas cru devoir tolérer un usage autorisé par des exemples du plus grand poids : il a fait un règlement qui défend absolument à tout officier, dans les garnisons, de jouer la comédie [1] (1772). » Deux ans avant, de jeunes officiers, enhardis par leurs succès improvisés, étaient venus louer à Paris la salle d'Audinot et y jouer deux opéras-comiques : le *Déserteur* et les *Sabots*, après avoir distribué six cents billets pour se former un auditoire. Le duc de Choiseul, ministre de la guerre, les aurait fait mettre au For-l'Evêque, si le duc de Chartres n'eût assisté à cette représentation [2].

---

1. *Mémoires secrets*, t. VI, 105.
2. En 1751, quelques gentlemen et des dames de qualité, élèves de Macklin, avaient fait la même chose en Angleterre, et avec beaucoup

Parmi les auteurs, ce fut longtemps aussi une mode de travailler pour les théâtres bourgeois, et presque tous les noms les plus célèbres tinrent à honneur de faire représenter quelques-unes de leurs œuvres par ces nobles comédiens. Colardeau et La Harpe furent des plus empressés, ainsi que de Moissy, un Carmontelle plus sérieux et plus lourd, Poinsinet, le chansonnier Laujon, et de la Borde pour la musique. Collé composa, nous l'avons dit, toute une série de pièces aussi gaies que libres pour le théâtre du duc d'Orléans, à Bagnolet; Carmontelle renouvela le proverbe qui semblait fait tout exprès pour les spectacles de société, avec ses proportions exiguës, sa légèreté de trame et sa simplicité de mise en scène. Je dis *renouvela* et non *créa*, car madame de Maintenon avait déjà fait des proverbes à l'usage de Saint-Cyr, et, en 1699, madame Durand en avait publié onze qui rentrent tout à fait dans le genre de Carmontelle. Celle-ci jouait parfaitement dans ses pièces.

La plupart des comédies, des tragédies même, se produisaient sur des théâtres particuliers avant de monter sur une scène publique. La *Partie de Chasse de Henri IV*, par Collé, avait fait le tour de toutes les salles de société, qui se la disputaient, — comme de tous les théâtres de province, — avant d'avoir pu obtenir la permission de paraître à la Comédie-Française, à cause du rôle, trop familier pour la scène, que l'auteur avait donné au monarque.

Quant aux pièces spécialement composées pour ces représentations en petit comité, elles étaient le plus souvent d'une licence extrême. Les mœurs de la société

plus de solennité encore. Ils louèrent pour une soirée le théâtre de Drury-lane, et y représentèrent *Othello* avec le plus grand succès, devant un public de premier ordre, où brillait une partie de la famille royale. Les dépenses de la soirée se montèrent à plus de mille livres sterling (*Mémoires de Macklin*, traduction française, p. 323).

leur donnaient naturellement le ton : la chose était passée en usage, presque en loi, et l'on voyait des hommes du meilleur monde, parfois même des femmes d'une conduite d'ailleurs irréprochable, écouter sans étonnement ces gravelures arrangées en dialogue pour l'édification des courtisanes.

A l'étranger, on jouait de même la comédie dans les salons : par exemple, chez le prince Henri de Prusse, pour qui Voltaire avait refait son *Adelaïde Duguesclin*, en trois actes, sous le titre des *Frères ennemis*, en en supprimant le rôle de femme. Les mémoires de Dazincourt nous apprennent qu'à Bruxelles, dans la maison de Dhannetaire, le directeur du théâtre, on donnait des pièces improvisées où se distinguaient le prince de Ligne, les comtes de Lannoy et d'Esterhazy.

Mentionnons encore, plus tard, les représentations célèbres données par M. Demidoff, qui habitait tour à tour Paris et Florence, et avait à sa solde une troupe entière qui portait son nom. Chaque soir, il y avait spectacle dans son palais florentin, où tous les genres étaient admis, et le seigneur du lieu, à peu près impotent, s'y faisait transporter dans un fauteuil. Un hôtel entier était consacré au logement des acteurs.

La Comédie-Française finit par s'inquiéter d'une mode qui en était venue à lui porter un tort si considérable. Beaucoup de ses sociétaires néanmoins, comme Fleury et Dazincourt, aimaient à se montrer sur ces théâtres aristocratiques où leur jeu fin et délicat était toujours apprécié ; mais les autres n'en voyaient pas moins avec ombrage une rivalité si dangereuse, et ils ne s'en tinrent pas là. Ils réclamèrent activement. En 1768, défense fut faite aux comédiens français et italiens de jouer sans permission ailleurs que sur leurs théâtres, ce qui répandit encore davantage, tout d'abord, la manie de monter sur les planches parmi les jeunes gens des classes les plus diverses. Mais, peu à peu, abandonnées ainsi à elles-mêmes, la plupart des scènes de société se fermèrent.

Après la Terreur, sous le Directoire et les premières années de l'Empire, de 1798 à 1806, les théâtres bourgeois ressuscitèrent à Paris avec une nouvelle fureur. « Alors, dit Brazier[1], on en comptait plus de deux cents dans la capitale. Il y en avait dans tous les quartiers, dans toutes les rues, dans toutes les maisons ; il y avait le théâtre de l'Estrapade, celui de la Montagne-Sainte-Geneviève, ceux de la Boule-Rouge, de la rue Montmartre, de la rue Saint-Sauveur, du cul-de-sac des Peintres, de la rue Saint-Denis, du faubourg Saint-Martin, de la rue des Amandiers, de la rue Grenier-Saint-Lazare, etc. On jouait la comédie dans les boutiques de marchands de vin, dans les cafés, dans les caves, dans les greniers, les écuries, sous des hangars. C'était épidémique, une grippe, un choléra dramatique... De la petite bourgeoisie, ce goût était descendu jusque chez les ouvriers. Ils perdaient souvent un ou deux jours de la semaine, sans compter l'argent qu'ils dépensaient, pour avoir le plaisir d'amuser à leurs dépens. J'ai vu des Agamemnon aux mains calleuses, des Célimène en bas troués ; j'ai vu jouer le *Séducteur* par un homme qui avait deux pieds-bots, et le *Babillard* par un bègue, Cette fièvre, qui dura plusieurs années, était devenue inquiétante, et jeta au théâtre un grand nombre de comédiens détestables. »

Un des théâtres de société les plus célèbres fut celui qui avait été fondé par Doyen, avant la Révolution, dans la rue Transnonain, et sur lequel Brazier donne les plus curieux détails. Doyen, qui avait la passion exclusive du théâtre, forma un grand nombre de jeunes acteurs : Ligier, Menjaud, Samson, Provost, Bocage,

1. *Chronique des petits théâtres*, in-8°. II, 284.

Beauvallet, Arnal, Bouffé, madame Brohan, etc., ont entre autres joué chez lui. La vogue du théâtre Doyen se soutint un demi-siècle.

En 1807, un décret ordonna la fermeture de tous ces spectacles bourgeois qui étaient devenus de vrais théâtres payants, et où se dépensaient inutilement le temps et l'argent d'une foule d'ouvriers. Ce fut alors que les gens de qualité revinrent à cet usage de l'ancienne cour. Déjà, en 1800, Murat avait, à son château de Neuilly, un théâtre de société où jouaient les Bonaparte, et que visitait parfois le premier consul. La reine Hortense, le prince Eugène, la duchesse d'Abrantès, jouaient sur le petit théâtre de la Malmaison. L'impératrice Joséphine voulut se montrer dans la comédie à Saint-Cloud, et on prétend que Napoléon la siffla impitoyablement, comme Louis XVI avait, dit-on, sifflé Marie-Antoinette. Cambacérès, Regnault de Saint-Jean-d'Angély, Français de Nantes, et beaucoup d'autres notabilités, donnaient des représentations chez eux. Le théâtre bourgeois de M. Foriée, administrateur des postes, était un des plus célèbres.

Sous la Restauration, on cite, parmi les théâtres de société qui ont mérité de laisser un souvenir, ceux du duc de Maillé, au château de Lormois; de madame de la Briche, au château du Marais; de la baronne de la Bouillerie, du marquis de Bellissen, à Royaumont. On jouait le grand répertoire sur le premier, le vaudeville sur le troisième, sur le dernier, l'opéra italien. Mennechet se distinguait parmi les meilleurs comédiens de société.

On avait bâti, rue Chantereine, actuellement rue de la Victoire, une petite salle où des amateurs donnaient régulièrement des représentations dans un but qui n'était pas toujours désintéressé. La salle Chantereine a eu pour héritière et continuatrice la Salle Lyrique, où l'enthousiaste Achille Ricourt, grand admirateur de Ponsard et des classiques, dressait des Célimène et des Britannicus en herbe à jouer devant un public souvent gouailleur et sceptique. Pour un directeur égaré dans la salle de la rue de la Tour-d'Auvergne à la recherche d'une vocation dramatique, on y rencontrait des centaines de jeunes gens disposés à s'amuser des acteurs et à échanger des œillades avec les actrices, plus qu'à étudier les beautés de la littérature dramatique. En 1832, s'était établi, rue de Lancry, un théâtre analogue, où débuta mademoiselle Plessy.

Ce fut surtout en 1835 que les spectacles de société reprirent une nouvelle vogue, lors de l'ouverture du magnifique théâtre de l'hôtel Castellane, décoré par Cicéri, et digne, par la mise en scène, les costumes, la disposition et les splendeurs de la salle, des plus beaux théâtres publics de Paris. L'hôtel Castellane était alors desservi par deux troupes, l'une sous la direction de madame Sophie Gay, l'autre sous celle de la duchesse d'Abrantès. Il a servi de modèle à beaucoup d'autres, sur une moindre échelle, et a subsisté longtemps encore sous le second Empire. Bornons-nous à mentionner, en outre, la salle Molière, et n'essayons même pas de nommer toutes les autres salles plus ou moins intimes où des professeurs de déclamation et de chant, parfois de simples *entrepreneurs* à peine déguisés, forment à l'habitude des planches et produisent à la lumière de la rampe les sujets qu'ils élèvent à la brochette, quand ce ne sont pas les sujets eux-mêmes, jeunes comédiens en quête d'engagement, élèves du Conservatoire, formés en cercle, qui se produisent directement.

On sait quelle extension ont prise dans ces derniers temps, et prennent encore tous les jours, les spectacles de société. Il n'y a plus guère aujourd'hui de soirée du grand style sans un marivaudage en un acte, ou sans une opérette. Il s'est même créé une littérature dramatique spéciale, à l'usage des salons [1]. Les grands hôtels, les châteaux, les cercles ont leurs théâtres, sans compter ceux qu'on improvise au besoin. Il a été beaucoup question, depuis quelques années, des représentations données au cercle de la place Vendôme, où l'on a vu des artistes peintres et des gens du monde jouer des pièces inédites avec des comédiens. Madame Sand avait hérité de son aïeule et de son arrière-grand'mère le goût de la comédie de société. Qui n'a entendu parler du théâtre qu'elle avait organisé à Nohant, et dont elle a publié le répertoire ? Comme M. Lemercier de Neuville avec ses *Pupazzi*, elle y avait ressuscité les marionnettes de Malezieu et de la duchesse du Maine.

CHAPITRE VI

Des représentations dramatiques dans les collèges.

On peut dire que la renaissance de la scène s'opéra en France dans les collèges. C'est là que se produisirent les premiers drames réguliers, nés vers le milieu du seizième siècle. Dès la fin du quinzième, en dépit d'une ordonnance rendue à Blois, en 1579, dont l'article 80 interdisait aux collèges toute représentation, même d'une simple églogue, ce genre de divertissement y avait remplacé peu à peu les danses au tambourin, qui étaient jusqu'alors leur grande distraction.

---

1. Voy. dans le *Catalogue Soleinnes*, III, p. 254-270, une liste assez considérable de pièces représentées sur des théâtres bourgeois. On a publié depuis lors un grand nombre de recueils à cet usage, tels que le *Théâtre de campagne*, de MM. Legouvé, Meilhac, Labiche, Droz, Gondinet, etc. ; les *Proverbes de salon*, de M. Fr. de la Haulle ; les *Saynètes et Monologues*, etc.

Les plus vieux élèves composaient des farces, qui se jouaient dans la cour ou dans la grande salle; toutes les classes se cotisaient pour payer les tapisseries, les costumes et les banquettes. On invitait les collégiens du voisinage et les bourgeois de la ville. C'était la manière de célébrer toutes les fêtes du calendrier universitaire. Les écoliers se livraient à ce divertissement avec tant de fureur qu'ils allaient jusqu'à vendre leurs livres et leurs habits pour se procurer de quoi payer les dépenses, et qu'ils brodaient souvent sur les rôles approuvés par les maîtres des improvisations licencieuses.[1]. On jouait des pièces en français, en latin et en grec.

Ce fut au collège de Boncourt que Jodelle fit jouer, en 1552, sa tragédie de *Cléopâtre* et sa comédie d'*Eugène*, en une représentation solennelle et curieuse, dont Pasquier nous a laissé les détails[2]. « *Cléopâtre* fut jouée devant le roi Henri II, avec de grands applaudissements de toute sa compagnie (dans la cour de l'hôtel de Reims, à Paris), et depuis encore au collège de Boncourt, où toutes les fenêtres étoient tapissées d'une infinité de personnages d'honneur, et la cour si pleine d'écoliers que les portes du collège regorgeoient. Je le dis comme celui qui y étoit présent avec le grand Turnebus, en une même chambre, et les entreparleurs étoient tous hommes de nom... Le roi lui donna (à Jodelle) cinq cents écus de son épargne, et lui fit tout plein d'autres grâces. »

Jodelle, avec ses amis Jean de la Péruse et Remy Belleau, remplirent les principaux rôles dans ces pièces, et on rapporte que ce fut notre poète, alors âgé de vingt ans et doué d'une belle figure, qui fit Cléopâtre. C'est à la suite de cette représentation qu'eut lieu à

1. Quicherat, *Histoire de Sainte-Barbe*, t. I.
2. *Recherches*, l. VII.

Arcueil une cérémonie renouvelée des Grecs : l'offrande au poète par ses amis Baïf, Ronsard, Belleau, la Péruse, d'un bouc à la barbe peinte et couronné de fleurs.

La *Trésorière*, de Jacques Grevin, fut donnée au collège de Beauvais, le 5 février 1558, et deux ans après, le 16 février 1560, on représenta dans le même collège deux autres pièces du même : *César ou la liberté vengée*, et les *Esbahis*, en présence de la cour et de la duchesse de Lorraine, pour les noces de laquelle avait été composée cette dernière comédie. La licence qui y règne d'un bout à l'autre n'effaroucha point cette auguste assemblée et ne l'empêcha pas d'être jouée par des écoliers.

L'*Achille*, de Nicolas Filleul, fut *récité* publiquement au collège d'Harcourt, le 21 décembre 1563. Cette tragédie ne fait peut-être qu'une avec celle du même nom, attribuée dans les *Recherches* de Beauchamp à un certain Lefebvre, du reste complètement inconnu, et qui aurait été jouée la même année, dans le même collège. Le *Néron*, de Guy de Saint-Paul, recteur de l'Université de Paris, vers 1574, fut représenté au collège du Plessis. En 1594 ou 1595, les dames de Saint-Antoine jouèrent *Cléopâtre*, — les filles vêtues en hommes pour représenter les personnages masculins, — devant un auditoire d'abbés. Nous trouvons ce fait dans les *Mémoires pour servir à l'histoire de Port-Royal* (Utrecht, 1742, t. II, p. 274), et il n'a rien que de très ordinaire, quand on sait que, dans les premières années du dix-septième siècle, les religieuses de Maubuisson, d'après le récit de la mère Angélique de Saint-Jean, « passoient tout leur temps hors de l'office à se divertir en toutes les manières qu'elles pouvoient, à jouer des comédies pour réjouir les compagnies qui les venoient voir [1]. »

Le 23 août 1594, Louis Léger, régent au collège

---

1. Sainte-Beuve, *Port-Royal*, l. I, ch. VIII.

Montaigu, avait fait afficher par la ville la tragédie de *Chilpéric, roi de France, second du nom*. Le principal du collège fut mandé devant le Parlement avec le régent; la pièce fut interdite, à cause sans doute des applications aux circonstances présentes qu'elle pouvait offrir, et l'auteur envoyé à la Conciergerie du Palais [1].

Jean Behourt, régent au collège des Bons-Enfants, à Rouen, fit représenter dans cet établissement la *Polixène*, tragi-comédie (7 septembre 1597), *Esaü ou le Chasseur* (2 août 1598), *Hypsicratée ou la Magnanimité* (1604). Le nombre des ballets et tragédies, comédies ou pastorales, tant latines que françaises, données au collège de Rouen durant les dix-septième et dix-huitième siècles, est d'ailleurs très considérable.

Citons encore le frère Samson Bedouin, religieux de l'abbaye de la Couture, près le Mans, mort en 1563, qui, suivant la Croix du Maine, faisait jouer ses pièces, tragédies, comédies, moralités et *coqs-à-l'âne* par des écoliers du Mans, dans les rues et faubourgs de la ville; Jean Meot, régent du collège de Gourdaine, au Mans, et Pierre de Montchault, principal du collège de Troyes, en Champagne, qui, en raison de leurs titres et de leurs fonctions, choisirent très probablement le même théâtre pour leurs pièces. On voit que chaque collège, soit de Paris, soit de la province, avait son tour.

En 1587, les écoliers du collège de Nazareth, à Bruxelles, donnèrent une grande solennité dramatique, dont l'affiche, si ce n'est pas là un anachronisme, était singulièrement composée. La fête s'ouvrit par une bizarre comédie de Benoît Vozon : l'*Enfer poétique sur les sept péchés capitaux et les sept vertus contraires;* se poursuivit par une tragédie plus bizarre encore, de frère Philippe Bosquier, religieux récollet : le *Petit Rasoir*

---

1. Beauchamps. *Recherches*, t. I, 490

des ornements mondains, et se termina par une œuvre allégorique, mystique et incompréhensible, de Jean-Edouard du Monin : la *Peste de la peste*. Ce n'est pas ici le lieu d'analyser ces pièces qui dépassent les bornes de la rêverie la plus extravagante, et qui fourmillent d'inconscientes audaces littéraires. Nous n'avons à parler que de la représentation, qui, malheureusement, finit par une épouvantable catastrophe : les loges, surchargées de spectateurs, s'affaissèrent tout à coup, et à peine la foule avait-elle quitté la salle en tumulte, non sans laisser sur le carreau un grand nombre de blessés et de morts, que celle-ci s'écroula elle-même au milieu des flammes, qui des chandelles s'étaient communiquées aux draperies[1].

Les quelques noms que nous avons cités suffiront pour donner une idée de la vogue dont jouissait alors ce genre de divertissements. C'était là comme une suite et une conséquence de la tradition des anciens mystères joués dans les couvents, par exemple des pièces de la religieuse Hroswitha, représentées dans l'abbaye de Gandersheim.

Au dix-septième et au dix-huitième siècles, ce furent surtout les Jésuites qui recueillirent cet ancien usage, pour le continuer, en l'appropriant à leur mode d'éducation. Ils avaient l'habitude, à certains jours, et particulièrement aux distributions de prix, de faire jouer la comédie à leurs élèves sur un théâtre intérieur. Le *Ratio studiorum* autorisait ces divertissements, à des conditions qui n'étaient pas toujours strictement observées : que les pièces fussent en latin, sur un sujet pieux, etc. Du reste, d'autres congrégations religieuses suivaient aussi le même exemple ; ainsi la tragi-comédie de *Richecourt* fut représentée, en 1628, par les pensionnaires des

1. Voy. Collin de Plancy, *Légendes des origines*, p. 390.

R. P. bénédictins de Saint-Nicolas. Les établissements de l'Université agissaient généralement de même. La coutume était qu'il y eût une comédie nouvelle chaque année dans tout collège important.

L'usage des comédies de collège sembla prendre un nouvel essor à l'époque de la jeunesse de Racine, par des tragédies latines et chrétiennes, écrites de la main des Jésuites eux-mêmes[1]. On chantait aussi des opéras sur ces théâtres scolaires, et il y avait des prix pour les élèves qui s'étaient le mieux acquittés de leur tâche. Le chanteur Tribou, qui se distingua plus tard à l'Académie royale de musique, avait commencé à se former dans les opéras des Jésuites, comme Molière avait pu prendre dans leurs autres spectacles le premier goût de la comédie. Ces représentations devinrent peu à peu une sorte de concurrence aux théâtres réguliers. Elles étaient fort suivies, et l'on y payait parfois ses places comme à l'Hôtel de Bourgogne. Loret nous apprend qu'il en coûtait quinze sous, au mois d'août 1658, pour voir jouer au collège de Saint-Ignace la tragédie latine d'*Athalie*, qui avait précédé le chef-d'œuvre de Racine, et les quatre ballets qui les accompagnaient. L'estrade, au moins pour les *Ludi solemnes* de la distribution des prix, était généralement dressée au fond de la grande cour. Une tente, richement décorée, abritait le public. Des places d'honneur étaient réservées aux dignitaires de la compagnie et aux personnages considérables. Un amphithéâtre recevait les religieux, sur lesquels mademoiselle du Luc s'amusa un jour à faire pleuvoir du haut d'une fenêtre, pendant la représentation, plusieurs livres de poudre à poudrer[2]. La représentation ouvrait la cérémonie, et, comme les acteurs étaient toujours choisis parmi les meilleurs élèves, on les applaudis-

1. Voy. la *Muse historique*, de Loret, 7 et 21 août 1655.
2. *Journal de Collé*, août 1749.

sait comme lauréats après les avoir applaudis comme tragédiens [1].

« Il se peut faire, dit Chappuzeau, en parlant des anathèmes lancés par les Pères de l'Église contre les spectacles, qu'on les cite quelquefois mal à propos, et que les poèmes dramatiques de notre temps n'auroient pas été généralement l'objet de leur sévère censure. Aussi voyons-nous qu'ils ne sont pas tous bannis de nos collèges, où j'ai vu représenter des ouvrages de Plaute et de Térence, aussi bien que de Sénèque ; ni même des communautés religieuses, ou l'on dresse tous les ans de superbes théâtres, pour des tragédies dans lesquelles, par un mélange ingénieux du sacré et du profane, toutes les passions sont poussées jusqu'au bout. On y emploie même, pour de certains rôles, d'autres personnes que des écoliers ; on y danse des ballets. » Chappuzeau nous apprend encore que, s'il ne paraissait point de femmes sur la scène, il y en avait toujours un grand nombre parmi les spectateurs. Les collèges d'Harcourt, des Grassins, de la Marche, du Plessis-Sorbonne, de Montaigu, surtout de Clermont appelé ensuite de Louis-le-Grand, se distinguèrent, au dix-septième siècle, parmi les établissements parisiens où l'on avait l'usage de représenter des pièces.

Louis XIV, âgé de douze ans, vint en 1650 assister à la tragédie latine de *Susanna*, du célèbre P. Jourdain, qui faisait grand bruit et attirait la cour et la ville au collège de Clermont. En août 1669, on représenta au même collège une tragédie de *Jonathas*, par le R. P. Diez, qui fut suivie du ballet du destin, par Beauchamp, et de la récitation d'une ode en l'honneur du roi. Les fils des plus grandes familles parurent dans cette représentation [2]. C'était l'usage qu'un ballet ac-

---

1. Pierron, *Voltaire et ses maîtres*, 29-30.
2. Mayolas, *Lettres en vers et en prose*, lett. 31.

compagnât la grande pièce des distributions de prix. On peut voir dans le traité du P. Menétrier ce qu'il dit des ballets du collège de Clermont, particulièrement de l'*Empire du Soleil*, dansé en 1673. Au siècle suivant, le P. Lejay, outre ses drames latins, écrivait des ballets pour les élèves et traçait la théorie du genre dans la *Bibliotheca rhetorum*. Ce n'étaient pas toujours les élèves qui dansaient les ballets, et souvent on voyait apparaître sur la scène dans cette fonction, comme à l'orchestre pour jouer des instruments, les meilleurs artistes de l'Opéra.

On donnait aussi des pièces de circonstance, des à-propos allégoriques, comme le *Mariage du Lys et de l'Impériale*, pour célébrer le mariage de Louis XIV, en 1660, et le ballet dont le *Mercure galant* donne la longue analyse et qu'avait inspiré le mariage du dauphin. On y voyait l'*Hyménée* s'adressant aux *Amours*, qui lui amenaient un *Dauphin*, attiré d'ailleurs par le chant d'une sirène [1]. Les Jésuites poussaient même beaucoup plus loin, dans leurs collèges, l'amour de la pièce de circonstance. Ils allaient jusqu'à composer des comédies théologiques contre les jansénistes. Dans une mascarade d'écoliers, au carnaval de 1650, on vit Jansénius chargé de fers et traîné en triomphe par la Grâce suffisante. Le P. Bougeant a composé et fait jouer la *Femme docteur ou la Théologie en quenouille*, *le Saint déniché ou la banqueroute des marchands de miracles*, etc. Les exploits et la mort d'un voleur fameux inspirèrent au P. Patouillet, *Cartouche ou le scélérat justifié par la grâce du P. Quesnel*, dialogue qui faisait pendant en son genre à la comédie de Legrand [2].

1. On trouve dix-huit ballets dansés sous Louis XIV et Louis XV, sur la liste curieuse mais incomplète, dressée par M. Cochery, des *exercices* solennels du collège de Clermont ou Louis-le-Grand (*Histoire du diocèse de Paris* par l'abbé Lebeuf, nouvelle édition. t. II, p. 143 et suiv.).

2. Despois, le *Théâtre sous Louis XIV*, p. 267. Sainte-Beuve, *Port Royal*, III, 21.

On y jouait aussi des pièces contemporaines : « Et comment fait-on dans les collèges où l'on donne des batailles? dit Ragotin dans le *Roman comique* (I, chap. x). J'ai joué à la Flèche la déroute du Pont-de-Cé; plus de cent soldats du parti de la reine-mère parurent sur le théâtre, sans ceux de l'armée du roi, qui étoient encore en plus grand nombre. » C'est sans doute dans le même collège, l'un des plus célèbres parmi ceux des révérends pères, en province, qu'il se vante un peu plus loin d'avoir fait le chien de Tobie, et de l'avoir fait de manière à ravir toute l'assistance.

On se doute bien que ces représentations, données par des écoliers sans expérience, et surveillées par des directeurs qui n'en avaient pas toujours beaucoup plus, devaient quelquefois tourner au burlesque. Ch. Sorel nous a laissé, dans le quatrième livre de son *Francion*[1], le récit assez comique d'une représentation de ce genre au collège de Lisieux.

« Notre régent, avec toutes ses belles qualités, ne laissa pas de nous vouloir faire jouer des jeux en françois de sa façon. Il y eut beaucoup d'écoliers qui prirent des personnages, et le désir que j'avois de me voir une fois prince en ma vie m'en fit aussi prendre un... et même j'eus tant d'ambition que je voulus aussi être le dieu Apollon en une moralité latine qui se jouoit par intermèdes. Jamais vous ne vîtes rien de si mal ordonné que notre théâtre. Pour représenter une fontaine on avoit mis celle de la cuisine, sans la cacher ni de toile ni de branche, et l'on avoit attaché les arbres au ciel parmi les nues... Il y avoit le sacrificateur d'un temple païen, qui étoit vêtu, comme un prêtre chrétien, d'une aube blanche, et avoit par-dessus la chape dont l'on se servoit à dire la messe en notre chapelle. Au reste, la disposition des actes étoit si admirable, les vers

1. Pages 139-142, de l'édition Delahays.

si bien composés, le sujet si beau et les raisons si bonnes, qu'en ayant trouvé parmi des vieux papiers quelques fragments, il y a deux mois, je pensai vomir tripes et boyaux, tant cela me fit mal au cœur...

« Il faut que je vous conte quelques-unes des plaisantes impertinences qu'il commit en sa pièce, aussi bien à la faire représenter qu'à en composer les paroles. Jupiter se plaignoit qu'il avoit mal à la tête, et disoit qu'il s'en alloit coucher, et qu'on lui apprêtât un bouillon. Au reste, il arriva un grand esclandre, que j'avois été tué à la tragédie par mon ennemi ; et après cela je faisois le personnage d'une furie qui venoit tourmenter l'homicide. Pendant que j'étois sur le théâtre avec celui que je poursuivois, il y eut un acteur qui, ayant aussi à changer d'habit, ne savoit où mettre ses premiers, et, parce qu'il étoit familier du régent, le voyant nu-tête, il le couvrit d'un turban qu'il avoit, et lui jeta sa casaque dessus les épaules, dont il mit après les manches, quoiqu'il eût sa soutane, à cause qu'il faisoit encore fort froid. En même temps, celui après qui je courois de tous côtés, tenant un flambeau ardent avec des postures étranges, commença d'hésiter en ses plaintes et récita six fois un même vers, sans pouvoir trouver en sa mémoire celui qui devoit suivre ; pensant que je m'en souviendrois mieux que lui, il me disoit : « Comment est-ce qu'il y a après ? Francion, souffle-moi. » Notre régent, extrêmement en colère de voir cette ânerie, sort avec son libelle en la main, sans songer au vêtement qu'il avoit pris, et le venant frapper d'un coup de poing, lui dit : « Va, va, ignorant, je n'acquerrai que du déshonneur avec toi ; lis ton personnage. » Cet autre prend le papier, et se retire vivement derrière la tapisserie. Moi, voyant mon maître accoutré tout de même que celui qui venoit de sortir (car nos habits, venant des défroques d'un ballet du roi, étoient presque

tous pareils), je crus qu'il vînt là, au lieu de lui,
pour achever le personnage qu'il n'avoit pu faire : je
le prends donc par une manche, comme il m'avoit été
enseigné, et le faisant tourner et courir d'un côté et
d'autre, je lui passe le flambeau par devant le nez,
tellement que je lui brûlai presque toute la barbe. Tandis mon compagnon qui avoit manqué, n'oyant pas réciter ses vers à mon maître, croyoit qu'il les eût oubliés
aussi bien que lui, et les lui souffloit si haut, que l'on
le pouvoit entendre du bout de la salle...

« L'on me donna la gloire d'avoir le mieux fait de
tous les acteurs, qui étoient pour la plupart des cail-
lettes de Parisiens qui, selon les sots enseignements
du régent, rempli de civilité comme un porcher, tenoient
chacun un beau mouchoir à la main, par faute d'autre
contenance, et prononçoient les vers en les chantant,
et faisant souvent un éclat de voix plus haut que les
autres. Pour bien faire, je faisois tout le contraire de ce
que mon maître m'avoit enseigné, et, quand il me fal-
loit saluer quelqu'un, ma révérence étoit à la courtisane,
non pas à la mode des enfans du Saint-Esprit, qu'il
m'avoit voulu contraindre d'imiter. »

Néanmoins, il est prudent de tenir en suspicion le
récit burlesque de Sorel. Les meilleurs régents se donnaient presque toujours beaucoup de mal pour dresser
les élèves et y passaient quelquefois trois mois. La tenue, l'accent, la diction, le geste, la déclamation,
étaient l'objet de leurs soins assidus, et ils mettaient
un orgueil personnel dans le triomphe de leurs élèves.
Les Jésuites surtout arrivaient à des résultats souvent
constatés avec admiration par le public, et même par
les journaux. Le 13 mars 1733, le P. Porée, qui fut,
avec les P. La Rue et Lejay, un des plus célèbres fournisseurs du théâtre latin des Jésuites au dix-huitième
siècle, prononça un discours solennel *de Theatro*, qui

prouve l'importance qu'il y attachait, et le confrère qui a publié ses comédies nous donne dans la préface les détails les plus curieux sur le zèle et le talent qu'il mettait à préparer les jeunes auteurs et sur les résultats étonnants auxquels il arrivait.

On connaît les représentations données à Saint-Cyr, sous la direction de madame de Maintenon, celles entre autres d'*Esther*, de l'*Absalon* et du *Jonathas*, de Duché, du *Jephté* et de la *Judith*, de l'abbé Boyer. Les jeunes filles jouaient tous les rôles. On peut voir les détails dans les lettres de madame de Sévigné et les *Souvenirs* de madame de Caylus. Plus tard, ces traditions devaient être renouvelées par madame Campan, dans son institution de Saint-Germain, où Bonaparte, qui y avait placé mademoiselle Hortense de Beauharnais, vint, après son retour de la guerre d'Italie, assister à deux représentations d'*Esther*.

Athalie n'avait été représentée à Saint-Cyr que dans une chambre sans théâtre, mais le chef-d'œuvre de Racine reprit plus tard son avantage sur *Esther* dans les spectacles de collège. Lorsqu'elle eut paru sur la scène de la Comédie-Française, en 1717, elle devint si bien à la mode, que toutes les pensions et tous les couvents se mirent à la jouer.

Le P. Lallemand composa une foule de petites pièces en un acte et en vaudevilles, que les Jésuites jouaient pendant leurs vacances, sous le titre de *Turelures*. Dans la première moitié du dix-huitième siècle, le P. Ducerceau fut un des plus infatigables et des plus heureux fournisseurs de ces théâtres scolaires, et plusieurs de ses pièces, sans femmes, restées comme des modèles du genre, se jouent encore aujourd'hui. Il faut citer au premier rang : *Grégoire ou les Inconvénients de la Grandeur*, sujet déjà traité auparavant dans *Arlequin toujours Arlequin*, au Théâtre-Italien, en 1726, et souvent encore ailleurs, mais dont il faut peut-être faire remonter la première idée jusqu'au *Dormeur éveillé*, des *Mille et une Nuits*, sans oublier les mésaventures de Sancho dans l'île de Barataria. Peu de jours après avoir été jouée au collège, cette pièce fut représentée devant le roi, aux Tuileries, par les pensionnaires de Louis-le-Grand, parmi lesquels on remarquait le duc de la Trémouille, MM. de Charost et de Mortemart. N'oublions pas non plus l'*Esope au collège*, ni le *Philosophe à la mode*, du même P. Ducerceau. Son *Enfant prodigue*, qui a devancé le drame moderne, par l'alliance du rire aux pleurs, était d'abord écrit en latin, car l'usage ne s'était pas encore perdu de représenter en cette langue, enveloppe scolastique dont on revêtait même des sujets nationaux et purement français, comme en fait foi le *Sanctus Ludovicus in vinculis*, du P. Baudory, donné en 1755, au collège des Jésuites de Valenciennes.

Ainsi la province avait également sa part de ces divertissements, au dix-huitième comme au seizième et au dix-septième siècles : les pièces du P. Marion, en particulier, charmaient les échos du collège de Belzunce, à Marseille, vers 1750. Tous les genres et tous les sujets étaient appelés tour à tour à figurer dans ces divertissements : la haute comédie, avec le *Misanthrope*, du P. Geoffroi, à Louis-le-Grand, en 1753 ; la pastorale, avec *Daphnis* ; la mythologie, avec *Damoclès*, au collège de Mâcon ; la grammaire, avec la *Défaite du Solécisme*, pièce allégorique et pédagogique, du P. Ducerceau, où l'on voyait *Arioste* et *Supin en u* jouer vaillamment leurs rôles. Le Sage s'en est moqué dans son *Diable boiteux* : « Les régents de ce collège, dit Asmodée à don Cléophas, y faisaient représenter par leurs écoliers des drames, des pièces de théâtre fades et entremêlées de ballets extravagants, qu'on y voyait danser jusqu'aux *prétérits* et aux *supins*. — Oh ! ne m'en dites pas davantage, interrompit Zambulo : je sais bien quelle drogue c'est que les pièces de collège. » Il est vrai que le Sage se vengeait, en écrivant ces lignes, de certain distique où le P. Porée avait éclaboussé le *Théâtre de la Foire*.

Le collège des Quatre-Nations empruntait même à l'Espagne la *Vie est un songe;* bien plus, Voltaire, grâce à sa *Mort de César*, tragédie sans femme, était représenté aux collèges d'Harcourt et de Mazarin. Il avait envoyé lui-même sa pièce, encore inédite, au proviseur du collège d'Harcourt, l'abbé Asselin, pour y être jouée à la distribution des prix de 1735. Le *Mercure* en rendit compte et couvrit surtout d'éloges, parmi les interprètes, les jeunes Bernard et de la Rivière, qui avaient atteint la perfection de l'art et joué *comme les acteurs les plus parfaits*. La *Mort de César* devint la tragédie de collège par excellence, et on la représenta jusque dans les pensionnats de demoiselles.

Les nombreux inconvénients de ces représentations, soit que les pièces fussent composées par les régents, soit qu'on les empruntât au théâtre ordinaire, en les accommodant aux acteurs et aux auditoires de collèges, avaient frappé beaucoup d'esprits. L'Université défendit d'abord le travestissement des jeunes gens en femmes dans les tragédies. Dans le courant du dix-huitième siècle, après la publication du *Traité des Études*, où Rollin avait démontré les abus de ce genre de divertissements, elle les condamna à plusieurs reprises, et après l'expulsion des Jésuites, le Parlement les défendit à son tour, en 1765. Malgré ces prohibitions, l'administration de Sainte-Barbe était condamnée à 100 livres d'amende et aux frais du jugement, en 1774, pour avoir donné spectacle et feux d'artifice dans sa maison de campagne de Gentilly, pendant la dernière maladie de Louis XV. Sainte-Barbe s'abandonnait alors à un véri-

table débordement de représentations scéniques. On
remarqua particulièrement celle qui s'y donna en
janvier 1775, pour célébrer la fête du supérieur : « Les
philosophes avaient composé une parade et une pantomime qu'ils jouèrent deux jours de suite avec le plus
grand succès. Ils parurent dans les costumes de caractère qu'ils avaient loués à des gens de théâtre. Arlequin
et Polichinelle enlevèrent tous les suffrages. La scène
était disposée dans la salle de théologie de Sainte-Barbe.
Quatre écoliers habillés en suisses, l'épée en bandou-
lière et la hallebarde à la main, gardaient les portes.
Le spectacle fut terminé par des illuminations, et par
des chants qu'on put entendre des rues voisines. Le
lendemain de la fête, cinq ou six des jeunes acteurs qui
avaient été le plus applaudis par leurs camarades allèrent
dîner à table d'hôte à l'hôtel de Nîmes, rue de Grenelle-
Saint-Honoré. Ils y jouèrent une farce, qui révéla leur
talent à un public nombreux et choisi [1]. »

Il y eut encore spectacle à Sainte-Barbe la plupart
des mois suivants et pendant toutes les vacances passées
à Gentilly. Les séminaires de Saint-Nicolas et de Saint-
Louis avaient aussi des maisons de campagne dans la
même localité, et leurs élèves, également formés de
longue date aux exercices de théâtre, et mieux fournis
que les Barbistes, de costumes, de tentures, de barbes
postiches, de perruques de crin, savaient une partie
du répertoire de la Comédie-Française. Les trois
troupes s'invitèrent à leurs représentations respectives
et jouèrent devant tous les paysans et les paysannes
d'alentour, à qui l'on ouvrit toutes grandes les portes
de la salle. Les Barbistes furent complètement vaincus
dans ce tournoi.

On voit que les séminaires aussi se livraient alors à
ce divertissement. Cette fièvre dura quatre ou cinq ans,

1. Quicherat, *Histoire de Sainte-Barbe*, II, 357.

et céda en partie aux attaques des jansénistes. Il en résulta même un scandale qui faillit aboutir à une grosse affaire : « Il vient de s'élever un orage contre la *Gazette ecclésiastique*, lit-on dans la *Correspondance secrète* (t. II, p. 398). Elle reproche, dans une de ses dernières feuilles, à quelques séminaires de Paris d'avoir joué la comédie dans leurs maisons de campagne pendant les vacances. Monseigneur l'archevêque et la Sorbonne s'en sont plaints au roi, demandant que le fait soit constaté. et qu'en cas qu'il se trouve faux la feuille soit brûlée par la main du bourreau. Mais ils pourront bien se repentir de leur démarche, car il est certain que les Sulpiciens ont réellement joué chez eux, regardant cela comme un amusement utile et même comme un exercice de collège. » On en peut pas moins conclure de là qu'à cette date (mars 1776) l'usage commençait déjà à tomber en désuétude.

Il s'est quelque peu relevé depuis. Au début de ce siècle, le célèbre helléniste M. Planche faisait jouer des tragédies en grec à ses élèves, dans son institution ; M. Villemain savait encore à la fin de sa vie, dit-on, grâce à sa prodigieuse mémoire, tout le rôle d'Ulysse de *Philoctète*, qu'il avait joué à l'âge de douze ans. On a vu, dans ces dernières années, les petits séminaires de Paris et d'Orléans représenter le *Plutus* d'Aristophane, le *Philoctète* et l'*Œdipe à Colone* de Sophocle par devant un auditoire qui, tout savant qu'il fût, avait besoin plus d'une fois, sans doute, de suivre sur une traduction les paroles des acteurs. Les Jésuites, dans beaucoup de leurs collèges, surtout dans leur établissement de Vaugirard, sont également restés fidèles à l'antique coutume.

Néanmoins les représentations de collège, sans avoir entièrement disparu, ont bien perdu aujourd'hui de leur importance. Sauf les jours de distribution de prix, elles se font à peu près à huis clos et sans solennité ; encore n'y a-t-il guère que les institutions libres qui aient conservé cet usage, dont on ne trouve plus la moindre trace dans les lycées et collèges de l'État. Les exemples que j'ai cités plus haut sont à peu près les seuls de quelque intérêt qu'on puisse recueillir, et qui semblent renouer la tradition interrompue. Jusqu'en 1855, les écoliers avaient encore un théâtre à eux, celui de Comte, l'illustre *physicien du roi*, qui, après s'être, dès l'âge de huit ans, constitué, dans le collège où il faisait ses études, directeur d'un théâtre d'ombres chinoises et de ventriloquie, où l'on était admis moyennant la rétribution de deux épingles, avait fini par fonder, dans le passage Choiseul, son *Théâtre des Jeunes Élèves*. Aujourd'hui, il ne reste plus aux élèves de sixième dont on veut récompenser les succès, qu'à aller voir les féeries du Châtelet ou du théâtre Miniature, Robert-Houdin ou les clowns et les écuyers du cirque [1].

CHAPITRE VII

Le Théâtre-Français en province et à l'étranger.

Il y a eu, naturellement, peu d'acteurs confinés en province qui soient arrivés à la gloire ; mais il y en a eu un certain nombre qui ont atteint quelque réputation surtout au dernier siècle. De ce nombre, il faut compter Prévôt, que nous font connaître les *Mémoires* de Dazincourt [2]. Une cruelle infirmité empêchait Pré-

1. Voy. dans le *Catalogue Soleinnes*, III, n° 3637 et suiv., une liste de pièces représentées dans divers collèges, depuis le xviiᵉ siècle inclusivement.

2. In-8°, p. 273.

vôt, malgré ses talents, de jouer à Paris : il avait eu, les pieds gelés en Russie, et il avait fallu lui couper les doigts ; de là une marche irrégulière et incertaine, que lui passait la province, parce qu'elle y était habituée et qu'elle aimait cet acteur, mais pour laquelle il redoutait les censures du parterre parisien.

Mademoiselle Sainval jeune s'était déjà fait une assez grande renommée en province quand on l'appela à Paris, pour y remplir le vide laissé par la retraite de mademoiselle Dumesnil et la bouderie de mademoiselle Clairon. Après son premier début, en mai 1772, elle retourna encore quelque temps à Lyon, dont elle fit les délices, en attendant qu'elle revînt se fixer définitivement à Paris. Quant à sa sœur, mademoiselle Sainval aînée, à la suite de sa grande querelle avec madame Vestris, en 1779, exilée en province, elle en courut les principales villes avec des succès de triomphatrice. Rien n'était plus expansif et plus bruyant que la province dans ses admirations : bouquets, couronnes et couronnements solennels, colombes avec des palmes dans le bec, fêtes spendides à la grecque ou à la turque, comme celle qui fut donnée à madame Saint-Huberti à Marseille, en 1785 ; vers, bals et pièces allégoriques, etc., tout était mis en œuvre par elle pour témoigner sa sympathie à ses favoris, comme aussi rien n'était négligé contre ceux qu'elle n'aimait pas.

Les habitants des petites villes surtout montraient le plus grand empressement à aider de leurs personnes, de leurs habits, de leur argent même, les troupes de passage, comme on peut le voir, entre beaucoup d'autres témoignages plus précis, par le *Roman comique*, ce fidèle tableau de la vie des comédiens de province au dix-septième siècle.

Bien d'autres grands acteurs de Paris, sans y être réduits, comme mademoiselle Sainval aînée, par une lettre de cachet, l'imitèrent dans ses courses à travers la province. L'usage, aujourd'hui si répandu, de se faire donner plusieurs mois de congé chaque an et de se former en troupes nomades pour exploiter les plus grandes villes, date du dix-huitième siècle : Lekain fut un de ceux qui en abusèrent le plus.

Quand Molé alla donner des représentations à Marseille, Martelly, surnommé le Molé de la province, lutta corps à corps avec lui. Tous les rôles joués par celui-là l'étaient par celui-ci dès le lendemain, et l'on peut juger de l'intérêt qu'avait cette bataille pour les amateurs de l'art dramatique. Martelly, malgré l'amitié active de son compatriote Dazincourt, ne put jamais se faire admettre au Théâtre-Français d'où le tenaient éloigné les rivalités ombrageuses de Molé et de Fleury.

Un autre grand acteur, Aufresne, fut dans le même cas à peu près. En dépit de l'enthousiasme qui accueillit ses débuts, il ne parvint qu'à se faire recevoir aux appointements sur notre première scène. Blessé dans la fierté légitime de son talent, il partit pour aller se fixer à l'étranger, en Russie et en Prusse. Au contraire, le frère de madame Préville, Drouin, ne voulut jamais venir jouer à Paris, préférant à la renommée certaine qui l'attendait, ses modestes et tranquilles triomphes sur les théâtres de province. Il jouait les valets avec une supériorité incontestable. Noverre nous apprend[1] que Garrick alla le voir à Lyon, qu'il en fut charmé, et qu'il le trouva plus fort et meilleur en tous points qu'Armand. De même l'excellent Romainville, mort à Dresde (1704)[2], comédien du roi de Pologne, qui remplissait dans la perfection les rôles de roi et ceux de haut comique, ne voulut point se présenter au

1. *Lettres sur les arts imitateurs.*
2. Boucher d'Argis, *Variétés historiques, philosophiques et littéraires,* II, 599.

Théâtre-Français, parce qu'il prétendait être reçu sans débuter. Il ne joua jamais à Paris.

Vers la même époque, à peu près, mademoiselle Clermonde, dont Laffitte, dans ses *Mémoires de Fleury*, nous a tracé en détail la biographie[1], régnait en véritable souveraine à Amiens, sans exclusion des autres villes tour à tour favorisées de sa présence. Elle était devenue l'idole du public par sa beauté comme par son talent.

En 1781, mademoiselle Thénard s'était fait une si belle réputation sur le théâtre de Lyon qu'on la manda par une lettre de cachet au Théâtre-Français, où elle débuta d'une manière triomphale.

Lorsque les comédiens italiens voulurent profiter du vœu des auteurs pour s'ériger en second Théâtre-Français, ils engagèrent madame Verteuil, qui avait marqué sa place au premier rang dans le drame, à Bordeaux, puis à Versailles, et qui la confirma et l'étendit encore à Paris.

A Bordeaux, Granger excellait tellement dans les rôles de petit-maître et y était si aimé qu'il gagnait à lui seul dix mille livres, et que, par égard pour lui, on avait reçu dans la troupe son père, sa mère, un de ses frères, tous très médiocres. On l'appela à la Comédie-Française en 1782 ; mais Molé se déclara prêt à quitter la scène s'il y paraissait, et il fallut l'envoyer aux Italiens, où il fut placé très haut par les connaisseurs.

Parmi les *cabotins* qui devinrent les plus célèbres, n'oublions pas de nommer ce singulier Plancher-Valcour, le fondateur des *Délassements-Comiques* ; Patrat Dumaniant, Collot-d'Herbois qui, avant de devenir un homme politique, avait joué, non sans un certain éclat, à la Haye, Bordeaux, Lyon, etc.

Au dix-septième siècle surtout, les troupes de pro-

1. 1re série, ch. v.

vince, véritables bandes de farceurs de bas étage,
n'avaient en général ni consistance ni la moindre considération. Il faut en excepter pourtant celle dont Molière dirigea les pérégrinations de 1645 à 1658, et
quelques autres encore, celles, par exemple, à la tête
desquelles étaient Floridor, avant d'entrer à l'hôtel de
Bourgogne ; Monsinge, dit Paphetin, ou Filandre.
Chappuzeau, dans son *Europe vivante* (1664, in-4°),
nous apprend qu'il y avait alors douze troupes ambulantes qui parcouraient la province. Le *Roman comique*
confirmé par une foule de chroniques particulières,
nous les montre souvent en démêlés avec la police, et
le *Viaje entretenido* de Rojas, ce *Roman comique
espagnol*, prouve qu'il en était absolument de même au
delà des Pyrénées. Rien de plus suspect que l'honnê-
teté et la moralité de la plupart de ceux qui composaient ces troupes. Elles se tenaient très bien au courant de toutes les nouveautés, alors peu nombreuses,
surtout des pièces de Corneille, et réussissaient beaucoup mieux, au témoignage de Scarron et de Fléchier
(*Grands Jours d'Auvergne*), dans la farce que dans la
tragédie. Une même troupe desservait presque toujours
successivement un grand nombre de villes : « Cette
sorte de gens, lit-on dans la *Suite du Roman comique*
éditée par Offray, ont leur cours limité comme celui du
soleil dans le zodiaque. En ce pays-là, ils viennent de
Tours à Angers, d'Angers à la Flèche, de la Flèche
au Mans, du Mans à Alençon, d'Alençon à Argentan
ou à Laval. » — « Leurs troupes, pour la plupart,
dit Chappuzeau[1], changent souvent, et presque tous
les carêmes. Elles ont si peu de fermeté que, dès
qu'il s'en est fait une, elle parle de se désunir. » Les
comédiens de province, dit-il plus loin[2], « peuvent

---

1. *Théâtre françois*, III, 13.
2. *Id.*, 55. Sur ces troupes de province au xviie siècle, il faut lire la
Troupe du Roman comique dévoilée, par H. Chardon, 1876, in-8°.

faire douze ou quinze troupes, le nombre n'en étant pas limité. Ils suivent à peu près les mêmes règlements que ceux de Paris. C'est dans ces troupes que se fait l'apprentissage de la comédie ; c'est d'où l'on tire, au besoin, des acteurs et des actrices qu'on juge les plus capables pour remplir les théâtres de Paris, et elles y viennent souvent passer le carême, pendant lequel on ne va guère à la comédie dans les provinces, tant pour y prendre de bonnes leçons auprès des maîtres de l'art que pour de nouveaux traités et pour des changements à quoi elles sont sujettes. »

On voit par la *Comédie des comédiens*, de Scudéry (1634), que, outre leurs affiches, les troupes de province, même dans des villes comme Lyon, envoyaient un tambour, accompagné d'un Arlequin, battre le rappel dans toutes les rues, absolument comme nos saltimbanques.

Ce fut Lekain qui introduisit, au dix-huitième siècle, chez les comédiens célèbres de Paris, l'usage des excursions dans la province. Il avait pris l'habitude d'aller tous les ans à Ferney, et, chemin faisant, il donnait des représentations dans les villes où il y avait des théâtres. Il lui arriva quelquefois d'en donner deux le même jour. Ces courses réitérées profitaient autant à sa bourse qu'à sa réputation ; sa santé seule en souffrait, et la Comédie-Française aussi [1].

Il y aurait beaucoup à dire, même après Scarron, sur les habitudes, les stratagèmes, les roueries des comédiens ambulants. On se doute bien, sans qu'il soit besoin d'y insister, de leur manière de suppléer, en cas de besoin, aux costumes, à la mise en scène, etc. C'est à Pontoise qu'un directeur de spectacle annonçait *Joseph*, de Méhul, avec la suppression de la musique pour ne pas ralentir la marche de l'action. C'est en province que l'affiche a conservé toutes les séductions de l'élo-

1. Lemazurier, *Galerie*, I, p. 356.

quence et de la réclame la plus dithyrambique. L'habileté des directeurs s'exerce principalement sur les titres des pièces, qu'ils changent ou modifient, suivant les lieux, pour agir sur la curiosité. Les *Mémoires de mademoiselle Flore* [1] ont là-dessus quelques pages spirituelles, sans doute un peu chargées, mais très vraisemblables et probablement vraies au fond. Il s'agit du fils du célèbre Volange, qui dirigeait une troupe de cabotins du troisième ou quatrième ordre, et courait avec elle de ville en ville : « Volange avait un vrai talent pour donner aux pièces des titres extraordinaires. Au lieu d'annoncer *Zaïre*, il mettait sur l'affiche : le *Grand Turc amoureux et jaloux*. Il intitulait *Beverley* : les *Cruels effets de la passion du jeu*. Quand nous passions dans une ville, il avait soin de choisir parmi les pièces celle qui pouvait y avoir un rapport quelconque. A Brives-la-Gaillarde, il jouait le *Voyage interrompu*, de Picard, et il l'intitulait : le *Jeune homme de Brives-la-Gaillarde*. A Villeneuve-sur-Yonne, c'était le *Collatéral*, auquel il donnait pour titre : le *Marchand de bois de Villeneuve-sur-Yonne*. Nous jouions la même pièce sous le titre de : la *Diligence à Joigny*, la *Diligence à Reims*, la *Diligence à Gisors*, etc. Si on arrivait à Dijon, il intitulait le drame si connu de Mercier : la *Brouette du vinaigrier de Dijon*. C'est au point qu'un jour, à Villers-Cotterets, il eut l'aplomb de donner le *Misanthrope* et de l'intituler : le *Misanthrope de Villers-Cotterets*. Il avait un instinct merveilleux pour savoir de quelle ville était l'auteur d'une pièce, et, quand il ne le savait pas, il en faisait un, à tout hasard, citoyen de la ville où nous nous trouvions. C'est ainsi qu'après avoir annoncé avec raison les *Plaideurs*, par M. Racine, natif de la Ferté-Milon, il annonçait ailleurs les *Plaideurs*, par M. Racine, natif de Château-Thierry.

1. T. II, p. 86-9.

Un jour, dans un mauvais village de la Brie, il eut bien le front d'annoncer le *Médecin malgré lui*, comédie par un jeune auteur de cette commune. Du reste, ce vieux charlatanisme s'est renouvelé de nos jours. Les directeurs mettent à toutes les pièces le nom d'un auteur en vogue, et on m'a assuré avoir vu sur l'affiche d'une petite ville de département : le *Tartufe*, comédie en cinq actes, de M. Scribe. »

Après le parterre de Rouen, renommé de tout temps pour son extrême sévérité, qu'il conserve comme une tradition, celui de Bordeaux était un des plus tumultueux. Souvent comiques, les turbulences de cet auditoire méridional s'élevaient parfois jusqu'à la tragédie. Un jour, une jolie actrice, connue sous le nom de mademoiselle Lanlaire, manqua son entrée d'une demi-heure, et en véritable enfant gâtée reçut fort mal les témoignages de mécontentement du public. Celui-ci se fâcha de plus belle et s'obstina à vouloir une satisfaction qu'on s'obstina à lui refuser. De là, tapage et sifflets chaque soir ; de là aussi, intervention active des troupes du gouverneur, qui avait ses raisons particulières pour protéger la belle. Les sifflets et les cris interdits, on trouva autre chose pour les remplacer. Dès que mademoiselle Lanlaire paraissait, tout le monde se trouvait subitement enrhumé : on toussait, on crachait, on se mouchait, on éternuait ; mais la prison fit justice de tous ces rhumes de cerveau. Enfin, l'un des conspirateurs s'avisa d'apporter au spectacle un jeune caniche caché sous ses habits ; aussitôt que l'actrice se montre, il pince la bête, qui remplit la salle de piaillements plaintifs, et tout le parterre de crier en chœur, les yeux parfaitement tournés vers la scène : « A bas la chienne ! à la porte la chienne ! » A peine recommence-t-elle à parler que les piaillements et les cris reprennent de plus belle, après quoi le conspirateur lâche son caniche, pour ne pas être surpris. Harangue du régisseur; mademoiselle Lanlaire, qui s'était retirée, a le courage de reparaître; un brutal lui jette un soulier à la tête. Cette fois, on cerne le parterre, qu'on fait évacuer par une seule issue : l'homme au soulier ne pourra échapper. Le premier qui se présente n'est chaussé que d'un pied : « C'est lui, » s'écrie le soldat de droite, qui le voit. Mais le second n'a qu'un soulier non plus : « Le voilà ! » fait le soldat de gauche. « Non, c'est celui-ci, » dit un autre soldat, en happant au collet un troisième, qui s'avance un pied chaussé et l'autre nu. Tout le parterre s'était déchaussé le pied gauche; il fallut bien laisser passer tranquillement le parterre [1].

Voilà la comédie, et voici la tragédie :

Extrait d'une lettre de Bordeaux : « Le lundi, 26 mai (1783), les amateurs du théâtre de cette ville demandèrent les directeurs, qui ne voulurent pas se présenter; alors les jeunes gens crièrent qu'ils voulaient *Castor et Pollux*, par Durand, acteur de l'Opéra, de Paris, qui était alors ici... On attendait que l'acteur qui s'était présenté pour annoncer le spectacle du lendemain, auquel le parterre avait marqué son désir, revînt pour rendre réponse, mais nos jurats défendirent et aux directeurs de se présenter, et à l'acteur de reparaître. En conséquence, ils firent baisser la toile sans autre annonce. On éteignit les lumières. Le parterre, indigné, cria beaucoup. Les jurats font prendre un des cabaleurs et le font conduire à l'hôtel de ville.

« Le lendemain mardi, l'on se rassemble à la comédie et l'on prend la résolution de ne point laisser jouer qu'on ne rende le jeune homme et que les directeurs ne viennent faire des excuses au public. Les jurats avaient répandu dans le parterre beaucoup d'espions qui sont reconnus. On les ballotte, on les frappe, on les

---

1. *Mémoires de Fleury*, 2ᵉ série, ch. XIII.

renverse, on les foule aux pieds. On chasse les valets
de ville distribués pour maintenir le bon ordre et en
imposer ; on les poursuit à coups de cannes et on les
fait sortir. Alors, sans ordres, dit-on, cette garde bourgeoise rentre le sabre à la main et tombe à l'improviste
sur les plus mutins, blesse quelques jeunes gens, et
commence à se faire craindre, lorsqu'un cri d'indignation, sorti des balcons, du parquet et des loges, ranime
la jeunesse. On demande des armes ; on entend de tous
côtés : *Tue! tue!* Enfin les séditieux repoussent la sol-
datesque et restent maîtres absolus de la salle. »

J'abrège le reste des détails. Un jeune homme se fait
élever sur les épaules de ses camarades, donne rendez-
vous pour le lendemain au jardin Royal, et fait défense
de revenir à la comédie de trois mois, puis on somme
les directeurs de remettre la recette du jour à l'hôpital,
le public n'ayant pu jouir du spectacle. — Le lendemain,
trois mille jeunes gens assemblés occupent les avenues
de la comédie, forment des barricades, renvoient tous
ceux qui se présentent, menaçant les femmes du fouet
en cas de récidive. Cependant une douzaine d'abonnés
étaient parvenus à se glisser par des entrées particulières : les mutins enfoncent les portes et interrompent
le spectacle. Le parlement finit par rendre un arrêt d'information qui en imposa aux séditieux ; mais le théâtre
n'en resta pas moins désert pendant assez longtemps[1].

La même année, et à la même époque, il se passait au
théâtre d'Orléans une autre scène moins grave, mais
plus indécente encore. On vit, à une représentation, des
jeunes gens du parterre escalader la rampe, s'emparer
des actrices et leur donner le fouet devant le public, sous
prétexte qu'ils étaient mécontents de leur jeu, mais en
réalité pour une cause plus intime et moins avouable[2].

1. *Mémoires secrets*, XXII, p. 375.
2. *Mémoires secrets*, XXII, p. 373.

Le parterre de Marseille n'était pas plus tranquille ni plus tolérant. — Le 29 novembre 1772, il s'y passa une épouvantable scène à la représentation de *Zémire et Azor*, affichée *par ordre*, c'est-à-dire par ordre d'une madame d'Albertus, détestée de la ville. Le public avait sifflé l'annonce de la pièce ; on persista avec des airs de bravade qui enflammèrent la résistance. La salle fut remplie d'un auditoire ardent et prêt à la bataille, sans compter tous ceux qui n'avaient pu entrer et attendaient frémissants aux abords du théâtre. Après l'ouverture, on cria aux acteurs de se retirer, *par ordre* du parterre. Les échevins s'entêtent ; ils appellent la garde bourgeoise, qui est expulsée. Alors l'échevin Cadière envoie quérir un détachement de deux cents hommes armés et les fait entrer dans le parterre avec cette consigne : « Mettez-les à la raison, morts ou vifs. » Un coup de feu part, on ne sait d'où. Ce fut le signal. Une décharge générale s'ensuit. Le sang coule ; des jeunes gens sont massacrés à coups de feu et de baïonnettes, et Dieu sait jusqu'où les choses fussent allées si un capitaine de dragons ne se fût jeté de l'amphithéâtre dans le parterre, l'épée à la main, au-devant des soldats en fureur. Il y eut des femmes étouffées dans les couloirs et les escaliers. La foule, indignée, voulait d'abord brûler le théâtre. Du moins, il demeura toujours fermé depuis lors, en attendant qu'on le démolît. L'échevin Cadière prit la fuite, et on le pendit en effigie à tous les réverbères [1].

Un an après, nouveaux désordres. « Un officier du régiment d'Angoumois était dans une seconde loge ; il s'était retourné pour parler à quelqu'un : le parterre, piqué de cette indécence, a crié : « *A bas, cul blanc !* » (le blanc est le fond de l'uniforme de l'infanterie). Cet officier s'est retourné et s'est remis en posture conve-

1. Le *Poète*, par Deforges, VIII° vol., *Indiscrétions et confidences* d'Audibert, p. 2-10.

nable. Le soir, des jeunes gens du même régiment ont
fait des reproches à leur camarade de s'être laissé in-
sulter ; ils ont prétendu qu'il fallait en tirer vengeance.
En conséquence, ils ont été au nombre de quinze dans
des loges et ont montré leur cul au parterre; ils y
avaient préalablement envoyé quarante soldats déguisés en bourgeois, avec des sabres sous leurs redingotes.
Le public, instruit du complot, ne dit mot; alors les
officiers enragés sont descendus dans le parterre, y ont
pressé beaucoup, ont, en un mot, fait tout ce qu'il a
dépendu d'eux pour chercher noise à leurs voisins et
provoquer une querelle. A la fin, on n'a pu tenir à tant
d'insultes, on s'est échauffé; il y a eu des épées tirées,
et l'on prétend qu'il y a eu quarante blessés plus ou
moins gravement. Toute la ville est en rumeur à cette
occasion. On s'est muni d'armes à feu, et l'on tire sur
chacun des officiers de ce régiment qui passe dans les
rues, en sorte qu'ils sont obligés de se tenir cachés[1].

Les théâtres du Midi étaient les plus turbulents. En
1815, les étudiants en médecine troublaient sans
cesse les représentations du théâtre de Montpellier.
On donna un jour le *Nouveau Seigneur de Village*,
dont le préfet de la ville, M. Creuzé de Lesser, était un
des auteurs. Une cabale s'organisa contre cette pièce
au parterre, que la force armée fit évacuer aux applaudissements des loges, et le préfet rendit un arrêté pour
interdire le théâtre aux étudiants le reste de l'année[2].

C'est surtout la Russie qui nous enlève maintenant
la plupart de nos bons acteurs; autrefois, c'étaient
d'autres pays, dont les souverains prenaient des troupes
françaises à leur solde. Celle de Guillaume de Nassau,
prince d'Orange, était des meilleures et des plus complètes. L'électeur de Bavière et le duc de Savoie avaient

1. *Mémoires secrets*, XXVII, p. 184, janvier 1774.
2. *Nouvelle biographie générale*, art. Creuzé.

aussi des acteurs français dans leurs États et soutenus par leur protection. La troupe du duc de Savoie était fort belle, et l'une de celles qui avaient eu le plus de succès dans nos provinces. Elle allait se fixer tous les hivers à Turin, et le duc lui permettait de repasser les Alpes pendant l'été. Celle des ducs de Brunswick et de Lunebourg, de la branche de Cell, était nombreuse et bien montée. Plusieurs pièces françaises furent jouées d'original sur leur théâtre, par exemple l'*Amante invisible*, de Nanteuil, représentée en 1673, à Hanovre, où l'auteur était alors comédien. Chappuzeau a composé expressément pour la même scène ses *Eaux de Pyrmont*, où il a intercalé un magnifique éloge du duc et de la maison de Lunebourg. On peut voir les noms des comédiens qui composaient ces diverses troupes au dix-septième siècle, dans Chappuzeau [1]. Le roi de Danemark en avait une aussi, dont fit partie Desmares avec sa femme, Anne d'Ennebaut, avant de paraître sur le théâtre Guénégaud. Hauteroche avait commencé également par s'enrôler dans une troupe française mandée à Valence par le gouverneur de la ville, puis il avait été directeur d'une autre troupe semblable en Allemagne.

Au dix-huitième siècle, Genève et la Haye se distinguaient par le même privilège. D'Hannetaire, comédien renommé, dirigeait à Bruxelles une troupe française, sur laquelle Dazincourt, qui en fit partie pendant quatre ans à ses débuts, nous a donné d'intéressants détails [2]. Outre d'Hannetaire et Dazincourt, Prévôt et Grand-ménil y brillaient par leur talent.

Gustave III, roi de Suède, forma aussi à Stockholm une troupe française qu'il entretenait avec un luxe vraiment royal, et dont Monvel, appelé par lui, devint directeur pendant quelques années.

1. *Théâtre françois*, l. III, p. 215-24.
2. *Mémoires*, p. 238, etc.

Aujourd'hui nous n'avons à Paris qu'un théâtre étranger, le Théâtre-Italien, et c'est à peine si quelques troupes anglaises, allemandes, russes, se montrent de loin en loin, pour subir généralement le plus complet échec. Mais il y a à l'étranger force théâtres français, dont celui de San-Francisco, si toutefois il existe encore est sans doute le plus lointain, et celui de Saint-Pétersbourg, le plus célèbre et le plus florissant.

CHAPITRE VIII

Censure. — Usages et traditions.

La censure dramatique date de fort loin. On en a fixé souvent l'institution à la comédie du *Bal d'Auteuil*, de Boindin (1702) : le roi ayant fait réprimander les comédiens par le marquis de Gesvres, pour avoir joué cette pièce trop libre, un censeur, dit-on, fut chargé dès lors d'examiner tous les ouvrages qu'on destinait au théâtre. Mais, en réalité, la censure remonte beaucoup plus haut, et on peut même la faire dater du quinzième siècle, où la licence dramatique des clercs de la Basoche nécessita l'intervention de l'autorité. Nous voyons, en 1442, le parlement obligé de réprimer par ses ordonnances les excès des moralités et surtout des farces et soties de cette corporation, en attendant des mesures plus rigoureuses encore, que devait abroger Louis XII. Le règne de ce monarque fut pour le théâtre une époque de liberté à peu près absolue, qui entraîna ses suites naturelles, si bien que la censure primitive ne tarda pas à fonctionner de nouveau. En 1538, l'un des premiers actes connus de la censure est exercé par François Ier contre les clercs de la Basoche. Ils ne peuvent faire aucun cri ou jeu sans avoir obtenu la permission de la cour, demandée au moins quinze jours à l'avance, et il leur est défendu, sous peine de prison et de punition corporelle, de jouer « autre chose que ce qui est, hormis les choses rayées ».

En 1609, une ordonnance de police défendit aux acteurs de donner aucune pièce ou farce sans l'avoir communiquée au procureur du roi, et sans que le registre fût signé du lieutenant civil : on voit que c'est là tout à fait la censure, avec cette seule différence que les censeurs devaient être plus tard créés en titre et spécialement commis à leur charge.

Plus tard, l'abbé d'Aubignac, frappé du désordre moral de l'art dramatique, demandait l'établissement d'un grand maître des théâtres et des jeux publics, qui n'eût laissé jouer aucune pièce sans autorisation. Cette proposition passa inaperçue. L'épisode du *Tartufe*, un des plus célèbres dans l'histoire de la censure du temps passé, prouve que l'action du parlement était alors purement répressive. Quelquefois, il intervenait avant la représentation, mais sur la demande d'une personne intéressée, comme il fit vers 1680, à la requête de Boileau, pour interdire la *Satire des Satires*, de Boursault, et comme fit quelques années après, à la requête de Visé, le lieutenant de police la Reynie, pour ordonner au même de changer le titre du *Mercure galant*. Une autre fois, Boursault, pour vaincre la résistance des comédiens, qui craignaient qu'une scène de ses *Fables d'Esope* ne prêtât aux allusions, soumettait sa pièce d'avance au jugement du premier gentilhomme de la Chambre, dont il obtenait l'*approbatur*, et une autre fois encore son *Esope à la cour*, après la première représentation, subissait la coupure des passages qui avaient provoqué des rapprochements dangereux. On voit que l'exemple de Boursault suffirait à lui seul pour donner une idée des façons diverses, arbitraires et irrégulières dont s'exerçait alors la censure. La *Correspondance administrative de Louis XIV* montre qu'on avait l'œil ouvert sur les licences des comédiens et des comédiennes et qu'ils en avaient reçu plusieurs avertissements, notamment le 31 mars 1701, un peu avant le *Bal d'Auteuil*, et la Comédie italienne en 1696, une année avant sa suppression, à cause de la *Fausse prude*[1].

Sans manquer au respect dû à la censure, il nous sera permis de choisir deux ou trois anecdotes parmi la multitude de celles qu'on a fait courir sur son compte. Un auteur avait donné le nom de Dubois à un valet fripon dans une de ses pièces; mais le préfet de police s'appelait Dubois, et le censeur écrivit à ce magistrat pour l'avertir qu'il avait fait rayer ce mot, par respect pour lui, ne voulant pas permettre que le nom du fléau des fripons fût prostitué à un fripon. Un autre, qui était bien la perle des censeurs, dans une comédie où un jardinier proposait à son maître une salade de barbe de capucin, effaça la phrase en écrivant en marge: « Choisir une autre salade; il ne faut pas plaisanter avec la religion. »

A la Porte-Saint-Martin, la censure biffa des couplets en faveur du gaz, que l'on commençait à employer pour l'éclairage, afin de ne pas désobliger l'administration, qui protégeait contre cet intrus les droits de l'épicerie et de la chandelle.

On a conté beaucoup d'autres anecdotes plus ou moins authentiques (généralement moins) sur la censure, ou plutôt sur les censeurs. Elle a été très souvent et très

---

1. Hallays Dabot, *Histoire de la censure théâtrale en France*, ch. i et ii. C'est là qu'on pourra trouver un tableau complet, que notre cadre ne comporte pas.

violemment attaquée : par Voltaire, Beaumarchais, J. Chénier, Laya, N. Lemercier, etc., etc. Mais toutes les fois qu'on a essayé de l'abolir, en 1791, en 1830, en 1848, les auteurs se sont chargés bien vite d'en prouver la nécessité à force de licence. Rappelons que, à l'issue de la Révolution, le citoyen Cammaille Saint-Aubin avait proposé l'établissement d'un Théâtre de censure, où, trois fois par décade, il devait y avoir des représentations d'essai pour les pièces et les acteurs, sans aucune annonce afin d'éviter les cabales, en comité d'abonnés, avec des boîtes de censure garnies de bulletins et de crayons, où chaque spectateur pouvait écrire son avis détaillé et motivé dans les entr'actes. Ce projet, comme on voit, n'avait qu'un pur rapport de nom avec la censure.

Ce qu'il y a de singulier, c'est que, outre cette censure exercée par la police, les comédiens français et les comédiens italiens en exerçaient eux-mêmes une autre sur les pièces des théâtres du boulevard, dont ils avaient droit, après examen, d'interdire la représentation. C'était surtout pour empêcher les empiétements sur le domaine des grands théâtres qu'on avait conféré ce pouvoir aux deux comédies.

De plus, la Comédie-Française avait le droit souverain d'enlever aux mêmes théâtres les pièces qui lui convenaient, pour les confisquer à son profit. Ce droit était une suite du précédent. Elles en usa plusieurs fois, notamment en prenant au théâtre de l'Ecluse, les *Noces houzardes*, de Dorvigny, qu'elle joua le 30 janvier 1780, pour faire nargue à la coalition de ses auteurs ordinaires conjurés contre elle.

D'ailleurs l'usage, qui avait pris force de loi, était de s'emparer des pièces des autres théâtres après leur impression, quand on les trouvait à sa convenance. Mais, tant qu'elles n'étaient pas imprimées, elles restaient à la troupe qui les avait reçues des auteurs sans qu'aucune autre, de Paris ou de la province, pût se permettre de les jouer [1].

Aussi bien que les pièces, la Comédie-Française pouvait enlever les acteurs. Elle se recrutait surtout dans les théâtres provinciaux. Dès qu'un artiste s'était distingué d'une façon particulière sur une de ces scènes, un ordre de début l'appelait à Paris, soit au Théâtre-Français, soit au Théâtre-Italien. Ces ordres de début étaient expédiés par les gentilshommes de la chambre, arbitres souverains de la Comédie-Française. Ils étaient quatre, choisis parmi les plus grands seigneurs. C'étaient eux qui servaient d'intermédiaires entre le roi ou le public et les comédiens ; ils réglaient tout ; rien ne pouvait se décider sans leur approbation, sauf la comptabilité, dont ils ne se mêlaient pas. Ils ordonnaient les spectacles, recevaient les comédiens, leur accordaient leur retraite, veillaient à l'exécution des règlements, intervenaient au besoin dans la distribution des rôles et les différends de la société. Les abus de pouvoir ne manquèrent pas sous ce régime, mais l'histoire serait trop longue pour que nous entreprenions de l'écrire. En 1789, le maire de Paris fut investi de l'autorité des gentilshommes de la chambre en ce qui regardait les spectacles. Outre ces quatre officiers, il y avait aussi les intendants des Menus, chargés de *conduire* la comédie, comme les gentilshommes de la *gouverner*, et s'occupant, en particulier, des spectacles de la cour.

Dans les villes de province, les gentilshommes de la chambre étaient remplacés par les officiers municipaux, souvent peu experts en matière théâtrale ; aussi broda-t-on souvent de bons contes sur leurs bévues. Un jour, l'un de ces magistrats manda un musicien

---

1. Parfaict, XIII, 306; Taschereau, *Vie de Corneille*, éd. Jannet, p. 182.

de l'orchestre et le tança vertement sur sa négligence :
« Vous vous reposez la moitié du temps, dit-il, pendant que les autres violons jouent. — Mais je ne joue pas du violon, Monsieur ! — Vous mentez, je vous en ai vu un. — Je joue de la quinte. — De la quinte ! de la quinte ! Ne faites pas l'insolent, croyez-moi, et qu'il ne vous arrive plus de rester les bras croisés quand les autres jouent. — Monsieur, je comptais mes pauses. — Qu'est-ce que c'est, compter des pauses ? des gaudrioles ! — Mais non, Monsieur, il y avait un *tacet allegro*. — Comment *tacet allegro !* Je crois que vous me tenez des propos. En prison ! Ah ! je vous apprendrai à vous moquer d'un homme en place ! »

Une autre fois, c'était à Toulouse. Un capitoul venait d'assister à l'opéra-comique des *Femmes vengées*, que le parterre redemanda à l'acteur qui vint annoncer ; il s'opposa à cette seconde représentation, à cause de l'indécence de l'ouvrage. L'acteur y substitua *Béverley*, pièce en *vers libres*, de M. Saurin : « Comment ! s'écria le capitoul indigné, encore une pièce en vers libres, quand c'est pour cela que j'interdis les *Femmes vengées !* Relâche au théâtre pour huit jours [1] ! »

Un autre capitoul s'offensa tout rouge de certains vers de la *Métromanie* de Piron :

Monsieur le capitoul, vous avez des vertiges.

Il voulait faire cesser le spectacle et arrêter l'auteur. N'ayant pu venir à bout de ce dernier projet, parce que le délinquant habitait Paris, il se dédommagea du moins en proscrivant à jamais la *Métromanie*, à Toulouse. Quelques jours après, le même capitoul ordonna l'arrestation du nommé Molière, qu'on lui apprit être l'auteur de l'*Avare*, parce qu'il avait cru voir une allusion à sa propre histoire dans la scène où Arpagon

1. *Vie de Piron*, par Rigoley de Juvigny.

est volé par son fils. Quand il apprit qu'on ne pouvait mettre son décret à exécution, parce que Molière était mort depuis quatre-vingts ans : « De quels diables d'auteurs se sert-on là ! s'écria-t-il. Que ne nous donne-t-on des comédies de gens connus [1] ! »

Au dix-septième siècle, les théâtres de l'hôtel de Bourgogne, du Marais, du Palais-Royal, formaient de vraies républiques, avec un président pris dans leur sein. Ce n'étaient point des entreprises particulières, sous la responsabilité d'un directeur, c'étaient des associations où chacun était égal en droits, où chaque membre participait aux profits et aux pertes, comme aujourd'hui les sociétaires du Théâtre-Français.

Toute troupe complètement montée avait un assez grand nombre d'officiers, chargés d'emplois spéciaux et distincts. Il y avait d'abord les hauts officiers, faisant ordinairement partie du corps de la troupe, et non gagés ; puis les bas officiers, aux gages des comédiens.

Les hauts officiers étaient le trésorier, le secrétaire et le contrôleur ; les bas officiers ou gagistes, le concierge, le copiste, remplissant aussi les fonctions de souffleur, non pas en se tenant, comme aujourd'hui, dans un trou au milieu de la rampe, mais à l'une des ailes du théâtre ; les violons [2], le receveur au bureau, les contrôleurs des portes, l'un à l'entrée du parterre, et l'autre à celle des loges ; les portiers, en pareil nombre, et postés aux mêmes endroits que les contrôleurs.

Après les défenses rigoureuses du roi d'entrer sans payer, la charge de portier, rendue surtout nécessaire par les scènes de désordre, disparut peu à peu. En 1674, l'hôtel de Bourgogne n'en avait plus qu'un à la porte

---

1. *Correspondance secrète*, VI, 18, 98.
2. « Il est bon, dit Chappuzeau, qu'ils sachent par cœur les deux derniers vers de l'acte, pour reprendre promptement la symphonie, sans attendre qu'on leur crie : *Jouez*, ce qui arrive souvent. »

du théâtre, et, pour le reste, il se servait de soldats du régiment des gardes.

Ensuite venaient les décorateurs, les moucheurs de chandelles, dont la fonction était parfois remplie par les décorateurs eux-mêmes. « Ils doivent, dit Chappuzeau, s'acquitter rapidement de leur charge pour ne pas faire languir l'auditeur entre les actes, et avec propreté, pour ne lui pas donner de mauvaise odeur. L'un mouche le devant du théâtre et l'autre le fond, et surtout ils ont l'œil que le feu ne prenne aux toiles. Pour prévenir cet accident, on a soin de tenir toujours des muids pleins d'eau et nombre de seaux. Les restes des lumières font partie des petits profits des décorateurs [1]. » Chappuzeau compte encore parmi les bas officiers les assistants, que nous nommerions aujourd'hui comparses, les ouvreurs (et non les *ouvreuses*) de loges, de théâtre et d'amphithéâtre, le chandelier [2], l'imprimeur et l'afficheur.

Les affiches étaient rouges pour l'hôtel de Bourgogne, vertes pour le théâtre de la rue Mazarine, et jaune pour l'Opéra.

Ne pouvant consacrer un chapitre entier à l'histoire des affiches que nous rencontrons sur notre chemin, nous nous bornerons à en indiquer brièvement les péripéties. L'affiche fut inventée, dit-on, par Cosme d'Oviédo, auteur espagnol qui parut un peu avant Cervantès ; comme la distribution des programmes à la porte, par Dryden, en 1667, lors de la représentation d'une de ses tragédies : *The Indian emperor*. Avant, on annonçait par les rues et les carrefours, au son du tambourin [3].

---

1. *Théâtre françois*, l. III, ch. LII.
2. « Quand le roi vient voir les comédiens, ce sont ses officiers qui fournissent les bougies. » (*Id.*). Ce n'est qu'en 1784 que se fit dans la salle de l'Odéon l'essai de l'éclairage à l'huile par les lampes à double courant d'air (invention de Quinquet). C'est encore à l'Odéon qu'on appliqua pour la première fois l'éclairage au gaz, en 1822.
3. Cependant l'affiche existait à Rome, et l'on y faisait précéder le titre

Elle était d'abord fort différente de ce qu'elle est aujourd'hui. Avant Théophile, Racan, Mairet et Gombauld, le nom de l'auteur d'une pièce ne se mettait pas dessus ; les comédiens se contentaient d'y annoncer que *leur poète* avait travaillé sur un sujet excellent. Ce poète était connu, et n'avait pas besoin d'être nommé. Ce fut en 1617, surtout après le succès de *Pyrame et Thisbé*, que l'usage vint peu à peu de désigner les auteurs sur l'affiche : « Je veux dorénavant, s'écrie le *Poète extravagant*, de Préfontaine (1671), en parlant des fournisseurs de l'hôtel de Bourgogne, que mon nom paraisse en lettres rouges au coin des rues, aussi bien que ceux de ces auteurs célèbres. » On resta bien plus longtemps encore sans désigner les acteurs : les comédiens y trouvaient leur compte, parce que le public espérait toujours voir les chefs d'emploi ; mais souvent cette attente trompée donna lieu à des scènes tumultueuses. On trouve dans la *Revue rétrospective* [1] une délibération des comédiens, à la date du 9 décembre 1789, pour supplier le maire de Paris de ne pas leur ordonner de mettre les noms des acteurs sur l'affiche, ce qu'ils considéraient comme très contraire à leurs intérêts. A cette date, l'usage contre lequel ils réclamaient tendait déjà à prévaloir, mais les acteurs de tous les théâtres n'ont été nommés sur les affiches que le 22 juin 1791 [2].

Mais cette affiche, sans nom d'auteur et de comédiens, n'en était pas moins souvent fort détaillée : « Elle entretient le lecteur de la nombreuse assemblée du jour précédent, du mérite de la pièce qui doit suivre, et de la nécessité de pourvoir aux loges de bonne heure, surtout lorsque la pièce est nouvelle et que le grand

de la pièce du nom de l'auteur, lorsque ce nom était célèbre et de nature à garantir le succès.

1. Deuxième série, t. IX.
2. Castil-Blaze, *Molière musicien*, I, 137.

monde y court [1]. » On y faisait, au besoin, l'éloge raisonné de la comédie du jour ; quelquefois même elle s'exprimait en vers. Dans la *Comédie de la comédie*, prologue des *Amours de Trapolin*, par Dorimond (1662), deux bourgeois, Léandre et Lucidor, lisent au coin d'une rue cette affiche qui peut donner une idée du genre :

AFFICHE

LES COMÉDIENS DE MADEMOISELLE :

La pièce que nous vous donnons
Mérite vos attentions :
Ce sont les amours d'Ignorance,
Qu'on confond avec la Science.
Et de son brave Trapolin
Qui l'aime autant que le bon vin.
De cette pièce on fait estime,
Tant pour la force de la rime
Que pour la vigueur des bons mots,
Qui ne sont pas faits pour les sots,
Mais pour la belle connaissance
Et les auditeurs d'importance.
Qu'ici les uns dressent leurs pas,
Que les autres n'y viennent pas.

« Oh ! oh ! l'affiche en vers ! s'écrie Lucidor ; cette troupe est jolie ! » Cette exclamation semble montrer suffisamment que ce n'est pas là une simple imagination de l'auteur. D'ailleurs on trouve, dans les *Fragments burlesques*, de Villiers, à la suite de sa comédie des *Ramoneurs* (1662), deux affiches en vers pour l'*Amaryllis*, de Duryer, jouée à l'hôtel de Bourgogne, qu'il nous a conservées parce qu'elles étaient son œuvre.

On supprima plusieurs fois l'affiche, quand on craignait la cabale pour une pièce nouvelle.

---

1. Chappuzeau, p. 228.

A l'affiche venait se joindre l'annonce faite sur le
théâtre, entre les deux pièces, du spectacle du lendemain. Les harangues des acteurs au public étaient, du
reste, beaucoup plus communes autrefois qu'aujour-
d'hui. Ainsi l'usage était encore qu'à la clôture et à la
réouverture du théâtre un comédien fît un compliment
aux spectateurs. Ce compliment, véritable discours
dans toutes les règles, rendait compte de la situation
théâtrale, passait en revue les pièces données et celles
qu'on promettait, faisait l'éloge des comédiens morts
ou retirés, etc.

Au dix-huitième siècle, les derniers acteurs reçus
étaient chargés de ces harangues ; mais, au dix-septième, on les réservait à celui qui avait la charge
d'orateur.

L'orateur occupait une des places les plus honorables
et les plus élevées dans la troupe. « C'est à lui de faire
la harangue et de composer l'affiche. Le discours qu'il
vient faire à l'issue de la comédie a pour but de capti-
ver la bienveillance de l'assemblée : il lui rend grâces
de son attention favorable, il lui annonce la pièce qui
doit suivre celle qu'on vient de représenter et l'invite
à la venir voir. Le plus souvent il fait son compliment
court et ne'le médite point, et quelquefois aussi il l'étudie, quand ou le roi, ou Monsieur, ou quelque prince du
sang se trouve présent. Il en use de même quand il faut
annoncer une pièce nouvelle qu'il est besoin de vanter,
dans l'adieu qu'il fait, au nom de la troupe, le vendredi
qui précède le premier dimanche de la Passion, et à
l'ouverture du théâtre après les fêtes de Pâques. Dans
l'annonce ordinaire, l'orateur promet aussi de loin des
pièces nouvelles de divers auteurs, pour tenir le monde
en haleine et faire voir le mérite de la troupe pour laquelle on s'empresse de travailler... Ci-devant, quand
l'orateur venoit annoncer, toute l'assemblée prêtoit un

très grand silence, et son compliment court et bien tourné étoit quelquefois écouté avec autant de plaisir qu'en avoit donné la comédie. Il produisoit chaque jour quelque trait nouveau qui réveilloit l'auditeur... Mais, comme les modes changent, il ne se fait plus de longs discours, et l'on se contente de nommer simplement à l'assemblée la pièce qui se doit représenter [1]. »

L'hôtel de Bourgogne eut successivement pour orateurs Bellerose, Floridor et Hauteroche, dont les deux premiers surtout s'acquittèrent brillamment de leur emploi ; le Marais, Mondory, Dorgemont, Floridor, avant qu'il passât à l'hôtel de Bourgogne, et le brave Laroque, qui s'entendait plus à haranguer le public, à apprécier les pièces et à donner de bons avis, qu'à jouer ses rôles. Le Palais-Royal eut deux excellents orateurs dans la personne de Molière, qui aimait beaucoup haranguer, au témoignage de plusieurs contemporains, — et de La Grange, en faveur duquel il se démit de cette charge, six ans avant sa mort. Le dernier orateur en titre d'office du Théâtre-Français fut Lecomte, qui avait succédé à La Grange. On finit par sentir le charlatanisme de cet emploi, qui se pouvait comparer, dans la plupart des cas, à celui de ces personnages dont se faisaient accompagner les *opérateurs* pour vanter leurs drogues ; et comme, d'ailleurs, à mesure que l'ordre s'établissait dans les salles de spectacle, il devenait de moins en moins nécessaire de haranguer les spectateurs, les fonctions de l'orateur se trouvèrent réduites à l'annonce de la représentation dont on chargea le dernier reçu, comme des compliments de clôture et de rentrée, qui ne furent abandonnés qu'en 1793.

Cependant, même après l'abolition de l'orateur en titre d'office, quelques comédiens, comme Dancourt, se firent remarquer par leur habileté et leur éloquence

1. Chappuzeau, p. 226-9.

dans les occasions particulières qui exigeaient qu'on portât la parole. L'habitude de haranguer le public fut longtemps si bien établie, que les acteurs ne se faisaient nul scrupule, au besoin, de s'interrompre pour réclamer le silence. C'était un usage reçu [1].

Autrefois les sociétaires du Théâtre-Français étaient chargés, tour à tour, pendant une semaine, des fonctions de régisseur et investis du pouvoir exécutif, sauf le recours au comité. On appelait *semainiers* ceux qui étaient en fonctions.

Les lectures des pièces se faisaient, au dix-septième siècle, à peu près comme aujourd'hui [2]. L'auteur communiquait d'abord son œuvre à un comédien, et, suivant son avis, il la retirait, ou demandait une assemblée pour l'y lire « sans prélude ni réflexions, ce que les comédiens ne veulent point ». Les femmes se trouvaient rarement à ces lectures, quoiqu'elles eussent le droit d'y assister [3]. On décidait alors de vive voix. Depuis on adopta les bulletins. On y a substitué les boules blanche, rouge ou noire, pour indiquer les réceptions définitives, réceptions à corrections et refus. On raconte qu'Henri de Latouche venait de lire un acte en vers : *Un tour de faveur*, et que, parmi les bulletins, le commissaire du roi en lut un d'une grande dame de la Comédie, conçu ainsi : « Cette petite acte m'a paru charmante, mais invraisemblable ; je la refuse. » C'est là, dit-on, ce qui fit prudemment adopter les boules.

Durant le règne des gentilshommes de la chambre, les pièces arrivaient presque toujours à la Comédie-Française sous le patronage de quelque grand seigneur,

1. D'Aubignac, *Pratique du théâtre.*
2. Dans l'antiquité aussi, du moins chez les Romains, où nous trouvons les comités de lecture déjà organisés. En effet, tout ouvrage dramatique était d'abord porté au temple d'Apollon, et soumis à l'examen de cinq juges (Acron, *in Horat.*, I, sat. x, 38).
3. Chappuzeau, l. II, ch. x et xi.

qui la recommandait à un comédien. Mais on finit par ne plus vouloir se décider d'après l'avis d'un seul, et on forma des comités d'examen, d'abord composés des principaux acteurs, puis *mixtes*, vers la fin de la Restauration. Depuis longtemps, la Comédie-Française en est revenue aux sociétaires seuls.

La pièce reçue, deux manuscrits en sont envoyés à la censure, et le souffleur en garde un. Les premières répétitions se font au foyer, autour d'une table, puis sur le théâtre, avec une mise en scène de plus en plus complète, à mesure que le jour de la représentation approche [1].

Autrefois, comme aujourd'hui, c'était surtout de la Toussaint à Pâques, lorsque la cour se trouvait au Louvre ou à Saint-Germain, qu'on donnait les nouvelles pièces sur lesquelles on comptait le plus. L'hiver était destiné de préférence aux pièces héroïques, et l'été aux comédies [2]. C'était presque toujours le vendredi qu'on donnait les nouveautés. On ne jouait alors que trois fois la semaine, le mardi, le vendredi et le dimanche. Après la représentation de *Camma*, de Th. Corneille (1661), on y ajouta le jeudi, à cause du grand concours de monde, innovation qui se renouvela par la suite toutes les fois que les pièces avaient du succès. On joua tous les jours à partir du 25 août 1680, où les comédiens de l'hôtel de Bourgogne furent réunis à ceux de la rue Guénégaud. En 1691, l'*Almanach ou le livre commode des adresses*, d'Abraham du Pradel, nous apprend que les représentations de l'Opéra avaient lieu les mardi, jeudi, vendredi et dimanche ; mais on faisait quelquefois relâche le jeudi, lorsque la pièce commençait à vieillir. Le théâtre était fermé les jours de fêtes solennelles et pendant les deux semaines de la Passion.

Les représentations avaient lieu d'abord en plein

---

1. Jouslin de la Salle, *Souvenirs dramatiques* (*Revue française*, n° 143).
2. Chappuzeau, p. 90.

jour. En 1609, une ordonnance de police enjoignit aux comédiens de l'hôtel de Bourgogne et du Marais d'ouvrir leurs portes à une heure et de commencer à deux heures précises, de manière à avoir fini à quatre heures et demie, depuis la Saint-Martin jusqu'au 15 février. Les dimanches et fêtes, ils avaient soin de ne commencer qu'après les secondes vêpres, lorsque l'office entier du jour était terminé. L'heure recula peu à peu, si bien que l'abbé du Pure pouvait écrire en 1668, dans son *Idée des spectacles*, p. 174 : « Il y auroit à désirer... de commencer de bonne heure la comédie, par exemple, en hiver, à trois heures et demie ; en été, à quatre heures et demie. Les bourgeois et les bourgeoises y courroient en foule dans ces deux saisons. » Au dix-huitième siècle, les représentations avaient lieu de cinq heures à neuf ; sous le premier Empire, de sept heures à dix et demie ou onze heures au plus tard. On peut croire que ce furent, d'une part, les représentations à la cour, de l'autre, les représentations sur le théâtre de la Foire, où, en dehors de celle du jour, il y en avait une autre à la nuit tombante, pour les spectateurs qui ne voulaient pas se trouver mêlés au public tout à fait populaire ; on peut croire dis-je, que ce fut là ce qui remplaça peu à peu les représentations de jour pour les représentations de nuit.

De 1705 à 1732, l'usage constant s'était établi de fermer et de rouvrir les théâtres, à la quinzaine de Pâques, par une représentation de *Polyeucte*.

En 1772, il fut décidé qu'à partir du premier jeudi de juillet, et de quinzaine en quinzaine, on ne jouerait que des pièces de Molière, toujours rendues par les principaux acteurs, sans que ni doubles ni débutants y pussent être admis[1].

En 1764, un arrêté donna ordre aux comédiens de

1. Bachaumont, VI, 2 juin 1712.

laisser jouer les doubles et nouveaux, les mardis et les vendredis, le plus ancien des doubles et nouveaux devant choisir, la première semaine, la pièce où il désirait se ·montrer; puis le deuxième, la semaine suivante.

Autrefois, les acteurs du Théâtre-Français étaient formellement tenus de jouer dans le tragique et le comique ; ainsi l'exigeaient les règlements, qui ne furent abrogés sur ce point que vers la fin du dix-huitième siècle. Un assez grand nombre d'acteurs célèbres excellèrent dans les deux genres; mais il arrivait non moins souvent que tel qui brillait dans la comédie se faisait invariablement siffler dans la tragédie, où pourtant il ne pouvait se dispenser de paraître. Chose bizarre! les rôles de rois et de paysans restèrent en particulier réservés au même acteur pendant plus d'un siècle: Lenoir de la Thorillière, Lafleur, tous deux contemporains de Molière, Legrand et Paulin avaient spécialement ce double emploi si contradictoire. Bien plus, comme les pièces du Théâtre-Français furent longtemps mêlés d'intermèdes de chant et de danse, et que vers le milieu du dix-huitième siècle, on était dans l'usage de terminer certaines comédies par des ballets (usage qui fut contrarié par des réclamations de l'Opéra), on exigeait des acteurs qu'ils fussent exercés dans ces deux arts. Quand mademoiselle Clairon se présenta, elle fut prévenue par les semainiers que la loi de la Comédie demandait l'assemblage de tous les talents, et qu'elle devait se tenir prête à chanter et à danser dans les pièces d'agrément [1]. Plusieurs acteurs et surtout plusieurs actrices, comme mesdemoiselles Dangeville et Gaussin, se firent remarquer par la réunion de l'art de la danse et du chant à celui de la comédie et

---

1. *Mémoires de Clairon* (collection des *Mémoires dramatiques*), p. 30.

de la tragédie. Ainsi un seul acteur devait en représenter quatre d'aujourd'hui.

Disons aussi quelques mots des comédiens dans leurs
rapports avec la cour : « Ils sont tenus d'aller au Louvre
quand le roi les mande, écrit Chappuzeau, et on leur
fournit des carrosses autant qu'il en est besoin. Mais,
quand ils marchent à Saint-Germain, à Cambor (Cham-
bord), à Versailles, ou en d'autres lieux outre leur pension qui court toujours, outre les carrosses, chariots et
chevaux qui leur sont fournis de l'écurie, ils ont de gra-
tification en commun mille écus par mois ; chacun deux
écus par jour pour leur dépense, leurs gens à proportion, et leurs logements par fourriers. En représentant
la comédie, il est ordonné de chez le roi à chacun des
acteurs et des actrices, à Paris ou ailleurs, été et
hiver, trois pièces de bois, une bouteille de vin, un pain
et deux bougies blanches pour le Louvre, et à Saint-Germain, un flambeau pesant deux livres ; ce qui leur est
apporté ponctuellement par les officiers de la fonderie,
sur les registres de laquelle est couchée une collation
de vingt-cinq écus tous les jours que les comédiens
représentent chez le roi, étant alors commensaux[1]. »
Les comédiens français, lit-on dans les *Anecdotes dramatiques*[2], jouent ordinairement à la cour depuis la
Saint-Martin jusqu'au jeudi d'avant la Passion ; mais
lorsque le roi va à Fontainebleau, une partie de la
troupe suit la cour, et indépendamment des appointements de douze cents livres, chaque acteur a une pis-
tole par jour durant le voyage.

1. *Théâtre françois*, p. 162-4.
2. II, p. 265 (1775).

CHAPITRE IX

**La question financière au théâtre. — Prix des places.
Payement des auteurs et des acteurs.**

A Athènes, dans l'origine, et lorsqu'on n'avait qu'un petit théâtre de bois, l'entrée était gratuite; mais le désir d'être bien placé faisant naître souvent des querelles, on ordonna que désormais chaque spectateur payerait une drachme, taux qui fut bientôt réduit à une obole, par les soins de Périclès ; celui-ci fit, en outre, passer un décret en vertu duquel un des magistrats devait, avant chaque représentation, distribuer à tous les pauvres deux oboles, l'une pour payer sa place, l'autre pour subvenir à ses besoins pendant toute la durée des fêtes. Par la suite, le prix fut haussé jusqu'à deux oboles, mais les entrepreneurs donnaient quelquefois des spectacles *gratis*, ou distribuaient des billets qui tenaient lieu de la paye ordinaire [1].

A Rome, le peuple, loin d'avoir rien à payer pour entrer aux spectacles, qui étaient en quelque sorte partie intégrante du gouvernement et de l'administration, recevait souvent, après la pièce, les libéralités de l'édile alors en charge, soit de l'huile, des fruits, de la viande, etc. ; soit, plus tard, des *billets* de loterie qu'on lui lançait gratuitement du haut du *proscenium*, et dont chacun portait l'indication d'un habit, d'un char, d'un esclave, d'une somme d'argent, etc., gagnés par son possesseur; soit des marchandises plus ou moins précieuses qu'on lui permettait de mettre au pillage.

Payait-on sa place aux représentations des Mystères en province ? Nous n'avons pas de documents positifs

---

1. *Voyage d'Anacharsis*, ch. LXIX.

là-dessus, mais des conjectures qui valent presque des preuves. D'abord il serait difficile de supposer l'idée d'une spéculation de la part de ceux qui montaient ordinairement ces représentations en province, premiers magistrats, membres du haut clergé, etc.; c'était même en quelque sorte, impossible par l'énormité des dépenses que n'eût jamais pu défrayer un prix perçu à la porte pour une seule représentation. Puis, le jeu ayant presque toujours lieu en plein air, sur une place publique, à l'extrémité d'une rue, il eût été facile à beaucoup de spectateurs d'échapper à la taxe. Dans la plupart des cas les places ne devaient donc pas être payées; mais on sollicitait par des quêtes la générosité des habitants et chacun contribuait volontairement à ces solennités, suivant son désir ou ses moyens, en raison aussi des avantages personnels qu'il pouvait en retirer pour son commerce, pour le loyer de sa maison aux étrangers, etc.

Cependant les spectateurs payaient quelquefois, comme on le voit par une ordonnance relative à la représentation de la Passion, à Valenciennes (1547), qui nous donne de précieux renseignements sur le budget d'un Mystère. D'après ce document, complété par un autre, les *supérintendants* seulement, et non leur famille, avaient le droit d'entrer gratuitement; les spectateurs, grands et petits, devaient payer un liard ou six deniers (peut-être suivant la place, ou suivant l'âge), chaque fois, et ceux qui voulaient monter sur un échafaud pour mieux voir payer derechef six deniers. D'après la même ordonnance, les *joueurs* devaient déposer chacun un écu d'or pour subvenir aux dépens, s'ils voulaient participer aux chances de bénéfice de l'entreprise, et aussi pour fournir aux amendes occasionnées par les fautes qu'ils pourraient faire : on leur rendait le reste, s'il y avait lieu. Quant aux *joueurs* qui ne voulaient pas déposer l'écu d'or, ils devaient se contenter de ce qu'il plairait aux *supérintendants* de leur donner pour chaque journée. A la fin du jeu, s'il y avait gain, on le divisait en deux parts, dont l'une pour ceux qui avaient déboursé leurs deniers (et si l'un avait déboursé plus que l'autre, il n'en profitait point davantage), la seconde pour les *joueurs* et administrateurs, suivant leur mérite établi d'après la décision des supérintendants. On distribuait à chaque « supérintendant, organisateur, joueur et administrateur, » la somme de dix-huit deniers tournois pour collationner et se récréer vers le milieu du jour; les petits enfants qui faisaient les anges recevaient aussi six deniers chaque fois dans le même but. Au cas où un joueur « ne vouldroit pas faire son *emprinse*, on se pouvoit retirer sur son corps et sur ses biens[1] ».

Il n'est pas douteux que ce qui n'était qu'une exception en province ne fût la règle à Paris et qu'on n'y payât ses places. Suivant l'*Histoire de la Ville de Paris*, l'usage de payer pour entrer au spectacle commença à l'occasion d'une représentation particulière à laquelle devait assister Charles VI; comme il ne put le faire, les confrères de la Passion obtinrent de lui la permission de jouer en public, en exigeant un droit d'entrée pour se dédommager de leurs frais.

En tout cas, les lettres patentes accordées aux Confrères par Charles VI, en 1402, disent très nettement que « s'ils jouoient publiquement et en commun, ce seroit le profit d'icelle confrérie ». Les *Gelosi*, que Henri III avait fait venir de Venise, jouèrent dans la salle des Etats, à Blois, pour un demi-teston par personne; à Paris, dans l'hôtel de Bourbon, pour quatre sols.

Le spectacle des trois farceurs, Gaultier-Garguille,

1. Em. Morice, *Essai sur la mise en scène*, p. 153-60.

Gros-Guillaume et Turlupin, à la porte Saint-Jacques (si toutefois il faut admettre cette légende extrêmement contestable), coûtait deux sols six deniers. Quant aux spectacles réguliers, on ne payait d'ordinaire, en ce temps-là, que dix sols aux galeries et cinq sols au parterre, et lorsqu'il fallait faire des frais extraordinaires pour de nouvelles pièces, le lieutenant civil du Châtelet réglait le prix exceptionnel des places. On a prétendu que du temps de Molière on ne donnait d'abord que dix sous au parterre de son théâtre, par exemple, en 1659, lorsqu'on joua les *Précieuses ridicules;* mais le registre de La Grange marque expressément, à la date du 18 novembre 1659 : « *Cinna* et *les Précieuses,* à l'ordinaire, quinze sous au parterre, » et le 2 décembre : « *Alcionée* et *les Précieuses,* à l'extraordinaire, trente sous. » C'était ce qu'on appelait jouer au double, et cela se faisait généralement dans la nouveauté des pièces, pour peu qu'elles eussent obtenu de succès. Du temps où Boileau écrivait sa neuvième satire, c'est-à-dire en 1667, il en coûtait toujours quinze sous au parterre du Palais-Royal :

> Un clerc pour quinze sous, sans craindre le holà,
>   Peut aller au parterre attaquer Attila.

Il en était de même dès 1652, à l'hôtel de Bourgogne, et les galeries y coûtaient cinq livres dix sous [1]. On lit dans une *affiche* en vers du comédien de Villiers *pour la pièce d'Amaryllis,* probablement celle de Duryer (1658) :

> Venez, apportez votre trogne
> Dedans notre hôtel de Bourgogne ;
> Venez en foule, apportez-nous,
> Dans le parterre quinze sous,
> Cent dix sous dans les galeries.

---

1. Parfaict, VII, 335.

Nous voyons, au dénoûment des *Chinois*, de Regnard et Dufresny (1692), qu'il n'en coûtait encore que quinze sous au parterre à la fin du dix-septième siècle. Tallement nous apprend que les places sur la scène coûtaient un écu d'or ou un demi-louis, c'est-à-dire cinq livres dix sols. Elles furent abaissées en 1681 à trois livres, puis relevées successivement à trois livres douze sols, à partir de 1699 ; à quatre livres, et jusqu'à six livres en 1721. Après la suppression des banquettes, on payait un louis pour monter sur la scène dans les représentations extraordinaires, dites de capitation.

Le prix fut haussé, à diverses dates, au profit des hospices. Le 25 février 1699, un arrêt du conseil l'augmenta d'un sixième en faveur de l'hôpital général, et il en coûta alors dix-huit sous pour le parterre. C'est là l'origine du droit des pauvres. En février 1716, ce chiffre fut encore accru d'un neuvième au profit de l'Hôtel-Dieu, ce qui porta le parterre à vingt sous et augmenta les autres places en proportion : ainsi le théâtre, l'orchestre et les premières coûtèrent alors quatre livres ; l'amphithéâtre et les secondes, deux livres. Il était bien établi que cet impôt frappait le spectateur et non l'entrepreneur.

Par un arrêté du 7 nivôse an IV, tous les théâtres de Paris et des départements furent invités à donner chaque mois une représentation au profit des pauvres. Une loi du 7 frimaire an V (27 novembre 1796) décida qu'il serait perçu un décime par franc en sus du droit d'entrée, pendant six mois, au bénéfice des indigents qui n'étaient pas dans les hospices. Les dispositions de cette loi furent indéfiniment prorogées par des décrets successifs. Les théâtres de Paris augmentèrent de nouveau le prix des places en conséquence, et y gagnèrent plutôt qu'ils n'y perdirent ; mais, en province, ce furent généralement les administrations théâtrales qui eurent à porter tout le fardeau de cette loi.

La taxe mise sur les spectacles en faveur des hô-
pitaux a pour origine une imposition de huit cents livres
parisis que les acteurs de la Passion furent obligés de
payer par arrêt du parlement de 1541, pour indemniser
les pauvres de la grande diminution qu'avaient souf-
ferte les aumônes depuis l'établissement des théâtres.
Par arrêt du 17 juin 1757, ce droit fut fixé aux trois-
cinquièmes du quart, ou neuvième du total, sans aucune
déduction, pour l'hôpital général, et au dixième en faveur de l'Hôtel-Dieu, après déduction des trois cents
livres comptées pour les frais de chaque représentation.
— En outre, lorsqu'ils passèrent de la rue Guénégaud
à la rue des Fossés-Saint-Germain, le 18 avril 1689, les
comédiens français avaient réglé d'eux-mêmes qu'on
prélèverait chaque mois sur la recette une certaine
somme destinée aux couvents ou communautés religieuses les plus pauvres de la ville de Paris. Les Capu-
cins en profitèrent les premiers ; puis, sur leur demande,
les Cordeliers et les Augustins réformés du faubourg
Saint-Germain furent associés au même bienfait.

Une ordonnance rendue le 14 avril 1768, concernant
les spectacles des foires et boulevards, portait que, ces
spectacles étant faits pour le peuple, il était défendu
aux directeurs de mettre les premières places à un taux
plus élevé que trois livres, les secondes vingt-quatre
sous, les troisièmes douze sous, et les quatrièmes six
sous.

Vers le milieu du dix-huitième siècle, il s'en fallait
de beaucoup que le prix des places égalât le taux qu'il
a atteint aujourd'hui ; il était, pour le Théâtre-Français, de quatre francs à l'orchestre, amphithéâtre (balcon), premières loges et banquettes de la scène ; de
vingt sous seulement au parterre, où, il est vrai, l'on se
tenait encore debout. Les jours de nouvelles représentations et de spectacles extraordinaires, les prix aug-

mentaient d'un tiers aux premières places, mais ils ne variaient jamais au parterre[1].

En 1782, lors de l'ouverture de la nouvelle salle de la Comédie-Française, — aujourd'hui Odéon, — le parterre fut porté à quarante sous. L'orchestre, les premières loges et le balcon coûtaient six livres; les secondes loges, trois livres; les troisièmes loges, quarante-huit sous, et l'amphithéâtre ou paradis, vingt-deux[2]. L'abonnement à une place des petites loges était fixé à cinq cents livres par an. Quelques-unes de ces places ne tardèrent pas à être légèrement augmentées.

Pendant la Révolution, on diminua les prix de plusieurs places au Théâtre-Français; ainsi, à partir du 27 mars 1791, le parterre fut mis à trente-six sous, et la galerie réduite de quatre livres seize sous à trois livres.

Le prix le plus haut pour entrer à la comédie en Italie, lit-on dans les *Mémoires de Goldoni*, dont la première édition est de 1787, ne passe pas la valeur d'un paole romain, dix sous de France.

En Angleterre, dit l'annotateur français des *Mémoires de Macklin*, le prix des loges est partout le même, quelque soit l'étage. Presque toujours les prix sont augmentés aux premières représentations.

Au dix-septième siècle, beaucoup de gens avaient ou s'attribuaient le droit d'entrer gratuitement : ainsi les mousquetaires, les gardes du corps, les gendarmes et les chevau-légers de la maison du roi, qui firent cette terrible émeute en 1673, lorsque Molière leur eut fait retirer par Louis XIV le privilège qu'ils s'étaient arrogé. Les pages aussi et même les laquais se faufilaient souvent sans payer, à la suite des grands seigneurs, et

1. Léris, *Dictionnaire des théâtres*, 1754, p. XXVI.
2. Porel et Monval, l'*Odéon*, p. 17, note. Voir aussi, pour le XVIIe siècle, Despois, le *Théâtre sous Louis XIV*, l. II, ch. II.

le parterre était ainsi encombré de *racaille*, suivant l'expression de Sorel, dans sa *Maison des jeux*, sans aucun profit pour la caisse. En 1700, comme on le voit par une lettre de Pont-Chartrain à Torcy, l'ambassadeur de Savoie voulait introduire ses laquais et ses pages gratuitement avec lui.

Le nombre des entrées gratuites était encore fort grand, même postérieurement à cette époque. En 1688, en 1697, en 1726, en 1729, les comédiens firent à ce sujet des règlements qui indiquent à quel point l'abus était développé. On trouve dans les *Mémoires de Lekain*, une réclamation longue et motivée contre cet usage, avec une liste des noms et qualités de ceux qui s'arrogeaient ce droit sans titre. Sous l'Empire, les comédiens se plaignirent aussi au maître, par l'intermédiaire de M. de Rémusat, de l'abus des entrées de fonctionnaires. Napoléon répondit en s'inscrivant pour douze mille francs d'augmentation sur le prix de sa loge, et en donnant ordre que toutes les personnes attachées au gouvernement imitassent proportionnellement son exemple [1].

Indépendamment des entrées gratuites, au dix-septième siècle, le registre de La Grange prouve que beaucoup de gens, bourgeois ou grands seigneurs, avaient l'habitude de venir à crédit à la Comédie. L'usage était admis et finissait souvent par équivaloir, on s'en doute, à des entrées gratuites.

Le prix des places était naturellement en rapport avec

---

1. On peut voir dans la *Comédie française*, de M. J. Bonnassies, ch. vii et xi, les listes des entrées. Les premières contiennent une centaine de noms, en dehors des lieutenants civils, de police, criminel, de robe courte, des procureurs du roi et de leurs secrétaires, des commissaires, des officiers de mousquetaires et des auteurs. Celle de 1729 est un peu plus longue, ou du moins plus détaillée. Suivant les *Mémoires de Lekain*, le chiffre des entrées était, en 1768, de 416.

celui qu'on payait aux auteurs et aux acteurs, et *vice versâ*. Parlons d'abord des auteurs.

On voit, par une quittance retrouvée à la Bibliothèque nationale, que « la somme de dix écus d'or avoir esté payée pour avoir le jus (la pièce) de la Passion, à Paris, à maistre Arnould Gréban ». Ce *jus* renferme environ vingt-cinq mille vers. Un passage d'un historien de Valenciennes, d'Outreman, contemporain des Mystères, qui, dans la liste donnée par lui de tous les personnages ayant concouru à l'une de ces représentations, nomme l'auteur (*fabricateur*) après le charpentier, indique bien la place subalterne qu'occupait l'écrivain et combien ses travaux devaient être peu rétribués, lorsqu'ils l'étaient[1].

Un sonnet, imprimé après la préface des six premières comédies de Larivey (qui furent certainement représentées, et probablement en public), dit qu'il retirait de ses œuvres de théâtre plus d'honneur que d'argent, et rappelle, en manière de comparaison, que Térence vendit son *Eunuque*

Si grand'somme d'argent qu'elle nous est estrange[2].

Rien de si connu et de plus souvent cité que le mot de mademoiselle Beaupré, rapporté pour la première fois par le *Segraisiana* : « M. Corneille nous a fait un grand tort ; nous avions ci-devant des pièces de théâtre

---

1. Onésime Leroy, *Etude sur les Mystères*, p. 129.
2. En effet, selon Suétone, l'*Eunuque*, joué deux fois en un jour, rapporta à l'auteur huit mille petits sesterces, ou environ seize cents francs. L'édile, qui s'occupait de chercher les acteurs et de faire prix avec eux pour toute la durée des jeux, recevait aussi les propositions des auteurs dramatiques. Si, après une première lecture faite par l'écrivain, la pièce était jugée convenable, il la lui achetait, prenant, la plupart du temps, un acteur pour en faire l'estimation (Dezobry, *Rome au siècle d'Auguste*, IV, 160-1). « Le poëte ne voulut pas qu'on recommençât sa pièce, dit le premier prologue de l'*Hécyre*, afin d'être en droit de la vendre une seconde fois. » Et dans le second : « Faites, dit le chef de la troupe, que je puisse apprendre avec succès de nouvelles pièces, payées d'après mon estimation, — *pretio emptas meo.* »

pour trois écus, que l'on nous faisait en une nuit; on y était accoutumé, et nous gagnions beaucoup. Présentement, les pièces de M. Corneille nous coûtent bien de l'argent, et nous gagnons peu de chose. »

> Corneille est excellent, mais il vend ses ouvrages,

s'écriait, d'un autre côté, le poète-laquais Gaillard, en 1634. Avant lui pourtant, on les vendait aussi, même d'après le témoignage de mademoiselle Beaupré, mais beaucoup moins cher, et pour cause. C'est surtout à Hardy que la comédienne fait allusion, lorsqu'elle regrette le bon temps des pièces à trois écus, bâclées en une nuit. Celui-ci, a-t-on dit souvent, fut le premier qui retira un bénéfice de ses œuvres dramatiques. Nous venons de voir, par l'exemple de Larivey et d'Arnould Gréban, que l'assertion n'est pas tout à fait exacte, du moins exprimée aussi absolument. Avant lui, les pièces représentées, soit dans les collèges, soit dans des châteaux et aux frais des seigneurs, ne procuraient pas à leurs auteurs un bénéfice *régulier*. Parfois même ils se bornaient à les faire imprimer et les jouait qui voulait, sans avoir aucun droit à payer [1].

A la même époque, Lope de Vega, qui fit, dit-on, dix-huit cents pièces, c'est-à-dire douze cents de plus que Hardy, recevait pour chacune cinq cents réaux, environ cent vingt-cinq francs.

Trois écus, c'était maigre, même en prenant la somme comme approximative ; mais, quoi qu'on en puisse croire d'après le mot de la Beaupré, les pièces de Corneille n'étaient pas encore très chèrement payées elles-mêmes, et l'on étonnerait beaucoup les membres de notre Société des auteurs dramatiques, en leur apprenant ce qu'ont produit à nos grands poètes classiques

---

1. Garnier, *Avis* en tête de sa *Bradamante*.

les chefs-d'œuvre dont ils ont enrichi la scène ! « Je suis saoûl de gloire et affamé d'argent », disait Corneille à Boileau, qui mit cette réponse en vers [1] « Corneille, écrit Voltaire dans ses Remarques sur l'épître dédicatoire d'*Horace*, demeurait à Rouen, et ne venait à Paris que pour y faire jouer ses pièces, dont il tirait un profit qui ne répondait point du tout à leur gloire et à l'utilité dont elles étaient aux comédiens. » Cependant il faut dire que, du moins vers la fin de sa carrière, sa haute renommée le faisait traiter beaucoup mieux que la plupart de ses concurrents. *Attila* et *Bérénice*, qui ne sont pas ses chefs-d'œuvre, comme on sait, lui furent payés deux mille livres chacun, au théâtre de Molière, c'est-à-dire plus cher que la plupart des pièces de Molière lui-même.

Ainsi les comédiens ont commencé par acheter les pièces moyennant un prix fait d'avance, et naturellement ce prix était modique, le succès étant incertain. L'établissement du droit d'auteur, prélevé sur la recette de chaque représentation, remonte à 1653, suivant les frères Parfaict. Tristan l'Hermite, pour rendre service à son élève Quinault, s'était chargé de lire aux comédiens ses *Rivales*. Ceux-ci, croyant la pièce de Tristan, en offrirent cent écus, mais ils se rétractèrent en apprenant qu'elle était d'un jeune poète inconnu, prétendant qu'ils ne pouvaient plus dès lors hasarder que cinquante écus sur sa réussite. Après avoir insisté vainement pour les faire revenir à leur première décision, Tristan leur proposa d'accorder à l'auteur le neuvième de la recette de chaque représentation, tous frais déduits, tant qu'on jouerait sa pièce dans la nouveauté ; après quoi elle appartiendrait aux comédiens. Cet arrangement fut accepté et donna naissance à la part d'*auteur*. C'est seulement vers la fin du dix-huitième siècle,

1. *Art poétique*, IV, note de Brossette.

comme nous le verrons plus loin, que l'auteur garda
la propriété de son œuvre et toucha ses droits, même
dans les reprises.

Néanmoins, même après les *Rivales*, le prix à forfait
se conserva encore dans plusieurs cas, quoiqu'il tombât par degrés en désuétude devant l'usage de payer
des droits proportionnels. On voit dans le Registre de
la troupe de Molière, tenu par La Grange, que Racine
céda le manuscrit d'*Andromaque* pour deux cents
livres[1], et que plusieurs pièces de Molière et des
deux Corneille furent achetées à un prix fait d'avance,
après la date de 1653. Mais la convention acceptée par
Quinault et la plupart des autres auteurs fut sanction-
née en 1697 par un arrêté royal, qui donnait aux auteurs
le neuvième de la recette pour les pièces en cinq actes,
le douzième pour les pièces en trois actes, déduction
faite des frais journaliers du théâtre, comptés à cinq
cents livres l'hiver et à trois cents l'été.

« La plus ordinaire condition et la plus juste de côté
et d'autre, écrit Chappuzeau, en 1674, est de faire
entrer l'auteur pour deux parts dans toutes les représentations de sa pièce jusqu'à un certain temps. Par
exemple, si l'on reçoit dans une chambrée (la recette
du jour) seize cent soixante livres, et que la troupe soit
composée de quatorze parts, l'auteur, ce soir-là, aura
pour ses deux parts deux cents livres, les autres
soixante livres, plus ou moins, s'étant levées par pré-
ciput pour les frais ordinaires... Quelquefois les comédiens payent l'ouvrage comptant, jusqu'à deux cents
pistoles et au delà, en le prenant des mains de l'auteur
et au hasard du succès. Mais le hasard n'est pas grand
quand l'auteur est dans une haute réputation et que

---

1. *Théagène et Chariclée*, qui ne fut jamais fait, ou du moins jamais
joué, lui valut, d'après les mêmes registres, une somme de cinq cents
livres à titre d'avance.

tous ses ouvrages précédents ont réussi, et ce n'est aussi qu'à ceux de cette volée que se font ces belles conditions du comptant ou des deux parts. Quand la pièce a eu un grand succès, et au delà de ce que les comédiens s'en étoient promis, comme ils sont généreux, ils font de plus quelque présent à l'auteur. Cette générosité des comédiens se porte si loin qu'un auteur des plus célèbres et des plus modestes força un jour la troupe royale de reprendre cinquante pistoles de la somme qu'elle lui avait envoyée pour son ouvrage. » Oh ! les honnêtes gens que les comédiens du dix-septième siècle ! Notons, parmi les *primes* de ce genre, celle de soixante louis d'or envoyée à Th. Corneille après l'éclatant succès de *Circé*. « Mais, pour une première pièce et à un auteur dont le nom n'est pas connu, ils ne donnent point d'argent, ou n'en donnent que fort peu. » L'usage de ne rien donner à un débutant n'était point absolu, puisque La Grange nous montre Racine recevant deux parts pour sa *Thébaïde*. « Enfin, la pièce lue et acceptée, le plus souvent l'auteur et les comédiens ne se quittent point sans se régaler ensemble, ce qui conclut le traité. »

Après l'établissement de la part d'auteur, les comédiens eurent soin de se ménager une porte dérobée pour entrer en possession absolue d'une pièce. Ils établirent qu'ils auraient le droit de s'approprier désormais et définitivement toute œuvre dramatique qui serait *tombée dans les règles*, c'est-à-dire dont la représentation aurait produit une somme inférieure à un chiffre fixé. Ce chiffre varia plusieurs fois : il fut d'abord de cinq cents livres l'hiver et de trois cents l'été, et il fallait que la pièce tombât deux fois de suite au-dessous de cette somme, suivant la saison, pour que les comédiens eussent le droit de la retirer du répertoire courant; mais il n'était pas dit encore que, dans le cas d'une reprise plus heureuse, elle dût leur appartenir.

Cela dura ainsi jusqu'à 1757, où les comédiens firent substituer à ces chiffres, dans un nouveau règlement non communiqué aux auteurs, ceux de douze cents livres l'hiver et huit cents livres l'été; mais il fallait encore que la pièce tombât deux fois *de suite*, ou trois fois en différents temps. Alors non seulement ils pouvaient la retirer, mais il la confisquaient à leur profit[1]. Depuis (1766), enhardis par le succès, ils essayèrent derechef d'accroître la rigueur de ces dispositions léonines, d'abord en supprimant clandestinement les mots *de suite* après les mots *deux représentations*, de sorte que l'alternative seule des grands et des petits jours devait amener bientôt cette double chute séparée, tandis que deux chutes *de suite* se présentaient bien plus difficilement, la pièce tombée dans le petit jour ayant chance de se relever dans le grand jour; puis en faisant décider par surprise (1780), que, pour le calcul de ces douze cents et de ces huit cents livres on ne pût demander d'autre compte que celui de la recette de la porte, c'est-à-dire défalcation faite de la location des loges, qui se montait en moyenne à huit cents livres par jour, et des entrées par abonnement[2].

On sait avec quelle vigueur Beaumarchais engagea la lutte contre cet abus, qui ne fut définitivement déraciné que sous la Révolution. Il était toujours possible, à

1. Les *Mémoires secrets* (1, 272), nous apprennent que le comte de Schowalow, pour empêcher les *Barmécides*, de La Harpe, de tomber dans les règles, envoyait chaque fois le supplément de la somme requise.

2. Beaumarchais, *Compte rendu aux auteurs dramatiques*, 2ᵉ partie. Il faut compléter ce que nous disons ici par la partie du chapitre xxi qui a rapport à la querelle de Beaumarchais avec les acteurs. Remarquons, à propos de ces locations, que les grands seigneurs avaient l'habitude de ne les payer qu'au bout d'une ou plusieurs années, et qu'ils ne les payaient pas toujours, comme on le voit à plusieurs reprises dans le registre de La Grange [Voy. aussi Jouslin de La Salle, *Souvenirs dramatiques (Revue française*, n° 109)].

l'aide de certaines manœuvres, de faire tomber une pièce
dans les règles, et cela était surtout facile quand ces
deux chutes n'avaient plus besoin de se succéder
immédiatement. Les comédiens avaient intérêt à le
faire, puisque la pièce leur appartenait ensuite, à jamais,
quelle que fût l'abondance des recettes qu'elle produi-
sît à la reprise. On dérogeait quelquefois à cette règle,
mais très rarement, et par pure bonne volonté de la
part des comédiens : cela arriva à la reprise de la
Veuve du Malabar, de Lemierre, en considération du
succès extraordinaire qu'eut cette reprise [1].

Ce privilège des comédiens a complètement disparu.
L'auteur a droit maintenant, tant qu'on joue son œuvre
à la Comédie-Française, à quinze pour cent sur le
produit de la recette s'il occupe le spectacle en entier,
ou à une part proportionnelle, suivant le nombre
d'actes qu'on lui joue. C'est là aussi le taux généralement adopté dans les théâtres secondaires, mais
depuis peu d'années, et sans préjudice des conventions
particulières que peut imposer ou subir le directeur.
Avant la création de la Société des auteurs dramatiques,
Saint-Romain, le directeur de la Porte-Saint-Martin,
achetait un vaudeville deux cents francs, ou donnait
neuf francs par représentation pour une pièce de trois
à cinq actes. Son successeur, Lefeuve, se montra plus
généreux : il payait un vaudeville huit francs chaque
fois qu'on le jouait, et un mélodrame quarante-huit
francs. En 1835, les droits d'auteur, à l'Ambigu, étaient
réglés à trente-six francs pour un drame en trois actes,
pendant les vingt-cinq premières représentations, et à
vingt-quatre francs pendant les autres; à quarante-
huit et à trente-six pour les drames en quatre et cinq
actes. Aujourd'hui, il n'est pas très rare, pour les pièces

---

1. Bachaumont, XV, p. 258.

en vogue, qu'un auteur puisse se faire jusqu'à mille
francs par soirée. En 1875, le Théâtre-Français a distribué près de cent quatre-vingt-dix mille francs aux
auteurs, malgré la grande place que prennent sur ses
affiches les pièces du répertoire et les ouvrages tombés
dans le domaine public.

Les *parts d'auteur* furent déclarées insaisissables en
1749, à propos de Crébillon, qui ne pouvait toucher ce
qui lui revenait des représentations de son *Catilina*,
parce que ses créanciers avaient assigné les comédiens
pour en être mis en possession.

En 1775, les comédiens italiens précédèrent les comédiens français dans la voie de la justice, en arrêtant de
donner aux auteurs pendant toute leur vie les honoraires de leurs pièces, chaque fois qu'elles seraient
représentées.

Il arrivait souvent que les écrivains abandonnassent
leurs parts, soit à la Comédie, soit à tel ou tel comédien,
afin que leur pièce n'attendît pas trop longtemps ou
fût jouée avec un soin tout spécial, ou enfin pour se
faire un avocat de l'acteur intéressé, Saint-Foix ne se
faisait jamais payer. Rochon de Chabannes avait re-
noncé à ses droits pour la pastorale d'*Hylas et Sylvie*.

Beaumarchais n'avait également rien touché pour
ses *Deux Amis*, ni son *Eugénie*, et c'est pour cela que
les comédiens furent si consternés de lui voir réclamer
avec insistance le compte des représentations du *Barbier de Séville*. « L'un d'eux me demanda, dit Beaumarchais, si mon intention était de donner ma pièce à
la Comédie, ou d'en exiger le droit d'auteur. » Je
répondis en riant, comme Sganarelle : « — Je la donnerai si je veux la donner, et je ne la donnerai pas si
je ne veux pas la donner. » Un des premiers acteurs
insiste, et me dit : « — Si vous ne la donnez pas, Monsieur, au moins dites-nous combien de fois vous désirez

qu'on la joue encore à votre profit, après quoi elle nous appartiendra. — Quelle nécessité, Messieurs, qu'elle vous appartienne? — Beaucoup de messieurs les auteurs font cet arrangement avec nous. Ils s'en trouvent très bien, car, s'ils ne partagent plus dans le produit de leur ouvrage, au moins ont-ils le plaisir de le voir représenter plus souvent : la Comédie répond toujours aux procédés qu'on a pour elle. »

S'il faut en croire le *Dictionnaire dramatique*, les écrivains allemands étaient encore plus maltraités. On lit dans cet ouvrage[1], à la date de 1776 : « Les comédiens allemands sont, pour l'ordinaire, les auteurs des pièces nouvelles qu'on représente sur le théâtre. Si un particulier en composait, il n'en retirerait aucun honoraire, et serait obligé d'en faire présent à un acteur ou à une actrice. Le comédien, auteur ou possesseur de la pièce, prélève, lui et ses héritiers, un certain droit qui lui appartient toutes les fois que la pièce se représente. On n'imprime point les pièces nouvelles, parce que l'impression ôterait, suivant le droit germanique, la possession de la pièce aux particuliers pour la donner au public. » En Italie, Goldoni recevait trente sequins pour chacune de ses œuvres, applaudies ou non, et il en faisait beaucoup. Gozzi, son rival, donna ses premiers ouvrages dramatiques pour rien[2].

Il y a des anecdotes curieuses sur certains prix payés pour certaines pièces.

Rotrou venait de terminer *Venceslas*, lorsqu'il fut arrêté et conduit en prison pour dettes. Voulant se tirer d'affaire, il envoya offrir sa tragédie aux comédiens pour vingt pistoles. Le marché fut conclu, mais on ajoute qu'après le grand succès de la pièce, ceux-ci

---

1. T. II, p. 247.
2. *Mémoires de Gozzi*, ch. xv ; éd. Charpentier.

crurent devoir joindre un présent honnête au prix convenu[1].

Le *Sourd*, de Desforges, qui fit la fortune du Palais-Royal, et qu'on reprend encore si souvent, fut payé cinq cents francs à l'auteur[2], suivant la plupart, ou six cents francs, comme il semble résulter d'une lettre de Desforges lui-même[3]. *Madame Angot*, qui rapporta cinq cent mille francs à la Gaîté, avait également été vendue six cents francs par l'auteur. « On achetait alors (dans les premières années de ce siècle), dit Brazier[4], en parlant des théâtres des boulevards, une comédie en un acte deux cents francs une fois payés; on donnait neuf cents francs pour une pièce en trois actes. Ainsi le *Jugement de Salomon*, *Tékéli*, qui ont mis dans la caisse de l'administration cinquante mille écus chacun, dans l'espace de quatre mois, ont rapporté à leurs auteurs neuf cents francs. »

Dans l'antiquité, les grands acteurs paraissent avoir été bien payés. Le comédien Polus, d'Athènes, recevait un talent en deux jours (cinq mille quatre cents livres)[5]. Nous apprenons de Macrobe[6], que Roscius recevait par jour, pour lui seul, du trésor public, mille deniers romains, c'est-à-dire près de neuf cents livres. Le comédien instruit par Roscius, nous apprend Cicéron dans son plaidoyer, pouvait gagner dix-huit pistoles par jour. Et ailleurs : « Croirez-vous, dit-il, qu'un homme aussi désintéressé que Roscius veuille s'approprier, aux dépens de son honneur, un esclave de trente pistoles ; lui qui, en nous jouant depuis dix ans la comédie pour rien, s'est ainsi généreusement privé d'un gain de quinze

---

1. *Anecdotes dramatiques*, II, 261.
2. Et non cinquante francs, comme le dit la *Nouvelle Biographie générale*.
3. Citée par M. Ch. Maurice, *Histoire anecdotique*, I, 19.
4. *Chronique des petits théâtres*, t. I, p. 60.
5. *Voyage d'Anacharsis*, ch. LXX.
6. *Saturnales*, l. III, ch. XIV.

cent mille livres. Je n'apprécie pas trop haut le salaire
que Roscius aurait reçu : on lui aurait au moins donné
ce qu'on donne à Dyonisia. » On voit par cette dernière
phrase que cette fameuse comédienne touchait cinquante mille écus par an. Malgré ses immenses prodi-
galités, causées surtout par le luxe inouï de sa table,
Œsopus laissa à son fils vingt millions de sesterces (près
de cinq millions de francs), amassés uniquement dans
la même profession. Jules César donna cinq cent mille
sesterces à Labérius, pour l'engager à jouer dans une
pièce qu'il avait composée. Un acteur de grand talent
pouvait gagner sans peine cent mille sesterces par an,
ce qui n'était que la cinquième ou sixième partie de ce
que gagnait Roscius en moyenne.

Chappuzeau donne d'intéressants détails sur la question financière au théâtre pendant le dix-septième siècle,
en ce qui concerne les acteurs : « Ils ne veulent point
souffrir de pauvres dans leur estat, et ils empeschent
qu'aucun de leur corps ne tombe dans l'indigence. Quand
l'âge ou quelque indisposition oblige un comédien de
se retirer, la personne qui entre en sa place est tenue
de lui payer, sa vie durant, une pension honneste, de
sorte que, dès qu'un homme de mérite met le pied sur
le théâtre à Paris, il peut faire fond sur une bonne
rente de trois ou quatre mille livres tandis qu'il tra-
vaille, et d'une somme suffisante pour vivre quand il
veut quitter. Coutume très louable qui n'avait lieu
cy-devant que dans la troupe royale, et que celle que
le roy a établie depuis peu veut prendre pour une forte
base de son affermissement. Ainsi, dans les troupes de
Paris, les places sont comme érigées en charges, qui
ne sçauroient manquer ; et à l'Hôtel de Bourgogne,
quand un acteur ou une actrice vient à mourir, la
troupe fait un présent de cent pistoles à son plus proche
héritier. » Ce fut, dit-on, la pension de mille livres

accordée à Louis Béjart par ses camarades, lorsqu'il quitta la scène, en 1670, qui fut l'origine des pensions de retraites de la Comédie-Française. A la clôture de l'année 1681, le roi ordonna qu'il serait accordé à l'avenir une pension de mille livres de retraite à ceux de la troupe royale qui seraient obligés de quitter le théâtre pour cause d'infirmité ou de vieillesse [1].

Chappuzeau nous apprend encore (page 175), que le compte de la recette du jour étant fait tous les soirs, et les frais prélevés, on partageait le reste aux comédiens, suivant leur nombre et leurs droits, et que chacun emportait sur-le-champ ce qui lui revenait.

La *troupe royale* de l'hôtel de Bourgogne avait du roi une pension de douze mille livres. Lorsque la troupe de Molière se mit sous le patronage de Monsieur, celui-ci promit trois cents livres de traitement annuel à chaque acteur; mais ce ne fut qu'une promesse. En 1665, le roi accorda à cette troupe 6.000 livres de pension, qui furent portés à 7.000, en 1671.

L'origine des représentations au bénéfice d'un comédien remonte, en France (car en Angleterre cet usage existait depuis longtemps), à l'année 1741, où la recette d'un dernier spectacle fut entièrement consacrée, sur le Théâtre-Italien, au profit d'un petit garçon et d'une petite fille de Poitiers, qui avaient exécuté avec un succès extraordinaire les ballets des *Enfants jardiniers* et des *Sabotiers*.

Rien n'est plus curieux que de constater la progression toujours croissante des salaires accordés aux acteurs. « Lekain, écrivait Voltaire au maréchal, duc de Richelieu, le 2 avril 1755, ne tire pas plus de deux mille livres par an de la Comédie de Paris. » S'il ne faut point prendre cette assertion tout à fait à la lettre, elle n'est pourtant pas loin de la vérité. Ce que Lekain

1. Mouhy, *Abrégé de l'Histoire du Théâtre-Français*, III, 30.

aurait gagné aujourd'hui, on peut le conjecturer par ce qu'exigeait mademoiselle Rachel : l'un n'était guère moins avide que l'autre. Mademoiselle Rachel, engagée au Théâtre-Français, sans débuts, sans auditions officielles, à raison de quatre mille francs par an, en 1838, stipulait, en 1840, un *ultimatum* de vingt-sept mille francs de fixe, soixante-quatre feux de deux cent quatre-vingt-un francs vingt-cinq centimes chacun, ensemble dix-huit mille francs, une représentation à bénéfice estimé quinze mille francs (soixante mille francs en tout) ; plus trois mois de congé, qui n'étaient pas la partie la moins fructueuse [1]. Depuis, le taux de ses exigences haussa bien autrement encore.

A côté de mademoiselle Rachel, à son début, mademoiselle Mars, au déclin de sa carrière, mais non de son talent, ne se faisait, tout compris, que quarante mille francs de revenu ; ce *que* est relatif, bien entendu.

Mais, en comparaison de celle des chanteurs et danseuses, ces prétentions sont les plus modestes du monde. En 1762, mademoiselle Guimard avait obtenu, comme *premier sujet* de la danse, un engagement de six cents livres par an, à l'Académie royale de musique. Comparez ces six cents livres aux traitements que touchent les premiers sujets d'aujourd'hui. C'est avec ses seuls appointements de danseuse que mademoiselle Taglioni acheta sa villa du lac de Côme et ses quatre palais du Grand canal de Venise.

Les chanteurs et cantatrices ont commencé de meilleure heure à coter fort haut leur don ou leur talent. Vers 1770, la Gabrielli demandait cinq mille ducats d'honoraires à l'impératrice Catherine II, et comme celle-ci se récriait, disant :

« Je ne paye sur ce pied-là aucun de mes feld-maréchaux.

---

1. Laugier, *De la Comédie-Française depuis 1830*, p. 148.

— Eh bien, répliqua-t-elle, Votre Majesté n'a qu'à faire chanter ses feld-maréchaux. »

Cette réponse audacieuse convainquit Catherine : elle était bien bonne de se laisser si aisément convaincre. Le premier venu, un cordonnier ou un danseur de corde, en pourrait dire autant : faut-il en conclure pour cela qu'il ait le droit de se faire payer plus qu'un feld-maréchal ?

Qu'aurait dit Catherine à une *étoile* de nos jours, à la Patti, par exemple, qui conclut couramment un traité au prix de cinq mille francs par représentation, en laissant à la direction du théâtre les frais de costumes et de coiffures ?

CHAPITRE X

Accidents et troubles dans la salle.

L'hôtel de Bourgogne, sous les Confrères, devint peu à peu, vers la fin du seizième siècle, une sorte de lieu suspect, dont les désordres n'étaient pas le moindre grief qu'on alléguât contre eux. On s'en plaignait de toutes parts, et les honnêtes gens avaient même abandonné leur spectacle. « Il y a encore un autre grand mal qui se commet et tolère en vostre bonne ville de Paris, lit-on dans les *Remonstrances très-humbles au roy de France et de Polongne, Henri III du nom* (1588)[1], aux jours de dimanches et de festes ; ce sont les jeux et spectacles publics qui se font lesdits jours de festes et dimanches, tant par des étrangers italiens que par des françois, et par-dessus tout, ceux qui se font, èz cloaque et maison de Satan, nommée l'hôtel de Bourgogne (*sic*)... En ce lieu se donnent mille assignations

1. Citées par les frères Parfaict, t. III, p. 238, note.

scandaleuses, au préjudice de l'honnesteté et pudicité des femmes, et à la ruine des familles des pauvres artisans, desquels la salle basse est toute pleine, et lesquels plus de deux heures avant le jeu, passent leur temps en devis impudiques, en jeux de dez, en gourmandises et yvrogneries, d'où deviennent plusieurs querelles et batteries, » etc. L'hôtel de Bourgogne n'avait guère changé dans les premières années du dix-septième siècle, et, dans sa *Doctrine curieuse* (1623), le Père Garasse pouvait, sans trop d'exagération, en parler comme d'un lieu de perdition et de débauche.

Les gens de la maison du roi jouissaient autrefois de l'entrée gratuite à la Comédie, et le parterre en était toujours rempli. Molière obtint de Louis XIV la supression de cet abus. Mais ces messieurs, se croyant outragés et ne voulant pas renoncer à leur privilège, résolurent de forcer l'entrée de la salle. Ils se rendirent en nombre au théâtre de Molière, attaquèrent les gardiens et tuèrent le portier, quoique, accablé par le nombre, il eût fini par jeter son épée pour qu'on l'épargnât. Rendus plus furieux encore par cette résistance, ils cherchaient partout la troupe pour la traiter de même ; déjà la plupart des acteurs commençaient à s'enfuir, et les femmes étaient demi-mortes de frayeur. Béjart, qui se trouvait habillé en vieillard pour la pièce qu'on allait jouer, osa se présenter sur le théâtre devant ces forcenés, en leur criant : « Eh ! messieurs, épargnez du moins un pauvre vieillard de soixante-quinze ans, qui n'a plus que quelques jours à vivre. » Ces paroles, dans la bouche d'un jeune acteur aimé, excitèrent un éclat de rire, et Molière acheva de les ramener à l'ordre en leur parlant vivement de la volonté du roi, de sorte qu'ils se retirèrent, et que, depuis, ils payèrent comme les autres spectateurs [1].

1. *Anecdotes dramatiques*, I, 509 ; Lemazurier, I, 133.

Une pièce des archives, trouvée par M. Campardon, renferme une plainte des comédiens italiens Tibério (Scaramouche) et Ottavio (Octave), datée du 25 février 1662, contre quelques particuliers inconnus, qu'ils ont appris depuis être des laquais ou valets de chambre, qui se sont attroupés pour maltraiter leurs portiers, « ce qui arrive journellement ». Le portier principal, Germain, corrobore cette plainte en déclarant que « ce jourd'hui, environ les quatre heures de relevée, étant à l'entrée de la porte qui conduit au parterre des comédiens du Palais-Royal, sept à huit quidams, qu'il ne connoît que pour leur avoir plusieurs fois refusé la porte, lui avoient fait une querelle d'Allemands, voulant entrer de force, contre la volonté de lui, Germain. Dans lequel tems, lesdits quidams, tous ensemble, avoient mis l'épée à la main, et icelui forcé de se retirer dans la cour d'une maison voisine, où ils l'auroient poursuivi l'épée à la main, et icelui pressé de telle sorte, n'étant seulement assisté que de ses camarades, qu'il se seroit mis en état de repousser leurs violences. Fut étonné que dans ledit tems furent tirés un ou deux coups de pistolet, qui auroient donné lieu audit plaignant de se sauver dans le Palais-Royal et venir par devers lesdits sieurs comédiens italiens pour leur en rendre plainte, même prier iceux de prendre leur fait et cause ; ce qu'ils lui auroient promis faire. Et a déclaré ne savoir écrire ni signer.

« A quoi procédant sont survenus les nommés Molière et Ducroisy, comédiens de Son Altesse Monseigneur le duc d'Orléans, lesquels, avertis de l'insulte qui avoit été faite par aucuns quidams contre leurs portiers, et continuent journellement, ont trouvé à propos de se joindre avec lesdits sieurs comédiens italiens pour agir contre lesdits quidams ; nous faisant pareil réquisitoire. »

Ces désordres sanglants se renouvelèrent plusieurs fois au théâtre du Marais, pour les mêmes causes. On força l'entrée ; des portiers furent tués, après avoir couché sur le carreau quelques-uns des assaillants. Un jour, l'acteur Laroque, qui était fort brave, se jetant dans la mêlée, l'épée à la main, s'opposa avec courage aux séditieux, les défiant nominativement au combat. Il sut si bien unir l'adresse à la valeur et se faire craindre des spadassins, qu'il finit par apaiser ces espèces de révoltes [1].

Le portier était souvent exposé à des scènes analogues. D'autres personnes encore, outre les gens de la maison du roi, voulaient s'attribuer le droit de ne pas payer en entrant, et c'étaient des rixes continuelles. Aussi Chappuzeau nous apprend que pour cette charge on faisait toujours choix d'un brave, capable de croiser le fer. On trouve, dans le registre de La Grange, des frais de pansements pour portiers blessés. Le *Roman comique* nous rend témoignage de diverses scènes de ce genre. « Par une disgrâce qui nous est arrivée à Tours, dit le Destin, où notre étourdi de portier a tué des fusiliers de l'intendant de la province, nous avons été contraints de nous sauver un pied chaussé et l'autre nu. » (I, ch. ii.) Et plus loin : « Votre valet, dit Léandre, fut tué à la porte de la comédie par des écoliers bretons. » (II, ch. v.)

Guéret fit dire à La Serre, dans le *Parnasse réformé*, qu'on tua quatre portiers du théâtre, à la première représentation de son *Thomas Morus*. « Je lui céderai volontiers le pas, ajoute La Serre en parlant de Corneille, quand il aura fait tuer cinq portiers en un seul jour. » S'il en est ainsi, il doit au moins céder le pas à Scudéry, dont l'*Amour tyrannique* fit, dit-on, étouffer

---

1. Lemazurier, I, 316.

cinq portiers par la foule immense qu'attira la première représentation [1].

Parmi les pièces où le concours du public occasionna des troubles dans la salle, on peut citer *Acajou*, de Favart, joué en 1774, à la Foire Saint-Germain. Le jour de la clôture, il y eut tant de monde, que la barrière qui séparait l'orchestre du parterre se brisa. Pour la raccommoder, on dut faire évacuer le parterre à grand'-peine, mais les spectateurs qui étaient sur le théâtre y descendirent, faisant place à de nouvelles personnes qui comblèrent entièrement le lieu de la scène. Il n'avait pas été possible, dans la confusion, de rendre l'argent. Plusieurs l'exigeaient avec menaces. On arrêta six des plus mutins ; mais le directeur les fit relâcher. Malgré l'augmentation du prix des places, la scène même était si remplie qu'il n'y pouvait paraître qu'un acteur à la fois. Il n'y eut point de symphonie, point de ballet, on n'entendit rien, et on applaudit tout le temps[2].

Le parterre d'autrefois fourmillait de pages, filous, laquais et *autres ordures du genre humain*, dit Scarron[3]. De là, des disputes et des désordres continuels. On fut obligé, en 1635, d'interdire aux pages et laquais d'entrer à la Comédie avec leurs épées. Mais cela ne mit pas fin aux querelles. « Le parterre, écrivait en 1642 Sorel, dans la *Maison des jeux* (I, 425), est fort

---

1. Suivant les *Nouvelles à la main*, mss. de Pidansat de Mairobert (Bibliothèque Mazarine, H. 2803, H.), il y eut deux personnes étouffées vis-à-vis le bureau du parterre, dans l'extraordinaire affluence causée par les débuts éclatants de mademoiselle Raucourt (11 février 1773). Sur les devoirs du portier de théâtre et les personnes qu'il devait écarter, on peut lire le *Pédant joué*, de Cyrano (Voy. sc. 4-8).

2. Desboulmiers *Histoire de l'Opéra-Comique*, I, p. 455. On raconte qu'à la quatrième représentation de l'*Intéressé*, par Jacques Robbe (1682), il y eut une telle affluence, qu'un spectateur ayant voulu ôter son épée, de peur qu'on ne la lui volât, ne put plus la remettre et que le bras et l'épée restèrent en l'air tout le temps de la pièce.

3. *Roman comique*, II, ch. VIII.

incommode pour la presse qui s'y trouve de mille maraux meslez parmi les honnêtes gens, auxquels ils veulent quelquefois faire des affronts, et ayant fait des querelles, pour un rien mettent la main à l'épée et interrompent toute la comédie. Dans leur plus parfait repos, ils ne cessent aussi de parler, de siffler et de crier. » Le 9 octobre 1672, les pages et gens de livrée du parterre se divertirent à jeter une pierre sur la scène du Palais-Royal pendant que Molière jouait, et à quereller leurs voisins. L'un d'eux donna même des coups de bâton, et le tumulte devint tel que le procureur du roi parut en robe sur le théâtre, pour haranguer les pages qui se moquèrent de lui et le traitèrent avec le mépris le plus insultant[1]. Ce fait était resté inconnu jusqu'à présent, ce qui prouve qu'il doit en rester bien d'autres du même genre. En 1729, à une représentation du *Corsaire de Salé*, opéra-comique de Lesage et d'Orneval une violente discussion s'éleva entre les pages du roi et les pages des princes, si bien que l'un d'eux, âgé de dix à douze ans, fut jeté à bas de son siège, et emporta dans sa chute la perruque d'un grave personnage qui lui dit d'un ton important : « Morbleu, mon petit bonhomme, prenez donc garde à ce que vous faites quand vous tombez. — Excusez-moi, Monsieur, je ne l'ai pas fait exprès, » répondit le petit page.

Plus tard, cette interdiction s'étendit plus loin encore. Un ordre de la municipalité de Paris, le 12 janvier 1791, décida que le public du théâtre de la Nation n'entrerait plus que sans « cannes, bâtons, épées, et sans aucune espèce d'armes offensives ». Mais cette défense ne tarda pas à tomber en désuétude. La tumultueuse représentation du *Germanicus*, d'Arnault (22 mars 1817), où le combat s'était engagé à coups de cannes entre les

1. Campardon, *Documents inédits sur Molière*, 1 vol. in-18.

mécontents et les enthousiastes, fit naître l'idée d'un dépôt à la porte de chaque spectacle.

Il arriva plusieurs fois à d'adroits et hardis filous, répandus dans la salle de donner tout à coup l'alarme, pour faire leur récolte dans la panique. Le 10 février 1770, à une représentation du *Déserteur*, de Sedaine, on entendit dans les corridors un cliquetis d'épées ; en même temps plusieurs voix crièrent : « A la garde ! au feu ! » La peur se met aussitôt dans la salle ; on se sauve, on s'écrase, et les larrons qui avaient jeté ce cri ne manquèrent pas d'en profiter. Il y eut le lendemain trente-sept dépositions de vols [1].

En janvier 1797, à la reprise du *Mariage de Figaro*, sur le théâtre de la rue Feydeau, une association de voleurs, réunie dans la salle, procéda au détroussement général des spectateurs non par ruse et à la sourdine, mais ostensiblement, avec violence, comme sur un grand chemin. Il fallait les troubles du temps pour qu'un fait aussi inouï n'eût pas d'autre suite [2].

Passons à des désordres d'une espèce différente. Une scène curieuse eut lieu à la représentation de *Statira*, tragédie de Pradon (1679). L'auteur, le nez caché dans son manteau, était allé avec un ami se mêler à la foule des auditeurs pour juger par lui-même des sentiments du public. Dès le premier acte, les sifflets jouèrent, Pradon, décontenancé, était sur le point de faire un éclat, quand son ami lui dit à l'oreille : « Tenez bon contre ce revers et, si vous m'en croyez, sifflez hardiment comme les autres. » Pradon s'accommoda du conseil, et le voilà qui siffle à l'unisson. Un mousquetaire, son voisin, les oreilles agacées par ce concert, le pousse rudement et lui dit : « Pourquoi sifflez-vous, Monsieur ? La pièce est excellente, et l'auteur fait figure à la cour. »

1. *Journal de Favart*, 30 mars 1770.
2. Ch. Maurice, *Histoire anecdotique*, I, 48.

Pradon, irrité de la brusquerie du mousquetaire, répond que cela ne le regarde pas et qu'il sifflera jusqu'au bout. Le mousquetaire prend la perruque et le chapeau du poète, qu'il jette sur le théâtre ; Pradon lui donne un soufflet; le mousquetaire riposte par vingt coups de plats d'épée. Enfin, notre auteur, battu et content, gagne la porte et va se faire panser [1].

Le 30 novembre 1772, au moment où on allait jouer le *Comte d'Essex*, un homme placé à l'orchestre se leva, grimpa sur un banc, et, se tournant vers le parterre : « Messieurs, dit-il, je me nomme Étienne Billard; je suis auteur d'une pièce intitulée le *Suborneur*, qui a été jugée très bonne, mais dont les comédiens ont refusé d'entendre la lecture pour ne la point jouer. Vous êtes leurs maîtres, vous me ferez justice. » Le parterre consentit à entendre cette lecture, qui fut interrompue par l'intervention de la garde. En vain Billard tira son épée; il fut conduit au corps de garde, où il recommença la lecture de son œuvre aux hommes du poste, puis à l'inspecteur de police. Pendant ce temps, le parterre avait pris fait et cause pour le poète dédaigné; la salle retentissait de cris; on réclamait l'auteur et sa pièce. Il fallut arrêter les plus mutins, tandis qu'on conduisait provisoirement Billard à Charenton [2].

Les scènes les plus dégoûtantes avaient quelquefois lieu dans ces désordres. Ainsi, en janvier 1777, parmi

---

1. Vigneul-Marville, *Mélanges*, t. II.

2. Grimm, *Correspondance*, 2ᵉ partie, t. II, p. 365 ; *Correspondance secrète*, VII, 413. Voici comme le registre d'assemblée de la Comédie raconte cette scène : « Silence, Messieurs, aurait dit l'appelant, je suis Billard, auteur du *Suborneur*, pièce en trois actes, digne de Momus. Héraclite m'a chassé de la scène. » (Bruit.) Il ajoute : « Messieurs, je suis Billard, fils d'un secrétaire du roi... Je ne suis pas fait pour être jugé par des baladins. M. Préville, comédien du roi, a dit que c'était un amphigouri. Noble et judicieux parterre, si vous avez du courage, voilà le moment de me faire justice. Eh bien, personne ne parle ! » (*Revue rétrospective*, 2ᵉ série, t. X, p. 159). On ne voit pas ici que l'auditoire ait pris fait et cause pour l'orateur.

le tumulte occasionné par l'absence de Monvel au moment de commencer la pièce, et malgré la présence de la duchesse de Bourbon, un spectateur poussa « l'indécence jusqu'à faire ses ordures au milieu de l'assemblée, escorté et soutenu par d'autres polissons comme lui[1] ».

Le Théâtre-Italien, à Paris, était un des plus turbulents ; il lui arrivait même de maltraiter les meilleurs acteurs et de siffler violemment madame Verteuil ou madame Dugazon. Au mois de mars 1784, la vue des nombreux spectateurs admis sur la scène à la représentation extraordinaire de clôture, souleva de telles clameurs qu'il fallut baisser la toile. On essaya de les faire reculer, mais le public ne se contenta pas de cette concession. La force armée dut intervenir, et un soldat ayant arrêté l'un des plus bruyants, tout le monde prit fait et cause pour celui-ci, et les choses auraient pu tourner au tragique si un officier prudent n'eut ordonné à la troupe de se retirer. Le 26 décembre 1787, il s'y passa une scène inouïe. On jouait le *Prisonnier anglais :* les acteurs, hués à outrance, quittèrent précipitamment la scène de fort mauvaise humeur. Le parterre réclame une autre pièce, et on le laisse crier vingt minutes sans donner signe de vie. Enfin, Thomassin paraît, et dit qu'on ne demanderait pas mieux, mais que l'orchestre est parti. Le public crie qu'il se contentera d'une pièce à ariettes, par exemple, le *Mort supposé.* Thomassin se retire. Une demi-heure se passe encore ; les clameurs redoublent. L'orchestre se retrouve et joue quelques motifs qui ne calment point le bruit, Thomassin reparaît : on ne peut jouer le *Mort supposé,* parce qu'il manque des acteurs, mais on va donner la *Servante maîtresse.* Malgré les réclamations violentes du parterre, la pièce commence au milieu

---

1. *Mémoires secrets,* X, 18.

d'un vacarme épouvantable. Mademoiselle Renaud, une des actrices favorites du public, est sifflée avec tant d'acharnement qu'elle s'évanouit sur la scène. Les comédiens sont encore obligés de quitter la partie ; mais un deux, nommé Chénard, fait les cornes au parterre en s'en allant. On juge de la colère des spectateurs qui s'obstinent dès lors à réclamer Chénard pour lui faire demander pardon ; mais Chénard ne reparut pas ce soir-là, et il vint seulement quelques jours après, sans vouloir se mettre à genoux, expliquer qu'il n'avait pas prétendu manquer au public. Le désordre s'apaisa peu à peu, après quelques arrestations [1].

La rivalité de madame Vestris et de mademoiselle Sainval aînée, comme celle de mademoiselle Duchesnois et de mademoiselle George, transforma souvent le parterre en une arène de pugilat ; on sait qu'il en fut de même à plus d'une représentation romantique, aux abords de 1830. On se battit littéralement dans le parterre lorsque Martainville donna, au théâtre des Jeunes Artistes, les *Assemblées primaires ou les Élections*, pièce d'une opposition virulente au régime révolutionnaire. Il y eut des soufflets, des rixes, des cartels. Le lendemain, la pièce fut défendue. A la première représentation du *Concert de la rue Feydeau*, du même, un coup de pistolet chargé à balle fut tiré dans la salle ; par bonheur, il n'atteignit personne. Au même théâtre encore, le soir qu'on donna pour la première fois la *Nonne de Lindemberg*, il y eut un tapage horrible : le public se partagea en deux parties ; les sifflets, les cris et les coups firent leur office. En outre, des malveillants avaient répandu des odeurs infectes dans la salle ; toutes les femmes s'évanouissaient. Il fallut faire sor-

---

1. *Mémoires secrets*, 1784 et 1787, aux dates. Restif de la Bretonne, dans sa 173e nuit, a donné aussi des détails sur ces troubles.

tir le public. Au milieu de la panique, les comédiens mêmes s'esquivèrent précipitamment, et une actrice, madame Vautrin, alors garrottée à un arbre sur la scène, voulant se sauver aussi, emporta avec elle jusque dans la rue le châssis auquel elle était attachée[1].

Le Théâtre-Français n'eut pas une moins large part de troubles pendant la Révolution, d'abord à propos du *Charles IX*, de J. Chénier[2], puis le jour où l'*Ami des Lois*, de Laya, fut interdit au moment même de l'ouverture des bureaux : le public se souleva avec fureur, ne voulut se laisser calmer ni par le commandant de la garde nationale, en grand uniforme; ni par le maire de Paris, Chambon, qui fut tellement poussé par la foule, qu'il en contracta une maladie dont il mourut; ni par la crainte des soldats en marche sur le théâtre, et il finit par obtenir la victoire. Un peu plus tard (mai 1792), la représentation d'*Adélaïde Duguesclin*, qui renfermait quelques vers assez peu de circonstance alors, donna naissance à l'*émeute des bonnets rouges*, devant laquelle on dut baisser la toile et changer le spectacle. Enfin, puisqu'il faut se borner, les représentations de *Paméla*, de François de Neufchâteau, la neuvième surtout (2 septembre 1793), amenèrent des scènes plus violentes encore, quoique la pièce, y compris les passages qui avaient excité des troubles, eût été jouée conformément aux corrections du comité de salut public. A la suite de ces derniers désordres, le Théâtre-Français fut fermé, et l'on emprisonna l'auteur et les acteurs[3].

Après la première représentation de la *Bayadère*, de mademoiselle Candeille, sur le théâtre de la rue Riche-

1. Brazier, *Chronique des petits théâtres*, p. 211, 3, 4.
2. Voir notre chapitre sur les *Querelles et rivalités d'acteurs*.
3. *Mémoires de Fleury*, in-12, t. II, ch. vii; *Histoire du Théâtre-Français pendant la Révolution*, par Etienne et Martainville. *Société française sous la Révolution*, par E. et J. de Goncourt, ch. vii. Th. Muret, *Histoire par le théâtre*, t. I, ch. i.

lieu, pièce qui était tombée avec un fracas épouvantable auquel les réactions politiques n'étaient certes pas étrangères, l'apparition sur la scène de l'acteur Fusil, ex-aide de camp de Collot-d'Herbois, à Lyon, fut le signal d'un soulèvement universel. Les cris de : *A bas le brigand! A bas l'assassin!* partirent de tous les coins de la salle. La plupart des comédiens qui s'étaient montrés *patriotes* furent, après la Terreur, l'objet de réceptions plus ou moins analogues, surtout Dugazon, et même Talma.

En 1797, on jouait au théâtre Feydeau, dans une représentation *gratis* « de par et pour le peuple, » le *Conciliateur*, de Demoustier. Vers le milieu de la pièce, le balcon de droite, trop surchargé de spectateurs, fit tout à coup entendre un craquement, puis commença à s'affaisser. Mais ceux qui le remplissaient, au lieu de fuir, se cramponnèrent aux planches ou à leurs voisins, continuant de regarder avidement le spectacle. Il en résulta un tumulte qui fit crier au reste de la salle : *Silence! à la porte! On n'entend pas!* Le balcon de gauche se mit à injurier celui de droite; une lutte de paroles s'engagea; le spectacle fut interrompu, si bien que les acteurs se virent obligés d'intervenir, et que Fleury, en particulier, allant de l'un à l'autre balcon, essaya de calmer l'irritation réciproque. Enfin la paix se rétablit, et le spectacle continua, heureusement sans catastrophe [1].

Après les *Chevilles de maître Adam*, qui avaient obtenu un grand succès aux Variétés, en 1805, le public, ayant pris goût pour ce genre de vaudeville plus élevé, ne voulut plus souffrir de parade. Celle du *Sauvageon*, où jouait Brunet, fut huée avec une violence extrême, et l'acteur accablé de pommes et de marrons au cris de : « A bas Brunet! A bas le pantin! A bas les calem-

1. Ch. Maurice, I, 53.

bours ! Vivent les *Cevilles!* » On déchira les affiches, on brisa les banquettes ; une centaine de jeunes gens formèrent des danses en rond dans le foyer. Même après l'évacuation forcée de la salle, le désordre ne cessa pas, et des groupes parcoururent le jardin du Palais-Royal en poussant les mêmes cris.

Le parterre de l'Odéon brilla toujours dans les grandes circonstances, parmi les plus indisciplinés. C'est lui qui, de tout temps, rappela le mieux les traditions de ce bruyant *parterre* romain, qui savait témoigner son mécontentement d'une façon si décidée, et qui réclamait les ours ou les danseurs de corde au milieu d'une comédie qui ne lui plaisait pas. Le 3 mars 1832, on dut faire évacuer la salle parce qu'on demandait obstinément les passages d'*Une Révolution d'autrefois*, supprimés par ordre. On a conservé le souvenir du tapage infernal qui se fit au même théâtre lorsqu'on y joua *Conaxa*, d'où Etienne avait tiré, sans le savoir. beaucoup de vers des *Deux Gendres*. Chaque alexandrin dévalisé, ou cru tel, était accueilli par des tonnerres d'exclamations, de rires, de vociférations. Il fallut laisser le désordre s'éteindre de lui-même [1]. A la première représentation de *Stockholm, Fontainebleau et Rome*, d'Alexandre Dumas (30 mars 1830), le spectacle se prolongea fort tard. Il était une heure du matin quand le rideau se baissa sur le cinquième acte. Il restait encore l'épilogue, que les spectateurs demandaient à grands cris. Enfin le rideau se leva au milieu d'un effroyable vacarme. C'était le moment où Christine, sentant sa fin prochaine, interroge son médecin, qui lui répond :

Il vous reste un quart d'heure...

A ces mots, un étudiant tire sa montre, et, debout

_____
1. Ch. Maurice, II, 32, 368.

sur une banquette du parterre, s'écrie : « Il est une heure un quart ; si, à une heure et demie, ce n'est pas fini, nous nous en allons. » Il s'éleva un tel éclat de rire, qu'on ne put terminer l'épilogue, qui fut retranché à la deuxième représentation, ce qui entraîna le changement du titre de la pièce [1]. Si nous voulions énumérer toutes les autres scènes de ce genre qui se passèrent à l'Odéon, nous n'en finirions pas. Qu'il nous suffise de rappeler seulement le souvenir du *Camp des Croisés*, d'Adolphe Dumas, en 1838 ; de la première pièce de M. Sardou, la *Taverne des Etudiants*, en 1858 ; et de la *Gaëtana* de M. About, en 1862, qu'il fallut retirer après quatre représentations des plus tumultueuses.

Généralement les exhibitions d'acteurs anglais qui ont été essayées en France n'ont pas été heureuses : nous en avons déjà vu un exemple. Mais peu le furent moins que la troupe qui, vers la fin de juillet 1822, voulut représenter *Othello*, à la Porte-Saint-Martin. Les interruptions et les quolibets aboutirent bientôt à de véritables scènes de boxe. Des pommes, des gros sous, des œufs, des fragments de pipes, tombèrent sur la scène ; la soubrette anglaise reçut près de l'œil une pièce de cuivre et s'évanouit [2]. Une double haie de gendarmes vint se ranger sur la scène ; alors on lance les banquettes contre eux ; un spectateur s'empare d'un tambour à l'orchestre et bat la charge ; le parterre se précipite à l'escalade du théâtre. Un commandement de : *Apprêtez armes ! joue...*, fit reculer les assaillants, bientôt ralliés et reconduits à l'assaut ; la lutte s'engagea alors corps à corps au milieu du plus épouvantable tumulte, et force finit par rester aux représentants de la loi.

1. Jouslin de la Salle, *Souvenirs dramatiques* (*Revue française*), n° 107.
2. Ch. Maurice, I, 284. Suivant M. Jouslin de la Salle, ce fut, le 1er août, à la représentation de l'*Ecole du scandale*, de Shéridan, que se passa cette scène.

Du reste, le parterre français ne faisait, en cette circonstance, qu'appliquer aux acteurs anglais la mode de leur pays, et surtout que leur rendre bien faiblement le traitement qui accueillait toujours les comédiens français à Londres. Monnet avait essayé, au siècle précédent, d'y établir une troupe française. Au lever de la toile, les acteurs furent d'abord accablés d'une grêle de pommes, pierres, oranges, chandelles. Ils tiennent bon ; le tumulte redouble. Les loges et la garnison prennent leur parti : une bataille horrible s'engage dans la salle ; les ducs se collètent avec les portefaix ; on s'assomme de coups de poing, on s'arrache les cheveux, on se casse les cannes sur le dos ; on tire l'épée. Une centaine de gentilshommes, les armes à la main, s'élancent sur la scène pour garantir les acteurs, puis les reconduisent chez eux.

Le lendemain, malgré un arrêt du Parlement lu en plein parterre par un juge de paix, le tumulte continua, et il fallut que les officiers et la noblesse assommassent les gens du peuple pour rétablir le silence. Mais cette protection n'y fit rien en somme : la politique s'en mêla, et on en fut réduit à fermer le théâtre [1].

Quelques années après, les mêmes scènes recommencèrent avec tout autant de violence au théâtre de Drury-Lane, où Garrick avait engagé Noverre et une troupe de danseurs français pour y donner le ballet des *Fêtes chinoises* (1763). Malgré la présence du roi George II, le ballet fut sifflé, et on cria : « Point de Français ! » A la deuxième représentation, les lords sautèrent dans le parterre, le bâton à la main, pour châtier les siffleurs, et le sang coula. A la troisième, on profita de l'absence des pairs, alors à la première séance du Parlement, pour arracher les bancs et les décors, casser les glaces et les lustres, et tenter de

1. Voir les détails, *Anecdotes dramatiques*, II, 532-5.

massacrer les acteurs. Le théâtre subit ce jour-là une perte de quatre mille livres sterling. On faillit même démolir la maison de Garrick. A la quatrième, la noblesse prit sa revanche : ce fut quelque chose d'épouvantable et d'indescriptible, surtout quand une troupe de bouchers eut forcé les portes du parterre pour seconder la noblesse. Force fut de renoncer au ballet et aux danseurs français [1].

Les temps sont bien changés aujourd'hui pour les acteurs français en Angleterre.

Mêmes scènes encore, quoiqu'un peu moins violentes, lorsque Garrick s'avisa de vouloir abolir l'usage de l'entrée à moitié prix pendant les pièces nouvelles. Appelé à grands cris par le public, il fut obligé de comparaître et de rétracter sa mesure le lendemain. Les mutins allèrent répéter cette tragi-comédie au théâtre de Covent-Garden, dont le directeur, moins soumis, eut recours à la justice. Sur le premier théâtre, un des acteurs, Moody, avait lutté contre un émeutier qui s'efforçait de mettre le feu aux décorations. On l'appela sur la scène ; on lui cria de demander pardon. « Si, dit-il, en préservant le théâtre et en sauvant la vie de plusieurs d'entre vous, je vous ai offensés je vous demande pardon. » Cette réponse irrita les mécontents, qui crièrent : A genoux ! « Si je le faisais, reprit-il, je serais indigne de reparaître devant vous ! » A une pareille injonction, un acteur irlandais, Evans, répondit avec non moins de dignité, mais avec la dignité d'un comédien : « Je ne plie les genoux que devant Dieu et ma maîtresse. »

Des troubles aussi vifs eurent lieu vers la même époque au théâtre de Dublin, à propos d'un tapageur

---

1. *Anecdotes dramatiques*, 529-31 ; *Vie de Garrick*, par Murphy (*Bibliothèque des Mémoires*). Didot, in-12, t. VI, ch. VI.
2. Murphy, *id.*

nommé Kelly, chassé des coulisses par le directeur Shéridan. Kelly rentra au parterre et se vengea d'abord en jetant ou faisant jeter à Shéridan, qui était en scène, une orange si bien visée qu'elle lui enfonça dans le front le crochet de fer du faux nez qu'il portait pour son rôle. Shéridan s'avança pour interpeller l'insolent, mais on baissa la toile au milieu du tumulte, et Kelly, étant allé demander satisfaction au directeur, le reçut à coups de bâton. Plein de rage, il s'en fut ameuter, dans un café voisin, quelques Irlandais qui, après avoir vainement essayé, ce soir-là, de forcer les portes du théâtre, se donnèrent rendez-vous dans la salle pour la représentation du lendemain. Là, ils commencèrent par crier aux dames de sortir, puis sautèrent sur le théâtre, et se mirent à la recherche de Shéridan, enfonçant toutes les portes et perçant les mannequins à coups de poignard. Heureusement, ils ne le trouvèrent pas, et furent obligés de se retirer. Les magistrats ordonnèrent la fermeture momentanée du théâtre [1].

A Venise, une pièce de Gozzi, les *Drogues de l'amour*, excita de grands troubles. L'auteur y avait introduit, sous le nom d'Adonis, une caricature d'un jeune secrétaire du Sénat nommé Gratarol, son rival préféré au cœur d'une actrice, et le comédien chargé de rendre ce personnage avait encore ajouté à la hardiesse de la satire en copiant les habits et les allures de la victime. Cela fit grand bruit ; Gratarol se fâcha, le parterre prit le parti de la pièce, applaudit violemment les allusions siffla, hua et injuria l'actrice amante du secrétaire, qui s'obstina à dire son rôle si bas, qu'on ne l'entendit point. L'auteur lui-même voulut retirer sa pièce ; mais ni le directeur ni le public n'y consentirent. Le comédien Vitalba, — celui qui s'était chargé du rôle d'Adonis,

1. *Mémoires de mistress Bellamy*, lettre xxiii.

— étant parti pour Milan quelque temps après, reçut un soir dans les rues le contenu d'une fiole pleine de matières chimiques, qui heureusement n'atteignit pas son visage et ne fit que brûler le haut de ses habits. Cet acte fut attribué à la soif de vengeance de Gratarol. On peut lire dans les *Mémoires de Gozzi*[1], le long détail des négociations, informations, lettres, démarches de tout genre, menaces, impertinences, etc., auxquelles donna lieu cette affaire, qui finit mal pour le jeune secrétaire, car, cassé aux gages et destitué, il s'enfuit du territoire de Venise.

Nous bornerons là un chapitre qui pourrait s'allonger à l'infini, mais que nous n'avons voulu qu'effleurer en courant.

CHAPITRE XI

Les cabales au théâtre. — La claque et les sifflets.

Chez les Romains, le privilège d'applaudir était concédé à une compagnie particulière, d'après des statuts fixés d'avance. Les claqueurs sont nommés *juvenes* par les historiens ; ils étaient dirigés par des chefs appelés *curatores*, ayant un traitement de quarante mille sesterces. Suétone nous apprend que, sous Néron, il y avait un bataillon de cinq mille jeunes gens robustes destinés à l'applaudir. Ils étaient divisés en escouades, dont chacune avait un chef qui touchait quarante mille sesterces. Tout cela était fort savamment organisé, et les nuances étaient à peu près aussi délicatement observées qu'aujourd'hui. Les applaudissements se divisaient en trois classes principales : *bombus*, bruit sourd et

1. Ch. xxiv, édition Charpentier.

continu; *testæ*, le claquement des mains; *imbrices*, le tonnerre d'enthousiasme [1].

On applaudissait aussi en faisant claquer ses doigts, à la manière des gamins qui imitent les castagnettes. Puis il y avait les rires, les acclamations comme aujourd'hui, ou bien encore on agitait en l'air un pan de sa toge, comme nos élégantes font de leur journal, de leur mouchoir ou de leur éventail. L'empereur Aurélien poussa même la précaution jusqu'à faire distribuer au peuple des bandes d'étoffe pour remplacer le pan de la toge dans ce dernier office. On jugera de l'extension qu'avait dû prendre la claque à certaines époques, par ce seul fait que, lorsque Néron daignait se montrer sur la scène, tous les spectateurs étaient tenus de l'applaudir, sous peine de mort.

On retrouve plus tard cette claque dans les salles de lectures publiques, et même dans les tribunaux, à l'usage des jeunes avocats désireux de gloire. Il y avait des entrepreneurs de succès qui, au temps de Pline le Jeune, payaient leurs hommes trois derniers par jour, environ vingt-quatre sous.

Chez nous, la claque, sans avoir atteint une pareille extension, n'en est pas moins une institution de haute importance et qui se développe tous les jours. On a vu fonctionner à la fois, dans certains théâtres, jusqu'à deux troupes complètes de claqueurs, ayant chacune son chef.

La savante organisation de la claque comme institution officielle et patentée, en quelque sorte, ne date guère chez nous que du parterre assis. Les applaudisseurs à gages, dit Andrieux, dans une note des *Mémoires*

---

1. Suétone, *Vie de Néron*, ch. xx; *Annales de* Tacite, Sénèque, Dion Cassius. Cependant on interprète autrement ces trois mots, et suivant plusieurs, ils expriment le creux des mains frappées l'une contre l'autre; la paume de la main gauche frappée avec les doigts de la droite; les mains frappées à revers.

de mademoiselle Clairon, ne pouvant plus, depuis que le parterre a cessé d'être debout, se cacher et se perdre dans la foule, ont pris le parti de se montrer à découvert, et de se constituer en corporation jurée : « La claque est aussi nécessaire au milieu du parterre, disait Elleviou, que le lustre au milieu de la salle. Beaucoup d'autres pensent comme lui. On a vu, dans ces derniers temps, une charge de chef de claque se vendre cinquante mille francs.

Parmi les chefs de claque qui sont arrivés à une haute réputation, il faut citer au premier rang, MM. Sauton et Porcher. On a publié les *Mémoires d'un claqueur*, *contenant la théorie et la pratique de l'art des succès*, etc., par Robert (Castel), ancien chef de la Compagnie des assurances dramatiques, chevalier du Lustre, commandeur de l'ordre du Battoir, membre affilié de plusieurs sociétés claquantes, etc. (Paris, Constant Chantpie, 1829, in-8°.)

Quant aux cabales, il n'y a plus guère aujourd'hui que les auteurs tombés, comme Figaro, qui trouvent commode de mettre ce mot en avant. Mais pourtant il faut reconnaître qu'elles ont souvent existé. C'est une espèce de cabale que Richelieu avait montée contre le *Cid*, en quoi il fut vaillamment secondé par Mairet, Scudéry et vingt autres.

Des bourgeois avaient organisé une cabale contre l'*Agrippine*, de Cyrano (1653), et ils étaient allés au théâtre dans l'intention de se récrier contre les impiétés que contenait cette pièce. Ils les laissèrent passer toutes sans y rien comprendre ; mais, quand Séjanus, résolu de faire périr Tibère, s'écria :

> Frappons, voici l'*hostie*,

ils se soulevèrent en masse, pleins d'une indignation

candide, braillant : « Ah! l'athée! ah! le parpaillot! voyez, il insulte le saint sacrement. »

Quelle que fût la conduite du parterre à son égard, Cyrano ne pouvait s'en plaindre, car il était un de ceux qui avaient le plus abusé lui-même des licences d'alors. Il avait, je ne sais pourquoi, et peut-être ne le savait-il pas bien lui-même, conçu une haine féroce contre le comédien Montfleury. Il se rend un jour à l'hôtel de Bourgogne, et, en voyant l'acteur, il lui intime l'ordre de se retirer au plus vite et de ne pas reparaître avant un mois. Deux jours après, Montfleury ose se remontrer dans *Cloreste*, de Baro ; mais Cyrano était à son poste, et, irrité de la désobéissance de l'histrion :

« Décampe tout de suite, lui cria-t-il, si tu ne veux pas que je plante du bois sur tes épaules ! »

Il était si furieux que Montfleury, connaissant son homme, disparut pour ne revenir qu'au terme fixé [1].

Le grand Condé, assistant à une pièce dont il favorisait l'auteur, mais qu'attaquait une cabale acharnée, finit par s'impatienter du tumulte, et, désignant aux gardes un des plus bruyants, il leur dit : « Prenez-moi cet homme-là ! » Le spectateur se retourna fièrement vers Condé, qui venait de lever le siège de Lérida : « Je m'appelle Lérida, dit-il, on ne me prend point. » Et il se perdit dans la foule.

Dans l'introduction de son roman d'*Artémise et Poliante* (1670), Boursault nous apprend l'existence, à l'hôtel de Bourgogne, d'un banc *formidable*, où se réunissaient les auteurs « pour décider souverainement des pièces de théâtre, » c'est-à-dire pour les faire tomber à coups de sifflets ou les soutenir par des applaudissements.

La plus fameuse et la plus incontestable cabale du dix-septième siècle fut celle à la tête de laquelle se

1. *Ménagiana.*

mirent le duc de Nevers, la duchesse de Bouillon et madame Deshoulières, pour faire triompher la *Phèdre*, de Pradon sur celle de Racine. Suivant Boileau, la cabale fit retenir pour les six premières représentations toutes les premières loges des deux théâtres où se jouaient les pièces rivales, et eut soin de les laisser vides à l'hôtel de Bourgogne, tandis qu'elle les occupait à l'autre salle : cette petite ruse leur coûta quinze mille francs, mais faillit faire tomber la pièce de Racine. Puis madame Deshoulières lança contre celle-ci un sonnet qui fut retourné contre le duc de Nevers par Racine et Boileau. Le duc répliqua lui-même par un troisième sonnet, toujours sur les mêmes rimes, qui finissait par des menaces de coup de bâton : il les aurait donnés, en effet, sans l'intervention du prince de Condé.

Mais, si les uns faisaient des cabales pour Pradon, les autres en faisaient aussi contre lui, et il nous a lui-même donné là-dessus d'irrécusables détails dans les préfaces de ses pièces, où il accuse ses ennemis de *basses et honteuses manœuvres*. D'autres auteurs du même temps, comme Boyer et Quinault, par exemple, eurent également à souffrir plus d'une fois de la cabale.

Au dix-huitième siècle, Dorat, attribuant à la même cause la froideur avec laquelle on avait accueilli son *Régulus* et sa *Feinte par amour*, joués le même jour, conçut l'idée de se faire soutenir par des admirateurs d'office. Il remplissait la salle aux dépens de sa propre bourse, et il se ruina complètement à ce manège. Ce fait était bien connu, et tout le monde l'en plaisantait. A chaque nouveau demi-triomphe obtenu ainsi, on lui appliquait le mot de Pyrrhus : « Encore une victoire pareille, et je suis perdu ! »

Voltaire fut souvent accusé d'avoir organisé des cabales en faveur de ses propres pièces. Cela lui arriva

en particulier pour *Oreste*. Collé, dans son *Journal* [1], ne
l'épargne pas là-dessus : il nous le montre animant ses
partisans, distribuant ses fanatiques et ses applaudisseurs soudoyés à toutes les représentations, s'indignant
contre le parterre insensible aux beautés de sa pièce,
apostrophant un spectateur, parce qu'il avait les mains
dans son manchon et n'applaudissait pas, se retournant
vers ses séides et leur criant, avec exemple à l'appui :
« Applaudissons, mes chers amis, c'est du Sophocle! »

Mais on organisait aussi des cabales contre lui, et
une lettre du président Hénault nous donne des détails
sur celle dont *Adélaïde Duguesclin* fut victime [2] « C'était
un combat à mort, dit-il... L'abbé Desfontaines, le violon Travenol et sa clique, secondaient les mouvements
de MM. de Rohan-Chabot et du duc de Sully ; le poète
Roy était avec eux. On a prétendu que Jean-Baptiste Rousseau était venu en plein incognito de Bruxelles
pour exciter par sa présence le zèle des combattants. »
Il donne ensuite le bulletin détaillé de la bataille. Dans
le camp opposé aux cabaleurs se tenaient Thiriot, le
chevalier de Mouhy, Linant, le marquis de Thibouville,
le marquis de Villars, le comte d'Argenson et Hénault
lui-même ; ils se relayaient dans la loge de Voltaire,
qui allait et venait sans cesse dévoré d'inquiétude.
Au premier acte, murmures causés par l'étrangeté du
spectacle et des costumes ; au deuxième, la cabale
reçoit un échec, on applaudit, Voltaire espère ; mais
Nemours gâta tout par son costume et sa tenue excentrique. Puis la vue d'un prince du sang fratricide indi-
gna ; le coup de canon fit rire, et le chevalier de Rohan
se mit à crier : *Pam, parapatapam!* Enfin, les cabaleurs
exploitèrent si bien les maladresses des acteurs et les
singularités de la pièce, que leur victoire finit par être

---

1. T. I, p. 154, in-8°.
2. *Mémoires de mademoiselle Quinault*, t. II, p. 326.

complète, et qu'*Adélaïde Duguesclin* tomba au milieu des rires, des sifflets, des trépignements, des cris ironiques.

Voltaire usa quelquefois de subterfuge pour déconcerter les intrigues hostiles qu'il redoutait contre ses pièces : il donna à l'improviste l'*Enfant prodigue*, en place du spectacle annoncé. On avait affiché *Britannicus* et on prétexta l'indisposition d'un acteur pour le remplacer par la comédie de Voltaire. Cailhava fit la même chose pour son *Tuteur dupé* qu'on substitua à *Phèdre*. Marivaux prit la précaution de ne pas faire afficher son *Illustre amante* (Théâtre-Italien), et Boissy en usa plusieurs fois de même. Ximénès donna son *Amalazonte* la veille du jour pour lequel elle avait été annoncée.

C'est encore à peu près ainsi que l'abbé Boyer, attribuant la chute de toutes ses pièces à une cabale acharnée contre lui, avait, en 1681, donné son *Agamemnon* sous le nom de Pader d'Assezan. Heureux s'il n'eût changé les applaudissements en sifflets par son empressement à proclamer sa gloire !

A l'*Inès*, de La Motte, un spectateur, payé pour faire tomber la pièce, dit à un de ses voisins en pleurant : « Tiens, mon ami, siffle pour moi, je n'en ai pas la force. » Celui-là était consciencieux. Il nous rappelle cet autre qui, à l'*Accommodement imprévu*, de La Grange (1737), applaudissait de toutes ses forces, criant en même temps : « Ah! que c'est mauvais! » Et comme on lui en demandait la raison : « C'est, dit-il, que j'ai reçu un billet pour applaudir, et que, d'un autre côté, étant homme d'honneur, je ne puis trahir mon serment. »

Au dix-huitième siècle, ce que l'on appelait les coins du roi et de la reine (le premier à droite et le second à gauche), correspondant à peu près à ce qu'on a nommé depuis la loge infernale à l'Opéra, décidaient souvent du sort d'une pièce. Vers 1720, un nommé de Fontenai exerçait au Théâtre-Français une sorte de dictature. Comédies et comédiens dépendaient de lui ; il était l'arbitre du succès et de la défaite.

Le beau temps du café Procope, qui s'ouvrait juste en face de la Comédie, fut aussi le beau temps des cabales. C'est là que toutes les fortes têtes venaient pérorer sur la pièce nouvelle, et parfois enrégimenter des troupes pour le combat. On s'y battait pour ou contre la comédie du jour ; on y jouait parfois aux dés la chute ou la réussite d'une pièce et ce fut, dit-on, à un brelan de six que Dorat dut le triomphe de quelques-unes de ses œuvres. C'est là aussi que trônait le chevalier de La Morlière, en attendant qu'il allât s'asseoir à son poste, au parterre de la Comédie, parmi ses séides obéissants. La Morlière, ancien mousquetaire, fut longtemps la terreur du théâtre grâce aux forces dont il disposait. Suivant Favart, il avait à sa solde plus de cent cinquante subalternes, qui manœuvraient avec un ensemble formidable d'après ses moindres signes. Aussi était-il craint et recherché à la fois. La Morlière pratiquait ouvertement le plus cynique *chantage* : il vendait les triomphes ou les revers. Enfin, l'effroi qu'il inspira devint si grand, qu'on lui interdit l'entrée du théâtre[1], surtout d'après les instances de mademoiselle Clairon, son ennemie la plus décidée. Mais ses menées furent retournées contre lui et sa *Créole* tomba en 1754, à peu près de la même manière qu'il avait fait tomber tant d'autres pièces. Quelques jours après, mécontent de l'appréciation de Fréron, il lui faisait écrire une lettre que celui-ci nous a conservée[2], pour le prévenir qu'il tenait prête à paraître une *terrible critique* de ses écrits et que celui-ci n'avait d'autre moyen *d'éloigner la foudre*

1. Bachaumont, I, 91 ; XVI, 262, 279.
2. *Année littéraire*, t. V, 18 septembre 1754.

que de revenir sur son premier jugement, en louant tout au moins le style de ce petit ouvrage.

Vers le même temps, les théâtres anglais avaient aussi leur La Morlière dans la personne de Chitty, surnommé M. Town (M. le public), à cause de son influence dans les salles de spectacle et du pouvoir absolu qu'il y exerçait [1].

Si nous voulions entrer dans le détail des cabales organisées par les acteurs et actrices contre leurs *camarades* ce serait à n'en pas finir. On peut lire, dans le *Neveu de Rameau* comment s'y prenait ce roi des drôles avec l'argent du trésorier des parties casuelles, pour faire triompher mademoiselle Hus, la sultane de son maître sur les autres comédiennes. Il y aurait bien à dire aussi sur les intrigues formées par les auteurs contre les pièces de leurs confrères et cela remonte haut car Térence se plaint dans tous ses prologues de celles qu'un vieux poète ourdit continuellement contre lui :

Allons nous réjouir aux jeux de Melpomène,

dit Voltaire dans sa satire des Cabales (1772) :

Bon ! j'y vois deux partis l'un à l'autre opposés;
Léon Dix et Luther étaient moins divisés.
L'un claque, l'autre siffle, et l'antre du parterre
Et les cafés voisins sont le champ de la guerre, etc.

Et il ajoute en note : « C'est principalement au parterre de la Comédie-Française, à la représentation des pièces nouvelles que les cabales éclatent avec le plus d'emportement. Le parti qui fronde l'ouvrage et le parti qui le soutient se rangent chacun d'un côté. Les émissaires reçoivent à la porte ceux qui entrent, et leur

---

1. *Mémoires de mistress Bellamy*, traduction française, in-8°, t. I, p. 58, 203, etc.

disent : — Venez-vous pour siffler ? Mettez-vous là. Venez-vous pour applaudir ? Mettez-vous ici. — La même manie a passé à l'Opéra, et a été encore plus tumultueuse. » Carrion-Nisas a placé devant sa tragédie de *Pierre le Grand*, tombée avec éclat (an XII), une curieuse préface sur les cabales du théâtre; malheureusement elle est suspecte sous sa plume et en tête d'une œuvre sifflée.

Une des plus curieuses et des plus violentes cabales modernes fut celle que montèrent les commis de nouveautés contre la pièce de MM. Scribe et Dupin, le *Combat des Montagnes*, où les auteurs avaient introduit le type d'un jeune commis-marchand prétentieux, appelé Calicot, dont le nom est resté proverbial. Une masse de jeunes gens, appartenant à la profession qu'ils croyaient insultée, firent crouler la pièce au milieu des sifflets et menacèrent le directeur d'un mauvais parti, s'il continuait à la donner; mais elle se releva bientôt, à l'aide d'un prologue de circonstance, et, sur un certain nombre de perturbateurs arrêtés, il y en eut quatre qui comparurent en police correctionnelle.

Les cabales anglaises y allaient de bien autre façon encore. En voulez-vous avoir une idée? Lors de la querelle entre Macklin et Garrick, un club qui s'assemblait à la taverne de Horn, dans Fleet-street, épousa la cause du premier, et tous ses membres se rendirent en force au spectacle. Dès que Garrick parut, on ne lui laissa pas prononcer un mot; les cris : *A bas! à bas!* retentirent de tous côtés, et la pièce entière dut être jouée en pantomime, Garrick ayant soin de se tenir au fond du théâtre, pour y éviter la grêle d'œufs gâtés et de pommes pourries qu'on lui jetait. Mais, le surlendemain, un ami de Garrick s'assura de trente vigoureux boxeurs, les fit entrer d'avance, avec l'autorisation du directeur; et, au moment où on allait lever le

rideau, l'un deux se leva et dit : « Messieurs, il paraît
que certaines personnes sont venues dans l'intention de
ne pas entendre la pièce ; comme je suis venu pour
l'entendre, et que j'ai payé pour cela, je prie ceux
qui se proposent d'interrompre le spectacle de vouloir
bien se retirer. » Ces paroles furent le signal d'une
scène tumultueuse, à la suite de laquelle le parti de
Macklin se vit violemment expulsé du parterre[1].

Une autre cabale, très violente, se forma contre
Macklin lui-même, quand, en 1773, il aborda les rôles
tragiques de Shakespeare, surtout Macbeth. On soup-
çonna Garrick d'avoir pris part secrètement à cette
cabale, contre laquelle l'acteur vint, avant la tragédie,
implorer la protection du public. Parmi les siffleurs,
ayant remarqué ou cru remarquer deux acteurs de
Drury-Lane, il s'en plaignit, et ceux-ci firent insérer
dans tous les journaux une déclaration sous serment
qu'ils n'avaient pas sifflé. Macklin s'obstina à reparaître
dans ce rôle ; on le hua ; on lui demanda compte de
son accusation contre les deux acteurs, et on ne le
laissa pas répondre. Le tumulte augmenta à chaque
tentative nouvelle. Enfin, pour faire sa paix avec le
public, il rentra par son meilleur rôle, celui de Shylock ;
mais la cabale redoubla de violence : il fut accueilli
par une grêle d'injures, suivies des projectiles ordinaires ; après quoi on brisa les banquettes, qu'on jeta
sur le théâtre, et le tumulte ne s'apaisa que lorsque le
directeur fut venu promettre que ce comédien ne paraî-
trait plus sur le théâtre de Covent-Garden. Tout se termina par un jugement prononcé, à la requête de Macklin, contre six des principaux perturbateurs. Il
rentra, deux ans plus tard, sous un autre directeur,
et fut très bien accueilli[2].

---

1. *Vie de Garrick*, dans la *Collection des Mémoires dramatiques*, ch. III.
2. *Mémoires de Ch. Macklin*, traduction française, in-8°, 351-5.

Lord Wharton ne dédaigna pas de se mettre lui-même à la tête de ses commis de la Banque et des politiques les plus résolus des tavernes de la Cité, pour assurer au théâtre le succès du *Caton*, d'Addison.

Le révérend James Miller, ayant déplu aux étudiants du Temple par son *Café*, ceux-ci formèrent une cabale pour faire tomber toutes ses autres pièces, et ils tinrent parole. Il en fut réduit à cacher son nom pour sa traduction de *Mahomet*, qui réussit.

Brandes rapporte, au tome II de ses *Mémoires*, les détails d'une cabale organisée à Leipsick contre Seyler et sa troupe. Les ennemis de celui-ci étaient parvenus, avant l'ouverture du théâtre, à détacher quelques bancs de la galerie, et à les disposer de manière qu'assez fortement secoués, ils devaient faire du bruit et même s'écrouler en partie. Ce fut ce qui arriva. On jeta un cri d'alarme; les spectateurs effrayés s'enfuirent dans le plus grand désordre, et plusieurs même se précipitèrent des loges dans le parterre. L'acteur Eckhof seul resta en scène et tâcha de rassurer le petit nombre de spectateurs encore présents. Enfin le spectacle continua quand on se fut convaincu que c'était une fausse panique. Peu de temps après, on essaya d'une nouvelle tentative, et l'on cria : *Au feu!* en jetant quelques haillons enflammés du haut de la galerie; mais tout cela ne réussit pas à éloigner la troupe de Seyler.

On connaît toutes les cabales qui furent organisées contre Mozart, et dont on peut voir les détails dans sa *Correspondance*.

Revenons en France.

En 1815, les gardes du corps organisèrent une cabale terrible contre mademoiselle Mars, connue par ses sentiments napoléoniens. Prévenue de leurs projets : « Qu'est-ce que messieurs les gardes du corps ont de

commun avec Mars? » avait-elle répondu. Ce persiflage envenima les colères. L'actrice ayant paru sur
la scène, dit-on, avec une robe semée d'abeilles et des
violettes, symbole adopté par les napoléoniens pour
marquer leur espoir du retour de l'Empereur au printemps, l'exaspération fut montée à son comble. Elle ne
consentit point à parler au public pour s'expliquer sur
le propos qu'on lui imputait, malgré le tumulte dès
tapageurs. On voulut lui faire crier : *Vive le roi!* Et
comme on insistait avec un fracas qui ne présageait
rien de bon : « Eh bien, dit-elle, j'ai crié; j'ai crié
pendant le bruit. » Et la représentation eut lieu sans
encombres [1]:

Delrieu, l'auteur d'*Artaxerce*, s'était fait une renommée par son ardeur à nourrir ses propres succès. M. Ch.
Maurice raconte, à ce propos [2], une piquante anecdote
dont il prétend avoir été témoin à l'une des représentations de cette pièce : « Delrieu, descendu de l'en-
coignure des premières loges, où il va savourer le
bonheur *de se voir passer*, entre (au balcon), regarde
sa femme assise sur la seconde banquette, et lui fait
toutes sortes de signes de mécontentement. Elle,
qui voulait admirer et soutenir jusqu'au dernier vers
de la pièce, continuait à battre des mains, tout en regardant son époux d'un air étonné. Et Delrieu de paraître de plus en plus en colère. Enfin, le rideau baissé,
sa femme vient à lui en lui disant : « Mais qu'as-tu? Tu
ne voyais donc pas comme j'applaudissais? — Oui, sans
doute, répondit-il sans se calmer; mais, malheureuse,
tu avais tes gants! »

C'étaient de vraies cabales, mais des cabales enthousiastes et convaincues, qui s'organisaient, aux

---

1. Anecdote ramenée à de moindres proportions par M. Ch. Maurice,
Histoire anecdotique, I, 193 ; — Audibert, *Indiscrétion*, p. 22.
2. *Histoire anecdotique*, I, 243.

grands jours d'*Hernani* et des *Burgraves*, dans la salle
du Théâtre-Français. Les Jeune-France y applaudis-
saient fraternellement, côte à côte avec les scieurs de
long de Frédéric Soulié, prêts, aussi bien qu'eux, à
assommer le bourgeois, le pleutre qui aurait préféré
ce polisson de Racine à M. Victor Hugo. Tandis que
Soulié enrôlait ses ouvriers, Gérard de Nerval était
chargé de recruter des jeunes gens pour soutenir *Her-*
nani, et Théophile Gautier a décrit les petits carrés
de papier rouge timbrés d'une griffe mystérieuse qui
avait écrit au coin du billet le mot *hierro*, fer, distribués comme signe de reconnaissance aux séides du
poète. La représentation des *Burgraves* fut une bataille
complète entre les siffleurs et les enthousiastes. Le fait
suivant, cité par M. Laugier[1], pourra donner une idée
des précautions prises par certains auteurs pour assurer le succès de leurs pièces : « Un chef célèbre de
l'école dite romantique, demandant le nombre des places
comprises dans la salle du Théâtre-Français, et ayant
obtenu pour réponse : « Le théâtre contient à peu près
dix-sept cents places, » exigea, pendant les cinq ou six
premières représentations de son œuvre, dix-sept cents
billets ou stalles numérotées. »

Il y aurait à écrire la monographie du sifflet. Quand
et où prit-il naissance ? Une épigramme de Racine nous
le dit :

> Mais quand sifflets prirent commencement,
> C'est (j'y jouais, j'en suis témoin fidèle),
> C'est à l'*Aspar* du sieur de Fontenelle,

Et Roy a confirmé la chose en disant de cet écrivain :

> Auteur d'*Aspar*, œuvre immortelle
> Par le sifflet qui sortit d'elle.

1. *De la Comédie-Française depuis 1830*, p. 75.

Mais les épigrammes sont sujettes à caution, et ne peuvent guère être admises comme renseignements historiques.

S'il faut en croire le *Mercure de France*[1], les *Anecdotes dramatiques*, et aussi l'*Histoire de la musique* (mss.) de dom Caffiaux (livre VI), ce serait le *Baron des Fondrières*, comédie de Th. Corneille (1866), qui aurait fait naître pour la première fois l'idée du sifflet.

En toutes choses, il n'est que le premier pas qui coûte. Le sifflet, à peine inventé, prit donc une rapide extension, si rapide qu'il fallut s'en préoccuper. Il fut interdit, dès 1690, à propos de l'opéra d'*Orphée*, par du Boulay, musique de Lully fils. Le public se vengea par un rondeau, une chanson et une épigramme. Voici un fragment du rondeau :

> Non, non, je sifflerai, l'on ne m'a pas coupé
> Le sifflet.
> Un garde, à mes côtés planté comme un Jocrisse,
> M'empêche-t-il de voir ces dansés d'écrevisse,
> D'ouïr ces sots couplets et ces airs de jubé?
> Dussé-je être, ma foi, sur le fait attrapé,
> Je le ferai jouer à la barbe du suisse,
> Le sifflet.

L'épigramme et la chanson ne sont pas meilleures, et je n'en citerai rien[2].

Avant le sifflet, les pommes semblent avoir été fort en usage pour bombarder les acteurs lorsqu'on était mécontent d'eux ou de la pièce : « Y a-t-il assez de pommes en Normandie pour *tarte à la crème?* » dit le marquis dans la *Critique de l'Ecole des Femmes*. Et l'épigramme de Racine, dans les vers qui précèdent immédiatement ceux que nous avons cités plus haut, dit :

> Quant à Pradon, si j'ai bonne mémoire,
> Pommes sur lui volèrent largement.

1. De 1749, t. I, p. 792.
2. On peut les voir, *Annales dramatiques*, VII, p. 165-6.

Le mot est resté, mais la chose a à peu près disparu.

Revenons au sifflet. Il éprouva encore diverses péripéties ; il fut permis, défendu, repermis et redéfendu plusieurs fois. En 1696, Pontchartrain, sur une plainte des comédiens, s'entend avec le lieutenant général de police pour traquer rigoureusement les siffleurs et veut qu'on envoie à l'Hôpital général ceux qu'on prendra en faute. Ce ne fut pas une vaine menace, car le 17 septembre suivant il faisait mettre en liberté un boucher qui venait de passer trois semaines en prison pour avoir été saisi en flagrant délit[1].

Préville, dit-on, regrettait vivement la défense du sifflet, le regardant comme un avertissement utile : cela est aussi rare que les auteurs et acteurs détestant la claque, comme Crébillon et Arnal.

Vers le milieu du dix-huitième siècle, un détachement des gardes françaises fut chargé de veiller à l'exécution de la loi en entourant le parterre, surveillé jusque-là par quelques archers et des inspecteurs de police. Malgré toutes ces précautions, un soir qu'on jouait la *Cléopâtre*, de Marmontel, un coup de sifflet terrible partit vers la fin, et ce fut en vain que les gardes se mirent à la recherche du coupable. Cette aventure égaya beaucoup la représentation d'une tragédie peu gaie par elle-même. Pareille aventure se renouvela souvent.

La garde ne put empêcher davantage d'Alainval d'être sifflé et hué à outrance, un jour qu'il doublait Auger dans *Tartufe*. Le public ne manqua pas de lui faire l'application des vers les plus désobligeants de son rôle :

Mais la vérité pure est que je ne vaux rien...
Je vois qu'il faudra que je sorte.

1. *Correspondance administrative*, t. II, p. 714.   .

Ce fut la première fois que les sifflets se firent entendre bien distinctement, depuis l'établissement de la garde dans l'intérieur des spectacles.

Du reste, le parterre savait parfaitement, au besoin, suppléer au sifflet, qui lui était interdit, en s'aidant de ses pieds, de ses cannes, en éternuant, en toussant, en se mouchant, par des rires et des applaudissements ironiques, etc. « On a des sifflets, écrit Kotzebue dans ses *Souvenirs de Paris en 1804* (t. III, p. 86), auxquels sont adaptés de petits soufflets, de sorte que, en les posant sous les bras ou dans les souliers, les moindres mouvements des coudes ou des pieds remplissent la salle de sifflets, au moment où le siffleur a l'air d'applaudir. »

Il n'épargnait même pas toujours, tant s'en faut, les acteurs les plus aimés et les plus illustres, indépendamment des cabales ou des motifs particuliers de mécontentement qu'on pouvait avoir contre eux. Je ne parle ici que des sifflets s'adressant au jeu et au débit de l'acteur. Lekain, Quinault-Dufresne, Fleury, mademoiselle Clairon, mademoiselle Duchesnois, Potier, mademoiselle Contat, mademoiselle Mars, commencèrent par être sifflés (ou peu s'en faut), plus ou moins longtemps, et le premier eut à lutter contre une partie du public qui ne pouvait le souffrir, tandis que l'autre partie le portait aux nues. Dazincourt, sifflé un jour, au moment où, dans le rôle de Pasquin, de l'*Homme à bonnes fortunes*, il inonde son mouchoir d'eau de Cologne, le tord et en exprime le contenu sur la tête du souffleur, qui fait le plongeon, s'avança sur le bord de la scène : « Messieurs, dit-il, lorsque Préville jouait ce rôle, il faisait ce que je viens de faire, et il était applaudi par tout ce qu'il y a de mieux en France[1]. » On nous permettra de ne pas trouver la réponse suffisante.

1. Lemazurier, I, 223.

Mademoiselle Contat, à l'apogée de sa gloire, fut sifflée deux fois dans la même pièce, le *Chevalier à la mode*, d'abord pour un manque de mémoire, puis pour un gros *pataqués*.

Souvent c'est l'humeur du public contre la pièce qui rejaillit jusque sur les auteurs, comme il arriva à la Champmeslé, dans la *Judith*, de Boyer, à Lekain et à mademoiselle Clairon, dans la première et dernière représentation de *Namir* (1759), etc.

Parfois les sifflets n'étaient pas plus raisonnables que les applaudissements. De tout temps il est arrivé au public de s'enflammer pour ou contre, sans trop savoir pourquoi. Un des exemples les plus singuliers que l'on puisse citer est celui du comédien Grammont, tour à tour applaudi, puis hué, puis réapplaudi avec frénésie ; un jour comparé à Lekain, et le lendemain rabaissé au dernier rang.

Mademoiselle Connell, qui remplissait au Théâtre-Français les rôles de *confidentes* et de *secondes amoureuses*, fut tellement prise en aversion par le parterre pour la froideur de son jeu, et tellement sifflée, qu'elle en contracta une maladie de langueur dont elle mourut à trente-cinq ans, le 21 mars 1750. Notons seulement, sans vouloir rien enlever à cet exemple de sa portée, que, peu de jours avant sa mort, elle avait été obligée d'aller jouer à Versailles avec un rhume assez violent et un accès de fièvre, et qu'elle était revenue dans la nuit plus malade encore qu'en partant. Tout récemment, en 1876, mademoiselle Priola, qui s'était fait applaudir à l'Opéra-Comique, mourut, dit-on, des suites de quelques coups de sifflets brutaux qui l'avaient accueillie à Marseille.

Nous n'aborderons pas la question de savoir si c'est à des cabales proprement dites qu'il faut attribuer les chutes les plus retentissantes du théâtre contemporain,

en particulier celles de *Guillery* et de *Gaëtana*, par
M. About; d'*Henriette Maréchal*, par les frères de Goncourt. Le fait ne paraît pas douteux, au moins pour
cette dernière pièce; mais il faut dire qu'une cabale
serait d'ordinaire impuissante à tuer une belle œuvre
et que celle-là semblait faite à souhait pour lui donner
raison. C'est dans l'organisation et la direction de la
cabale montée contre *Henriette Maréchal*, en 1865,
que se signala pour la première fois à l'attention le
fantasque personnage connu dès lors sous le nom de
Pipe-en-Bois, et qui devait se faire plus tard une
seconde célébrité, beaucoup plus invraisemblable et
inattendue, dans la politique.

CHAPITRE XII

Les gaietés du parterre.

Le *Mithridate*, de la Calprenède fut joué, pour la première fois, le jour des Rois (1635). Au moment où Mithridate prend la coupe empoisonnée en disant :

Mais c'est trop différer...

Un plaisant acheva les vers :

Le roi boit! le roi boit!

On raconte la même chose de la *Marianne*, de Voltaire; de sorte que le lecteur, au lieu de croire aux
deux anecdotes, peut douter de toutes les deux. Cette
dernière pièce fut suivie, le premier jour, du *Deuil*,
circonstance qui fournit à un autre rieur l'occasion de
s'écrier : « C'est le *deuil* de la pièce nouvelle. »

A la première représentation du *Germanicus*, de Pradon, les spectateurs, étonnés de n'avoir vu paraître que des hommes dans les deux premiers actes, s'entre-disaient : « Voilà une vraie tragédie de collège ; il n'y a point de femmes. » Au commencement du troisième, on vit sortir tout à la fois du fond du théâtre deux princesses et deux confidentes, et l'on entendit en même temps dans la salle une voix perçante et gasconne : « Quatorze de dames ; sont-ils bons ? » ce qui excita un battement de mains général.

Un mauvais acteur, nommé Tonnelier, débuta en 1775 et le parterre lui chanta en chœur ce refrain connu du *Tonnelier*, de la Comédie italienne : « Travaillez, tra-vaillez, travaillez, bon tonnelier. »

Un nouvel Arlequin, débutant, à Bruxelles, dans les *Deux Arlequins*, de Grenoble, fut mal accueilli du par-terre. Après la représentation, il annonça qu'il jouerait encore le lendemain, dans la même pièce, et que, s'il n'avait pas le bonheur de plaire, il brûlerait ses habits et se retirerait. Le lendemain, dès qu'il parut, on ne manqua pas de lui jeter, du parterre, plusieurs boîtes d'allumettes.

Il est arrivé souvent au parterre de saisir au vol cer-tains passages de la pièce jouée, pour les appliquer comi-quement à l'acteur en scène ou à la pièce elle-même. Legrand s'était chargé, dans ses *Amazones moder-nes* (1727), du rôle de maître Robert. Vers la fin du second acte, il se disait à lui-même : « Eh bien, mon-sieur maître Robert, vous voyez que vous n'êtes qu'un sot ! » Il fut pris au mot par le public, qui avait déjà manifesté son mécontentement, et la salle retentit d'ap-plaudissements ironiques, mêlés d'un rire injurieux.

« Je commence à être las de Sancho, » dit le duc, au troisième acte de *Sancho Pança* de Dufresny, « Et moi aussi, » cria-t-on du parterre. Ce mot arrêta la pièce.

Dans la *Revue des Théâtres*, de Chevrier (1753), l'auteur introduit une danseuse. Elle arriva justement comme la pièce chancelait.

Quel motif en ces lieux vous fait porter vos pas ?

lui demande le Critique. Et elle répond :

Je viens tirer un auteur d'embarras.

« Ma foi, il était temps ! » répartit quelqu'un. Et de rire.

Mais parfois ce qui perdait la plupart était précisément ce qui sauvait les autres. Nous allons le voir par l'exemple de Martin, le célèbre chanteur. Le public lui en voulait pour avoir fait manquer par un caprice, au moment même où on allait ouvrir les portes, la première représentation de l'opéra de *Gulistan*, depuis longtemps annoncée. Il se promit une vengeance. En effet, le jour enfin venu, lorsqu'on aperçut, au lever du rideau, Martin-Gulistan couché et dormant, les huées éclatèrent avec furie : « Des excuses ! » criait-on. Trouvant invraisemblable de sommeiller plus longtemps au milieu d'un tel tapage, Martin se frotte les yeux, étend les bras et commence son monologue : « Ah ! qu'un moment de sommeil m'a fait de bien ! J'ai reposé tranquille, sur cette pierre, mieux que dans le lit d'un courtisan, » etc. Ces mots offraient un si étrange contraste avec le vacarme infernal qui venait d'avoir lieu, que la salle entière fut prise d'un rire étourdissant, précurseur du pardon. Aussitôt Martin aborde son grand air, et les bravos succèdent aux sifflets [1].

Dans la *Créole*, de La Morlière (1754), un valet, après avoir fait à son maître le détail d'une fête, lui demande ce qu'il en pense : « Que tout cela ne vaut pas le diable ! » répond celui-ci. Le parterre répéta ces mots en chœur et la pièce ne fut pas achevée.

1. Audibert, *Indiscrétion et confidences*, 113.

Beaubourg jouait Mithridate. Monime (mademoiselle Lecouvreur) lui dit : « Seigneur, vous changez de visage. — Laissez-le faire! » cria-t-on de la salle. On sait que Beaubourg était fort laid. Mais, contrairement aux *Anecdotes dramatiques*, Lemazurier rapporte cette anecdote à l'acteur Dumirail.

C'est une chose fâcheuse pour un acteur, et qui ne manque jamais de frapper le public, que la dissemblance entre sa figure et son rôle. Ce fut ce qui rendit les débuts de Lekain si pénibles. Les *Mémoires de Préville* nous ont transmis la mésaventure de ce comédien de taille exiguë, qui, ayant choisi pour début l'Achille d'*Iphigénie*, ne put être sauvé des risées du parterre ni par la protection du maréchal de Richelieu, ni par la cabale qui le soutenait, ni par son propre talent, quand il arriva à ce vers, assez mal placé dans sa bouche :

> Rendez grâce au seul nœud qui retient ma colère.

La salle s'égaya si bien, surtout en comparant cet Achille pygmée à l'imposant Agamemnon, représenté par Larive, qu'il fallut baisser le rideau.

Dans l'*Adélaïde Duguesclin*, de Voltaire, telle qu'elle fut donnée d'abord, il y avait un personnage qui demandait à Coucy ;

> Es-tu content, Coucy?

A quoi tout le parterre se hâta de répondre : *Coussi, coussi.*

Les applications n'étaient pas toujours si gaies. Ainsi, le jour où mademoiselle Raucourt rentra par *Phèdre*, le public lui appliqua avec une juste, mais bien cruelle sévérité, certains vers de son rôle. Lorsqu'elle dit :

> De l'austère pudeur les bornes sont passées.

on lui prodigua sans pitié les plus terribles applaudissements. Quand elle en fut à ce passage :

> Je sais mes perfidies,
> Œnone, et ne suis point de ces femmes hardies
> Qui, goûtant dans le crime une tranquille paix,
> Ont su se faire un front qui ne rougit jamais.

« Oh! je vous demande pardon! » lui cria-t-on de toutes
parts.

De même, la Terreur passée, Dugazon rentrant par
le valet des *Fausses Confidences*, fut souffleté d'une
triple bordée d'applaudissements lorsque son maître
lui dit : « Nous n'avons pas besoin de toi, ni de ta race
de canailles. »

On donnait l'*Andronic*, de Campistron, pour le début
d'un acteur arrivé de Lille, qui déplut souverainement.
Quand il vint réciter ce vers :

> Mais pour ma fuite, ami, quel parti dois-je prendre?

une voix qui n'était pas celle de l'acteur en scène, lui
répondit :

> L'ami, prenez la poste et retournez en Flandre[1].

Au début de l'*Argélie* (1673), de l'abbé Abeille, une
actrice demandait à une autre :

> Ma sœur, vous souvient-il du feu roi notre père?

Celle-ci hésita un moment. Il n'en fallut pas davantage
pour qu'un *plaisant* (c'est le terme reçu) se chargeât
aussitôt de répondre à sa place par ce vers du *Geôlier
de soi-même*, de Th. Corneille :

> Ma foi, s'il m'en souvient, il ne m'en souvient guère.

L'anecdote est devenue populaire.

---

1. Ce vers est tiré de la *Fille capitaine*, de Montfleury (1669) :
> Demain je prends la poste et je retourne en Flandre,
dit Angélique, acte IV, scène IX.

Lorsqu'on eut fini de jouer le *Jaloux*, de Beauchamps, au Théâtre-Italien (1723), le troisième acte n'ayant fait que répéter les situations des deux autres, on demanda du parterre : « Le dénouement! le dénouement! »

Un mot analogue et plus joli fut prononcé dans la salle quand on donna l'*Eponine*, de Chabanon (1762). L'exposition du sujet n'a lieu, à proprement parler, qu'au troisième acte, et les deux premiers languissent sans but déterminé. A la fin du second : « Je m'en vais, dit froidement un spectateur, puisque décidément ils ne veulent pas commencer. » Chabanon tenait beaucoup à ce sujet, puisque, onze ans après, il en fit un opéra sous le nom de *Sabinus*, qui ne fut pas plus heureux. De cinq actes, il le remit en quatre, sans plus de bonheur. « Le public est bien ingrat de s'ennuyer, disait à ce propos Sophie Arnould, quand on se met en quatre pour lui plaire. »

La *Mégare*, de Morand (1748), finit par la mort de presque tous les personnages. Le parterre, dit Collé [1], a demandé au seul qui restait la liste des morts et des blessés. Mais la rigueur et les sifflets de l'auditoire, en cette occasion, pourraient bien avoir été la vengeance du peu de respect que l'auteur lui avait témoigné, dix ans auparavant, à la première représentation de son *Esprit de divorce*, où il avait peint sa belle-mère et sa femme, avec lesquelles il était brouillé. Après la représentation, il entendit critiquer le rôle de la belle-mère comme hors de toute vraisemblance; en sa double qualité d'auteur et de méridional, il ne se put contenir et s'avança sur le bord du théâtre : « Messieurs, fit-il, il me revient de tous côtés qu'on trouve que le principal caractère de ma pièce n'est point dans la nature : ce

---

1. *Journal*, I, 14, in-8°.

que je puis vous assurer, c'est qu'il m'a fallu beaucoup diminuer de la vérité pour vous le présenter. » Cette harangue donna matière à bien des questions, qui éclaircirent l'histoire que l'auteur avait eue en vue dans sa comédie. Malheureusement quand, à la fin du spectacle, on annonça la même pièce pour le lendemain, quelqu'un se mit à crier : « Avec le compliment de l'auteur, » ce qui irrita si bien notre Provençal, qu'il prit son chapeau et le jeta dans le parterre en disant : « Celui qui veut voir l'auteur n'a qu'à lui rapporter son chapeau. » Un exempt vint arrêter le poète, et le lieutenant de police lui défendit de se montrer à aucun spectacle pendant deux mois [1].

En 1791, Murville, le gendre de Sophie Arnould, voyant que la maladie de Monvel allait interrompre le succès de sa tragédie d'*Abdulazis et Zuléima*, voulut absolument remplacer cet acteur célèbre dans le rôle de Nasser. Mais ses gestes, sa diction et, par dessus tout, les lunettes qu'il avait gardées sous son énorme turban, égayèrent considérablement cette représentation tragique. Vingt ans après, en 1812, renouvelant l'exemple déjà donné par Morand, par Billard, et, comme nous le verrons tout à l'heure, par Olympe de Gouges, cet original obtenait un nouveau succès de gaieté en haranguant le parterre après sa tragédie d'*Héloïse* [2].

A la représentation du *Fabricant de Londres*, de Fenouillot de Falbaire (1771), on vient annoncer sur la scène la banqueroute du marchand. « Ah! morbleu ! s'écria alors un spectateur, j'y suis pour mes vingt sous ! »

Jamais peut-être le parterre ne s'amusa si bien, ou du moins jamais il ne s'amusa mieux qu'à la représenta-

1. Desboulmiers, *Histoire de l'Opéra-Comique*, IV, p. 314.
2. Arnault, *Souvenirs d'un sexagénaire*, I, 285-8.

tion des *Arsacides*, de M. de Bausobre, — sinon peut-être, il y a quelques années, au *Borgne*, au *Drame de Gondo* et au *Tremblement de terre de Mendoce*, à l'Ambigu, qui semble avoir la spécialité de ces représentations burlesques, comme il l'a prouvé encore au mois de mai 1877, par l'*Expiation*. — Préville fut si frappé de l'*éternelle déraison* de cette tragédie en six actes, que les comédiens avaient reçue dans un moment de distraction, qu'il décida ses confrères à offrir une forte somme d'argent à l'auteur pour qu'il retirât sa pièce. Mais celui-ci, qui avait alors soixante ans, et qui en avait passé trente à la faire, ne consentit à rien entendre. Les *Arsacides* furent hués d'un bout à l'autre ; les comédiens voulaient se retirer au deuxième acte ; mais on les força d'achever, tant cela était plaisant. Le lendemain, l'auteur vint à l'assemblée des acteurs, prédisant le plus brillant succès à sa tragédie, si ces messieurs lui permettaient de les faire répéter, et surtout lorsqu'il y aurait adjoint un septième acte. On aima mieux s'en débarrasser par une indemnité qu'il accepta enfin [1].

La représentation du *Jeune homme*, de Bastide (1764), fut marquée par les mêmes incidents, quoique la pièce eût été applaudie aux premières scènes. A partir de la fin du premier acte, les huées et les rires ne discontinuèrent pas. Au commencement du troisième, un spectateurs des dernières loges ayant éternué d'une façon retentissante, il ne fut plus possible de poursuivre.

Après cette pièce, il faut mentionner encore une pastorale de madame Chaumont, où l'hilarité convulsive et les applaudissements ironiques dépassèrent toutes les bornes [2].

En 1787, au moment de l'assemblée des notables, on jouait devant la reine, au théâtre de Versailles,

---

1. *Mémoires de Préville*, p. 55-8.
2. Bachaumont, XXIV, p. 316.

Théodore à Venise, opéra-bouffe. Théodore était un roi en voyage, auquel son écuyer, à un certain moment, venait dire qu'il n'y avait plus d'argent pour la dépense. « Comment faire ? » se demandaient-ils tous deux. Une voix s'éleva du parterre : « Il n'y a qu'à assembler les notables. » La garde se mettait en devoir d'arrêter ce railleur ; mais la reine fit signe en riant de cesser les poursuites et de continuer la pièce.

Une représentation qui put rivaliser avec celle-là, ce fut celle de *Dumouriez à Bruxelles*, d'Olympe de Gouges (23 janvier 1793). Au moment où mademoiselle Candeille allait nommer l'auteur de la pièce, qui avait été cruellement sifflée, on vit sortir d'une première loge une tête de femme mûre, le bonnet placé de travers, les cheveux en désordre :

« Citoyens, s'écrie-t-elle, vous demandez l'auteur : c'est moi, Olympe de Gouges. Si vous avez sifflé ma pièce, ce n'est pas qu'elle fût mauvaise, c'est qu'elle a été horiblement jouée. » Mademoiselle Candeille s'empressa de protester contre cette déclaration, accueillie par de gigantesques éclats de rire. Olympe protesta à son tour, se débattant comme une furie ; mais il lui fallut quitter la partie et elle prit la fuite, escortée, par les couloirs, de huées et de sarcasmes.

A la seconde représentation, le parterre jugea à propos d'interrompre la pièce en s'élançant sur le théâtre, où il se mit à danser la Carmagnole autour de l'arbre de la liberté en carton, qu'on y avait inauguré.

Quelquefois ce qui excitait la jubilation du parterre et suffisait à y faire naître des scènes de fou rire et d'inextinguibles applaudissements, c'était, dans telle pièce nouvelle, l'un de ces vers baroques ou à double sens comme ceux dont a conservé la mémoire !

Crois-tu d'un tel forfait Manco-Capac capable
                    (*Manco-Capac*, de LEBLANC)

Mon père, en ma prison, seul *à manger m'apporte*..
J'habite la montagne et *j'aime à la vallée*.
(D'Arlincourt, le *Siège de Paris*.)

Il arrivait souvent au parterre, chez nous, soit dans les opéras, soit dans les comédies mêlées de couplets telles que la *Partie de chasse de Henri IV*, le *Déserteur*, etc., de joindre sa voix à celle des acteurs, et de répéter l'air en chorus. Les *Anecdotes dramatiques* rapportent souvent des traits pareils, et le *Spectateur anglais* [1] vient encore à l'appui en écrivant : « Cette envie de chanter de concert avec les acteurs est si dominante en France, que, dans une chanson connue, j'ai vu quelquefois le musicien de la scène jouer à peu près le même personnage que le chantre d'une de nos paroisses qui ne sert qu'à entonner le psaume, et dont la voix est ensuite absorbée par celle de tout l'auditoire. »

On nous pardonnera de n'avoir pas traité plus gravement un chapitre intitulé les *Gaietés du parterre*.

CHAPITRE XIII

Accidents comiques, maladresses, bévues sur la scène. Chutes de pièces amenées par de petites causes.

Molière jouait le rôle de Sancho dans *Don Quichotte* ou les *Enchantements de Merlin*, « pièce raccommodée par mademoiselle Béjart, » dit le registre de La Grange (30 janvier 1660). Il attendait dans la coulisse, monté sur son âne, le moment d'entrer en scène, quand l'animal, opiniâtre comme tous ceux de son espèce, et pris de la soif de débuter, se mit dans la tête d'avancer sans en avoir reçu le signal. Molière essaye de le rete-

---

1. Vingt-troisième discours.

nir, mais en vain : la bête s'obstine de plus en plus, en
dépit de la bride et des coups ; elle passe la tête, elle
tire ; toute la salle aperçoit bientôt l'auteur du *Misan-
trope* luttant contre le maudit âne et appelant en vain
au secours.

Enfin, vaincu, il est obligé de se retenir aux ailes
du théâtre et de laisser glisser entre ses jambes le
terrible baudet, qui satisfait, de son triomphe, se précipite sur la scène en poussant de petits cris de bonheur[1].

Baron, ayant pris à soixante-huit ans (1721), le rôle
du jeune Misaël, dans les *Machabées*, de La Motte, ne
put se relever lorsqu'il se jeta aux pieds de Salmonée.
Pareil accident lui arriva en jouant Rodrigue, du *Cid*,
et, comme il restait trop longtemps aux genoux de
Chimène, deux garçons de théâtre furent obligés de
venir le remettre sur pied en le prenant par dessous
les bras.

Mistress Hamilton était si puissante que les valets
de théâtre pouvaient à grand'peine enlever le fauteuil
où elle s'était jetée pour mourir, dans le rôle d'Aspasie,
de *Tamerlan*. Ce que voyant, la compatissante morte
leur dit de replacer le fauteuil à terre, fit une belle
révérence au public et s'en alla sur ses pieds.

Un acteur, dans le rôle d'Harpagon, se laissa tomber
en courant et en criant : *Au voleur !* à la scène de la
cassette. Mais il eut la présence d'esprit de continuer
son rôle par terre, comme un homme écrasé par le désespoir. Cette chute n'est-elle point même passée en
tradition ? J'ai vu du moins jouer cette partie du rôle
ainsi. Il y a plusieurs jeux de théâtre qui n'ont eu que
des hasards pareils pour origine. La jarretière de Baron
se détacha un jour dans le *Comte d'Essex*; comme il
ne se trouvait alors en scène qu'avec le traître Cecil,
qu'il pouvait traiter avec hauteur, il en profita pour la

---

1. Grimarest, *Vie de Molière.*

remettre en lui parlant, dans une attitude dédaigneuse
et, depuis beaucoup d'acteurs ont essayé de l'imiter au
même endroit [1].

Mademoiselle Duclos, jouant Camille, dans *Horace*,
tomba sur la scène, après ses imprécations, en fuyant
trop précipitamment. Beaubourg, qui représentait Horace, ôte civilement son chapeau, tend la main à Camille pour la relever, en vrai chevalier français ; puis,
redevenant Romain dans la coulisse, il la poignarde.

La chute de mademoiselle Duclos nous rappelle celle
de mademoiselle Beauménard, dite Gogo, qui est restée
historique, et aux suites de laquelle sa compagne de
scène s'empressa de remédier, en rabaissant pudique-
ment sa robe.

Un acteur dont le talent ne répondait pas à la suffi-
sance, débutant par le rôle du *Glorieux*, s'embarrassa
dans le tapis en sortant avec Lisimon, à la fin du second acte, et se laissa choir. Au même instant, Pasquin, resté seul sur la scène, eut à dire ce vers de son
rôle :

> Voilà mon glorieux bien tombé !...

ce qui, appliqué à la double chute de l'acteur, provoqua un rire universel [2].

Puisque nous en sommes sur ces aventures, en voici
une autre qui serait parfaitement placée dans un roman de Paul de Kock. Elle se passa aux débuts de
Bellecourt, à Besançon. Il jouait Nérestan avec un costume superbe et plein de couleur locale : une culotte
de velours, qui avait servi à mademoiselle Clairon dans
une pièce à travestissements, une bourse à cheveux
garnie en dentelles noires, et des souliers à talons
rouges avec une belle paire de boucles de diamants
faux. « Au moment le plus pathétique de la reconnais-

1. *Anecdotes dramatiques*, III, 490-2.
2. *Anecdotes dramatiques*, III, 495.

sance, lorsque Nérestan se jette aux pieds de Lusignan, cette culotte de velours, qui n'avait point été prise sur les proportions opulentes de Bellecourt, se déchira en deux, de manière que Nerestan ne put se relever qu'en tenant à deux mains le malencontreux vêtement, dont il fallut refaire la couture dans l'entr'acte [1]. »

Les *lapsus linguæ* des acteurs fourniraient à eux seuls un des chapitres les plus amusants de l'histoire du théâtre.

Sur la scène athénienne, Hégelochus faillit faire tomber l'*Oreste*, d'Euripide, par une inadvertance de prononciation, à l'un des endroits les plus dramatiques. Dans la scène où ce prince reprend l'usage de ses sens, après ses accès de fureur, n'ayant pas ménagé sa respiration, il fut obligé de séparer deux mots qui, selon qu'ils étaient élidés ou non, formaient deux sens très différents. Il avait à dire : « Après l'orage, je vois le calme, γα νυὰ ὅρω » ; mais obligé de s'arrêter après le premier mot, il prononça « γαλην ὅρω, *je vois le chat* ». On juge dé l'effet produit [2].

Certains acteurs s'amusent, pendant les répétitions, à substituer à quelques mots de leur rôle des variantes plus ou moins comiques et assez hasardées. Il est arrivé plus d'une fois que, le jour de la représentation venu, ils ont été les dupes de cette habitude.

Scarron, dans le *Roman comique* (II, ch. III), rapporte un exemple qui est certainement la reproduction d'un fait réel. C'est celui de ce page qui, chargé de jouer par occasion dans la *Bradamante*, de Garnier. et n'ayant que deux vers à dire dans toute la pièce, les arrangea ainsi :

Monsieur, rentrons dedans, je crains que vous tombiez ;
Vous n'êtes pas trop bien assuré sur vos *jambes*.

1. Lemazurier, *Galerie*, etc., I, 137.
2. *Anacharsis*, VI, 108.

La princesse palatine, dans sa lettre du 17 mars 1701 cite un trait de distraction analogue, qui serait encore plus plaisant, s'il n'était un peu grossier, de la part d'un acteur jouant le rôle de Géronte dans le *Médecin malgré lui*.

La même princesse raconte aussi l'anecdote suivante, à la date du 16 juin 1719. A Dunkerque, il arriva à un acteur, qui jouait Mithridate devant la cour, de laisser échapper un mot grossier en parlant à Monime. Il se retourna aussitôt, tout honteux, vers la loge occupée par la Dauphine, en disant : « Madame, je vous demande très humblement pardon : la langue m'a fourché. » Le prince de Conti, assis au-dessus de l'orchestre, fut pris d'un tel accès de fou rire qu'il en tomba. Dans sa chute, il veut se rattraper à la corde du rideau ; le rideau s'abat sur les lampes et prend feu. On éteignit aussitôt ce commencement d'incendie, mais il resta un grand trou au rideau. Les comédiens ne firent semblant de rien et continuèrent la pièce, quoiqu'on ne les vît qu'à travers ce trou. »

Citons encore, sans prendre le moins du monde la responsabilité de ces anecdotes courantes, l'écolier qui, dans une pièce de collège, ayant un rôle de deux mots : « *Sonnez, trompettes!* » s'écria, dans son émotion : « Trompez, sonnettes. »

Et ce comédien de profession, né pour moucher les chandelles, qui, ayant à dire :

C'en est fait, il est mort,

s'écria avec componction :

C'en est mort, il est fait.

Et cette actrice de province, jouant Camille, qui dit à son frère et à son amant :

Que l'un de vous me tue et que l'autre me *mange*[1].

1. *Anecdotes dramatiques*, II, 579, I, 455.

Et cet autre qui, chargée du rôle d'Agrippine, au lieu de :

Mit Claude dans mon lit, et Rome à mes genoux,

se trompa ainsi :

Mit Rome dans mon lit, et Claude à mes genoux.

Un jour, Quin, jouant le juge Balance, dans l'*Officier recruteur*, de Foote, eut une singulière distraction : en interrogeant mistress Woffington, qui faisait la fille du juge : « Sylvia, lui dit-il, quel âge aviez-vous quand votre mère se *maria* ? » L'actrice restant interdite, il se reprit : « Je vous demande quel âge vous aviez quand votre mère *naquit.* » — « Je regrette de ne pouvoir répondre à cette question, répliqua celle-ci ; mais je puis vous dire, si vous le désirez, quel âge j'avais quand elle *mourut.* »

Un singulier cas de *lapsus linguæ* fut commis par l'acteur Mengozzi, aux Variétés. On jouait la *Pièce sans A*, d'un nommé Rondel, et le public était accouru pour voir ce phénomène d'une comédie tout entière, probablement exécrable, mais où il n'y avait pas un seul *a*. La toile se lève : Duval entre sur la scène d'un côté, et Mengozzi de l'autre. La première phrase que prononce celui-ci est : « Ah! Monsieur, vous voilà ! » Tout le monde part d'un éclat rire. C'était mal débuter pour une pièce sans A. Heureusement Mengozzi tend l'oreille au souffleur, et recommence : « Eh ! Monsieur, vous voici.

Auger, excellent valet de comédie, eut plus d'une fois de ces *lapsus*, et de moins pardonnables encore, qui sont restés célèbres au théâtre. C'est lui qui disait candidement, en plein Théâtre-Français :

Et si, dans la province,
Il se donnait en tout vingt coups de nerf de bœuf,
Mon père, pour sa part, en empochait *dix-huit*.

Auger, avec tout son esprit, n'avait jamais pu se mettre dans la tête ce que c'est qu'un vers, et il lui arriva maintes fois d'allonger ou d'accourcir incongrûment ceux qu'il avait à dire. C'était autant chez lui manque d'instruction que manque de mémoire. Et, à propos de manque de mémoire, voici quelques traits de présence d'esprit que doivent méditer ceux qui y sont sujets.

Un acteur de province, nommé Le Cocq, jouait Achille, dans *Iphigénie*, et il avait remporté les applaudissements universels, lorsque, au dernier acte, après ce vers :

Le prêtre deviendra ma première victime,

la mémoire lui manqua tout à coup. Mais, au lieu de s'interrompre pour écouter le souffleur et de perdre par là l'effet d'une sortie brillante, il continua avec la même impétuosité jusqu'à la fin, déclamant à tort et à travers des mots sans suite ; enfin il termina ainsi sa tirade avec tant de véhémence qu'il fut frénétiquement applaudi.

Ce n'est pas là chose si incroyable qu'on pourrait penser. Il est facile de duper les oreilles et les esprits de la foule par le geste, le débit, l'expression du regard et de la voix. Un des plus singuliers exemples est la mystification suivante de Dugazon (1793), enfant gâté du public, surtout à cette date, et se permettant tout : « Il était dans les coulisses, raconte M. Charles Maurice [1], au moment d'un entr'acte de tragédie. Tout à coup il s'engouffre dans le manteau rouge d'*Othello*, fait lever la toile, et s'avance en capitan jusque sur le bord

1. *Histoire anecdotique du théâtre*, I, 38.

de la scène. Les spectateurs se taisent et attendent.
Alors, les yeux hagards et fixés sur la rampe, Dugazon prononce d'abord d'une voix caverneuse : « *Un
quinquet !... Deux quinquets !... Trois quinquets !...* et
ainsi jusqu'à dix, en marchant et en imprimant à chaque
exclamation une vigueur ascendante si bien accentuée,
si sérieuse qu'il tient l'auditoire stupéfait et comme en-
chaîné sous la pression d'une puissance magnétique.
La scène jouée, peut-être la gageure gagnée, Dugazon
se drape avec fierté et s'éloigne en héros qu'agiterait la
passion la plus fougueuse. Alors un tonnerre d'applaudissements l'accompagne. »

Mademoiselle Fanier, se trouvant arrêtée au second
acte de la *Métromanie* (deuxième scène), où elle jouait
Lisette, après ce vers :

> Et je prétends si bien représenter l'idole...

Ajouta ce vers d'autant plus en situation qu'elle
faisait en effet une soubrette étudiant un rôle qu'elle
va jouer sur un théâtre de société :

> Mais j'aurais plus tôt fait de regarder mon rôle.

Elle le tira alors tout naturellement de sa poche,
tel qu'elle l'avait déjà montré dès la première scène
(où elle disait : *Témoin ce rôle encore qu'il faut que
j'étudie*). Ainsi elle eut le temps de se remettre et de
rafraîchir ses souvenirs, sans que le public se doutât
de rien.

Un vieux comédien était si habitué à faire sonner la
rime et à cadencer les vers qu'une fois, dans ce passage de *Mithridate :*

> Quand le sort ennemi m'aurait jeté plus bas,
>   Vaincu, persécuté...

ne se rappelant pas assez tôt le dernier hémistiche du

second vers, il continua, en y substituant machinàle-
ment : *tati tatou tata* [1].

On a conservé le trait de Bonneval qui, dans l'*Avare*
dissimula, avec un sang-froid si ingénieux, le manque
de mémoire de mademoiselle Doligny, chargée du
personnage de Marianne. A la scène vii du troisième
acte, Cléante témoigne sa surprise du choix que son
père a fait de Marianne ; Harpagon se récrie contre
ce compliment, et Marianne répond à son tour. Comme
elle ne disait rien, et que personne ne songeait à l'aider : « Elle ne répond rien, elle a raison, reprit sur le
champ Bonneval, à sot compliment, point de réponse. »

Il est vrai que le souffleur est là pour *secourir la
mémoire troublée* des acteurs ; mais le souffleur ne
suffit pas toujours. Du reste, il a aussi sa légende dans
l'histoire comique des accidents de la scène. On jouait
à Lunéville, la *Mélanide*, de La Chaussée. L'acteur, qui
représentait Darviam manqua de mémoire à tel point,
au moment de la déclaration d'amour, que le souffleur
fut obligé de réciter toute la tirade à haute voix. Lorsqu'il eut fini, Darviam se tourna, sans se déconcerter, vers l'actrice : « Mademoiselle, reprit-il, comme
monsieur vous a dit, » etc., en montrant le souffleur.
On peux juger de l'hilarité du parterre à ce beau sang-
froid.

Un autre, dans le même cas, dit naïvement au souffleur, assez haut pour être entendu : « Taisez-vous !
laissez-moi rêver un moment. Morbleu ! je le savais
si bien ce matin [2] ! » Voyez-vous comme cela était
propre à entretenir l'illusion scénique !

Un des principaux acteurs de la Comédie-Française s'arrête court, dans une tragédie, à ce passage :

J'étais dans Rome alors...

1. *Comediana*, 28.
2. *Annales dramatiques*, VIII, 383, 209.

Il eut beau recommencer deux ou trois fois, il ne trouvait pas la suite. Voyant que le souffleur, distrait ou déconcerté, ne le tirait pas d'embarras : « Eh bien, maraud, lui dit-il avec dignité, que faisais-je dans Rome ? »

Mercier raconte une bévue de souffleur dont il avait été témoin. L'acteur, chargé du rôle d'Hydaspe dans le *Rhadamiste*, de Crébillon, avait à dire ces deux vers au cinquième acte :

> L'ambassadeur de Rome et celui d'Arménie
> De ce palais, Seigneur, enlèvent Isménie.

Il se trompe au premier vers, en substituant le mot d'*Isménie* à celui d'*Arménie*, de sorte que, en arrivant à la fin du second, il s'arrêta court en cherchant la rime. Le souffleur ahuri lui jeta alors le mot qu'il aurait dû dire à la rime précédente, et l'acteur répéta de confiance :

> De ce palais, seigneur, enlèvent l'*Arménie*.

Un jour, Firmin, qui avait peu de mémoire, jouait dans une pièce nouvelle (de Blanchard) le rôle de Camille Desmoulins. C'était dans la scène où Fouquier-Tinville, représenté par Geffroy, refuse la parole aux accusés :

> « Misérable ! s'écrie Camille ; scélérat de... Monstre de... »

Le nom ne lui venait pas : le souffleur inexpérimenté, beaucoup plus occupé du jeu de physionomie de Geffroy que du manuscrit, et s'apercevant tout à coup de l'embarras de Firmin, perd la tête et lui lance le nom de Geffroy. Et Firmin de répéter :

> « Monstre de Geffroy ! »

Ce qui termina par un long éclat de rire l'acte le plus pathétique de la pièce [1].

---

1. Jouslin de la Salle, *Souvenirs dramatiques* (*Revue française*, n° 109).

On connaît l'historiette racontée par Tallemant des Réaux, d'un amateur de province qui, voulant jouer à toute force dans une pièce, obtient le rôle du sang d'Abel, et traverse la scène couvert d'un manteau rouge en criant : Vengeance ! vengeance ! Voici un autre trait qui rappelle celui-là par quelques points. Desboulmiers le raconte trop bien[1] pour que je ne lui laisse pas la parole, en m'excusant près du lecteur au sujet de certain détail peu attique :

« Un nommé Léger, domestique de Favart, animé par l'amour des arts, et voulant consacrer les siens au théâtre, débuta dans la parodie de *Thésée* à la foire Saint-Germain (1745), par la moitié d'un bœuf. Pour faire entendre ceci, il est nécessaire d'expliquer que, dans le triomphe de Thésée, la monture de ce héros était le bœuf gras, figuré par une machine de carton qui se mouvait au moyen de deux hommes renfermés dans l'intérieur, le premier debout, mais un peu incliné le second, la tête appuyée sur la chute des reins de son camarade. Léger obtint la préférence pour faire le train de devant. Gonflé d'aliments et de gloire, il lâcha une flatuosité qui pensa suffoquer son collègue. Celui-ci, dans son premier mouvement, pour se venger de l'effet sur la cause, mordit bien serré ce qu'il trouva sous ses dents. Léger fit un mugissement épouvantable ; le bœuf gras se sépara en deux ; une moitié s'enfuit d'un côté, une moitié de l'autre, et le superbe Thésée se trouva à terre étendu de son long. On eut beaucoup de peine à continuer la pièce. A peine était-elle achevée, que l'on entendit une grande rumeur : c'était Léger, qui, prétendant que son camarade lui avait manqué de respect se gourmait avec lui sur le cintre. Après avoir disputé sur la prééminence du train de devant et du train de derrière, ils en étaient venus aux coups. Le pauvre

1. *Histoire de l'Opéra-Comique*, I, 457.

Léger pensa en être la victime : il tomba du cintre; mais, par bonheur, il fut accroché par un cordage qui le suspendit à vingt pieds de haut. »

Pendant une représentation de la même pièce, une actrice écoutait dans la coulisse les fleurettes d'un amoureux sexagénaire. Tout à coup elle entend sa réplique au moment où celui-ci se précipitait à ses genoux pour lui baiser la main : elle l'écarte brusquement et entre en scène sans s'apercevoir que la perruque du vieil Adonis s'est, dans ce mouvement, accrochée .aux paillettes de sa robe. Un applaudissement général s'éleva à la vue de ce trophée chevelu, et devint convulsif quand on vit sortir d'une coulisse une tête pelée, à l'enquête de sa dépouille. Sans se déconcerter, l'actrice détacha la perruque, qu'elle avait aperçue en s'inclinant pour remercier les spectateurs de leurs applaudissement, et elle continua majestueusement son rôle.

Il arriva pis encore à un autre Céladon, non moins sexagénaire, à l'Opéra. C'était un financier, qui inquiétait le machiniste en rôdant trop souvent autour de mademoiselle Saulnier, que celui-ci aimait. Aussi, voulant se venger, il profita du moment où la toile étant baissée, son rival posait le pied sur un nuage, pour donner le coup de sifflet qui était le signal de l'élévation de ce nuage vers les frises. Au lever du rideau, tout le public de l'Opéra put admirer le majestueux financier, en perruque et en grand gilet mordoré, montant dans les airs, à côté de Minerve, représentée par mademoiselle Saulnier.

L'insuffisance du matériel et de la mise en scène a souvent donné lieu à des incidents comiques, comme celui que rapporte Otto Muller, dans sa *Vie de Char- lotte Ackermann*. C'était lors d'une représentation d'*Hamlet*, à Altona. Le théâtre n'avait point de trappe,

et on y avait suppléé, dans la scène où l'ombre doit
s'évanouir sous terre, en levant une planche et en dis-
posant par dessous une petite échelle. Le fantôme était
représenté par le directeur, gros réjoui à face rebondie,
si bien que, désespérant, avec sa taille et des moyens si
peu commodes, de pouvoir disparaître assez promptement après son dernier mot, il prit ses précautions
d'avance, et descendit d'abord le premier échelon, gesticulant et déclamant toujours. Les jambes, puis le
ventre passèrent non sans difficulté ; ce fut seulement
lorsqu'il fut parvenu au quatrième échelon que l'énorme
tête disparut, en même temps que cessaient les grimaces et la déclamation du fantôme.

La chronique des petits théâtres nous fourniraient
par milliers des anecdotes semblables; nous nous bornerons à quelques-unes. On jouait *Roméo et Juliette*, aux
Délassements, sous la Révolution. Madame Deharme,
au cinquième acte, était couchée sur son tombeau et
faisait admirablement la morte. Mais il pleuvait à tor-
rents, et la pluie filtrait à travers les ardoises du
pauvre théâtre, fort mal couvert. Une goutte vint tomber sur le nez de Juliette qui remua la tête en faisant
une grimace; seconde goutte, seconde grimace. Roméo
se tuait à dire à voix basse : « Ne remue donc pas. »
Mais la goutte d'eau, qui tombait de très haut, lui
donnait chaque fois une assez forte chiquenaude. Elle
se mit à l'épier, et au moment où elle arrivait, détourna
la tête. La goutte lui tomba dans l'œil. Pour le coup,
on s'aperçut dans la salle de ce qui se passait. Chacun
se mit à contempler les gouttes qui filtraient au plafond
« La voilà ! disait l'un. — Gare l'eau ! disait l'autre. —
Madame, cria un malin en se levant, voulez-vous accepter mon parapluie ? » La tragédie finit très gaiement [1].

---

1. *Mémoires de mademoiselle Flore*, I, p. 69.

Quelquefois, c'était le désir de trop bien faire qui amenait sur la scène des accidents risibles. Un trait rapporté par les *Mémoires* d'Iffland montre qu'il est dangereux de vouloir imiter trop scrupuleusement la nature. Engagé au théâtre de Gotha, il était allé faire avec deux camarades une promenade nocturne aux environs ; tous trois se trouvèrent dans un village, au pied du clocher, à l'instant où l'horloge sonnait minuit. L'apparition du fantôme dans Hamlet, qu'ils étudiaient alors, leur vint aussitôt à l'esprit : il leur sembla que le battement monotone du balancier et le bruit lugubre des rouages avant la sonnerie feraient merveille sur la scène, et, le lendemain, ils firent adopter leur idée au machiniste en lui recommandant le secret envers tout le monde. La représentation venue, au moment où Hamlet et l'esprit sont en scène en face l'un de l'autre, et où l'esprit commence à parler, un bruit désagréable et uniforme se fait entendre. Hamlet se retourne, l'esprit regarde autour de soi ; le public rit. Le machiniste ignorant ce qui se passe, continue de plus belle ; la rumeur et les rires du public arrivent à leur comble, et les acteurs ne peuvent plus se faire entendre. On court au machiniste qui se défend, en citant ses autorités, et frappe toujours plus vite, dans le feu de son apologie, sa baguette de fer sur ses deux planches. L'esprit fut obligé de quitter la scène, et le directeur de faire baisser la toile.

Powell, acteur anglais renommé, eut besoin, un soir en sortant de scène, d'un certain Warren, qui l'habillait et le coiffait dans la *Belle Pénitente*, de Rowe, et il se mit à l'appeler dans les coulisses, où celui-ci se tenait ordinairement à sa disposition. Mais cette fois, Warren, ayant voulu employer ses loisirs, et pris de la soif des débuts, s'était proposé pour remplacer le cadavre de Lothario. Il était donc couché dans le cer-

cueil en face du public. Il tressaillit en entendant la
voix de plus en plus furieuse de Powell, qui ne brillait
point par sa patience : « Où es-tu, misérable ? » criait
celui-ci. Il ne put s'empêcher de se relever un peu et de
répondre : « Ici, Monsieur. — Viendras-tu ? reprit
Powell, ignorant d'où partait la voix, — ou je te brise
les os ! » Warren, l'en sachant capable, s'élança, effrayé
hors du cercueil, traînant son linceul après lui, et ren-
versant sur son passage l'actrice qui jouait Caliste, aux
éclats de rire du public [1].

Mistress Farrel, maltraitée par le public dans le rôle
de *Zaïre* de la tragédie *the Mourning bride*, surtout
au moment où elle mourait, étendue sur la scène, se
releva, et, s'avançant vers la rampe dit aux spectateurs
qu'elle était bien fâchée de ne pouvoir mériter leurs
suffrages, mais que n'ayant accepté ce rôle que par
complaisance, elle espérait qu'on voudrait bien l'excuser. Après quoi elle alla se recoucher au milieu des
muets, qui couvrirent sa figure du voile funèbre.

A une représentation du *Roi Lear*, à Londres, lorsque
Garrick fondait en larmes sur le corps de Cordelia, on
s'aperçut que son visage prenait tout à coup une expression bien éloignée de celle qu'il devait avoir. Tous
ceux qui l'environnaient parurent agités au même moment d'une égale hilarité, qu'ils pouvaient réprimer à
peine. Cordelia elle-même, ayant ouvert les yeux par
curiosité, finit par se sauver en éclatant de rire, avec
Albani et Kent. Les spectateurs les crurent atteints
d'un accès de folie ; mais voici ce qu'ils avaient vu : Un
boucher était venu s'asseoir à l'orchestre, accompagné
de son bouledogue, qui, ayant l'habitude de se placer
sur le fauteuil de son maître, crut pouvoir user du
même privilège au spectacle. Le boucher était très en-
foncé sur son banc, de sorte que le chien, sautant

1. Lucas, *Curiosités dramatiques*, p. 309.

entre ses jambes, se tenait accroupi sur la partie anté-
rieure de ce banc, les deux pattes appuyées sur la
rampe de l'orchestre. Son maître, gros et gras comme
un boucher qu'il était, se sentit oppressé par la chaleur, et, voulant s'essuyer le crâne, il ôta sa perruque
qu'il . plaça un moment sur la tête du chien. Dans
cette posture et sous ce costume, le bouledogue se mit
à considérer fixement les acteurs, avec autant de gra-
vité que s'il eût compris. Ce fut alors que Garrick
l'aperçut. Il y avait bien là de quoi faire rire un roi, si
infortuné qu'il fût[1].

Une revendeuse de vieux harnais, qui se trouvait aux
premières loges, lors d'une représentation au bénéfice
d'un acteur de second ordre, à Drury-Lane, s'endormit
pendant la pièce. Au moment le plus pathétique, tandis
que Garrick et mistress Bellamy étaient en scène, elle
se réveilla en sursaut, et se mit à répéter machinale-
ment son cri de toute la journée : « *Croupières à
vendre ! croupières à vendre !* » ce qui produisit un si
bel effet que la pièce en resta là.

Un incident de bien peu d'importance, mais assez comique, causa la chute du *Callisthène,* de Piron (1730),
s'il faut en croire son témoignage un peu suspect. A
la première représentation, le poignard qu'on présen-
tait à Callisthène, et dont il devait se percer le sein, se
trouva en si mauvais état qu'en passant de la main de
Lysimaque dans la sienne, le manche, la poignée, la
garde et la lame, tout se disjoignit. L'acteur reçut donc
l'arme pièce à pièce, et fut obligé de tenir tous ces
morceaux le mieux qu'il put, à pleine main, tandis qu'il
déclamait, en gesticulant de cette main, les vers qui précèdent la catastrophe. La risée générale éclata surtout
au moment où le comédien se poignarda d'un coup de

---

1. *Mémoires de Préville (Bibliothèque des Mémoires,* chez Didot, in-12,
t. VI), 190-2.

poing et jeta au loin l'arme meurtrière en quatre ou cinq morceaux.

On venait de donner, dans une ville de parlement, la tragi-comédie de *Samson*, où Arlequin a coutume de se servir d'un gros dindon pour parodier le principal personnage, lorsqu'il emporte son père sur ses épaules. Mais le dindon, s'étant échappé de l'endroit où on l'avait enfermé, parut sur le théâtre au milieu de l'opéra de *Lucile*, qui avait suivi la première pièce, et, tout effrayé, s'envola dans une loge occupée par un magistrat, avec toute sa famille, qui ne passait point pour la plus spirituelle du pays. Quelqu'un s'avisa alors de chanter, sur l'air du premier quatuor de cet opéra : *Où peut-on être mieux qu'au sein de sa famille?* ce qui fut sur-le-champ répété en *chorus* par le parterre.

A la Porte-Saint-Martin, sous la Restauration, on avait imaginé, dans je ne sais quelle pièce, de représenter un troupeau de moutons au naturel, afin de produire plus d'effet. Mais, lorsqu'ils parurent sur la scène, les applaudissements éclatèrent avec tant de force que les maudites bêtes se sauvèrent en bêlant, qui dans les avant-scènes du rez-de-chaussée, qui dans l'orchestre. Ce fut un tableau du dernier comique; les femmes criaient, les musiciens se défendaient avec leurs instruments. Il fallut une heure pour rallier le troupeau, et on revint aux moutons en carton.

On sait que les acteurs prennent grand soin de leur personne dans les coulisses, surtout pendant la rude saison. Lafon, le rival de Talma, avait la précaution de se garantir les pieds par d'énormes chaussons de lisière. Un soir (13 février 1813), pressé par son entrée, il s'élança sur la scène vers Agamemnon, sans penser aux malencontreuses pantoufles. Averti par les rires des loges voisines, il descendit précipitamment la scène, dissimula ses pieds vers le trou du souffleur, et effectua

sa sortie avec une précipitation que motivait d'ailleurs
la colère de son rôle.

Ce héros grec en chaussons de lisière vaut le valet
du *Menteur* en costume de garde national, tel qu'on le
vit un jour, sous la Révolution, représenté par Dugazon, arrivé trop tard de son service pour changer d'habits, et réclamé impatiemment par le public, tout prêt
d'ailleurs à prendre la chose comme une preuve de
patriotisme.

Adolphe Berton, jouant Charles VII, d'*Olivier Basse-
lin*, au théâtre de la Renaissance (15 novembre 1838),
portait un casque emprunté au Musée d'artillerie. A un
moment dramatique, la visière de ce casque se baissa
subitement, et, soit la rouille, soit un secret mécanique,
l'acteur ne put le relever, et dut continuer son rôle
ainsi. Mais la joie de la salle ne connut plus de bornes
en entendant la voix comiquement sépulcrale qui
s'échappa de ce globe de fer [1].

On a l'habitude de se servir, au théâtre, dans les
repas, de bouteilles où on a laissé quelque temps séjour-
ner de l'encre, pour que le public ne s'aperçoive pas
qu'elles sont vides. Un soir que le magasinier de l'Opéra-
Comique avait oublié, volontairement ou non, de vider
préalablement ce liquide, l'acteur Milhès s'en versa un
demi-verre au lieu de vin de Chambertin, et en avala
une gorgée.

Un comédien du Théâtre-Français avait imaginé de
remplacer l'encre par un crêpe noir qui produisait le
même effet. Il avait à déboucher la bouteille en scène ;
le moment arrivé, il pousse avec trop de vigueur le
tire-bouchon, qui traverse le liège, saisit le crêpe et
l'attire à tous les regards au milieu des éclats de
rire [2].

1. Ch. Maurice, *Histoire anecdotique du théâtre*, I, 175 ; II, 185.
2. J. Rousseau, *Code théâtral*, p. 96.

On connaît l'histoire de Frédérick Lemaître, qui, dans *Tragaldabas*, laisse choir son ratelier au milieu d'une tirade, le ramasse et le remet en place adroitement, sans discontinuer son rôle[1].

On donnait les *Deux Chasseurs* sur un théâtre de genre. Il faisait un orage affreux. Au moment où le comédien chargé du rôle de l'ours entrait en scène et passait devant le trou du souffleur, un grand coup de tonnerre ébranle la salle. Voilà notre ours tellement effrayé qu'il se dresse sur ses pieds de derrière et fait le signe de la croix, à la jubilation des spectateurs[2].

Un jour, les amateurs d'une petite ville de province voulurent décerner une ovation à mademoiselle Georges, qui avait donné quelques représentations sur leur théâtre; ils s'entendirent avec le machiniste, et convinrent que, tandis qu'elle monterait sur le bûcher (dans le rôle de Didon), une couronne descendrait du cintre sur sa tête. Malheureusement, au signal donné, le machiniste se trompa de corde, et fit arriver sur la figure de Didon la seringue de Pourceaugnac.

On avait affiché, dans quelque chef-lieu d'arrondissement, la *Femme à deux maris*. L'acteur qui devait faire le père aveugle s'étant trouvé subitement indisposé, on vint proposer une autre pièce au public, qui n'accepta pas ce changement. Alors un comédien s'offrit à lire le rôle; on y consentit, et on eut le curieux spectacle d'un aveugle qui lisait avec ses yeux.

Arrêtons-nous sur ce beau trait, puisqu'il faut s'arrêter enfin.

---

1. J. Janin, *Histoire de la littérature dramatique*, II, 260.
2. Brazier, *Chronique des petits théâtres*, II, 46.

CHAPITRE XIV

Accidents tragiques et malheurs arrivés sur la scène

Les mystères, avec leur mise en scène excessivement imparfaite et l'inhabileté de leurs acteurs, devaient nécessairement entraîner assez souvent des accidents plus ou moins graves. Un jour, à Metz, monseigneur Nicolle, curé de Saint-Victor, qui représentait Jésus-Christ, prit tellement son rôle au sérieux qu'il faillit mourir en croix : heureusement on s'en aperçut à sa physionomie, et on parvint à le décrocher à temps. Messire Jean de Nicey, chapelain de Métrange, qui faisait Judas, se pendit avec tant de maladresse que ce ne fut point sa faute s'il en échappa [1]. Mais voici quelque chose de plus complet, qui efface de beaucoup tous les autres exemples que nous pourrions rapporter.

On jouait devant le roi de Suède, Jean II, le *Mystère de la Passion*. L'acteur qui représentait Jésus-Christ était en croix, et celui qui faisait le rôle du centurion Longus, au lieu d'effleurer simplement de sa lance le flanc du crucifié, se laissa emporter par la chaleur de l'action jusqu'à l'enfoncer, sans s'en rendre compte, dans le corps du malheureux. Celui-ci tombe mort et écrase, dans sa chute, la sainte Vierge. Le roi, indigné, s'élance sur Longus, et, d'un coup de sabre, lui tranche la tête sur les cadavres de ses deux victimes. Mais, à son tour, la foule des spectateurs, qu'avait charmés la *vérité* du jeu de Longus, irritée de la brutale intervention de Jean, se jette sur lui et le tue sans sortir de la salle [2].

1. Don Calmet, *Histoire de la Lorraine*, II, p. 225.
2. *Encyclopediana*.

C'est chez un peuple et dans une époque encore barbare qu'un pareil fait se serait accompli, ce qui en sauve un peu l'invraisemblance ; mais il n'est pas besoin de dire que nous n'entendons pas du tout nous en porter garant.

Gaubier de Banault, ambassadeur en Espagne, assistant dans ce pays à une représentation de la bataille de Pavie, et voyant un Espagnol terrasser un Français en l'obligeant à lui demander quartier dans les termes les plus humiliants, sauta sur le théâtre, et, en présence de tout le monde, passa son épée au travers du corps à cet acteur [1].

Mondory, le chef de la troupe du Marais, mit un jour tellement d'ardeur et d'énergie dans le rôle d'Hérode, de la *Marianne*, de Tristan l'Hermite, qu'il fut surpris d'une attaque d'apoplexie pendant la représentation et qu'il resta dès lors paralytique d'une partie du corps. Il n'en mourut pas toutefois, comme l'ont dit quelques historiens du théâtre et comme l'ont répété beaucoup d'autres, car on le voit reparaître, en 1637, dans l'*Aveugle de Smyrne*, tragi-comédie des cinq auteurs ; mais il ne put dépasser le deuxième acte. Le cardinal lui tint compte de sa bonne volonté, en lui donnant une pension de deux mille livres, exemple que plusieurs autres grands seigneurs s'empressèrent d'imiter, si bien que Mondory devint riche, grâce à sa maladie.

Baron le père fut victime d'un accident singulier qui lui arriva sur la scène. Il jouait don Diègue dans le *Cid ;* en repoussant du pied l'épée que le comte de Gormas lui avait fait tomber des mains, il se piqua. Cette blessure, qui semblait peu de chose, ayant été négligée, s'envenima peu à peu, et la gangrène s'y mit. Il ne voulut pas qu'on lui coupât le membre

1. *Anecdotes dramatiques*, III, 516.

malade, disant qu'un roi de théâtre se ferait huer avec une jambe de bois : il aima mieux mourir.

Zacharie Montfleury mourut par suite des efforts qu'il avait faits pour représenter au naturel les fureurs d'Oreste, dans *Andromaque*. Suivant d'autres, il est vrai, ce fut simplement par suite d'une attaque de nerfs qui lui ôta la respiration [1]. « Il n'y aura plus de poète, disait-on à propos de la mort de Mondory et de Montfleury, qui ne veuille avoir l'honneur de crever un comédien en sa vie. »

Un peu plus tard, Brécourt se rompait une veine en jouant le rôle principal de *Timon*, l'une de ses pièces, et payait de sa vie l'excès de son zèle dramatique.

La longueur et la violence du rôle que joua la Champmeslé, dans la *Médée*, de Longepierre, lui causèrent, dit-on, une maladie dont elle mourut, après avoir langui quelque temps. Cependant, la première représentation de cette pièce est du 13 février 1694, et la Champmeslé ne mourut qu'en juillet 1698. J'aime donc mieux adopter la version qui rapporte cet événement à la quatrième représentation d'*Oreste et Pylade*, de La Grange (1697), où elle se serait tout à coup trouvée mal, de manière à ne pouvoir continuer.

Peut-être faut-il voir dans ces quatre célèbres acteurs autant de victimes de l'ancienne déclamation théâtrale, si vigoureuse et si ampoulée.

On sait comment Molière, ayant persisté à jouer, malgré sa toux et son affection de poitrine, qui lui faisait cracher le sang, se rompit un vaisseau en prononçant le *juro* du *Malade imaginaire*, et mourut presque aussitôt après. Comme celui qui avait été son maître, le grand acteur Baron fut, pour ainsi dire, frappé aussi

---

1. On peut voir le récit fantastique de sa mort, d'après sa petite-fille, mademoiselle Desmares, dans les frères Parfaict, VI, 128.

par la mort sur la scène. Il jouait *Venceslas* (3 septembre 1729) ; arrivé à ce vers :

Si proche du cercueil où je me vois descendre,

il ne put aller plus loin et fut obligé de s'arrêter, soit qu'alors, dit Lemazurier, il se sentît oppressé par son asthme, soit plutôt par une triste réflexion sur son grand âge, que ce vers lui rappelait. Il se trouva mal ; on l'emporta, et son rôle fut achevé par Dumirail. Le 22 décembre suivant, Baron était mort.

Auparavant, il avait failli être victime de la jalousie d'un de ses camarades, Dauvilliers : celui-ci jouant avec lui la neuvième scène du quatrième acte de *Cléopâtre*, où Éros, après s'être frappé de son épée, la passe à Antoine, lui en présenta une qui avait une pointe ; mais le coup glissa et ne fit qu'effleurer la peau. On attribua ce trait à un dérangement d'esprit de cet acteur, qui, en effet, devint entièrement fou quelque temps après, du chagrin d'avoir tellement déplu à la Dauphine que celle-ci, pendant une représentation, avait exprimé tout haut son aversion pour lui.

La perfidie de Dauvilliers en rappelle une autre, d'une nature analogue, quoique beaucoup moins grave, qui eut pour théâtre la scène des Italiens, vers les dernières années du dix-huitième siècle. La voici, racontée par les *Mémoires secrets :* « Dans *Richard Cœur-de-Lion*, l'acteur Clairval faisait un rôle d'aveugle auquel servait de conducteur, suivant l'usage, un petit garçon, représenté par mademoiselle Rosalie. Cette actrice, soit par espièglerie, soit par vengeance, s'avisa de faire une pelotte de sa manche, en la lardant d'épingles dont les pointes sortaient en dehors. Lorsque Clairval s'appuya sur son bras pour entrer en scène, il se déchira horriblement la main et reconnut la malice ; snr quoi, mademoiselle Rosalie, souriant ironiquement, lui répondit : « En effet, ce n'est pas aussi doux qu'un peigne, » faisant allusion au métier de perruquier qu'exerçait cet acteur dans le principe. Le maréchal, duc de Richelieu, informé de cette scène, a exigé que mademoiselle Rosalie fît des excuses à Clairval, et l'a fait conduire ensuite à l'hôtel de la Force. »

Clairval fut plus d'une fois tourmenté par ces importuns ressouvenirs de sa première profession. On connaît les deux vers, fort injustes du reste, que Guillard inscrivit au bas de son portrait, pour se venger du refus d'un opéra-comique, qu'il attribuait à son influence :

Cet acteur minaudier et ce chanteur sans voix
Ecorche les auteurs qu'il rasait autrefois.

Fermons cette parenthèse, et revenons à notre sujet. La même analogie de destinée qui avait existé entre Molière et son élève, rapprocha encore de notre grand poète comique l'acteur Guérin d'Estriché, qui avait épousé sa veuve. Il fut frappé d'apoplexie (juillet 1717), au moment où il allait monter sur le théâtre pour remplir le rôle d'Exupère dans *Héraclius*, et il resta dès lors paralysé de la moitié du corps [1].

Ces accidents de paralysies, d'apoplexies, de morts subites, furent toujours fréquents parmi les comédiens. C'est encore ainsi que décéda (1708), Champmeslé, le mari de la célèbre actrice. Il venait de commander deux messes aux Cordeliers, l'une pour sa mère, l'autre pour sa femme ; il remit trente sous au sacristain, qui voulut lui en rendre dix : « Gardez-les, dit-il, la troisième sera pour moi : je vais l'entendre. » Au sortir de l'église, il s'asseoit à la porte du cabaret de l'*Alliance*, situé proche de la Comédie ; en attendant l'heure de l'assemblée, il cause avec quelques camarades, leur donne rendez-vous pour dîner, et, en disant ces mots,

1. Beauchamps, *Recherches*, III, 373.

prend sa tête entre ses mains, jette un cri, et s'affaisse sur lui-même. Il était mort.

Ce fut sur la scène que l'acteur-auteur anglais Foote fut atteint d'une attaque de paralysie qui le força à quitter le théâtre, et qui ne tarda pas beaucoup à être suivie de sa mort. Puisque nous sommes en Angleterre, nous y trouvons un accident plus grave et plus singulier, arrivé à un comédien amateur. Un Anglais, nommé Bond, qui s'était enthousiasmé de *Zaïre*, s'avisa de la traduire, dans l'intention de la faire représenter sur le théâtre de Drury-Lane. « Mais, malgré deux ans de sollicitations, n'y pouvant parvenir, il loua la grande salle des Yorks-*Buddings*, distribua les rôles de la tragédie à ceux de ses amis qu'il crut propres à les bien remplir, et choisit pour lui celui de Lusignan, comme le plus convenable à son âge de soixante ans. Il n'épargna rien pour que le théâtre qu'il avait fait élever eût tout l'éclat que méritait la pièce, et lorsque tout fut à son gré, il la fit jouer. — Jamais assemblée ne fut plus nombreuse ni plus brillante. Lorsque Lusignan parut, les battements de mains recommencèrent avec plus de chaleur. M. Bond le méritait : indépendamment de sa figure, qui intéressa tout le monde, il rendit son rôle avec tant de vérité qu'il charma tous les spectateurs. Soit que son âme fût pénétrée ou que les encouragements le rendissent sublime, il se livra au point que, la force lui manquant, il s'évanouit. Tout le monde crut d'abord que cette faiblesse était un excès d'imitation de la nature ; après avoir attendu quelque temps, ceux qui rendaient les rôles de Châtillon, de Nérestan et de Zaïre, l'avertirent qu'il était temps de continuer la pièce ; mais de quelle surprise l'assemblée ne fut-elle pas frappée, lorsqu'en l'approchant l'acteur tomba de son fauteuil et fut trouvé sans vie [1]. »

1. Mouhy, *Abrégé de l'histoire du théâtre français*, III, 157.

Un autre Anglais encore, le célèbre Palmer, acteur du Théâtre de Covent-Garden, fut victime d'un accident analogue, que beaucoup de lecteurs auront sans doute peine à croire, tant il est mélodramatique et peu vraisemblable. Ayant perdu une femme et un fils qu'il adorait, il en avait conçu la plus profonde et la plus inconsolable douleur. En 1798, jouant l'*Etranger* dans une pièce de Kotzebue (*Menschenhass und rene*), la physionomie et les sentiments de son rôle influèrent par degrés sur sa disposition d'esprit; de sorte qu'au troisième acte, ayant à répondre, en entrant en scène, à une question sur la santé de ses enfants, il tomba par terre, poussa un grand soupir et expira [1] malgré les soins les plus empressés. Il n'est guère possible, à cause du nombre et de la précision des détails, de douter de ce fait vraiment extraordinaire.

Macklin, jouant, à l'âge de quatre-vingt-quinze ans, le rôle de sir Archy dans l'*Amour à la mode*, et de Pertinax, dans l'*Homme du Monde*, fut d'abord pris d'un frisson et d'un violent mal de tête en s'habillant. Après la première scène, il ne voyait plus le parterre. Au milieu du deuxième acte, il fut saisi d'une indisposition subite, et on dut l'emporter. Mais il reparut quelques jours après, le 7 mai 1789. Agé de cent ans, il jouait Shylock; le premier acte alla bien, mais, dans le cours du deuxième, il s'aperçut que les forces lui manquaient, et fut obligé de demander au public la permission de se faire remplacer [2].

« Les comédiens du théâtre Saint-Luc, raconte Goldoni [3], avaient fait l'acquisition d'un excellent acteur nommé Angeleri, qui était de la ville de Milan et qui

---

1. Extrait du *Magasin encyclopédique* à la fin des *Mémoires de mistress Bellamy*.

2. *Mémoires de Macklin*, 364, 368.

3. *Mémoires*, 2ᵉ partie (*Bibliothèque des Mémoires*, chez Didot, t. VI, p. 412).

avait un frère dans la robe et des parents très estimés dans la classe de la bourgeoisie. » Cet homme était sujet à des vapeurs extravagantes. Combattu quelque temps entre l'envie de montrer la supériorité de son talent et la honte de paraître sur le théâtre dans son pays, « il cède enfin à la violence de son génie. Il s'expose au public ; il joue, il est applaudi ; il rentre dans la coulisse et tombe mort dans l'instant ».

Une actrice allemande, qui promettait de monter bien vite au premier rang, Caroline Beck, fit une chute terrible pendant la représentation d'*Emilia Galeotti*, en tombant des bras d'Odoardo la tête contre terre. Cette chute et un excès de travail auquel elle se livra aussitôt après furent probablement la cause de sa mort, déterminée dix jours plus tard par une attaque d'apoplexie foudroyante.

Un jour aussi, mademoiselle Clairon tomba en faiblesse, tandis qu'elle jouait Ariane ; mais son évanouissement fut à peine remarqué, grâce à la présence d'esprit de mademoiselle Brillant, sa confidente, qui occupa la scène par le jeu du théâtre le plus intelligent, se jeta à ses pieds, et lui donna le temps de se remettre en débitant lentement sa réplique, d'une voix entrecoupée de sanglots.

Rien de plus fréquent que ces évanouissements sur la scène. Un jeune homme nommé Minon, qui s'acquit depuis une grande réputation à l'étranger, jouant le rôle de Sévère avec mademoiselle Lecouvreur sur un théâtre particulier, entra tellement dans l'esprit de son personnage qu'il tomba en défaillance à ce vers :

Soutiens-moi, Fabian, ce coup de foudre est grand,

et qu'il fallut le saigner aussitôt.

Citons encore mistress Bellamy qui s'évanouit plusieurs fois devant public le jour de son début ; et,

plus tard, Charlotte Ackermann, que l'on crut morte
dans une scène d'*Olivia*, de Brandes ; mesdemoiselles
Sainval cadette, Falcon (14 mars 1840), etc.

Lekain se démit le pied au quatrième acte de *Briséis*,
de Poinsinet de Sivry, ce qui interrompit la pièce à
sa cinquième représentation. L'acteur Grenier devait
éprouver la même mésaventure, comme on sait, en se
démenant sur les planches des Variétés, dans une opérette d'Offenbach. On voit que ce n'est pas seulement
aux danseuses, comme mesdemoiselles Rosati et Le-
grain, que peut arriver en scène pareil accident[1]. On a
dit aussi que Lekain était mort par suite des efforts
qu'il avait faits dans le rôle de Vendôme, d'*Adélaïde
Duguesclin ;* mais il était déjà travaillé auparavant de
l'inflammation qui le conduisit au tombeau.

Le feu prit un soir aux panaches du casque de Brizard, tandis qu'il était en scène. Averti par le public,
l'acteur, sans se troubler, ôta tranquillement son
casque, le remit avec noblesse à son confident, qui parvint à éteindre la flamme[2], et continua. Il montra encore le même sang-froid, un jour qu'il avait été blessé
à la main, dans le rôle de Danaüs, d'*Hypermnestre*,
par le comédien Dubois, qui s'était servi d'une arme
tranchante. Son sang coulait sans qu'il parût y faire
attention. Ce fut le public qui le força à se retirer.

En 1760, Baletti fut grièvement blessé en scène par
un de ses camarades, pendant la représentation de
Camille magicienne. Voici comment : « Au dernier acte
de la pièce, Pantalon amène avec lui des soldats pour
assiéger à coups de fusil la tour où Camille tient enfer-
més Lélio et Flaminia. Un des acteurs avait, en atten-

---

1. Philippe Gardel mourut d'une blessure qu'il s'était faite à l'orteil,
et son frère, Pierre-Gabriel, gagna, en dansant, un tour de reins qui le
força à renoncer à la pratique de sa profession.

2. *Mémoires de Préville* (dans la *Bibliothèques des Mémoires*, chez Didot,
t. VI, p. 155).

dant cet assaut, déposé son fusil à côté de celui de la
sentinelle du théâtre, sortie pour quelque besoin. Se
trouvant un peu en retard quand vint la scène, il saisit
précipitamment, sans s'apercevoir de la méprise, le
fusil de la sentinelle, chargé d'une balle, et en perça la
cuisse de Baletti, qui faisait le rôle de Lélio [1].

L'acteur Lee, jouant Axala, dans le *Tamerlan*, de
Rowe, s'approcha trop brusquement pour embrasser
mistress Bellamy (Selima), et, ne faisant pas attention
à la position de son épée, il lui en mit la pointe dans
le coin de l'œil : c'était une véritable épée, et non un
fleuret. La blessure parut assez grave au premier
moment pour que le monarque absolu du parterre
anglais, Chitty, surnommé Town, ordonnât impérieu-
sement de baisser la toile [2].

En 1787, au théâtre des petits comédiens du comte
de Beaujolais, un jeune acteur, nommé Morel, se
blessa en tirant de sa poche un pistolet chargé. Cet accident, qui excita l'émotion de l'auditoire en sa faveur,
lui devint des plus avantageux, car, séance tenante, on
voulut qu'une actrice fît pour lui une quête, qui rapporta six cent soixante-quatre livres ; puis, quelques
jours après, on donna en sa faveur une représentation
dont le produit monta jusqu'à deux mille trois cent
soixante-huit livres.

Il n'est pas sans exemple d'avoir vu sur la scène des
acteurs jouer avec chaleur et se laisser entraîner par
l'illusion, au point d'oublier, dans les moments où ils
auraient dû s'en souvenir le plus, qu'ils devaient se
borner à un simulacre. Roscius, sur le théâtre de
Rome, entra un jour si complètement dans le rôle
d'*Atrée*, qu'il tua d'un coup de sceptre un esclave qui
passait près de lui. Sur le même théâtre, un danseur-

---

1. *Anecdotes dramatiques*, II, 168.
2. *Mémoires de mistress Bellamy*, lettre XXIX.

pantomime, jouant Ajax furieux, et devenant peu à peu réellement fou, comme le personnage qu'il représentait, fendit presque la tête de celui qui faisait Ulysse.

Peut-être fut-ce aussi par suite d'une assimilation pareille à l'esprit de son rôle, plutôt que d'une simple maladresse, que l'acteur anglais Farquhar, représentant dans l'*Empereur indien*, de Dryden, le rôle de Guyomar, qui tue un général espagnol, frappa si malheureusement son camarade d'un coup d'épée qu'il lui fit une blessure dangereuse. Cet accident détermina Farquhar à ne plus remonter sur la scène en qualité d'acteur.

Un soir, Charles Kemble, qui jouait *Macbeth*, à Brighthelmstone, jeta sa coupe avec tant de violence, dans la scène du banquet, qu'elle alla casser la branche d'un chandelier de verre : les morceaux effleurèrent la figure de mistress Siddons, qui faisait lady Macbeth ; mais pas un pli de sa figure ne bougea [1].

Les machines ont souvent aussi été une cause d'accidents graves. Une machine chargée de promener un acteur dans les airs se brisa un jour sur le théâtre romain, raconte Suétone, et le comédien qui représentait Icare tomba sur la scène, près de l'endroit où se tenait Néron, et couvrit de sang ceux qui étaient là.

Mademoiselle Aubry tomba d'une *gloire*, en présence de l'impératrice Joséphine, à l'Opéra, et se cassa un bras, accident qui lui valut une pension.

Une figurante, mademoiselle Lebrun, en remontant à l'Olympe dans son char, tomba et se brisa la jambe sur la même scène.

Quelques années plus tard, Valmore, jouant le rôle de Jupiter dans *Amphitryon*, fit une chute terrible, mais qui, néanmoins, n'entraîna pas de suites funestes, du haut des nuages qui soutenaient sa divinité.

1. H. Lucas, *Curiosités dramatiques et littéraires*, 319.

Dans une pièce militaire du Cirque, l'*Armée de Sambre-et-Meuse*, on avait peint une décoration encombrée de praticables de l'avant-scène, jusqu'au fond. C'était un effet de nuit; le théâtre était peu éclairé. Une charge de cavalerie passait au grand galop. Deux des cavaliers sautèrent en bas du praticable du fond ; les chevaux se rompirent une jambe : il fallut en abattre un sur place. Heureusement les hommes en furent quittes pour la peur [1]. Mais nous ne pouvons nous arrêter aux accidents contemporains, dont le plus grave, et celui qui a laissé le plus long souvenir, est la mort d'Emma Livry, brûlée en 1862 dans une répétition générale de la *Muette*.

CHAPITRE XV

Acteurs infirmes ou difformes.

Un assez grand nombre de comédiens sont parvenus à se faire un beau nom, et même à conquérir les premières places au théâtre, malgré des infirmités qui semblaient devoir les en empêcher.

La laideur, qui, dans un Gaultier-Garguille, un Jodelet, un Odry, un Grassot, n'est qu'un charme de plus, paraît impossible à admettre en un acteur tragique, chargé de représenter des rois et des héros? Cependant la Champmeslé, la Desœillets, mademoiselle Dumesnil, les deux Sainval, étaient laides, et quelques-unes fort laides. La Noue avait la physionomie ignoble, l'air et le maintien le plus bas. La figure de Lekain était repoussante, — patibulaire, suivant Collé : — elle avait des coutures de chaque côté du menton et un nez à demi rongé par la petite vérole; mais il savait tellement

1. Moynet, *l'Envers du théâtre*, p. 128.

l'ennoblïr par l'expression, et dissimuler, par la savante ordonnance de ses draperies, les vices de sa taille presque contrefaite que de grandes dames de la cour s'écrièrent plus d'une fois en l'entendant : « Qu'il est beau[1] ! » Il en était à peu près de même de Beaubourg, laid et cagneux (comme Constantin, le Molé du boulevard, qui, néanmoins, jouait *Don Juan*, chez Nicolet); et Kean, le grand comédien anglais, n'était guère mieux partagé.

Monvel, loin de posséder le physique de son emploi, était grêle, exigu, mesquin. Il avait l'air, suivant le mot de Sophie Arnould, d'un amant transi, à qui on a envie de faire donner à manger. Son jeu était la lutte continuelle d'un art infini contre la plus rebelle nature, qui finissait toujours par être vaincue. Vers la fin de sa carrière, l'absence de dents lui imposait certaines précautions sans lesquelles il n'eût pu mener un rôle jusqu'au bout. « Ainsi, obligé, pour contenir sa salive, de porter fréquemment la main à sa bouche, il la passait ensuite derrière lui, où se trouvait, dans sa ceinture, un mouchoir caché par le manteau. Ce jeu de la nécessité s'exécutait avec tant d'aisance que le spectateur ne pouvait pas s'en apercevoir. Eh bien, dans cet état, Monvel était encore des plus admirables[2]. » Fleury avait aussi la figure la moins en rapport avec ses rôles habituels de petit-maître.

Dans l'antiquité, Roscius Gallus était affligé des mêmes désavantages naturels que Lekaïn, et Festus nous apprend qu'il fut le premier à user du masque sur la scène romaine, parce qu'il avait les yeux de travers.

---

1. C'est ainsi que le laid et petit Eckhof, le Lekaïn allemand, savait paraître grand, au besoin, sur la scène. Lorsqu'on le présenta à Engel, qui ne l'avait vu que sur le théâtre, celui-ci ne voulut pas reconnaître son puissant Odoardo dans ce chétif personnage.

2. *Histoire anecdotique du théâtre*, par Ch. Maurice, I, 151.

Ce dernier défaut fut également, au dix-huitième siècle, celui de mademoiselle Brillant, de la Comédie-Italienne, et de Ponteuil, qui louchait un peu d'un œil. Granger avait un œil de verre.

Parmi les acteurs d'un énorme embonpoint, nous citerons Gros-Guillaume, le farceur, qui était obligé de se faire cercler comme un tonneau, par deux ceintures, l'une au-dessous des aisselles, l'autre sur le bas ventre, et dont on prétendait que l'abdomen marchait toujours à dix pas devant lui[1] ; Zacharie-Jacob Montfleury, de l'hôtel de Bourgogne, ce roi « gros et gras comme quatre, entripaillé comme il faut, » dit Molière dans son *Impromptu de Versailles;* Champmeslé, Rosélis, Legrand, l'auteur du *Roi de Cocagne,* qui, grâce à sa taille aussi courte que replète, ressemblait à une boule ; Desessarts, pour qui il fallait une table spéciale afin qu'il se pût glisser dessous dans *Tartufe,* et qui excitait toujours les éclats de rire de la salle en disant, dans le rôle de Petit-Jean :

Pour moi je ne dors plus ; aussi je deviens maigre.

ou en se présentant, dans le *Siège de Calais,* à la tête de ses concitoyens exténués par une longue et terrible famine. N'oublions pas Lepeintre jeune et Lablache, sans parler de Dumaine.

Raymond Poisson, outre la bouche qu'il avait fort grande, ce qui fournit matière à de nombreuses allusions de la part des auteurs dans les pièces où il jouait, bredouillait en parlant, comme ses deux fils, qui lui succédèrent dans ses rôles. Ce fut là ce qui fit bredouiller tous les Crispins. Le public s'était si bien

---

1. Gros-Guillaume était sans cesse tourmenté par la pierre. Souvent, sur la scène, il en pleurait de douleur, ce qui lui faisait faire toutes sortes de grimaces très réjouissantes pour le public, qui en ignorait la source. C'est à peu près de même que Carlin et Potier se livraient à une surabondance de lazzi et de cascades pour cacher leurs souffrances aiguës.

habitué à ce défaut qu'il avait fini par le prendre pour une des nécessités du rôle. De même les bottines, qu'il avait adoptées, à cause de l'extrême maigreur de ses jambes, devinrent un attribut essentiels des Crispins.

Bien que rien ne soit plus essentiel à un acteur qu'une voix nette et pure, cependant beaucoup des plus célèbres eurent des défauts plus ou moins graves dans cet organe. Molière était tourmenté par une sorte de hoquet convulsif et une toux continuelle, à laquelle il a fait allusion dans l'*Avare*. On sait qu'il est question, dans la même pièce, de la claudication de Louis Béjart (I, scène iv), qui jouait La Flèche; de sorte que l'infirmité de ce dernier fut longtemps imitée en province par ceux qui remplissaient non seulement le rôle de La Flèche, mais encore tous les autres rôles de Béjart.

C'est encore ainsi que beaucoup des comédies où jouait Jodelet badinent sur son nasillement extrême, bien autre que celui de Samson, ou que le nasillement mignon de mademoiselle Déjazet. Baron nasillait aussi. L'acteur anglais Ryan, ayant reçu un coup de feu dans la bouche, avait dans la prononciation un tremblement et un sifflement qui étaient fort désagréables, jusqu'à ce qu'on s'y fût habitué.

Mademoiselle Dupin, excellente actrice de la fin du dix-septième siècle, non seulement nasillait, mais grasseyait. Ce dernier défaut a toujours passé pour incompatible avec la profession de comédien, et cependant combien n'en est-il pas qui en furent affectés; par exemple, pour me borner à ceux-là, Roselly, Rosélis, surtout Grandval, mademoiselle Durancey, madame Vestris, mademoiselle Leverd, qui prononçait : « Mon petit figago, » et dans *Célimène :* « Faut-il puangue un bâton poug les mette dehors? » Le fameux Dominique, du Théâtre italien, parlait de la gorge et avait, disent ses contemporains, un ton de perroquet. Le public y était tellement accoutumé que son successeur Thomassin, dont la voix était nette, dut prendre des précautions extrêmes pour parvenir à se faire pardonner l'absence de cette infirmité naturelle[1]. La Thorillière avait une grande difficulté de prononciation ; Bouret, la prononciation et la voix vicieuses ; Dorival (sans parler de son physique mesquin, qui ne se prêtait nullement à l'illusion dans ses rôles), l'organe lourd, empâté, désagréable ; Molé, Fleury et Saint-Phal une espèce de bégayement, que, du reste, on goûtait beaucoup alors. Préville avait un léger embarras dans la prononciation ; Lekain, la voix rauque, sourde et gênée ; il la dompta à force d'efforts. Enfin, mademoiselle Duchesnois était tourmentée, comme Molière, mais avec beaucoup plus d'inconvénient que lui, à cause de la nature de ses rôles, d'une espèce de hoquet dramatique, qui lui valait les sarcasmes de Geoffroy et des autres partisans de mademoiselle Georges, sa rivale. Nous ne nous arrêterons ni à l'aphonie rauque de Grassot, ni à la perpétuelle extinction de voix de l'excellent Saint-Germain.

L'acteur anglais Foote, s'étant fracturé la jambe, par suite d'une chute de cheval, dut se la faire remplacer par une de bois, qui ne l'empêcha pas de continuer à reparaître sur la scène. Nous avons vu plus haut (ch. VII) Prévôt jouer avec le plus grand succès en province, malgré ses doigts de pied coupés.

Brizard, tout jeune encore, avait les cheveux blancs. Cette particularité singulière était le résultat d'une frayeur terrible. Un jour que, pendant ses excursions dramatiques en province, il descendait le Rhône, sa barque chavira en passant sous un pont. L'artiste n'eut que le temps de saisir un anneau de fer, auquel il demeura longtemps cramponné et suspendu, toujours

---

1. Desboulmiers, *Histoire de l'Opéra-Comique*, IV.

près de périr, jusqu'à ce qu'on fût venu le délivrer. Ses cheveux avaient blanchi dans l'intervalle ; mais cet accident ne fit qu'ajouter encore à l'effet de sa belle physionomie, dans ses personnages ordinaires de père noble et de roi.

En 1829, Devigny, paralysé depuis près d'un an, remplit le rôle du *Malade imaginaire* dans sa représentation de retraite. En Italie, dit M. de Mercey[1], « il est tels acteurs qui ne jouent que les rôles de boiteux ; tels autres les rôles de bègues ou de borgnes ; et cela parce qu'ils sont naturellement boiteux, bègues ou borgnes ».

Nous citerons aussi un certain nombre de comédiens devenus fous, et jouant encore pendant leur folie.

En Angleterre, mistress Vanbruggen, auparavant miss Susannah de Montfort, avait été enlevée à la scène par un dérangement d'esprit, mais qui, n'ayant aucun caractère furieux, ne nécessitait point une surveillance rigoureuse. Ayant appris un jour qu'on donnait *Hamlet*, où elle avait rempli autrefois avec beaucoup de succès le rôle d'Ophélie, elle parvint à échapper à ses gardiens, se glissa dans le théâtre et se cacha dans un coin. Au moment où Ophélie entre, la tête égarée et semant des fleurs autour d'elle, mistress Vanbruggen se précipite devant l'actrice à qui le rôle était confié et joue d'un bout à l'autre la scène de folie, d'une manière qui remplit les spectateurs d'admiration et d'effroi ! C'était quelques jours avant sa mort [2].

Deux de nos plus excellents acteurs comiques ont été dans des cas analogues : ce sont Préville et Monrose. Le premier, reparaissant sur le théâtre, le 11 février 1795, après une retraite de plusieurs années, et fort âgé déjà, pour obliger ses camarades, sentit

1. *Du Théâtre en Italie* (*Revue des Deux Mondes*), 1840.
2. *Mémoires de mistress Bellamy*, lettre XVII.

quelques accès d'aliénation mentale, au milieu du *Mercure galant*, qu'il jouait aux applaudissements universels. Il parvint cependant à achever la pièce ; mais, au sortir de la scène, la folie envahit tout à fait son cerveau ; il se croyait au milieu d'une route et d'une forêt, et pressait son neveu Champvilie, qui lui donnait le bras, de hâter le pas pour arriver à Senlis, lieu de sa retraite, avant la nuit.

Devenu entièrement fou, mais toutefois avec des intervalles lucides, sa grande préoccupation était de se croire en butte aux poursuites des terroristes, ce qui lui occasionnait à chaque instant le délire.

Après son premier accès de folie, Monrose joua néanmoins deux ans encore. Un jour, il se sauva à Rouen. Tandis qu'il était en scène avec madame Verneuil, sa maladie le saisit tout à coup ; il s'embrouille, il divague. On le siffle ; il devient tout à fait fou. Enfin, le public comprend et applaudit, mais il était trop tard, le coup était porté. Monrose entra dans la maison du docteur Blanche. Une fois cependant, dans les premiers jours de 1843, il reparut sur le Théâtre-Français pour y jouer Figaro, du *Barbier de Séville*. On tremblait sur le résultat de cette hardie tentative. Il joua comme il eût pu faire en pleine raison. Au sortir de la scène, il retrouva dans la coulisse le docteur Blanche, qui le ramena avec lui.

CHAPITRE XVI

Histoire de la déclamation au théâtre.

La déclamation emphatique et ampoulée dominait sur notre ancien théâtre ; on en avait besoin pour faire valoir les tragédies de Montchrestien, de Garnier, de Hardy, etc. Mondory, le chef de la troupe du Marais, avait ce défaut du temps ; mais, du reste, il était plein de force, de passion et d'intelligence. Il jouait, en particulier, le rôle d'Hérode, dans la *Marianne*, de Tristan, avec tant d'ardeur et d'énergie, pour mieux se conformer au caractère typique du personnage, que la foule en sortait toujours rêveuse et pensive [1], et qu'un jour il s'attira une attaque d'apoplexie pendant la représentation.

La fréquence de ces accidents, provoqués par la déclamation forcenée des acteurs, indique à elle seule jusqu'où allait cette exagération, qui pouvait tuer son homme. On sait que Montfleury, Brécourt, la Champmeslé, furent encore les victimes de leur façon de dire [2]. Suivant Grimarest (*Vie de Molière*), ce n'est guère qu'à partir de Corneille qu'on apprit à raisonner un rôle.

La première scène de l'*Impromptu de Versailles* nous fournit un précieux témoignage sur ce point de l'histoire théâtrale. « Comment, vous appelez cela réciter ? C'est se railler : il faut dire les choses avec emphase. Écoutez-moi.

> (Il contrefait Monfleury, comédien de l'hôtel de Bourgogne.)
>
> Te le dirai-je, Araspe ?...

1. Rapin, *Réflexions sur la poétique*, XXIX.
2. Voy. plus haut, ch. xiv.

« Voyez-vous cette posture? Remarquez bien cela. Là, appuyez comme il faut le dernier vers. Voilà ce qui attire l'approbation et fait faire le brouhaha...

(Il imite mademoiselle de Beauchâteau, comédienne de l'hôtel de Bourgogne).

Iras-tu ma chère âme?

« Voyez-vous comme cela est naturel et passionné? » etc.

De tout ce passage il résulte que le ton outré, le ton de démoniaque, ainsi que le dit Molière, régnait surtout à l'hôtel de Bourgogne, comme nous l'avons vu régner au théâtre du Marais avec Mondory. Quant au Palais-Royal, il est probable que l'exemple et les conseils de Molière avaient amené la déclamation à une allure plus humaine et plus naturelle. Dans tout l'*Impromptu de Versailles*, c'est à ce but que nous le voyons tendre. Un passage des *Précieuses ridicules* (sc. x), confirme cette opinion. Cathos demande à Mascarille à quels comédiens il donnera sa pièce :

« Belle demande ! répond celui-ci. Aux grands comédiens (ceux de l'hôtel de Bourgogne). Il n'y a qu'eux qui soient capables de faire valoir les choses. Les autres sont des ignorants qui récitent comme l'on parle : ils ne savent pas faire ronfler les vers et s'arrêter au bel endroit. Et le moyen de connaître où est le beau vers, si le comédien ne s'y arrête et ne vous avertit par là qu'il faut faire le brouhaha?

Cathos. — En effet, il y a manière de faire sentir aux auditeurs les beautés d'un ouvrage, et les choses ne valent que ce qu'on les fait valoir. »

Mais on sait que les ennemis de Molière ne se firent pas faute de lui retourner ses railleries et que l'hôtel de Bourgogne, notamment dans l'*Impromptu de l'hôtel de*

Condé et la *Vengeance du marquis*, ne se priva pas de parodier sa démarche, ses attitudes, ses gestes abondants et son éternel hoquet tragique : « Je sais bien comment il faut le contrefaire, dit un des personnages de la *Vengeance du marquis* ; il n'y a qu'à se boursoufler [1]. »

Molière n'est pas le seul qui ait plaidé alors pour une déclamation plus simple et plus vraie ; un peu plus tard l'auteur anonyme de la suite du *Roman comique* a fait de même, par la bouche du comédien de la Rancune : «Monsieur Ragotin, apprenez qu'il y a grande différence du barreau au théâtre ;... la déclamation des vers est plus difficile que vous ne pensez. Il faut observer la ponctuation des périodes et ne pas faire paraître que ce soit de la poésie, mais les prononcer comme si c'était de la prose, et il ne faut pas les chanter ni s'arrêter à la moitié ni à la fin des vers, comme fait le vulgaire, ce qui a très mauvaise grâce. » Il est vraisemblable pourtant que les comédiens de province devraient, pour la plupart, chanter les vers et *faire ronfler* la poésie : c'était à la fois le plus facile et le plus sûr pour le succès.

On a reconnu là des conseils analogues à ceux que Shakespeare donne lui-même aux comédiens par l'intermédiaire d'Hamlet (III, sc. II). Il nous apprend aussi que le même système de déclamation *hurlée* était en faveur en Angleterre à la fin du seizième et au commencement du dix-septième siècle. « Rien ne me blesse au vif comme d'entendre de robustes gaillards à la large perruque déchirer une passion en lambeaux, écorcher les oreilles des habitués du parterre, à qui,

---

1. Voir, dans le tome I de nos *Contemporains de Molière*, ces deux pièces et les notes où nous avons recueilli tous les témoignages contemporains sur le jeu de Molière *dans le sérieux*, p. 248-252 ; 321 et 322.

pour la plupart du temps, il ne faut qu'une pantomime
absurde et du bruit. Qu'on me fouette ces drôles qui
tranchent du Termagant et renchérissent sur Hérode
lui-même !... Oh ! j'ai vu jouer et j'ai entendu louer des
acteurs qui, Dieu me pardonne ! n'ayant rien de chrétien, dans la voix, ni rien de chrétien, de païen, ou
même d'humain dans la tournure, se démenaient et
hurlaient de telle sorte, que je les ai toujours crus
l'ouvrage de quelque ignorant apprenti de la nature,
qui, voulant faire des hommes, avait manqué sa
besogne ! »

Un peu plus haut, il avait parlé des théâtres de
Londres où jouaient les enfants de la chapelle du roi,
qui, « dans le dialogue le plus simple, déclament sur
le diapason le plus élevé, et que, pour cela, on applaudit à outrance ».

A peu près vers la même époque, Rojas, dans son
Viaje entretenido, espèce de *Roman comique* espagnol, nous apprend que les comédiens de son pays
déclamaient jusque dans la conversation familière.
C'était partout la même chose, on le voit.

La Champmeslé avait une déclamation chantante,
une sorte de mélopée se rapprochant quelque peu de
celle des acteurs de l'antiquité. Floridor est le premier
qui *parla* la tragédie au lieu de la chanter. Après lui,
Baron alla encore plus loin : nul n'a mieux su joindre
à la noblesse le naturel, la simplicité, la familiarité
même, au besoin : « La passion en sait plus que les
règles, » disait-il pour justifier les infractions aux
principes, quand les circonstances le demandaient.
Collé assure qu'il ne déclamait jamais, même dans le
plus grand tragique, et qu'il rompait la mesure des
vers de telle sorte que l'on ne sentait point la monotonie de l'alexandrin, mais qu'aussi les beaux vers ne
gagnaient rien avec lui, et qu'on avait peine à les dis-

tinguer des plus médiocres. Collé se trompe assurément sur ce point.

Après lui, Beaubourg fit retomber la déclamation dans l'emphase la plus outrée. C'est lui que Le Sage a eu en vue dans ce passage de *Gil Blas* (III, ch. vi) : « Presque toujours hors de la nature,... il fait même des éclats sur des conjonctions. » Il en était à peu près de même de mesdemoiselles Duclos et Desmares qui chantaient.

Aussi Térodac, de l'Opéra-Comique, célèbre pour imiter parfaitement la déclamation des comédiens français, parvint-il sans peine au même but, en réduisant cette déclamation en chant, quand les acteurs de l'Opéra-Comique eurent reçu la défense, de parler. Il nota leur débit avec la plus grande justesse, comme Racine dit-on, notait celui de la Champmeslé.

Jusqu'à Lekain, le théâtre retomba dans cette mode, qui est la ressource des médiocres acteurs doués de plus de poumons que de talent. Adrienne Lecouvreur, dont le passage sur la scène fut malheureusement trop court, tenta un retour à la vérité ; mais elle resta à peu près la seule (avec Ponteuil, à un moindre degré) qui joignît, comme Baron, le naturel à la noblesse, et qui se préoccupât des nuances, au lieu de tout englober dans une emphase uniforme.

Cependant Quinault-Dufresne mérite aussi d'être excepté. Il fut même maltraité par le parterre tant qu'il resta le double de Beaubourg, parce qu'il offrait le contre-pied de ce jeu d'énergumène auquel on était habitué. Une anecdote prouve qu'il osait quelquefois rendre le tragique le plus élevé par le ton le plus familier, — d'une familiarité telle, qu'il y aurait péril à l'imiter en cela. En jouant Pyrrhus, et en rapportant les paroles qu'Andromaque adresse à Astyanax, son fils, il imitait la voix flûtée d'une femme :

C'est Hector, disait-elle en l'embrassant toujours ;
Voilà ses yeux, sa bouche...

Puis, reprenant l'organe le plus mâle, il continuait fièrement :

Et quelle est sa pensée ?

Mais ces quelques acteurs n'étaient que des excentriques dont les autres ne se préoccupaient point.

La scène anglaise se trouvait encore dans le même état lorsque Garrick y apparut. « Rien n'était naturel dans la déclamation théâtrale ; les passions s'exprimaient par des hurlements ; un ton pleurard était l'accent de la douleur ; une voie traînante, l'expression de l'amour ; et ce n'était que par des vociférations qu'on essayait d'inspirer la terreur [1]. » Mistress Cibber ramena aussi le débit à plus de simplicité et de vérité [2].

Cependant, auparavant, Macklin avait déjà essayé de réagir contre l'emphase de la déclamation théâtrale, à tel point que le directeur de Lincoln's-Inn lui refusa un engagement, parce que son débit était trop familier. Il recommandait à ses élèves, dit le docteur Hill, de débiter leurs rôles du ton qu'ils prendraient s'ils avaient occasion, dans le cours de la vie, de prononcer les mêmes paroles ; il leur apprenait ensuite à y donner plus de force, mais en conservant le même accent, les mêmes inflexions de voix.

Nous ne pouvions mieux faire, pour apprendre au lecteur quel était le mode de déclamation en usage, quand parut Lekain, que de copier divers passages des *Réflexions sur Lekain et sur l'art théâtral*, placées par Talma en tête des *Mémoires* de son illustre prédéces-

---

1. *Vie de Garrick*, ch. i, dans la *Collection des Mémoires dramatiques*, in-8°.
2. Voltaire, seconde lettre à M. Falkener, sur *Zaïre*.

seur. C'est là une autorité dont personne ne songera à décliner la compétence :

« Le système de déclamation était alors une sorte de psalmodie, de triste mélopée, qui datait de la naissance du théâtre. Lekain, malgré lui, soumis à l'influence de l'exemple, éprouvait le besoin de s'affranchir de ce chant monotone et de secouer les règles de convention qui gênaient son génie ardent prêt à se développer. Il fit entendre enfin pour la première fois au théâtre, les véritables accents de la nature[1]. Plein d'une sensibilité forte et profonde, d'une chaleur brûlante et communicative, son jeu, d'abord fougueux et sans règle, plut à la jeunesse, entraînée par les emportements de son action, par la chaleur de son débit, et surtout ému par les accents d'une voix profondément tragique. Les amateurs de l'ancienne psalmodie, fidèles à leur vieille admiration, le critiquèrent amèrement; ils l'appelèrent le *taureau*. Ils ne retrouvaient pas en lui cette déclamation redondante et fastueuse, cette diction chantante et martelée, où le profond respect pour la césure et la rime faisait tomber régulièrement les vers en cadence. Sa marche, ses mouvements, ses poses, n'avaient pas cette noblesse, ces grâces de nos pères, qui constituaient alors le *bel acteur*. Lekain, avec le temps, parvint à régler tout le désordre que son inexpérience avait d'abord nécessairement jeté dans son jeu. Il apprit à dompter sa fougue et à en calculer les mouvements. Cependant il n'osa pas, dès le début, abandonner entièrement ce chant cadencé qui était alors regardé comme le beau idéal de la déclamation, et que l'acteur conservait même dans les emportements de la passion. Mademoiselle Clairon, Grandval et d'autres acteurs de ce temps suivirent, ainsi que lui, le

---

1. Pour la première fois, c'est trop dire : Talma oublie quelque peu Baron et Adrienne Lecouvreur.

système de cette déclamation pompeuse et fortement accentuée qu'ils avaient trouvé établie. Ils portaient même dans la société ce ton solennel qu'il avait contracté au théâtre... Mademoiselle Dumesnil seule se livra sans réserve à tous les élans d'une nature que l'art ne peut asservir. Comment les acteurs de cette époque, et Lekain lui-même, voulant plaire à un public habitué, depuis la naissance du théâtre, à cette psalmodie pompeuse, auraient-ils osé hasarder des innovations trop hardies ? Le succès de ces tentatives trop brusques eût été fort douteux. Les contrariétés, les critiques qu'essuyait mademoiselle Dumesnil, leur faisaient peur, et, tout en l'admirant, ils n'osaient imiter son audace. Ces règles de conventions pesaient alors sur tous les genres de talents. Comment les acteurs s'y seraient-ils soustraits plus que les auteurs eux-mêmes ? »

Plus loin, Talma s'étend particulièrement sur la voix de Lekain, et raconte comment cet acteur était venu à bout d'assouplir son organe roide et un peu voilé, si bien qu'il le maniait comme un instrument, et qu'il pouvait même émouvoir l'étranger qui ne comprenait pas le sens des paroles.

« Le talent de mademoiselle Gaussin, ajoute-t-il, celui de mademoiselle Desgarcins, consistait principalement dans cet heureux don de la nature. J'ai vu, à Londres, des Français qui n'entendaient pas un mot d'anglais, s'attendrir et pleurer aux seuls accents de la voix touchante de miss O'Neill.

« Dans le commencement de sa carrière, Lekain fit ce que font tous les jeunes acteurs ; il s'abandonna aux mouvements violents et aux cris... Aussi, souvent, épuisé par des scènes longues et violentes, prenait-il soin de dérober au public le dernier terme de ses efforts. Dans les moments mêmes où ses moyens étaient le plus fatigués, il en paraissait encore conserver toute la force et toute la puissance.

« On a aussi reproché à Lekain un peu de lourdeur dans son débit ; mais ce défaut provenait d'abord de sa nature lente, posée et réfléchie ; ensuite, Voltaire, dont il était particulièrement l'acteur, n'eût pas peut-être facilement consenti à sacrifier la pompe et l'harmonie de ses vers à un débit trop naturel et trop vrai. Il voulait qu'on frappât fort, si l'on ne frappait juste, et, comme il avait un peu enflé la tragédie, il fallut bien que l'acteur suivît le système que le poète avait adopté [1]. Mais, au reste, son débit, d'abord lent et saccadé, s'animait par degrés, et, une fois qu'il avait atteint la haute région des passions, il étonnait par la sublimité de son jeu. »

Dans cette belle notice, dont nous avons cru devoir détacher d'assez nombreux extraits, parce que, tout en nous faisant connaître la déclamation de Lekain, elle nous fait connaître en même temps celle de l'époque, Talma nous montre ensuite le grand acteur sachant se réformer au besoin d'après l'étude et les conseils, croissant en talent d'année en année, et arrivant enfin à la perfection, à la suite d'une longue maladie dont on le croyait pour jamais affaibli et brisé.

A ces détails donnés par Talma, nous en ajouterons quelques autres sur les acteurs les plus connus du même temps.

Mademoiselle Clairon, à la déclamation solennellement ampoulée, à la voix lourde, parfois entrecoupée de hoquets *dramatiques*, était l'art incarné, si bien

---

1. Cette remarque est très vraie, et ce qu'on nous rapporte de la déclamation de Voltaire, soit lorsqu'il jouait sur son théâtre, soit lorsqu'il instruisait les acteurs, la confirme pleinement. Il lui fallait du brillant, de l'effet avant tout. Cependant, n'oublions pas que ce fut au retour d'un voyage à Ferney que Lekain étonna le public par sa nouvelle et admirable manière de comprendre Gengiskan.

qu'elle parvenait à faire croire qu'elle avait des entrailles. Elle a raconté dans ses *Mémoires*, un peu sujets à caution, comment elle changea tout à coup son
débit de convention pour un autre tout à fait contraire,
dans son voyage à Bordeaux, en 1752. « Je pris le rôle
d'Agrippine, et je jouai pour moi, depuis le premier
vers jusqu'au dernier. Ce genre simple, posé, d'accord
étonna d'abord. J'entendis distinctement, au milieu de
ma première scène : *Mais cela est beau*. Le *couplet* suivant fut généralement applaudi (*couplet :* ce terme ne
laisse-t-il pas deviner la nature de sa déclamation, ou
plutôt de son chant habituel). Je donnai trente-deux
représentations de rôles différents, toujours à ma nouvelle manière. »

Mademoiselle Dumesnil était l'inspiration et l'inégalité même. Elle *déblayait* ses rôles des détails insigni-
fiants, pour se donner tout entière aux endroits pathé-
tiques. Elle se préoccupa surtout de la vérité, de la
passion, et on prétend que ce fut elle qui, la première,
osa courir sur la scène dans une tragédie; c'était
lorsque Mérope vole au secours d'Egisthe, en criant :
« Arrête, c'est mon fils [1]. » Il ne faut pas oublier non
plus un acteur excellent, quoiqu'il ne soit pas parvenu
à se faire recevoir à la Comédie-Française, Aufresne,
qui avait pris pour principe de tout ramener au simple,
au naturel, à la vérité. Ce débit, absolument le contre-
pied de celui qui prévalait encore plus ou moins, gê-
nait beaucoup les comédiens, et fut cause qu'ils ne
voulurent point l'admettre. Ce fut la préoccupation
continuelle de Talma d'arriver à faire disparaître l'acteur par la vérité, le naturel, la sobriété, la profondeur
de son jeu. Il ne faut pas croire qu'il y réussit du premier coup : il eut bien des transformations et des
tâtonnements causés par ses études incessantes. Vers

---

1. *Anecdotes dramatiques*, I, 549.

la fin de sa vie surtout, il arriva à une sorte de perfection, parce qu'il avait compris que le défaut général de nos personnages tragiques est d'être un peu hors nature, d'avoir quelque emphase dans l'attitude et le style, et que par conséquent l'effort de l'acteur devait être de les ramener à la vérité par la simplicité du débit, au lieu de les exagérer encore en voulant chercher l'éclat.

Les *Mémoires* de M. de Vaublanc renferment un curieux passage où l'auteur, examinant les principaux comédiens de son temps, en fait connaître et en apprécie la déclamation d'une façon piquante, quoique avec trop de sévérité et de mauvaise humeur. Ce passage, qui fait naturellement suite à celui de Talma, roule sur les acteurs qui ont suivi Lekain.

« La première fois que je vis mademoiselle Raucourt, je crus que sa manière de déclamer était une mauvaise plaisanterie, qu'elle avait parié de faire les gestes extraordinaires qui m'étonnaient. En effet, quelle fut ma surprise de la voir, dans la sublime imprécation de Camille contre Rome, en disant ce vers :

Que l'Orient contre elle à l'Occident s'allie,

tendre à sa droite une main, tendre l'autre à sa gauche, et les unir ensemble par un mouvement singulier qui semblait unir l'Orient à l'Occident. A cet autre vers :

Et de ses propres mains déchirer ses entrailles,

elle portait ses mains sur son ventre et lui imprimait un mouvement d'autant plus désagréable qu'il était alors d'une grosseur un peu démesurée. Je vis mademoiselle Fleury, dans le beau rôle d'*Andromaque*, le défigurer par une pantomime de cette espèce. Rien de plus frappant que la réponse d'Andromaque à Céphise, quand celle-ci ose lui conseiller d'épouser Pyrrhus. Ne

croyez pas que cette actrice adresse cette belle réponse
à Céphise : elle s'en garde bien ; c'est au public qu'elle
va répondre. Elle regarde les loges, range bien sa
longue robe pour qu'elle ne la gêne pas, et crie aux
habitants des loges :

> Songe, songe, Céphise, à cette nuit cruelle
> Qui fut pour tout un peuple une nuit éternelle !

A ces mots :

> Ensanglantant l'autel qu'il tenait embrassé,

elle fit le geste d'embrasser ; et, quand elle vint à ce
vers :

> Et traîné sans honneur autour de nos murailles,

elle appuya longuement sur ce mot *traîné*, et, reculant
d'un pas, en repoussant sa longue robe, elle fit avec
ses bras un geste circulaire pour exprimer *autour de
nos murailles*. Ce dégoûtant spectacle mettait les loges
dans un enthousiasme impossible à rendre...

« Je vis aussi Damas, avec ses jambes et ses épaules
de Crispin, oser s'appeler Hippolyte ; et, dans la belle
déclaration qu'il adresse à la jeune Aricie, où se peint
un amour timide qui s'échappe avec peine de son
cœur, je l'ai entendu hurler de toute sa force :

> Mes seuls gémissements font retentir les bois
> Et mes coursiers oisifs ont oublié ma voix.

« ... Larive lui-même, qui souvent était heureux dans
sa déclamation, se conformait quelquefois à ce goût de
hurlement. Je l'ai vu dire ainsi le fameux : *Qu'il mourût !* Après avoir entendu ces mots : *Que vouliez-vous
qu'il fît contre trois ?* Il fit une pause, serra les dents,
ferma ses poings mis en avant, leva la jambe droite
comme s'il voulait donner un coup de pied à son interlocuteur, et de ce même pied frappant la terre avec

force, il cria enfin le *Qu'il mourût!* dans un véritable accès de fureur...

« Longues années après le temps dont je parle, mademoiselle Duchesnois donna de nouveaux exemples de cette manière détaillée et imitative. Dans le rôle de Phèdre, à ce vers :

> Pourquoi, trop jeune encor, ne pûtes-vous alors
> Entrer dans le vaisseau qui le mit sur ces bords?

elle fit un geste très expressif pour exprimer l'action d'entrer, et allongea le mot *entrer* tant qu'elle put en appuyant sur la première syllabe.

« J'ai vu Monvel, sur le théâtre de Saint-Cloud, dans le rôle de Mardochée, dire avec une grande colère ce beau vers :

> Au seul son de sa voix la mer fuit, le ciel tremble.

Bonaparte fut frappé d'un ton de colère si ridicule, et le témoigna quand il fut rentré dans ses appartements. Il n'aimait pas ces cris ; il le dit à Talma la première fois qu'il l'entendit exprimer ainsi les fureurs d'Oreste ; mais ce fut M. Brifaut, de l'Académie française, qui réussit, par ses conseils, à lui ôter le goût de ces cris forcenés. Talma se corrigea, et prononça depuis ce jour ces vers terribles avec un accent concentré qu'on ne pouvait entendre sans frémir.

« Les acteurs ont toujours eu une idée bien fausse sur le ton que l'on doit donner aux passions énergiques... Presque tous avaient un autre défaut qui me paraissait insupportable : ils avaient pris l'habitude de débiter quelques vers avec lenteur, et tout à coup ils en précipitaient sept ou huit avec rapidité, sans qu'on pût savoir qu'elle raison inspirait la lenteur ou la rapidité. C'était une mode : c'est tout dire.

« Mademoiselle Bourgoin faisait le rôle d'Iphigénie

en Aulide. Elle disait son rôle d'un ton doux, mélodieux, sans effort, sans fatigue, et surtout sans aucun de ces hoquets convulsifs qui déchirent les oreilles délicates. Je m'écriai : « Voilà une véritable Iphigénie ! — Comment pouvez-vous dire cela ? Il n'y a point d'art dans sa déclamation.— Eh ! Messieurs, c'est précisément parce qu'il n'y a point d'art que je l'aime tant. Iphigénie pouvait être toute semblable à cette actrice, et surtout elle devait parler avec cette simplicité... Si elle avait mis de l'art dans ses gestes et dans son langage, je me serais enfui. »

« Je n'ai pas assez vu Lekain pour pouvoir en parler. Je dirai seulement que, dans les derniers temps où je l'ai vu, il était lourdement compassé, qu'il faisait des pauses bien longues, et que tout était artifice en lui, depuis les pieds jusqu'à la tête. J'ai vu des lettres de M. de Vennes, homme de beaucoup d'esprit, dans lesquelles il se plaignait à Voltaire de ce que cet acteur faisait durer les pièces trop longtemps par ses pauses continuelles [1].

1. On comptait sur une demi-heure de spectacle de plus quand il jouait. Une fois, il mit six minutes à lire quatre vers. Le débit de Talma, au contraire, était quelquefois trop rapide. Les *Annales dramatiques*, recueil d'ailleurs très superficiel et rempli d'erreurs, ont tracé, à l'article Talma, un bon parallèle de ces deux grands acteurs : « Lorsque Lekain avait adopté un rôle, il le reproduisait toujours sous les mêmes couleurs ; on aurait pu noter sa déclamation ; je crois même que quelques personnes l'ont, en effet, notée. La déclamation de M. Talma est variée à l'infini ; jamais il ne dit le même rôle de la même manière. M. Talma semble s'attacher beaucoup plus à la pensée qu'à l'expression ; Lekain pesait plus sur l'expression que sur la pensée : il faisait ressortir les plus minces détails avec une attention minutieuse ; il disséquait le vers, si l'on peut s'exprimer ainsi. Lekain était trop compassé dans ses gestes, dans sa marche, et surtout dans ses attitudes, qu'il étudiait sur des médailles antiques ; aussi, comme je viens de vous le dire, ses attitudes, ses gestes et ses intonations étaient toujours les mêmes. Il croyait, par telle ou telle inflexion, par tel ou tel mouvement, avoir trouvé la perfection, et il ne s'en écartait jamais. Lekain était toujours brûlant. M. Talma est aussi toujours ou presque toujours brûlant, mais il a l'inégalité du génie. La manière ironique, plaisamment sublime dont Lekain rendait le rôle de Nicodème, avait fait croire qu'il jouerait très

« J'ajouterai encore que Larive imagina très malheureusement, dans le rôle de Philoctète, qu'il devait représenter avec la plus grande vérité les souffrances corporelles de ce malheureux prince ; qu'il fallait donc se traîner sur la scène en poussant des cris douloureux accompagnés de gestes et de mouvements plus douloureux encore. Ce n'était qu'une pantomime désagréable, et plus d'une personne en fut indignée. Au reste, je suis convaincu que tous ces hurlements, ces beuglements, ces efforts convulsifs, en accoutumant les spectateurs à ce hideux spectacle, ont engendré insensiblement la tourbe des dramaturges et toutes ces représentations que nous voyons depuis les dernières années de la Restauration. »

Ce que M. de Vaublanc reproche à Larive dans le rôle de Philoctète était une habitude sur la scène anglaise, où les acteurs, pour plus de naturel et de vérité, se livraient sans hésitation à ces débauches de pantomime, se roulant à terre, au besoin, avec des hurlements, pour mieux rendre le désespoir.

Malgré ces exagérations et son éclat, Larive était froid en général, et bien éloigné d'avoir les *entrailles* de Brizard.

Les grands souvenirs de Talma et de Lekain ont été ravivés, ceux de mademoiselle Dumesnil et d'Adrienne Lecouvreur ont été dépassés par mademoiselle Rachel, dont le souvenir est encore trop présent aux hommes d'âge moyen pour qu'il soit nécessaire de nous y arrêter. Aucun acteur ne *déclama* jamais moins que mademoiselle Rachel, mais l'effet en quelque sorte électrique qu'elle produisait ne tenait pas moins à la beauté de son geste,

bien la comédie, et peut-être y aurait-il réussi, mais il ne voulait jamais sortir de sa sphère ; M. Talma joue très bien la comédie, et surtout le drame. Que faut-il en conclure ? Que Lekain était un excellent acteur, et que M. Talma est un excellent comédien. »

à la majesté sculpturale de ses attitudes, à la pureté de
sa diction, à l'énergie frémissante et concentrée de
toute sa personne qu'à la vérité de son jeu. Avons-nous
besoin d'ajouter, d'ailleurs, que cette vérité était relative, réglée par l'optique du théâtre et aussi de l'époque.
Dans chaque siècle, comme nous venons de le voir, il
s'est trouvé des acteurs à qui l'on a attribué la gloire
d'avoir ramené le naturel au théâtre en parlant la tragédie au lieu de la déclamer. Nous avons cité particulièrement Floridor, Baron, Lekain, Adrienne Lecouvreur, mademoiselle Dumesnil, Talma, Rachel. Mais il
y avait bien des nuances dans ces analogies et dans la
manière dont chaque époque, comme chaque tempéra-
ment d'acteur, entendait le naturel. Il est probable, par
exemple, que Floridor, ou même Baron, devait *parler*
la tragédie fort différemment de mademoiselle Rachel.

Il appartenait à Lekain, le premier qui semble avoir
complètement introduit sur la scène la vraie et naturelle déclamation (il faut bien se servir, à défaut d'autre,
de ce mot qui est très impropre, puisqu'une des règles
essentielles de la véritable *déclamation* est de ne pas
déclamer), d'être compté parmi les fondateurs du Conservatoire. L'idée d'une pépinière où on dresserait de jeunes
acteurs selon les principes de l'art avait frappé son
esprit, et il fut un des plus ardents promoteurs de ce
projet. On trouve, dans ses *Mémoires*, une pièce intitulée : *Idée des principaux statuts et règlements d'après
lesquels on pourra rédiger la forme convenable à l'école
royale dramatique, établissement aussi utile que désiré.*
Il y a dix articles, portant en substance que Sa Majesté
sera suppliée : 1° d'affecter un fonds de vingt mille livres
annuelles pour cet établissement, et d'accorder pour
l'usage de l'école les habits de son magasin des Menus-
Plaisirs qui ne sont plus de la première fraîcheur ; 2° de
permettre la construction d'un petit théâtre pour les

15

exercices des élèves dans la grande salle du Luxembourg ; 3° qu'on puisse faire choix de huit hommes et de six femmes comme pensionnaires, en n'admettant nul homme au-dessous de seize ans, et nulle femme au-dessous de quatorze ; le noviciat sera de trois ans, au bout desquels les sujets jouiront d'une pension de deux cents livres avec le brevet de *pensionnaires du roi et d'élèves de l'École royale dramatique*. Une clause demandait que les jeunes gens sortis de cet établissement fussent astreints à ne pouvoir jamais s'engager pour chanter dans les opéras-comiques, — ce dernier genre étant le plus incompatible avec la bonne comédie, — sous peine d'être privés de leur pension, de leur titre et brevet [1]. Nous voyons dans les *Mémoires secrets*, à la date du 27 juin 1774, que Lekain et Préville venaient d'obtenir un privilège pour cette entreprise, où ils devaient remplir le rôle de professeurs, le premier pour le tragique, et le second pour le comique.

D'après le même recueil, la première idée de cette école ou académie de déclamation serait venue à mademoiselle Clairon, que nous avons déjà vue associée à Lekain pour la réforme du costume au théâtre. Il fut même question, en 1763, conformément au projet suggéré par cette actrice, de donner l'hôtel de Conti à la Comédie-Française, et de faire de la vieille salle « un magasin d'élèves ». S'il en est ainsi, c'est par une étrange inconséquence que mademoiselle Clairon a fait, dans ses *Mémoires*, une violente sortie contre les écoles théâtrales, vertement relevée, comme tout le reste, dans les *Mémoires* de mademoiselle Dumesnil [2]. « Croire, dit-elle dans l'article intitulé *École*, que Préville peut former des Orosmane et des Sémiramis, que Molé peut créer des acteurs dans tous les genres, c'est une erreur

1. T. I, p. 268.
2. In-8°, p. 160-4.

dont sûrement eux-mêmes riaient sous cape. Se donner de l'importance, se composer un sérail, amasser de l'argent et faire trembler tous ses autres camarades, est tout ce que ces messieurs veulent et peuvent faire. » Mais mademoiselle Clairon avait sans doute des motifs de parler de la sorte, après avoir parlé tout autrement.

La *Correspondance secrète* nous apprend aussi (24 juillet 1782) que Fierville, alors régisseur par *intérim* du spectacle forain des Variétés, demanda, avec des Mémoires précis à l'appui, la création d'un théâtre qui servirait d'école de déclamation et serait un séminaire d'acteurs pour la Comédie-Française.

La fondation du Conservatoire eut lieu définitivement en 1786 [1]. Talma fut le premier élève qu'il produisit sur la scène : ce n'était pas mal débuter. Cette école avait alors pour professeurs Molé, Dugazon et Fleury. La *classe de déclamation* fut instituée au Conservatoire le 3 mars 1806, avec Monvel, Dugazon, Fleury, Dazincourt, Talma et Lafon pour professeurs. Tous nos grands comédiens, ou bien peu s'en faut, ont passé par là [2].

CHAPITRE XVII

Moyens employés par certains acteurs pour se préparer et s'animer.

Polus, acteur d'Athènes, ayant à représenter le rôle d'Électre, quelque temps après avoir perdu son fils unique, alla prendre l'urne qui en renfermait les cendres,

1. Bachaumont, II, 341.
2. Ch. Maurice, *Histoire anecdotique du théâtre*, I, 10. Sur ce sujet on peut consulter l'*Histoire du Conservatoire*, par M. Lassasbathie. La fondation du Conservatoire avait été proposée très explicitement dès la première moitié du viie siècle, par Ch. Sorel, dans la *Maison des jeux* (I, 453).

et s'en servit sur la scène au lieu d'une urne vide, pour rendre sa douleur plus pathétique et plus naturelle.

Avant de paraître devant le public, Baron avait toujours soin, selon l'expression vulgaire, de se *battre les flancs* dans la coulisse, de s'échauffer en interpellant bruyamment ceux qui passaient, en querellant ses camarades, en leur disant même des injures au besoin. Fanatique de son art, il entrait dans de violents transports de colère au moindre manquement, comme ce jour où les personnes placées sur la scène le voyaient attendre dans les coulisses, sous les habits du grand-prêtre Joad, et crier en fureur, parce que les comparses qu'il avait fait habiller en lévites n'arrivaient pas assez vite : Un lévite ! un lévite ! Comment, par la mordieu, pas un b..... de lévite ! » Ce qui n'était pas un style très empreint de couleur locale.

Talma, je crois, nous apprend, dans son introduction aux *Mémoires de Lekain*, que ce grand acteur, éperdûment épris de madame Benoît, la faisait placer à l'une des ailes du théâtre, pendant qu'il jouait, pour puiser de nouvelles forces et une plus haute inspiration dans sa vue. On a prétendu qu'une des plus grandes tragédiennes de nos jours, madame Adélaïde Ristori, mettait pour la même raison ses enfants dans la coulisse, tandis qu'elle était en scène.

Mademoiselle Dumesnil, dit-on, puisait son inspiration dans le vin ; elle buvait largement à chaque entr'acte, et même toutes les fois qu'elle sortait de scène, pour s'animer et reprendre des forces. C'est à un excès involontaire occasionné par cette habitude qu'il a plu à Marmontel d'attribuer la chute de ses *Héraclides*, où elle jouait un des principaux rôles. On a essayé de décharger mademoiselle Dumesnil d'une accusation si peu honorable, et les *Mémoires de Fleury* [1], entre autres,

1. Ch. x.

rapportent que cette boisson dont elle se réconfortait n'était qu'une méchante drogue composée de bouillon de poulet chaud avec un peu de vin.

. Pour quelques autres actrices, la même accusation peut aussi, et avec plus de certitude, être taxée de calomnie ; nous aimons à croire qu'il en est particulièrement de la sorte pour madame Malibran. Par malheur, il en reste beaucoup au sujet desquels le doute n'est guère possible. On a voulu contester le fait pour mademoiselle Laguerre, de l'Opéra ; en tout cas la croyance populaire était bien établie sur son compte. On connaît ce mot d'un spectateur qui, la voyant dans *Iphigénie en Tauride*, dit à son voisin : « C'est plutôt *Iphigénie en Champagne*. » Un grand nombre d'acteurs se sont avilis par cette passion honteuse. Après avoir d'abord cherché dans le vin une excitation factice, comme ces écrivains qui s'inspirent avec du café, ils ont fini par se laisser dominer, absorber, dégrader par cette funeste habitude. Suivant les Mémoires manuscrits de M. Tralage, cités par les frères Parfaict, Rosimond, comédien du Marais, puis de la troupe de Molière, en était là, au point qu'il aurait parfois donné sa femme pour une bouteille de vin de Champagne ; mais la chose n'est pas bien sûre d'autre part, et même elle a été entièrement contestée. Champmeslé, Brécourt, Raisin cadet, La Thorillière fils, Blainville, furent aussi de grands buveurs, mais combien n'étaient-ils point dépassés par Dumeni, excellent acteur de l'Opéra, à qui il fallait, pour produire tout son effet, six bouteilles du meilleur vin de Champagne à chaque représentation. L'un des Poisson, François Arnould, parut souvent ivre, ou à peu près, sur la scène, et il faillit faire interdire la *Colonie*, de Saint-Foix, en 1749, parce qu'en y jouant, pris de vin, il y avait mêlé, dit-on, des gestes et des termes indécents. Casaciello, célèbre acteur de Naples, entrait presque

toujours ivre en scène. Taconnet était un buveur intré-
pide, et l'on raconte de lui en ce genre des exploits où
l'on nous permettra aisément de ne point nous arrêter.
On connaît sur ce point, comme sur beaucoup d'autres,
la renommée du grand acteur anglais Kean (que l'on
vit ivre un jour, à Paris, dans le rôle d'Othello)[1], renommée à laquelle n'avait guère à envier celle de Frédérick Lemaître, souvent d'ailleurs comparé à Kean,
dont il a rendu avec une énergique vérité le *désordre*
et le *génie*, dans un de ses meilleurs rôles.

Mademoiselle Contat ne faisait pas d'excès de même
sorte; mais la *Chronique scandaleuse* (IVe vol.) nous
apprend qu'elle faillit mourir pour avoir bu longtemps,
tous les matins, un demi-setier de vinaigre, dans le but
de se faire maigrir. Mademoiselle Clairon prétend,
dans ses *Mémoires*, qu'elle gardait toujours à la ville
le ton, les manières, la dignité d'une princesse, pour
ne jamais perdre de vue ses rôles ordinaires et s'en
pénétrer sans cesse. Il en était de même de mademoiselle Le Maure, cantatrice. M. J. Janin raconte, dans
son *Histoire de la littérature dramatique*[2], que mademoiselle Sainval avait pris son rôle de reine tellement
au sérieux qu'elle se cachait, quand elle ne jouait pas
la tragédie, sous un long voile noir, dont elle était couverte en entier; mais, en nous révélant ce fait curieux,
que nous ne nous rappelons pas avoir vu ailleurs, il a
oublié de nous dire si c'est de mademoiselle Sainval

---

1. C'était en 1828. A sept heures, la salle était comble, et Kean n'avait pas
encore paru au théâtre, on le cherche partout, et on finit par le trouver au
café Anglais, où il se préparait à jouer son rôle, en buvant force bouteilles
de vin de Champagne, mêlées de rasades d'eau-de-vie. Il répond à ceux
qui viennent le chercher, par une apostrophe beaucoup trop énergique
pour être rapportée ici. « — Mais la duchesse de Berry est arrivée. —
Je ne suis pas le valet de la duchesse. Du vin. » Enfin le régisseur
accourt, et parvient à le gagner à force de supplications. On l'entraîne,
on l'habille, on le conduit par dessous les bras dans la coulisse. Il entre
en scène et joue en grand comédien.

2. T. I, ch. xxxv.

aînée ou de mademoiselle Sainval cadette qu'il s'agit. C'est probablement de la première.

Il faut lire, dans les *Mémoires de Fleury*[1], le récit des soins prodigieux et vraiment incroyables que se donna cet acteur pour arriver à représenter Frédéric, dans les *Deux Pages*, de manière à produire illusion. Il prit d'abord les plus minutieux renseignements près de tous ceux qui avaient connu le roi, étudia ses portraits authentiques, donna à son appartement le nom de Potsdam, et y vécut trois mois, dans tous les détails de la vie, avec la pensée qu'il était Frédéric II. Chaque matin, il endossait l'habit militaire, les bottes, le chapeau, enfin tout le costume, pour le rompre aux habitudes de son corps ; puis se grimait, en se modelant sur le portrait du monarque. Mais la ressemblance de la figure n'arrivait pas. Il tâcha alors de s'entretenir dans la situation d'esprit habituelle de Frédéric, se mit à jouer de la flûte comme lui, pour acquérir naturellement son inclinaison de tête, donna à son domestique et à son chat le nom du houzard et du chien du roi philosophe. Je passe sous silence toutes les autres tentatives faites par le comédien, afin de ne pas allonger cet épisode outre mesure. Aussi l'histoire du théâtre a-t-elle conservé le souvenir de l'effet extraordinaire produit par Fleury dans cette création.

Comme Fleury, Baptiste aîné et Baptiste cadet, Saint-Prix, Talma, etc., faisaient de chacune de leurs représentations l'objet des études les plus sérieuses, même pour les ouvrages les plus anciens, et dès la veille ils ne recevaient personne. Dans la coulisse, Talma, en particulier, ne cessait de s'occuper de son rôle, la brochure à la main, se promenant à pas lents, au milieu de ses confrères qui se gardaient de le trou-

1. T. II, p. 242.

bler. Il employait parfois des moyens factices pour se
préparer et se *monter*, en entrant en scène. Nous citerons celui dont il se servait dans *Hamlet* : « Avant de
paraître, quand la réplique se fait entendre, il saisit
des deux mains par le collet un valet de chambre, le
secoue en s'écriant, comme il doit le dire dans la coulisse :

Fuis, spectre épouvantable
Porte au fond des tombeaux ton aspect redoutable.

Il repousse ensuite le mannequin de manière à né-
cessiter que quelqu'un le retienne, et se lance sur la
scène : « Cela me donne, m'a-t-il dit, l'irritation ner-
veuse dont j'ai besoin pour commencer [1]. »

On comprendra maintenant ce mot du grand tragédien. Il arrive un jour de sa campagne à Paris, pour
jouer Auguste le lendemain. Au secrétariat, on lui

1. Ch. Maurice, *Histoire anecdotique du théâtre*. Cette anecdote a été
contredite par M. Edouard Thierry. L'excellent critique oppose au témoignage de Ch. Maurice celui de l'auteur des *Mémoires de Fleury*, qui jouait
Norceste auprès de Talma : « Il paraît au contraire, écrit-il, que Talma
se tenait debout, tranquille et silencieux en attendant sa *réplique*. Il avait
sur les épaules un lambeau de calicot rouge, un vieux morceau de toge
qui faisait châle, et en même temps, il se rafraîchissait le visage avec
un éventail. Quand il poussait ce premier cri de terreur : « Fuis, spectre
épouvantable ! » il avait encore autour du cou son fichu rouge que le
domestique s'apprêtait à enlever ; puis le grand artiste avançait la tête
hors de la coulisse. L'horreur qui avait commencé chez lui par la voix
passait instantanément sur sa figure. La vibration tragique se répandait
par tout son corps, mais la main qui tenait l'éventail le remettait sans
se presser au valet de chambre. C'était la main de Talma. L'éventail lui
tombait des doigts. Le frémissement envahissait tout l'homme. La main
de Talma était devenue celle d'Hamlet. »
J'ai cité tout ce passage parce qu'il donne un autre renseignement
curieux. Mais qu'on me permette de répondre simplement qu'une de ces
anecdotes ne dément pas nécessairement l'autre. Talma a pu changer de
manière; il est même assez naturel de croire qu'il n'a pas été invariable
dans sa façon de préparer son entrée en scène, comme il l'est aussi de
croire un auteur qui dit tenir le détail du comédien lui-même, en citant
ses propres paroles. Ce ne serait plus une erreur, ce serait un mensonge
et on ne voit pas dans quel intérêt. Assurément le témoignage de
Ch. Maurice ne peut jouir d'une grande autorité morale ; mais on sait
que les très spirituels *Mémoires de Fleury* ont eux-mêmes grand besoin
de contrôle.

apprend que le spectacle est changé, et qu'on donnera *Britannicus*, s'il veut se charger de Néron : « Comment, s'écrie-t-il, voilà plus de huit jours que je suis Auguste chez moi, et vous croyez qu'au pied levé je vais être Néron ici [1] ! »

CHAPITRE XVIII

Effets produits par les pièces et les acteurs.
Représentations prises au sérieux.

Nous ne voulons point parler ici des succès extraordinaires obtenus par telle et telle pièce, comme le *Thomas Morus*, de La Serre ; le *Timocrate*, de Th. Corneille ; l'*Inès*, de La Motte ; le *Siège de Calais*, de Dubelloy ; *les Battus payent l'amende*, de Dorvigny, qu'il fallut se mettre à jouer deux fois par jour ; la *Grâce de Dieu*, la *Tour de Nesle*, etc., mais de l'effet tout particulier exercé et des résultats obtenus par quelques-unes d'entre elles sur les spectateurs.

On sait que les *Euménides*, d'Eschyle, causaient une telle impression de terreur que des femmes en avortèrent dans l'auditoire, à la scène où les furies poursuivent Oreste. L'*Andromède*, d'Euripide, qui a péri, avait produit un si grand effet sur les habitants d'Abdère, où Archélaüs l'avait représentée, qu'ils s'étaient presque

---

1. On. Leroy, *Etudes*. Rappelons, en guise de contraste, une anecdote assez invraisemblable, quoique citée partout, sur Baron. Il était entré en scène avec son confident, croyant qu'on jouait *Phèdre*. Mais à peine a-t-il prononcé le premier vers, qu'il est averti par le souffleur du changement de la pièce : c'est *Mithridate* qu'on joue. Sans se déconcerter, changeant en un clin d'œil, de physionomie, d'attitude et de ton, il prend son confident par la main, l'amène sur le devant du théâtre, et le regardant en face, commence d'une voix ferme :

On nous faisait, Arbate, un fidèle rapport.

tous métamorphosés en comédiens, et parcouraient les rues de la ville, hâves et défigurés, en s'écriant : O amour, tyran des dieux et des hommes! »

L'honnête Chappuzeau nous parle de gens portés à la vertu par les comédies : il paraît, malgré l'invraisemblance de la chose, que cela est arrivé quelquefois. Un homme de qualité, jusque-là peu débonnaire, fut si touché de la représentation de *Nanine* qu'en rentrant chez lui, il ordonna à son suisse de ne refuser la porte à personne, pas même aux gens en sabots. Le suisse, profondément surpris, dit à un valet de chambre : « Si je n'avais aperçu mademoiselle D. dans le carosse de monseigneur, je croirais qu'il vient de confesse. »

On dit qu'après avoir vu le *Faux généreux*, de Bret (1758), une grande dame fit appeler son intendant, auquel elle défendit de tourmenter jamais ses fermiers[1].

Le *Déserteur*, de Mercier, eut des effets non moins salutaires : c'est, dit-on, à l'impression produite par le premier dénouement de cette pièce qu'on dut l'abrogation de la loi qui condamnait les déserteurs à la peine de mort. Mais ce dénouement, trop terrible pour les âmes sensibles, fut changé par l'auteur sur les instances de Marie-Antoinette.

Le *Marchand de Londres*, drame bourgeois, donné par Lillo sur le théâtre de Drury-Lane (1731), amena, à ce qu'on assure, une édifiante conversion. Le docteur Barrowby fut appelé un jour près d'un jeune commis, travaillé par la fièvre, qui finit par lui avouer qu'après avoir fait une liaison fâcheuse et détourné deux cents livres confiées à ses soins, il avait été si vivement frappé par une situation analogue à la sienne dans ce drame, qu'il désirait mourir pour éviter la découverte de sa honteuse action. Le docteur révéla tout au père, qui paya la somme et tint l'affaire dans le secret. Le

1. *Anecdotes dramatiques*, II, 3.

fils recouvra la santé et redevint un honnête homme [1].
C'est là tout à fait l'histoire de la comédie que fait
jouer Hamlet devant sa mère et le meurtrier de son père.

Lors des représentations de la *Bourse*, de M. Ponsard, on a pu lire dans les journaux la lettre d'un excellent homme qui écrivait à l'auteur que sa comédie
l'avait fait à jamais renoncer aux spéculations immo-
rales de l'agiotage, quoique sa fortune en dût beaucoup
souffrir.

Je ne demande pas mieux que de croire au *castigat
ridendo mores*, et je ne suis pas un détracteur de la
nature humaine ; mais j'aimerais, je l'avoue, à tenir les
preuves authentiques de ces beaux résultats, et surtout
à savoir nettement combien de temps ils ont duré. Ce
qui paraît plus avéré, c'est que l'*Honnête Criminel*, de
Fenouillot de Falbaire (1767), inspiré par le dévouement et les malheurs de Jean Fabre, amena la réhabi-
litation de cette victime des erreurs de la justice. Dans
une tout autre catégorie d'idées, on connaît l'influence
exercée par une représentation de la *Muette* sur la révolution belge, qu'elle fit, pour ainsi dire, éclater.
Enfin le *Chatterton*, d'Alfred de Vigny, qui a paru si
faux et si déclamatoire à la dernière reprise (1877),
inspira au comte de Maillé de la Tour Landry l'idée de
son prix académique en faveur des jeunes poètes qui
ont à lutter contre les difficultés de la vie.

Mais les résultats produits par des pièces n'ont pas
toujours été aussi satisfaisants, et l'on pourrait même
dire que ce qu'il y a de plus certain, c'est l'influence
malsaine exercée par beaucoup d'entre elles. Le *Mendiant*, de Gay, qui, en 1728, mit toute l'Angleterre

1. H. Lucas, *Curiosités dramatiques*, p. 285. — Voy. encore une autre
histoire du même genre, *Anecdotes dramatiques*, II, 512. Goldoni raconte
aussi dans ses *Mémoires*, mais en termes sagement dubitatifs, une conversion produite sur un jeune dissipateur par sa pièce de la *Bonne femme*,
jouée en 1749.

en émoi, comme devait faire plus tard chez nous *Robert Macaire*, augmenta dans le pays, à ce qu'on prétend, le nombre des voleurs, dont cet opéra est une sorte de glorification. On a dit aussi que les *Brigands*, de Schiller, voir la *Tour de Nesle*, de M. Gaillardet, avaient eu la même influence désastreuse sur des têtes mal faites. Dans l'enquête du Conseil d'État en 1849, Jules Janin, qui avait pourtant plus d'une fois attaqué la censure, raconta qu'il visitait un jour la prison de la Force en compagnie du directeur. Celui-ci lui dit : « Je lis vos feuilletons, mais je n'en ai pas besoin pour savoir quel genre de pièce on joue. A-t-on représenté un mauvais drame, je m'en aperçois bien vite au nombre de jeunes détenus qui m'arrivent. »

Citons encore deux anecdotes bien faites pour rendre sceptique sur la nature des résultats qu'on peut attendre de la comédie satirique et aristophanesque : « J'entendais dire l'autre jour à Marmontel, écrivait en 1767 le jeune marquis Henri Costa, que, pendant une pièce ou l'on tournait en ridicule la confrérie des petits-maîtres, quelques aspirants à la petite maîtrise étaient dans la coulisse, étudiant l'acteur, se formant sur lui et imitant ses gestes par le menu [1]. » — « Le 4 octobre 1856, le Gymnase représenta une pièce intitulée : *les Toilettes tapageuses*. C'était l'heure de la crinoline, et les femmes bouffantes étaient à la mode. L'actrice qui jouait le principale rôle portait une robe dont la jupe, exagérée à dessein, avait une ampleur comique et presque ridicule. Le lendemain de la première représentation, sa robe lui fut demandée comme modèle par plus de vingt grandes dames, et huit jours après, la crinoline avait doublé de dimension [2]. »

1. *Un homme d'autrefois*, par le marquis Costa de Beauregard, in-8°, p. 151.

2. Maxime du Camp, Paris, VI, p. 253.

Un autre ordre d'effets plus facile à constater, c'est l'extraordinaire impression d'effroi, d'horreur, de réalité causée par quelques drames. Nous ne citerons pas le fait, beaucoup trop romanesque pour être vraisemblable, rapporté par les *Anecdotes dramatiques* à propos de la *Zelmire*, de Dubelloy (II, 486). Mais *Beverley*, de Saurin, joué en 1769, à Toulouse, excita une telle émotion au cinquième acte que les spectateurs ne purent le soutenir; beaucoup sortirent précipitamment, et, quand on vint annoncer la seconde représentation, ceux qui restaient criaient à l'acteur : « Adoucissez le cinquième acte, ou ne nous donnez plus le même ouvrage. »

L'effet produit par le dénouement de l'*Othello*, de Ducis, sur des esprits peu accoutumés à des tragédies de ce genre, fut si fort qu'il y eut un cri d'horreur dans le parterre, et qu'un des spectateurs s'écria : « C'est un Maure qui a fait cela; ce n'est pas un Français. » Qu'aurait-il dit à l'*Othello*, de Shakespeare?

La première fois que cette dernière pièce fut donnée à Hambourg, il y eut évanouissements sur évanouissements parmi les spectatrices; « les portes des loges s'ouvraient et se fermaient, on sortait ou l'on était emporté sans connaissance, et l'on assure que plusieurs dames de Hambourg, pour avoir vu cette pièce, éprouvèrent les accidents les plus regrettables. La pièce s'acheva devant un public silencieux ; l'impression de la catastrophe fut si profonde qu'après la chute du rideau on n'entendit aucun applaudissement dans la salle. Chacun se hâtait de sortir, comme soulagé d'un grand poids[1]. » Le lendemain, le public fut rare, et quelques semaines plus tard, quand le directeur voulut annoncer la troisième représentation, le conseil de

----

1. *Charlotte Ackerman*, par Otto Muller, trad. de Porchat, 1854, in-8°, p. 233, 235.

Hambourg exigea qu'on fît disparaître les scènes les plus terribles, et qu'on changeât le dénouement.

On vit plusieurs fois des femmes s'évanouir pendant la représentation de *Gabrielle de Vergy*, de Dubelloy, au moment où l'on présente à Gabrielle le cœur de son amant. Aussi une lettre écrite au *Journal de Paris*, le 16 juillet 1777, prévenait-elle les dames que, pour la seconde représentation de cette pièce, la loge de M. Raymond (le médecin du théâtre) serait pourvue de toutes les eaux spiritueuses, de tous les sels qui peuvent convenir aux différents genres d'évanouissements, et qu'ainsi elles pouvaient compter sur toutes les commodités dont on a besoin pour se trouver mal.

C'est surtout madame Vestris qui, par son jeu énergique, contribuait à cette impression terrible : l'histoire des effets exercés par certaines pièces n'est le plus souvent, au fond, que celle des effets exercés par le jeu des acteurs.

Le 16 décembre 1769, pendant une représentation du *Père de famille*, de Diderot, une femme fut si vivement frappée de la situation où le jeune homme tire l'épée pour défendre sa maîtresse qu'on veut enlever, qu'elle jeta les hauts cris et tomba en convulsions : il fallut l'emporter de sa loge.

Mademoiselle Dumesnil atteignit, un soir, à une puissance de réalité tellement prodigieuse dans Cléopâtre, de *Rodogune*, que le parterre, alors debout, recula d'effroi d'un mouvement unanime, à la scène des imprécations. Au moment où elle s'écriait :

Je maudirais les dieux s'ils me rendaient le jour,

un vieil officier, qui se trouvait derrière elle, la frappa d'un violent coup de poing dans le dos en criant : « Vat'en, chienne, à tous les diables! » Ce dont elle le remercia après la pièce comme du plus sincère et du plus bel éloge.

Dans une représentation où elle remplissait le rôle de Mérope, elle entendit une voix entrecoupée de sanglots qui lui criait, au moment où elle lève le poignard sur Égisthe (III, sc. IV) : « Ne le tuez pas, c'est votre fils. »

De même, un jour que Molé, faisant Arcès dans l'*Orphanis*, de Blin de Sainmore, levait le poignard sur Sésostris, un spectateur s'écria : « Ah ! Dieu, arrêtez, ne frappez pas ! »

Mademoiselle Clairon jouait *Ariane* sur un théâtre méridional. Dans la scène où elle cherche, avec sa confidente, quelle peut être sa rivale, à ce vers :

Est-ce Mégisthe, Églé, qui le rend infidèle ?

elle vit un jeune homme qui, les yeux en pleurs, se penchait vers elle, lui disant d'une voix étouffée : « C'est Phèdre, c'est Phèdre. »

A une représentation de *Bérénice*, mademoiselle Gaussin fut si pathétique qu'une des sentinelles fondant en larmes, laissa tomber son fusil ; on consacra cet événement par une pièce de vers.

Nous avons parlé, au précédent chapitre, de l'illusion que produisit Fleury dans le rôle de Frédéric, des *Deux Pages*. On raconte que l'acteur anglais, Robert Kox, après avoir joué avec beaucoup de naturel et de vérité le personnage d'un forgeron, sur le théâtre d'une foire de campagne, vit venir à lui un maître forgeron du pays, qui, le prenant pour un véritable ouvrier, s'offrit à l'engager à raison de vingt-quatre sous par semaine. Beaucoup de ces historiettes, sans nul doute, ont été forgées de toutes pièces, et plusieurs, probablement, ne sont que des *réclames* déguisées.

Préville, représentant La Rissolle à Fontainebleau,

se tenait dans la coulisse, la pipe à la bouche, dans l'attitude d'un homme ivre, si bien imitée que le factionnaire s'y méprit, et voulait absolument l'empêcher d'entrer sur la scène : « Camarade, disait-il en croisant la baïonnette, je vous en prie, ne passez pas, vous me feriez mettre au cachot. » C'est encore Préville qui, dans le rôle du cavalier Maugrebleu (*Vacances des procureurs*), fit tant de plaisir à un cavalier du régiment de Conti que celui-ci alla l'embrasser après le spectacle, en lui disant : « Ah ! monsieur Préville, si quelque mâtin s'avisait de vous faire du mal, que j'aurais de plaisir à le r'moucher ! » Quelques jours après, le cavalier revint pour le voir jouer dans le *Mercure galant*. Mais quand l'acteur entra sous l'uniforme de La Rissolle, il se leva désespéré en criant : « Ah ! le chien ! ne l'applaudissez pas, il a quitté la cavalerie. »

C'est ainsi que le talent des comédiens a pu faire prendre plus d'une fois les pièces au sérieux. Mais cette illusion a souvent été produite, soit par une disposition particulière de l'âme, comme celle de cette mère qui, abandonnée par un fils ingrat et coupable, devenu comédien, et étant allé le voir jouer dans *Beverley*, s'écria au moment où le père lève la main pour massacrer son enfant : « Arrête, malheureux, ne le tue pas, je le prendrais plutôt chez moi ; » soit par la naïveté et l'inexpérience des spectateurs, comme chez cette jeune fille dont parle d'Aubignac, qui, voyant, dans la pièce de Théophile, Pyrame sur le point de se tuer parce qu'il croit sa maîtresse morte, priait sa mère de l'avertir qu'il se trompait ; ou comme chez cette femme de chambre d'une actrice, qui, l'ayant vu plusieurs fois de suite jouer les soubrettes, lui demanda son congé, en disant qu'elle avait trop de cœur pour servir une servante comme elle.

Un auditeur très attentif à la tragédie de *Britannicus*

entendant Narcisse répéter à Néron ce qu'il vient de dire à ce jeune prince, s'écria : « Ne le croyez pas, Monsieur, il vient d'en dire autant à monsieur votre frère. »

En 1747, on joua à Bruxelles la *Répétition inter-rompue*, opéra-comique dans lequel il y a une scène où le souffleur se prend de querelle avec l'acteur. L'officier général qui commandait en l'absence du maréchal de Saxe, trouvant que le *scandule* allait trop loin, finit par s'élancer hors de sa loge, appela la garde, et fit conduire les deux champions au cachot, sans vouloir entendre aucune explication.

Comme contraste, nous rappellerons le trait du capitaine hollandais venu au spectacle pour la première fois de sa vie, le soir où l'on donnait, à Marseille, cette représentation de *Zémire et Azor*, qui fut la cause d'une si sanglante catastrophe [1]. Il crut que tout ce désordre, les soldats, les cris, les balles, les victimes mêmes, faisaient partie du spectacle qu'il venait de voir, et que c'était là autant d'acteurs chargés d'amuser le public par le simulacre d'une bataille. Il ne fut détrompé qu'en recevant un coup de feu qui lui cassa la cuisse [2].

Un soir qu'on jouait *Rodogune*, dans la scène où Antiochus se demande si c'est sa mère ou sa femme qui a fait assassiner son frère, le public remarqua qu'un grenadier en faction sur le théâtre, suivant l'usage du temps, s'efforçait d'avertir l'acteur, tantôt par des clins d'œil et des signes de tête, tantôt par certains mouvements de la main, à la dérobée, que c'était Cléopâtre qui avait fait le coup. A une représentation de *Britannicus*, un autre grenadier, également en faction, fut si indigné de la scélératesse de Narcisse qu'il le coucha en joue et eût tué l'acteur si on ne lui eût arrêté le bras. On voit par là que Sorel n'avait pas tant péché contre

1. Voy. plus haut, ch. VII.
2. Le *Poète*, par Desforges-Choudard, 8 vol. in-16, VIII° vol.

la vraisemblance qu'on pourrait le croire, lorsque, dans son *Berger extravagant* (l. III), il nous montre Lysis, au milieu d'une pastorale qu'il est allé voir à l'hôtel de Bourgogne, se jetant sur la scène pour avertir la bergère des pièges qu'on lui tend.

Il se passa une scène étrange à la première représentation des *Victimes cloîtrées*, de Monvel (29 mars 1791), une de ces pièces ridiculement odieuses comme la fermentation du temps en produisit un si grand nombre. Au moment où le père Laurent, accusé de l'assassinat d'Eugénie, ne répond qu'en faisant arrêter Dorval par les religieux, au milieu du murmure d'horreur de la salle, on entendit une voix éclatante qui criait : « Tuez ce coquin-là ! » En se tournant du côté où la voix s'était fait entendre, on vit un homme, l'œil hagard, le visage décomposé, qui tendait ses poings crispés vers la salle, et, ne pouvant plus parler, menaçait encore l'acteur du geste. Il finit par s'évanouir. Revenu à lui, il raconta qu'il avait été moine, jeté comme Dorval dans un cachot, et que, dans le père Laurent, il avait cru reconnaître le supérieur de son couvent. Mais il faut dire que de méchantes âmes soupçonnèrent cet homme d'être un habile comédien aposté par Monvel pour *chauffer* le succès du drame [1].

CHAPITRE XIX

Traits de hardiesse ou de sang-froid des acteurs.

A Athènes, pendant le règne de la comédie ancienne, il arriva souvent aux acteurs de seconder et de renforcer les attaques hardies des auteurs contre les plus

---

1. Etienne et Martainville, *Histoire du Théâtre-Français pendant la Révolution*.

grands personnages, en copiant leur physionomie et leur attitude sur la scène. On sait qu'aucun comédien n'osant se charger, dans la pièce des *Chevaliers*, du rôle du corroyeur Paphlagonien, dirigé contre le tout puissant démagogue Cléon, Aristophane le joua lui-même sous un masque fait à la ressemblance de cet homme, qui eût pu l'envoyer à la mort.

Frédérick Lemaître, en ayant l'audace de se faire la tête de Louis-Philippe dans le *Vautrin*, de Balzac, en 1846, courait moins de risques que ceux auxquels se fût exposé l'acteur athénien, et le gouvernement, comme on sait, se borna à suspendre la pièce et à fermer momentanément le théâtre.

Les traits de hardiesse sont nombreux sur le théâtre romain. On en connaît un de l'acteur Diphile, qui vivait dans le premier siècle avant Jésus-Christ. Il remplissait un rôle dans une pièce des jeux Apollinaires. Arrivé à ce vers : « *Miseriâ nostrâ magnus est* », il le prononça en étendant les mains vers le grand Pompée, et, le peuple ayant redemandé ce vers plusieurs fois, il le répéta sans hésiter, et toujours avec le même geste accusateur. Il rendit avec la même audace cet autre passage : *Virtutem istam, veniet tempus quum, graviter gemens* [1].

Le chevalier Labérius, auteur de mimes renommés, forcé par César de monter sur le théâtre pour y jouer une de ces pièces, quoique cela fût contraire à la bienséance de son âge et de sa condition, s'en vengea, d'abord en racontant dans le prologue comme il avait été contraint et en déplorant son humiliation, puis en lançant dans le cours de la pièce, sous le masque d'un esclave, plusieurs traits contre César, destructeur de la liberté.

Necesse est multos timeat quem multi timent,

1. Valère Maxime, VI, 2, 9,

dit-il, et tous les yeux se tournèrent vers le maître, qui ne le punit pourtant qu'en lui préférant Publius Syrus. Du reste, Décimus Labérius se distinguait ordinairement dans ses mimes par l'audace de ses allusions.

Auguste fit fouetter Hylas et bannit Pylade, tous deux pantomimes, et le second maître du premier, pour s'être permis des personnalités dans leur jeu, et parce que celui-ci avait montré du doigt un spectateur qui le sifflait. Un jour que ce dernier dansait les fureurs d'Hercule, un murmure de désapprobation s'éleva parmi les spectateurs, trouvant que sa danse bouffonne ne convenait pas au personnage dont il était chargé. Mais lui, ôtant son masque : « Sots que vous êtes, dit-il, c'est un fou que je représente. » Dans la même pièce, il lançait des flèches sur le peuple. L'empereur la lui ayant fait représenter devant lui, il lança également des flèches contre l'empereur, qui ne se fâcha pas d'avoir été traité comme le peuple [1].

Le comédien Datus, dans une satire qu'il chanta à la fin d'une atellane, dit en grec : « Adieu, mon père ; adieu ma mère. » C'était devant Néron, qui avait empoisonné son père et fait noyer sa mère. En chantant la première phrase, il représentait par ses gestes une personne qui boit, et, en chantant la seconde, il imitait une personne qui se débat dans l'eau et qui enfonce ; puis, en ajoutant à la fin : « Pluton vous conduit à la mort, » il regarda les sénateurs que ce prince avait menacé d'exterminer, et les désigna du geste. Le courage romain s'était réfugié sur le théâtre.

Dans les temps modernes, on peut également signaler maints traits de hardiesse. Mais d'abord il faut écarter, avec tous les historiens sérieux, le trait d'audace ou plutôt d'effronterie qu'on prête à Molière, recevant au lever de la toile la défense de jouer *Tartufe*.

---

1. Macrobe, *Saturnales*, II, ch. VI.

« Messieurs, aurait-il dit au public, nous ne donnerons pas *Tartufe*, M. le premier président ne veut pas qu'on le joue. » Ce n'est pas un homme comme Molière qui se serait permis cette inconvenante équivoque sur un homme comme M. de Lamoignon.

Carlin, de la Comédie-Italienne, se trouvant en scène avec une actrice qu'il aimait, la laissa longtemps à ses genoux, et profita de la situation pour épancher, en une de ces improvisations habituelles à ce théâtre, son amour et sa jalousie. Le prince de Monaco, son rival, l'interpella à haute voix pour le lui reprocher ; mais l'acteur osa lui faire sentir l'indécence de son interruption par une répartie qui mit les rieurs de son côté [1].

Une autre fois, dans un imbroglio moitié français, moitié italien, il plaisanta, d'une manière fort transparente, sur de nouveaux règlements du ministre de la Guerre, M. de Saint-Germain, ce qui lui valut quelques jours de prison [2].

En pleine Révolution, Clairval, le célèbre acteur de l'Opéra-Comique, ne craignit pas, dans *Richard-Cœur-de-Lion*, de substituer aux paroles chantées par Blondel celles-ci, qui sont mieux que de beaux vers :

> O Louis, ô mon roi,
> Notre amour t'environne,
> Pour notre cœur c'est une loi
> D'être fidèle à ta personne.

Plusieurs acteurs de la Comédie-Française eurent aussi le courage, à la même époque, d'afficher leurs sentiments royalistes. Dans *l'Ami des Lois*, dans *Paméla*, ils osèrent *souligner*, en jouant, les vers qui s'adressaient aux triomphateurs du moment. Un emprisonnement en masse, dont Molé seul fut excepté,

1. Bachaumont, XXXII, 171.
2. *Correspondance secrète*, IV, 153 (15 février 1777).

les en punit. Plus tard, pendant les Cent-Jours, mademoiselle Mars ne dissimula pas davantage ses pen-
chants napoléoniens, qui lui valurent un accueil ora-
geux sur la scène [1].

Mistress Bellamy remplissait le rôle d'Alicia, dans
Jane Shore, devant le roi de Danemark. Ce monarque,
fatigué ou peu sensible aux beautés dramatiques, s'endormit pendant la pièce. L'actrice, choquée, se vengea
d'une façon originale, en s'approchant le plus près possible de sa loge, pour déclamer d'une voix de tonnerre :

O thou, false lord, etc.

Le roi, réveillé en sursaut, comprit la leçon et ne se
rendormit plus.

Mais c'est surtout avec le public que les acteurs
modernes ont pris de ces licences. On raconte divers
traits de Baron, dont quelques-uns, sans doute ne sont
pas des plus authentiques, au moins dans les termes
où on les rapporte. Jouant très vieux dans le *Cid*,[1] il
excita un éclat de rire général, en disant :

Je suis jeune, il est vrai...

Il recommença, en appuyant, et les rires ayant redou-
blé, il s'avança sur le bord du théâtre : « Messieurs,
fit-il, je vais recommencer encore, mais je vous préviens que, si l'on rit de nouveau, je quitte le théâtre
pour n'y plus reparaître. » Et on se le tint pour dit.

En entrant sur la scène, dans *Iphigénie*, il débutait
d'un ton fort bas :

Oui, c'est Agamemnon, c'est ton roi qui t'éveille,

« Plus haut ! lui cria-t-on. — Si je le disais plus haut
je le dirais mal, » répondit-il.

La même hardiesse ne réussit pas à Quinault-

1. Voy. plus haut, ch. IX.

Dufresne. Ayant reçu un ordre analogue, il se contenta d'abord de regarder dédaigneusement les donneurs d'avis, et continua sur le même ton. On répéta : « Plus haut ! — Et vous plus bas ! » répondit-il, ce qui révolta tellement les spectateurs, que le lendemain il fut obligé de demander pardon au parterre. Mais, toujours hautain jusque dans l'humiliation qu'il était forcé de subir, il s'excusa ainsi : « Messieurs, je n'ai jamais mieux senti la bassesse de mon état que par la démarche que je fais aujourd'hui. » Le public, prenant le change, l'interrompit par ses applaudissements et le dispensa du reste.

Revenons à Baron. Dans une autre circonstance analogue, accueilli par de nouveaux rires que provoquait sa vieillesse, tandis qu'il jouait *Britannicus*, il regarda fixement l'auditoire, et, d'une voix pleine d'amertume : « Ingrat parterre que j'ai élevé », dit-il, puis il poursuivit. L'orgueil de Baron, la conscience d'un talent supérieur, la faveur du public, en dépit de ces injustices passagères, expliquaient et justifiaient ses réponses, qui n'auraient pas été admises de la part de tout autre. Aussi, un comédien de province, hué par les spectateurs, s'étant tourné vers eux pour dire d'une voix piteuse : « Ingrat parterre, que t'ai-je fait ? » excita-t-il un véritable ouragan d'hilarité. A partir de ce jour, on ne disait plus au bureau du théâtre : « Donnez-moi un parterre, » mais : « Donnez-moi un *ingrat*. »

A la première représentation d'*Inès*, de La Motte, l'apparition subite des enfants excita de grands éclats de rire et de fades quolibets ; mademoiselle Duclos, qui faisait Inès, en fut indignée : « Ris donc, sot parterre ! s'écria-t-elle au plus bel endroit de la pièce. » Et, par un bonheur singulier, cette virulente apostrophe ne fâcha point l'auditoire.

Un bon acteur, débutant dans le *Comte d'Essex*, de Th. Corneille, avait à lutter contre une forte cabale acharnée à l'interrompre chaque fois qu'il allait parler. A la seconde scène, à peine la duchesse avait-elle achevé de lui dire :

Ne vous aveuglez point par trop de confiance :
C'est par son ordre exprès qu'on s'informe, on instruit,

que cet acteur prit sa camarade par la main, la conduisit jusqu'à la rampe, et, après une petite pose pour attirer l'attention, lui répondit avec dignité

L'orage, quel qu'il soit, ne fera que du bruit
La menace en est vaine et touche peu mon âme.

L'auditoire, frappé de l'application de ces vers et de cette présence d'esprit, se tut et finit par rendre justice à celui qu'il avait maltraité.

Madame Vanhove, qui débuta avec peu de succès dans *Phèdre*, en 1780, sans se laisser étourdir par le tumulte et les huées d'une partie des spectateurs, osa à la 6e scène du 4e acte, où se trouve ce vers :

Reconnais sa vengeance aux fureurs de sa fille,

changer ainsi les derniers mots :

Reconnais sa vengeance aux fureurs du parterre,

hardiesse qui fut accueillie par les applaudissements nombreux de ceux qui ne s'étaient point acharnés contre elle.

Dugazon avait commencé par doubler Préville. Un jour qu'il le remplaçait dans le rôle de Brid'oison, le public, qui s'attendait à voir celui-ci, le siffla, vertement. « J'en-en-entends bien, » dit Dugazon, comme s'il eût continué son rôle. On siffla plus fort : « Je vous dis que j'en-en-entends bien, » répéta-t-il. Pour le coup, ce fut un déchaînement de sifflets. « Eh bien est-ce que vous-ou-croyez que je n'en-en-entends pas ! »

Ce beau sang-froid finit par désarmer les mécontents [1].

Une autre fois, hué, au sortir de la Terreur, pour le rôle qu'il avait joué dans la Révolution, et recevant de toutes parts l'ordre de se mettre à genoux, il jeta sa perruque au parterre, à défaut de gant. Heureusement le machiniste le fit disparaître par une trappe, sans quoi vingt jeunes gens, qui s'étaient élancés sur la scène, allaient le punir de sa témérité.

A Toulouse, une actrice, sifflée comme à l'ordinaire dans une tragédie qu'on donnait pour la clôture du théâtre, se retourna au moment où elle sortait, et, ayant regardé l'auditoire d'un air de pitié, lui fit en face, sans dire un mot, un grand signe de croix, pour lui marquer tout son mépris.

Un mauvais comédien qui était accoutumé à recueillir partout des sifflets, se voyant un jour plus maltraité qu'à l'ordinaire, se retourna tranquillement en quittant la scène : « Messieurs, dit-il, vous vous en lasserez ; on s'en est bien lassé ailleurs. »

Un autre, dans le *Joueur*, interrompit son rôle, au milieu des huées, pour s'adresser au parterre en ces termes : « Messieurs, vous me sifflez ; c'est fort bien fait, je ne m'en plains pas. Mais vous ne savez pas une chose, c'est que mes camarades prennent tous les bons rôles, et me laissent les Gérontes, les Dorantes. Ah ! si l'on me donnait un Ariste, un prince, un Pasquin, vous verriez ! Mais, qu'est-ce que vous voulez que je fasse d'un Dorante, d'un Géronte ? Vous ne dites mot il faut donc que je continue. » Il est bon d'ajouter que l'auteur de ce beau discours était quelque peu ivre.

Un *double* fort médiocre, remplaçant un grand chanteur malade, répondit fort sensément à ceux qui le maltraitaient : « Je ne vous conçois pas. Vous imaginez-vous que pour six cents livres que je reçois par an j'irai

1. *Revue rétrospective*, 2ᵉ série, t. IX.

vous donner une voix de mille écus ? » « Messieurs, je
suis honnête homme, dit un autre dans le même cas ;
on me paye pour chanter, je chante et je chanterai. »

Legrand surtout, l'auteur du *Roi de Cocagne*, qui
avait souvent à souffrir des rigueurs du parterre, en
particulier dans ses rôles tragiques, savait prendre son
parti de ses disgrâces. Nul ne conservait mieux son
sang-froid en pareille conjoncture et ne' s'entendait si
bien à désarmer ses juges par un bon mot. Il était
inépuisable de ce côté : « Messieurs, dit-il un jour,
après avoir joué dans une tragédie au milieu des sifflets, provoqués surtout par une physionomie qui
n'avait rien de noble, il vous est plus facile de vous
faire à ma figure qu'à moi d'en changer. »

On donnait *Phèdre*. Tous les acteurs qui jouaient
dans les deux premiers actes furent très mal reçus.
Legrand, pour prévenir une catastrophe encore plus
grande, alla haranguer le public dans l'entr'acte :
« Messieurs, j'ai entendu vos plaintes, et je suis fâché
que mes camarades les aient excitées ; mais que direz-
vous donc quand vous saurez que c'est moi qui dois
remplir le rôle de Thésée ? » On raconte la même
anecdote, en l'appliquant à *Mithridate*, que tous les
doubles représentaient, un jour où les meilleurs de la
troupe avaient été forcés de se rendre à Versailles [1].

Le 20 juillet 1715, on avait réuni sur l'affiche *Andronic*, de Campistron, et la première représentation de la
Fausse Veuve, de Destouches. La tragédie, jouée par
les plus mauvais acteurs, excita les rires universels, et
Legrand, dans le rôle de l'empereur Paléologue, y contribua largement pour sa part. Lorsqu'il vint faire l'annonce pour le lendemain, entre les deux pièces, il s'ex-
prima ainsi :

1. Voy. Lemazurier, I, 325.

« Messieurs, nous aurons l'honneur de vous donner demain le *Joueur* et le *Grondeur*. Je souhaite que la petite pièce que vous allez voir vous fasse autant rire que vous avez ri à la grande. »

Ces saillies étaient toujours couvertes d'applaudissement. Il semble, en vérité, qu'on sifflait Legrand pour se donner le plaisir d'entendre ces ripostes. « Il ne faut pas oublier, dit avec raison Lemazurier à ce propos, que la composition du parterre était alors presque toujours entièrement la même, qu'une infinité de personnes peu instruites ou mal élevées, qui vont aujourd'hui au Théâtre-Français, ne fréquentaient, au commencement du dix-huitième siècle, que les spectacles de la foire, et qu'enfin les acteurs et les spectateurs étaient presque des connaissances intimes les uns pour les autres. »

A la reprise des *Trois Cousines*, Armand venait de chanter le couplet final :

> Si l'amour d'un trait malin
>   Vous a fait blessure,
> Prenez-moi pour médecin
> Quelque bon garde-moulin,
>   La bonne aventure,
>   O gué,
>   La bonne aventure.

On cria *bis*. Sûr de la faveur publique, il recommença ainsi :

> Si l'amour d'un trait charmant
>   Vous a fait blessure,
> Prenez pour soulagement
> Un bon gaillard comme Armand...

Cette variante, d'un goût et d'une convenance plus que médiocres, fut très applaudie, et on la lui redemanda toujours.

Lorsqu'on donna aux Italiens le *Duel comique* (septembre 1776), Carlin, à qui tout était permis, dit, en annonçant la pièce : « Messieurs, je vous réponds de la Musique ; elle vous plaira. Quant aux paroles, heu, heu... vous verrez. » Les amis de l'auteur trouvèrent cette hardiesse très mauvaise ; mais l'auteur lui-même dut convenir, après la représentation, que Carlin avait eu raison.

Schuch, directeur du théâtre de Berlin, irrité de voir le public siffler sa belle-sœur dans le rôle de Sophie, du *Père de famille*, et ne se contenant plus, s'élança hors des coulisses, et parut sur la scène, tenant à la main un fouet de chasse dont il menaçait le public [1]. Il arriva, un jour, en France, un autre trait analogue. On huait une actrice, lorsqu'on vit paraître sur la scène un homme qui vint la prendre par le bras et l'emmener, frémissant d'indignation, en insultant les spectateurs. C'était son mari.

On jouait une pièce nouvelle aux Variétés. Bordier, remplissant le rôle d'un valet qui fait le seigneur, était à table ; entendant un coup de sifflet perçant qui partait du fond de la salle : « Mon ami, dit-il au maître d'hôtel, va donc fermer la fenêtre : le vent siffle. »

Le spectacle de l'Ambigu-Comique venait d'être transporté dans la salle des Variétés. Dans une scène de la *Matinée du comédien* où les deux personnages doivent s'asseoir, il ne se trouva qu'une chaise sur le théâtre. L'acteur Talon, surnommé, comme Bordier, comme Constantin, comme dix autres, le Molé du boulevard, eut la présence d'esprit de la présenter à son interlocuteur, en lui disant : « Excusez, nous ne faisons que d'emménager. » Ce sont là de ces traits de sang-froid que le public ne manque jamais de saisir au vol et d'applaudir.

1. *Mémoires de Brandes*, t. I.

Honoré, mort il y a une vingtaine d'années, vint un soir annoncer, dans je ne sais plus quelle ville de province, qu'un de ses camarades étant indisposé, il priait le public d'en accepter un autre à sa place. Furieux de ce contre-temps, un spectateur placé à l'orchestre se lève et s'écrie qu'il veut l'acteur annoncé, qu'il le lui faut *mort ou vif*. « Messieurs, dit poliment Honoré avec un profond salut, je suis payé pour dire des bêtises, mais je n'aurais jamais trouvé celle-là. »

CHAPITRE XX

Querelles et rivalités d'acteurs.

Il est bien entendu que nous ne parlons pas ici des rivalités naturelles de faveur ou de talent, qui s'élèvent nécessairement entre les artistes contemporains parcourant la même carrière, mais de celles-là seulement qui ont dégénéré en guerres ouvertes, soulevant des polémiques violentes, des disputes ou des troubles.

On peut dire qu'elles ont commencé avec le théâtre. A Rome principalement, elles allèrent fort loin. On connaît celle de Pylade et de Bathylle, qui mit le désordre dans l'Etat et nécessita l'intervention d'Auguste. Les rivalités d'histrions devinrent ensuite de plus en plus graves, surtout à partir des jeux Augustaux de l'an 767, et aboutirent même à des luttes sanglantes entre leurs partisans[1].

Une des premières rivalités historiques que l'on puisse noter chez nous, c'est celle de la troupe de Molière (théâtre du Palais-Royal) avec l'hôtel de Bourgogne, rivalité dont notre grand comique nous a laissé un monument dans l'*Impromptu de Versailles*, où il se

1. Tacite, *Annales*, I, 54.

moque de tous les acteurs de ce dernier théâtre, critiquant et parodiant leur taille, leurs gestes, leur déclamation. Cette satire en attira d'autres à la riposte, et Montfleury surtout, un des comédiens les plus vertement raillés par Molière, lui fit rendre la monnaie de sa pièce par son fils dans l'*Impromptu de l'hôtel de Condé*.

Mais ce n'est ici qu'une rivalité de spectacle à spectacle, et, pour ainsi dire, une question de commerce et de *boutique*. En 1674, Dauvilliers et mademoiselle Dupin suscitèrent des troubles au théâtre Guénégaud, à propos des frais qu'on voulait faire pour la *Circé*, de Th. Corneille; leur opposition finit par prendre un tel caractère que la troupe dut expulser Dauvilliers et Dupin avec leurs femmes; mais ils furent réintégrés peu de temps après.

Au siècle suivant, fécond en grands acteurs, nous trouverons d'autres querelles plus nettement caractérisées. Le tripot comique, suivant l'expression des auteurs du temps, a toujours été d'ailleurs, on le sait, le siège favori des intrigues, des jalousies et des cabales.

C'est d'abord Lekain, qui eut à lutter pendant quinze mois contre le mauvais vouloir de ses camarades. Il lui fallut tout ce temps pour vaincre la répugnance que les acteurs, et surtout les actrices, éprouvaient à jouer avec lui, à cause de sa laideur et de sa malpropreté. A cela se joignaient de petites querelles de foyer attisées par l'impatience et la rudesse avec lesquelles Lekain répondait aux plaisanteries de ces dames [1].

C'est ensuite mademoiselle Clairon, que nous trouvons en lutte avec tout le monde; ici avec mademoiselle Gaussin, « ce pauvre mouton, » pour le rôle d'Arétie, dans *Denys le Tyran*, de Marmontel, qui ne valait guère la peine qu'on se le disputât avec tant

---

1. *Notice de Molé sur les Mémoires de Lekain.*

d'âpreté.[1]; là avec mademoiselle Dumesnil, qu'elle
trouva en possession de toute sa renommée et de tous
les premiers rôles, lorsqu'elle débuta, et dont les qualités et les défauts étaient justement l'opposé des siens.
Mademoiselle Dumesnil, c'était le génie naturel qui ne
devait rien et semblait ne vouloir rien devoir à l'art;
mademoiselle Clairon, au contraire, c'était l'art qui ne
s'abandonnait jamais à la nature. La première se
livrait corps et âme à son inspiration inégale ; la
deuxième ne donnait rien à l'élan et donnait tout au
calcul. Leur fortune avait été bien diverse. Tandis que
mademoiselle Dumesnil conquit, dès le premier jour,
les sympathies et les admirations du public, mademoiselle Clairon, comme Lekain, quoique à un moindre
degré, eut besoin de lutter contre les impressions pri-
mitives, et de s'imposer en quelque sorte, à force
d'art et de travail. Mais, une fois en possession de son
talent et de la faveur publique, elle garda l'un et
l'autre tout entiers jusqu'à la fin de sa carrière, tandis
que mademoiselle Dumesnil, qui la prolongea plus
longtemps, il est vrai, n'offrait plus guère dans les
derniers jours, par la décadence de ses moyens phy-
siques, que l'ombre d'elle-même.

On conçoit que ces deux actrices si différentes devaient avoir chacune ses partisans bien tranchés et
soulever des discussions ardentes au parterre, dans les
journaux ou les livres. Madame de Villeroy tenait pour
mademoiselle Clairon, sa favorite, et la protégeait en
toute occurrence; madame Dubarry, et, par suite,
Louis XV, pour mademoiselle Dumesnil. Voltaire, qui
pourtant aimait beaucoup, et même préférait au fond
celle-ci, n'en réservait pas moins presque tous ses éloges
et tous ses vers à la première, qu'il savait remuante et

1. *Mémoires de Marmontel*, l. III.

ambitieuse. Diderot l'exaltait aussi bien au-dessus de sa rivale. Mais Grimm, La Harpe, Dorat, Lekain, les *Mémoires secrets*, ont proclamé hautement leur préférence pour la seconde. A chaque nouveau rôle, à chaque représentation solennelle, c'étaient, en faveur de l'une ou de l'autre, des intrigues et des cabales à n'en plus finir.

On pense bien que les occasions directes de luttes ne manquèrent pas non plus entre les deux émules. L'altière et violente Clairon se gardait de les laisser tomber à terre; nul ne s'entendait mieux à faire d'une question de personnes une question de principe, et à abriter son intraitable orgueil sous les mots de dignité et de justice.

A l'époque où elle s'était retirée sous sa tente, la Comédie-Française lui envoya une députation pour la supplier de revenir; mademoiselle Dumesnil porta la parole. Mademoiselle Clairon, après quelques remerciements très dignes et très pénibles, interrompit son discours pour dire à l'orateur : « Ce que je ne comprendrai jamais, Mademoiselle, c'est que vous soyez plus applaudie que moi. »

Quand elle eut écrit ses *Mémoires*, où elle jugeait mademoiselle Dumesnil avec trop de sévérité sans doute, mais plus impartialement néanmoins, en quelques endroits qu'on ne s'y fût attendu de sa part, celle-ci s'en émut au fond de la province où elle vivait presque oubliée, et y répondit, ou plutôt y fit répondre par ses propres *Mémoires* qui ne sont en réalité qu'une longue et vive polémique, un spirituel et violent persiflage, où elle prend d'un bout à l'autre *mademoiselle Hippolyte* à partie, et réfute pied à pied, non sans beaucoup d'aigreur, toutes ses réflexions sur l'art dramatique. C'est à cette source que pourront recourir ceux qui veulent avoir des détails circonstanciés, bien qu'un peu suspects, sur la rivalité et les querelles des deux grands artistes.

Le public prenait parti par des chansons et des épigrammes. En voici une contre mademoiselle Clairon qui est cruelle, mais qui malheureusement n'est pas sans quelque vérité dans son hyperbole :

> De la cour tu voulais en vain
> Expulser, ô Clairon, ton illustre rivale[1] :
> Dumesnil paraît, et soudain
> D'elle à toi l'on voit l'intervalle,
> Renonce, crois-nous, au dessein
> De surpasser cette héroïne ;
> Ton triomphe le plus certain
> Est d'avoir en débauche égalé Messaline.

Du reste, comme nous l'avons dit, mademoiselle Clairon fut plus ou moins en guerre avec presque tout le monde : avec Préville, qu'elle accusa dans ses *Mémoires* d'avoir voulu profiter de la catastrophe théâtrale connue sous le nom de *Journée du siège de Calais* pour arriver à lui faire prendre sa retraite ; avec mademoiselle Dubois qui était pourtant son élève, mais que le même événement tourna contre elle, et qu'elle a fort maltraitée, etc. Les acteurs en possession des premiers emplois ne manquaient pas de s'opposer à la réception de ceux qu'ils prévoyaient devoir leur susciter une dangereuse concurrence, ou de leur interdire, avec un soin jaloux, l'accès de certains rôles. Une petite anecdote à ce propos : « Mademoiselle Clairon avait pour chef d'emploi mesdemoiselles Hus et Dumesnil. Comme on se préparait à donner le *Comte d'Essex*, elle demanda à l'assemblée qui jouerait Elisabeth, et mademoiselle Dumesnil répondit qu'elle s'en chargeait : « Je

---

1. Allusion à la représentation d'*Athalie* devant le roi (23 mai 1770) pour laquelle, grâce à ses protecteurs, mademoiselle Clairon était parvenue à l'emporter sur mademoiselle Dumesnil, au mépris de tous les droits.

ferai donc la duchesse, dit-elle alors. — Non pas, s'il vous plaît, s'écria mademoiselle Hus; c'est mon rôle, et je ne m'en dessaisis point. — Bien, reprit mademoiselle Clairon, je prendrai la confidente : il n'y a pas grand'-chose à dire; c'est justement mon affaire. » On crut qu'elle voulait rire ou qu'elle parlait par dépit ; mais, le jour venu, elle parut en qualité de confidente à côté de mademoiselle Hus, qui n'eut pas lieu de se féliciter de sa résolution, lorsqu'elle entendit les huées qui l'accueillirent et les applaudissements redoublés que le public ne cessa de prodiguer à mademoiselle Clairon, comme s'il eût su ce qui s'était passé. C'est ainsi qu'on la dédommagea d'une modestie insolite, qui lui eût été certainement bien pénible, sans l'espoir d'humilier son chef d'emploi.

Vers 1767, la jalousie de mademoiselle Dubois, fatale aussi à mademoiselle Clairon (du moins à ce qu'elle a prétendu), força son double, mademoiselle Duranci, à se retirer à l'Opéra. Au témoignage de Lekain, cette dernière promettait de devenir une de nos meilleures comédiennes; c'est précisément pour cela que mademoiselle Dubois, dont les charmes étaient tout puissants près des gentilhommes de la chambre, n'eut pas de repos qu'elle ne fût partie. Cette querelle amena une hostilité momentanée entre Molé et Lekain.

Molé et Préville poussèrent aussi la rivalité jusqu'à une sorte de guerre ouverte : « Il suffit que Molé ait un rôle intéressant dans une pièce pour que Préville refuse d'y jouer », dit Grimm (1er janvier 1769).

Mais c'est surtout avec Monvel que Molé était fort mal, ce qui n'empêcha pas Monvel de lui confier le rôle principal de son *Amant bourru*. L'ouvrage obtint un succès éclatant, et l'acteur et l'auteur, ayant été rappelés, se réconcilièrent devant le public en se jetant dans les bras l'un de l'autre.

En 1770, Chevalier fut expulsé de la Comédie-Française, comme convaincu d'avoir excité des troubles dans le parterre contre son camarade Dalainville.

Lorsque Fleury se présenta au Théâtre-Français, il y trouva, suivant l'usage, Bellecourt Monvel et Molé pour lui barrer obstinément le chemin. Une fois définitivement reçu, il eut à lutter longtemps encore contre la mauvaise volonté du dernier, qui lui suscita des tracasseries de toute sorte, et, pour se débarrasser d'un péril qui inquiétait sa réputation, s'acharna à lui opposer Florence, assez médiocre comédien, dans sa candidature au titre de sociétaire. Mais, grâce à sa ténacité et à la protection de madame Campan, Fleury parvint au but de son ambition [1]. Molé n'en continua pas moins de le tracasser : « La Comédie-Française, lit-on dans les *Mémoires de Fleury*, était encore dans l'usage de ne point mettre sur l'affiche le nom des acteurs qui devaient jouer dans la représentation annoncée, de sorte que le public, qui s'attendait à voir l'acteur aimé, ne trouvant le plus souvent que son double, murmurait ou même faisait mieux... Un jour, on afficha la tragédie de *Zaïre*. Molé devait jouer Nérestan ; à trois heures il fait dire qu'il est indisposé. On vient tout de suite m'avertir que je dois remplacer mon chef d'emploi : je réponds que je suis tout prêt. En effet, j'entre en scène et le public, qui s'attendait à voir l'acteur chéri, fait éclater son mécontentement. En rentrant dans les coulisses, la première personne que je vois, c'est Molé, qui semblait n'y être venu que pour jouir de mon embarras... Le second acte commence, j'entre à ma réplique. Molé tend la tête pour voir l'accueil qu'on fait à son double, et moi je salue le public et je dis : « Messieurs, j'ai dû remplir mon devoir en jouant le rôle de Nérestan, mais M. Molé est en ce moment au théâtre, et j'ai

1. *Mémoires de Fleury*, ch. XIV.

l'honneur de vous annoncer qu'il jouit de la santé la la plus parfaite. » — « Messieurs, le voilà, » s'écrie une voix qui part de l'avant-scène de secondes ; puis un homme se lève désignant Molé. Celui-ci, stupéfait, était cloué là, comme pour justifier mon dire. Le public applaudit. Nérestan alla bien, et Molé n'eut plus envie de me jouer de ces tours. — Mon généreux spectateur était Dorat[1]. Molé parvint ainsi à tenir si longtemps Fleury sur le dernier plan que l'âge des amoureux était passé pour lui quand il put en aborder franchement les rôles. Du reste, Molé, enivré de la faveur que lui témoignait le public, était renommé à bon droit par sa fatuité et sa hauteur. Un jour même (novembre 1772), il s'emporta jusqu'à accabler dans une réunion de comédiens, madame Préville d'expressions tellement outrageantes, que le mari de celle-ci dut avoir recours aux gentilshommes de la chambre pour obtenir une réparation d'honneur. On exigea que Molé fît des excuses à l'insultée ; il s'y refusa, préférant demander sa retraite. Mais il est probable qu'il vint à résipiscence, car cette retraite n'eut pas lieu[2].

N'oublions pas non plus la rivalité passagère de Dugazon et de Dazincourt, les deux meilleurs valets de la Comédie-Française, vers la même époque. Il s'agissait de leurs prétentions exclusives à la *grande casaque*, c'est-à-dire à la camisole rouge qui recouvrait au théâtre les chefs de file de la livrée. Les choses en vinrent jusqu'à un duel, qui après une blessure assez vigoureuse reçue de part et d'autre, se termina par un déjeuner. Dazincourt était brave. Lors de ses débuts à Bruxelles, il s'était déjà battu avec un camarade insolent, Dubois, qu'il avait grièvement blessé [3].

---

1. *Mémoires de Fleury*, ch. XVI.
2. *Mémoires secrets*, VI, p. 259.
3. *Mémoires de Dazincourt*, 267.

Les duels entre comédiens sont un fait assez rare, mais dont on pourrait cependant citer un certain nombre d'exemples. Ainsi l'acteur Roselli fut tué, dans une de ces rencontres, par un de ses confrères nommé Ribou. C'est à l'occasion d'un rôle que Ribou ne voulait pas céder à Roselli qu'eut lieu ce combat singulier. Roselli, qui était d'un caractère conciliant et ne savait pas manier l'épée, ne voulait point se battre, mais Ribou l'y força en quelque sorte. Le duel eut lieu dans la rue, près Saint-Sulpice, sur les neuf heures du soir. Roselli ne mourut que plusieurs jours après, et fit généreusement tout ce qu'il put pour épargner à son meurtrier les suites de cette affaire[1].

Garrick fut blessé au bras droit par son collègue Giffard, dont il avait parodié le jeu, dans le rôle de Bayes, de la *Répétition*.

Fleury se battit plusieurs fois avec Dugazon. En 1781, Larive et Florence croisèrent leurs sabres de théâtre l'un contre l'autre, sur la scène, derrière le rideau. On crut d'abord que c'était un jeu, et on ne songea à les séparer qu'en voyant leur animation. Ils se donnèrent rendez-vous pour le lendemain aux Champs-Elysées, où Larive désarma trois fois Florence s'en qu'il en coulât une goutte de sang. En 1790, Talma se battit au pistolet avec Naudet, qui, manqué par lui, tira en l'air, quoique la veille Talma l'eût frappé au visage.

Bien plus, des actrices croisèrent quelquefois l'épée l'une contre l'autre. Sauval nous apprend que mademoiselle Beaupré, une des premières femmes qui aient paru sur la scène française, et qui fut attachée à la troupe du Marais jusqu'en 1669, époque où elle passa au théâtre du Palais-Royal, adressa un cartel à sa camarade Catherine des Urlis à la suite d'une dispute, et que toutes les deux se battirent à l'épée sur le théâtre

1. *Anecdotes dramatiques*, II, 447-8. *Journal de Collé*, I, 326.

même. La Beaupré, raconte Tallemant, alla quérir deux épées nues épointées. Catherine des Urlis en prit une croyant badiner ; la Beaupré, en colère, la blessa au cou et l'eût tuée si on n'y eût couru. Cela se passait en 1649.

Au dix-huitième siècle, mesdemoiselles Théodore, danseuse célèbre, et Beaumesnil, cantatrice, toutes deux de l'Opéra, arrangèrent une rencontre à la porte Maillot pour une rivalité d'amour. Elles allèrent au rendez-vous chacune dans sa voiture, vêtues en amazones, et ayant pour témoins, la première, mesdemoiselles Fel et Charmoy, la seconde mesdemoiselles Geslin et Guimard. L'affaire devait avoir lieu au pistolet. Au moment où elles s'apprêtaient à commencer, Rey, basse-taille du même théâtre, les rencontre et épuise son éloquence pour les calmer. Toutes ses représentations sont inutiles. Les deux rivales s'emparent des armes et s'ajustent. Mais Rey avait eu soin, en leur parlant, de déposer les pistolets sur un gazon humide ; ils firent long feu, et il ne resta plus qu'à s'embrasser.

En 1820, deux danseuses renouvelèrent ce beau spectacle en se battant derrière le rideau, avec deux fleurets mouchetés, mais non sans une ardeur qui pouvait devenir quelque peu meurtrière. Il s'agissait d'un riche comte suédois, ou plutôt de son chien, dont nos deux coryphées se disputaient le collier en or.

La fameuse mademoiselle Maupin était aussi, avant sa conversion finale, une des plus vaillantes amazones qui se pût voir, et elle se battit une fois entre autres contre trois hommes qu'elle vainquit[1]. Insultée par Dumesnil, acteur de l'Opéra, elle alla l'attendre un soir sous un déguisement masculin, à la place des Victoires et, sur son refus de mettre l'épée à la main, lui donna des coups de canne.

1. *Anecdotes dramatiques*, III.

Laissons là les duels, et reprenons la suite des grandes rivalités d'acteurs.

Il y eut en Angleterre, entre Garrick et Macklin, une querelle qui se manifesta par des *factums* de part et d'autre, par des cabales et des scènes tumultueuses. Quin et Garrick furent aussi divisés, tant que le premier resta au théâtre, par une rivalité jalouse. Une discussion qui s'éleva, le 10 mai 1735, entre Macklin et un autre acteur nommé Hallam, au sujet d'une perruque dont chacun se disputait la possession pour jouer dans la pièce, eut le plus déplorable résultat. Macklin, dont le caractère était irascible, saisit une canne et en porta un coup si malheureux à Hallam que le bout du bâton lui entra dans l'œil gauche et pénétra dans le cerveau. Le malheureux mourut le lendemain. Macklin, poursuivi comme meurtrier, fut sauvé par la question intentionnelle. Cela ne l'empêcha pas de boxer un peu plus tard, en plein foyer, avec Quin, qui voulait le forcer de jouer autrement dans le *Franc Parleur*, de Wicherley, sous prétexte que Macklin avait adopté un jeu muet qui nuisait souvent à l'effet de ce qu'il avait à dire lui-même. Un duel s'en fût suivi sans le directeur, qui arrangea l'affaire[1].

Une des querelles les plus célèbres, les plus longues et les plus compliquées, au dix-huitième siècle, fut celle qui s'éleva en France entre madame Vestris et mademoiselle Sainval aînée. Ces deux actrices, toutes deux goûtées du public, l'une par un jeu égal, noble, intelligent, mais un peu froid, l'autre par des éclairs d'un talent vigoureux qui la rapprochaient quelquefois de mademoiselle Dumesnil, remplissaient des rôles analogues, quoique les reines fussent spécialement réservées à mademoiselle Sainval, et les princesses à madame Vestris. Cette dernière, protégée par le duc de

1. *Mémoires de Ch. Macklin*, in-8°, p. 289, 295.

Duras, avait déjà envahi jusqu'à cent onze rôles, tandis que l'autre n'en possédait que vingt-trois, treize grands et dix petits. Mademoiselle Sainval, mécontente de ce partage inégal, avait plusieurs fois réclamé vainement, avec son habituelle impétuosité de caractère, quand elle revint plus vivement à la charge en 1779. Madame Vestris, favorisée par les comédiens, se déclara prête, par amour pour la paix, à céder huit ou neuf rôles à sa rivale; mais dans cette liste n'était compris aucun de ceux que réclamait mademoiselle Sainval.

«La princesse passe pour être un peu sujette au fureurs hystériques; de pareilles circonstances, ne sont pas propres à la guérir. Aussi chaque jour on a toutes les peines du monde à l'empêcher de faire quelque nouvelle extravagance. Depuis quinze jours, il est déjà arrivé deux ou trois fois que la Vestris était habillée pour jouer *Roxane* ou *Didon!* Sainval voulait absolument s'habiller de son côté et paraître en même temps sur la scène, où l'on aurait vu deux *Didon* ou deux *Roxane* à la fois. Mademoiselle Sainval sait qu'elle est beaucoup plus chérie du public : il n'est pas douteux qu'elle n'eût remporté une victoire complète sur le théâtre, mais on n'attendait que ce moment pour la faire arrêter, et son triomphe eût fini par coucher en prison[1]. »

Sur ces entrefaites parut une violente et mordante brochure contre madame Vestris et son parti, brochure qu'on ne manqua pas d'attribuer à mademoiselle Sainval et qui acheva de porter le désordre à son comble. Le Sénat comique se partagea en deux : d'un côté onze comédiens, Monvel, Fleury, Dazincourt et surtout Molé, se déclarèrent pour mademoiselle Sainval; mais le plus grand nombre et les noms les plus influents, principalement Larive, Préville, Brizard, Dugazon, frère de

---

1. *Correspondance secrète*, VIII, 211.

madame Vestris, et Lekain qui, dans ses *Mémoires*, a
fort maltraité mademoiselle Sainval et combattu vivement la justesse de ses prétentions, se remuaient avec
zèle en faveur de son adversaire. Quoique la marquise
de Saint-Chamond se fût déclarée l'auteur de la brochure qui avait tant fait de bruit, mademoiselle Sainval
n'en fut pas moins rayée du tableau de la Comédie-
Française, et exilée en province, avec défense d'appro-
cher à moins de trente lieues de Paris. Elle s'en consola
en jouant avec un succès prodigieux et au milieu d'un
enthousiasme poussé jusqu'au délire sur les scènes des
principales villes. A Bordeaux, comme elle finissait
Mérope, deux amours sortirent d'un nuage pour la couronner, aux acclamations du public, qui lui jetait des
fleurs et des pièces de vers, et qui demandait à grands
cris une représentation à son profit. A Avignon, une
colombe vint lui apporter une couronne, à laquelle
était attaché un huitain louangeur [1].

Mademoiselle Sainval cadette, actrice de grand talent
aussi, prit naturellement fait et cause pour sa sœur, et
refusa d'abord de remonter sur le théâtre. Quand elle
consentit enfin à y reparaître, ce ne fut que pour donner
au public occasion de lui témoigner ses sympathies par
des applaudissements non équivoques. Ils furent si
vifs à son entrée sur la scène qu'elle tomba évanouie
d'émotion. La pièce fut suspendue; à la reprise, les trépignements, les transports, les éclats se manifestèrent
avec moins de force, par ménagement pour elle, mais
on saisissait au vol chaque vers qui pouvait fournir une
allusion ; on criait, au milieu des applaudissements :
Les deux Sainval! et il fallut bien que le duc de Duras,

---

1. *Mémoires secrets*, 18 février 1780. C'était là un usage assez répandu
surtout dans les villes enthousiastes du Midi. Au mois d'avril 1782, une
galanterie tout à fait pareille, cette fois doublement bien placée, fut faite
à Toulouse, à mademoiselle Colombe, une des plus célèbres actrices de
la Comédie-Italienne.

caché dans sa loge, subît la leçon jusqu'au bout. C'était dans *Tancrède*. Quelque temps après, dans *Ariane*, ce fut la même chose encore, et elle ne prononça pas une seule fois le mot de *sœur* sans être applaudie frénétiquement.

On ne peut se figurer tout le trouble et tous les embarras que causa cette affaire. Pour en donner une idée, nous emprunterons quelques passages à la *Correspondance secrète*, qui l'a suivie en détail, ainsi que les *Mémoires secrets* :

8 août 1779. « Le public est assez généralement pour Sainval ; on la plaint, on la regrette. Malgré les sergents et les gardes répandus dans toute la salle et même placés aux portes des loges, lorsque la belle Vestris fait la reine à son aise, on se mouche, on crache, on frappe des pieds, et la tranquille majesté de la princesse a bien de la peine à ne pas se déconcerter. Adieu la tragédie ! »

14 août. « L'affaire de la Sainval l'aînée a des suites. On prétend que dans les Mémoires présentés à la cour pour la faire punir, on l'accusait d'avoir volé, et que l'on avançait en même temps que son frère avait été roué[1]. La Sainval, irritée de toutes ces gentillesses, intente, dit-on, un procès criminel à la triomphante madame Vestris. En attendant, on n'ose plus donner de tragédies à la Comédie-Française. Depuis quinze jours on n'y a hasardé que la représentation de *Cinna*. Il est impossible que ce spectacle reste dans l'état où il

---

1. Ce frère, sous-officier dans un régiment de cavalerie, avait, en effet, commis sur un de ses camarades un meurtre passible de la roue, mais la peine capitale avait été commuée en une prison perpétuelle. Le 13 avril 1769, les comédiens avaient pris un arrêt par lequel ils s'en rapportaient à la décision des premiers gentilshommes de la chambre pour savoir s'ils devaient, après cet événement, conserver mademoiselle Sainval au milieu d'eux, et ceux-ci répondirent, le 19, en les autorisant à la garder (Voy. une note des *Mémoires de Lekain*, in-8°, 1825, p. 207-11).

est. Beaucoup de gens croient que l'on sera forcé de rappeler Sainval. »

29 août. « On avait annoncé *Didon* pour samedi dernier. Mais *Didon* appartient encore à M. Le Franc (de Pompignan), qui n'a jamais rien reçu pour cette pièce, et M. Le Franc a chargé de ses pouvoirs à ce sujet madame la marquise de Saint-Chamond, auteur des fameuses lettres qui ont été la cause du désastre de Sainval l'aînée. A quatre heures après midi, est arrivée défense de la part de cette dame de représenter *Didon*, à moins qu'on ne donnât le rôle à la jeune Sainval. On juge bien que la Vestris aurait plutôt crevé que d'y consentir; mais, si cela continue, elle n'y perdra rien, car elle crèvera de dépit. Les comédiens ont mieux aimé substituer le *Joueur* à *Didon*, et tous ceux qui étaient venus pour voir jouer cette tragédie, c'est-à-dire les trois quarts et demi de la salle, ont témoigné un mécontentement général. »

Plus loin, la *Correspondance secrète* donne une facétie qui courait alors dans le public, sous le titre de *Supplément à la Gazette de France :* elle divisait toute la Comédie en deux escadres, sous les ordres de Vestris et de Sainval, et rendait compte de leurs combats. Comme cette pièce, passablement longue, est très connue, nous ne la donnerons pas ici, non plus que les autres pièces du même genre se rapportant, en tout ou en partie, à cette querelle, et dont on en verra plusieurs dans les *Mémoires de Bachaumont*[1] à la même date. La littérature périodique ne manqua pas de s'en mêler aussi ; le *Mercure* se déclara pour madame Vestris ; mais Linguet, qui était alors une véritable puissance, harcela le duc de Duras de ses malignes épigrammes. Enfin, le bruit finit par se calmer peu à peu pour faire place à de nouveaux troubles.

1. XIVᵉ volume.

Mesdemoiselles Sainval et Vestris étaient punies par où elles avaient péché. Si l'on en croit les *Mémoires secrets*, elles s'étaient réunies, lors des débuts de mademoiselle Raucourt (1772-1773), pour combattre, à force d'intrigues et de cabales, le succès extraordinaire qu'obtint tout d'abord cette actrice. On connaît le bon mot prononcé à une représentation de *Cinna*, où mademoiselle Raucourt jouait Émilie. Un chat se trouvait dans la salle et s'y livrait aux plus affreux miaulements : « Je parie que c'est le chat de mademoiselle Vestris, » s'écria une voix dans l'auditoire [1].

Durant cette grande querelle, un rapprochement eut lieu entre madame Vestris et mademoiselle Raucourt qui avait quitté le théâtre, et qu'on rappela pour remplacer mademoiselle Sainval. Elle fut huée comme le fut aussi madame Préville pour la même raison : Préville et sa femme donnèrent même leur démission et ne consentirent à rentrer qu'en faisant leurs conditions.

Les suites et épisodes de cette guerre furent innombrables : querelle entre mademoiselle Raucourt et les comédiens, irrités que celle-ci se fût présentée au comité, son ordre de début à la main, et sans avoir daigné les faire prévenir ; querelle entre Larive et Ponteuil, et, par suite, entre leurs partisans : Larive est obligé de quitter, mais on le venge en sifflant Ponteuil d'un bout à l'autre de *l'Orphelin de la Chine ;* désordres et anarchie de tout genre parmi les comédiens comme parmi le public. Il fallut doubler la garde, prendre des arrêtés, surveiller sévèrement les émeutes du parterre, et l'émotion causée par le départ de mademoiselle Sainval durait encore plusieurs années après.

. Bien plus, en 1784, la querelle se ralluma aussi ardente que jamais entre madame Vestris et mademoiselle Sainval cadette, pour une cause tout à fait ana-

---

1. *Mémoires secrets*, VI, 283.

logue. Cette fois encore il y eut des lettres publiques, des factums et mémoires à consulter. Le théâtre et les amateurs se partagèrent derechef en deux bandes : le public fut pour mademoiselle Sainval, qui demandait sa retraite, en s'appuyant sur ce que madame Vestris ne lui laissait pas de rôles ; mais mademoiselle Clairon, alors retirée du théâtre, dans une lettre imprimée, où, d'ailleurs, elle malmenait nommément la plupart des comédiens, traita mademoiselle Sainval et ses prétentions avec le dernier mépris. Pendant toute la durée du débat, l'une s'obstina à se prétendre malade, et l'autre à ne pas vouloir paraître sur la scène. Il y eut procès en diffamation intenté à celle-ci par celle-là, et défense à l'accusée, de la part de l'autorité supérieure, qui voulait assoupir la querelle, de publier sa réponse. La discussion, que nous ne pouvons suivre dans ses détails, se termina, au moins extérieurement, par une lettre de mademoiselle Sainval, annonçant qu'elle se désistait de ses prétentions.

A la même date, l'Opéra tout entier en révolte contre son directeur, de Vismes, qui fut obligé d'employer l'autorité royale et le For-l'Évêque pour soumettre ses sujets récalcitrants, était encore troublé par la rivalité de deux chanteuses, mesdemoiselles Rosalie et Beaumesnil. La cause était toujours la même. Celle-ci se plaignait que celle-là accaparait tous les rôles, même ceux qui n'étaient pas de son emploi, et chacune faisait agir ses amants et ses journaux. La première finit par l'emporter.

Je ne parle pas des autres querelles de moindre importance, comme celle qui divisa Molé et Velaines, en 1768, celle qui s'éleva à la mort de Lekain, entre Molé, Monvel et Larive, pour le partage de ses rôles, et qui ne se dénoua que par l'intervention souveraine du duc de Duras.

De tout temps la jalousie fut l'âme des *tripots comiques*. Nous venons de voir à quels excès elle se portait souvent. En voici encore quelques exemples bien autrement énergiques. Nous avons déjà dit que le comédien Dauvilliers, jaloux de Baron, lui donna une épée non émoussée, dans la tragédie de *Cléopâtre*, espérant qu'il se blesserait et se tuerait peut-être. En 1778, la signora Vidali ayant été huée dans la *Jardinière supposée*, à l'Opéra, par le public qui demanda à grands cris une autre actrice, dévorée de jalousie et attribuant cette préférence au directeur du théâtre, M. de Vismes, elle perdit la tête au point d'attaquer dans la coulisse un homme qui lui ressemblait et qu'elle voulait poignarder [1].

« La du Fayel, actrice des Italiens, passe pour avoir tenté d'empoisonner sa sœur, qui a débuté il y a quelque temps et qui a eu beaucoup plus de succès qu'elle, » lit-on dans la *Correspondance secrète*, à la date du 14 août 1779.

En 1785, les hostilités s'engagèrent entre mademoiselle Contat et madame Vanhove, celle-ci accusant l'autre d'être jalouse des succès de sa fille, et de chercher à les contrarier, accusée à son tour d'avoir voulu nuire à la sœur de mademoiselle Contat. Il fallut, pour y mettre fin, l'intervention du duc de Duras et de l'assemblée comique.

En 1788, Monvel, à son retour de Suède, rencontra le plus mauvais vouloir de la part du comité, qui s'opposa à sa rentrée. On lui tenait rigueur pour sa fugue, et, malgré les efforts de Molé, réconcilié franchement avec lui, les portes lui restèrent impitoyablement fermées pendant longtemps.

Une autre querelle, qui faillit avoir, qui eut même les plus graves conséquences, ce fut celle qui divisa la

1. *Mémoires secrets*, XII, p. 181.

Comédie-Française à propos de Talma, en 1790. Après l'éclatant succès par lequel il s'était révélé dans le *Charles IX*, de Joseph Chénier, le jeune tragédien pensa qu'on pouvait bien déroger en sa faveur à la sévérité des règlements et l'admettre aux premiers rôles ; mais ceux-là mêmes qui avaient le plus vivement réclamé, à leurs débuts, contre les inflexibles droits d'ancienneté, maintenant qu'ils les avaient pour eux, tenaient à les garder, d'autant plus que leur jalousie s'alarmait des triomphes du nouveau venu. Talma avait pour lui Dugazon et madame Vestris, contre lui Dazincourt, Fleury mesdemoiselles Raucourt et Contat. Les deux partis étaient en présence, quand une lettre écrite par Talma au journal les *Révolutions de France et de Brabant*, sur les dissensions intestines de la Comédie, fit éclater l'orage. Fleury proposa son expulsion, qui fut décidée aussitôt à la presque unanimité. Cet arrêté souleva une grande effervescence au dehors : l'Hôtel de Ville envoya l'ordre aux comédiens de révoquer leur sentence, mais ils refusèrent. Le peuple s'en mêla. Le 16 septembre 1790 la salle se trouva emplie jusqu'aux bords, et à peine la toile fut-elle levée qu'un cri formidable partit de toutes les poitrines : Talma ! Talma ! En vain Fleury en scène essaye de donner quelques explications, les cris redoublent de violence, surtout lorsque le fougueux Dugazon vient, sur le théâtre même, accuser toute la Comédie et prendre la défense de l'acteur expulsé. Ce fut une scène indescriptible, et, comme Talma ne paraissait point, en un clin d'œil les bancs sont brisés. on escalade la rampe, et Dieu sait ce qui se préparait sans l'arrivée fort opportune, mais un peu tardive, de la force armée !

Après de nouveaux pourparlers avec l'Hôtel de Ville, il fallut enfin accéder aux ordres les plus précis et les plus sévères. Talma rentra dans *Charles IX;* mais

Fleury avait blessé Dugazon en duel, et mesdemoiselles Contat et Raucourt avaient donné leur démission[1].

La Révolution fut, du reste, une grande source de dissensions à la Comédie-Française. Déjà, avant *Charles IX*, les acteurs s'étaient divisés en deux camps hostiles, les *avancés* et les *rétrogrades*. De moment en moment, ces dissentiments devenaient plus marqués, et ils ne tardèrent pas à arriver à leur paroxysme. Les difficultés de la situation théâtrale et la ligue des auteurs y aidant, la Comédie-Française se dédoubla, et une troupe rivale, où étaient les transfuges Talma, Dugazon madame Vestris, mademoiselle Desgarcins, alla s'établir rue Richelieu, au théâtre de la République, jusqu'à ce qu'enfin les débris dispersés se reconstituassent sous le Directoire.

Dans notre siècle, les querelles et rivalités d'acteurs n'ont pas plus fait défaut. Il y eut lutte entre mesdemoiselles Bourgoin et Volnais, qui partageaient les mêmes emplois, et plus tard entre mademoiselle Bourgoin et mademoiselle Mars, qui retourna contre elle les droits de *primauté* dont celle-ci avait abusé contre mademoiselle Volnais.

Lafon, qui avait déjà été auparavant en lutte contre Larive, fut toujours dans un état d'hostilité plus ou moins ouverte contre Talma, qu'il n'appelait jamais que l'*autre*, afin de ne pas avoir à prononcer son nom. Il eut pour lui, dans ce combat inégal, le critique Geoffroy, qui l'avait soutenu et exalté contre Larive. On sait que Talma, poussé à bout par l'Aristarque du *Journal des Débats*, se précipita un jour dans sa loge pour lui faire cette rapide *imposition* des mains (un soufflet, suivant les uns, suivant les autres un simple

---

1. On peut voir dans le *Catalogue Soleinnes* (Voy. n° 764), une liste des écrits qui furent publiés alors sur cette querelle de Talma avec la Comédie-Française, et sur son duel avec Larive, qu'il blessa grièvement.

serrement de poignet), qui fournit au journaliste le sujet d'un de ses plus piquants feuilletons [1].

Geoffroy, dont le caractère était loin de valoir le talent, avait la passion de s'immiscer dans les querelles de coulisse, et de prendre parti dans ces luttes compromettantes pour sa dignité littéraire. Presque toujours, en outre, il eut le malheur d'épouser les prétentions les moins justes et les plus insoutenables, et de les défendre d'une manière qui faisait suspecter son désintéressement. Ce fut encore ainsi qu'il se prononça pour mademoiselle Georges dans la fameuse lutte entre cette actrice et mademoiselle Duchesnois, qui transforma pendant trop longtemps le parterre du Théâtre-Français en une scène de pugilat.

Mademoiselle Duchesnois avait débuté en juillet 1802 avec un très grand succès, et dès le mois de novembre de la même année, malgré l'opposition jalouse de la plupart de ses camarades, elle avait été couronnée sur la scène même. Ce n'est qu'avec la plus grande peine qu'elle avait pu obtenir de débuter à la Comédie-Française. Modestement mise, elle allait tous les soirs dans les coulisses chercher quelque protection bienveillante, et n'y rencontrait que dédain et raillerie. A ses premières représentations, rappelée par le public, elle ne trouvait personne du théâtre pour lui donner la main. Florence seul eut d'abord ce courage, auquel il dut renoncer bientôt dans son propre intérêt [2].

---

1. Dans une lettre qu'il écrivit à ce sujet au *Journal de Paris* (décembre 1812), Talma explique qu'il voulait expulser Geoffroy d'une loge à laquelle il n'avait pas droit et il le met au défi de se plaindre aux tribunaux, en le menaçant de révéler des faits honteux pour lui. Quelles que fussent ses raisons, elles ne pouvaient justifier sa conduite. Le critique eut encore d'autres vengeances à subir. Dugazon se grima un jour comme lui à Bordeaux, et parut ainsi sur le théâtre pour faire le compliment au public et avoir le plaisir de se faire siffler sous cet accoutrement. La joue de Geoffroy fit aussi connaissance en pleine loge avec l'éventail de mademoiselle Contat. C'étaient là d'inexcusables et odieuses représailles.

2. Ch. Maurice, *Histoire anecdotique du théâtre*, I.

Quelques jours après le couronnement de mademoiselle Duchesnois, mademoiselle Georges, élève de mademoiselle Raucourt et protégée de madame Louis Bonaparte (la reine Hortense), débutait par Clytemnestre. Douée d'une beauté magnifique et d'une grande intelligence, elle n'avait pas l'âme et la chaleur de la première ; c'était une *reine* majestueuse, qui eût mieux fait de ne pas aborder l'emploi des princesses, où il faut plus de tendresse et d'expansion. Mais ses amis la poussèrent à se montrer dans les rôles de mademoiselle Duchesnois, et même dans celui de *Phèdre*, qui était le triomphe de celle-ci. Cette prétention de se poser en rivale d'une actrice qui, du premier coup, s'était placée au rang des plus grandes, souleva contre mademoiselle Georges les partisans de mademoiselle Duchesnois, et ils témoignèrent vivement et tumultueusement leur indignation. Le parterre du Théâtre-Français se divisa en deux camps bien tranchés, où il n'était pas permis de rester indifférent. Chacun tint à honneur d'applaudir frénétiquement chaque geste, chaque hémistiche de sa divinité, et de siffler à outrance chaque hémistiche et chaque geste de la divinité rivale. La violence même s'en mêla, dans les coulisses comme dans l'auditoire. Mademoiselle Raucourt, qui patronnait naturellement son élève, ayant été accueillie un jour par un sifflet, dans une représentation d'*Iphigénie en Aulide*, l'attribua à mademoiselle Duchesnois : « Elle voulut s'en venger à force ouverte, dit M. de Manne dans la *Nouvelle Biographie générale*, et il fallut arracher de ses mains Éryphile, qui n'était nullement de taille à lutter contre la colossale Clytemnestre. »

Sans l'intervention de l'impératrice Joséphine, qui fit ordonner sa réception en 1804, il est probable que, malgré la supériorité de son talent, mademoiselle Duchesnois eût été vaincue. L'admission des deux antagonistes et une ligne de démarcation nettement tracée entre leurs emplois apaisèrent enfin ces troubles, en attendant que mademoiselle Georges, par sa fuite imprévue à Vienne, puis en Russie (1808), laissât le champ tout à fait libre à sa rivale [1].

Dans des temps trop rapprochés de nous pour que je m'y appesantisse, on sait quelle fut la rivalité momentanée de mademoiselle Rachel et de mademoiselle Maxime, qu'on tenta un instant de lui opposer. En 1833 ou 1834, l'engagement de Bocage au Théâtre-Français donna lieu à la protestation d'une partie des comédiens contre cette décision du comité, et vingt ans après, la nomination de Bressant comme sociétaire par un ukase ministériel, en dehors des règles, amena, entres autres protestations, la démission de Brindeau, donnée avec éclat. Au reste, en ce rapide aperçu, je n'ai pu et voulu qu'indiquer les luttes les plus célèbres, soit par le bruit qu'elles firent, soit par les noms qui les soulevaient. On conçoit qu'il serait ridicule de prétendre épuiser un si inépuisable sujet.

Nous ne dirons qu'un mot, pour finir, des émeutes et rébellions de comédiens soulevés en masse, soit contre leur directeur, soit contre un de leurs camarades. En 1743, les acteurs de Drury-Lane se révoltèrent contre le directeur Fletwood ; les péripéties de cette guerre ont été racontés dans la *Vie de Garrick*, par Murphy. et dans les *Mémoires de Macklin*. On connaît le grand soulèvement du Théâtre-Français, le 15 avril 1765, à la reprise du *Siège de Calais*, à propos du comédien Dubois. Celui-ci, traité d'une maladie honteuse par un chirurgien, qui réclamait ses honoraires, prétendait l'avoir payé, en présence de son camarade Blainville

---

1. On a fait là-dessus la *Guerre théâtrale*, poème en trois chants, dédié à mademoiselle Duchesnois (1803) et qui a été attribué à Colnet, l'auteur de l'*Art de dîner en ville*.

(ce que confirmait celui-ci) ; et il offrait d'en faire serment en justice. Le chirurgien répandit un mémoire où il soutenait qu'un comédien ne pouvait être admis au serment. Les acteurs, irrités que Dubois eût donné lieu à un factum si insultant pour eux, et ayant de fortes raisons de suspecter la vérité de sa déclaration, l'expulsèrent unanimement, ainsi que Blainville. Le renvoi de ce dernier ne souffrit pas la moindre difficulté ; mais la fille du premier, mademoiselle Dubois, obtint des gentilshommes de la chambre une révocation au moins provisoire de cette mesure, portant que le roi se réservait la décision de l'affaire, et que Dubois jouerait, en attendant, son rôle dans le *Siège de Calais*. C'était quelques heures seulement avant la représentation. Lekain, Molé, Brizard, ne parurent point au théâtre. Mademoiselle Clairon y vint, puis retourna chez elle. Il n'y avait pas moyen de commencer la pièce. On essaye de haranguer le public et de donner le *Joueur*, avec Préville ; mais Préville est sifflé au milieu des vociférations les plus épouvantables ; les spectateurs réclament à grands cris : le *Siège ! Clairon en prison !* etc. Ce tumulte inouï dura jusqu'à sept heures du soir ; on rendit l'argent. Le lendemain, la Comédie n'ouvrit pas. Mademoiselle Clairon fut conduite au For-l'Évêque, et depuis elle s'obstina à ne pas rentrer au théâtre. Molé, Brizard, Lekain, se rendirent, quarante-huit heures après, à la même prison, et y restèrent vingt-quatre jours. On rouvrit le mercredi, et Bellecourt demanda humblement pardon au public au nom de toute la société. Je ne suis pas entré dans plus de détails sur la *Journée du Siège de Calais*, comme on l'appela, parce qu'elle se trouve racontée partout [1].

1. Lemazurier, II, 90. Bachaumont, II, 186-7. *Mémoires de Dumesnil*, 240. *Anecdotes dramatiques*, II, 175, etc.

CHAPITRE XXI

Des relations entre les auteurs dramatiques et les comédiens.

Les auteurs dramatiques vivent du théâtre, les acteurs vivent des auteurs dramatiques : il semble donc que l'union la plus étroite eût toujours dû rapprocher ces membres de la même famille, et pourtant l'histoire de leurs rapports n'est guère que l'histoire de leurs démêlés.

Ces rapports, du reste, ont bien varié de nature suivant le temps et les circonstances.

Nous voyons d'abord les auteurs dramatiques en quelque sorte à la solde des comédiens : on leur commande un ouvrage, on le leur paye quelques écus, comme on payerait le menuisier du théâtre. Hardy suit partout, pareil au Roquebrune du *Roman comique*, la troupe à laquelle il est attaché en qualité d'auteur ; il reçoit un salaire convenu pour fournir cette troupe de pièces nouvelles, refaire et rajuster au besoin les anciennes, en un mot, exécuter, suivant les demandes, tout ce qui concerne son état. Sa condition est si bien celle d'un inférieur et d'un salarié, que les comédiens ne se font pas faute de le châtier quand il leur a déplu, ne fût-ce que pour avoir refusé de jouer à la boule avec eux, dans un moment d'inspiration poétique [1].

Le *Voyage amusant*, de Rojas, qui a peut-être servi de type au *Roman comique*, de Scarron, nous montre qu'il en était à peu près de même en Espagne, et que

1. Tristan l'Hermite : 'le *Page disgracié*, ch. IX.

les troupes ambulantes y avaient aussi à leur suite de pauvres diables de poètes dramatiques, qui servaient le plus souvent de plastrons et de souffre-douleur à ceux qui les employaient. Dans ces derniers temps, on a encore vu parfois quelque chose d'analogue ; mais il n'est pas besoin de le dire, avec plus de dignité dans les relations. Goldoni s'était mis aux ordres et à la solde de Medebac, ancien baladin, directeur du théâtre Saint-Ange, à Venise, et, la seconde année de son bail, il s'engagea à fournir seize pièces nouvelles avant l'expiration du douzième mois. Rossini avait accepté, moyennant un traitement fixe, d'être le fournisseur de l'impresario Barbaja, qui l'enfermait quelquefois pour le forcer à travailler. M. Paolo Giacometti, un écrivain dramatique célèbre en Italie, l'auteur de la *Giuditta* que madame Ristori a jouée sur le Théâtre-Italien avec tant d'éclat, a été longtemps au service du roi de Piémont.

Corneille surtout, en élevant l'art, éleva la condition des auteurs, et leur donna la suprématie qui leur était due dans ces relations entre le créateur et les interprètes d'une œuvre. Tant que le prix des pièces fut payé à forfait, la dignité des écrivains en souffrit dans leur position vis-à-vis des acteurs ; même quand ce prix, d'abord ridiculement minime, eut été élevé à des proportions plus raisonnables, ces arrangements leur donnaient un faux air de dépendance : il semblait que ce fussent des subalternes payés. Tristan, en faisant établir le droit d'auteur à propos des *Rivales*, de Quinault (1653), contribua beaucoup à élever cette position et à émanciper l'écrivain ; mais le droit que se réservaient les comédiens sur une pièce *tombée dans les règles* le maintenait encore dans un état de dépendance et le faisait relever du bon plaisir de ceux-ci ; c'était d'ailleurs une source de discussion et de récrimination que fit enfin disparaître l'abolition de ce privilège abusif.

Rappelons, au dix-septième siècle, les rapports de Racine avec la Champmeslé. Il paraît certain qu'il en fut réellement épris. Cette actrice débuta dans le théâtre de Racine par Hermione ; le poète, prévenu contre elle, refusa d'abord de l'aller voir, et ne se rendit qu'à l'insistance la plus pressante. Les deux premiers actes semblèrent donner raison à ses craintes ; mais la comédienne se releva dans les trois autres, si bien que Racine, charmé, s'empressa de se mettre en relation intime avec elle. Les leçons ne lui manquèrent pas : il la dressa minutieusement à tous les détails de ses rôles, car son intelligence ne répondait pas, dit-on, à ses moyens extérieurs, et elle avait besoin d'être stylée ; mais elle se laissait instruire avec une ardeur et une docilité où l'amour entrait pour quelque chose. Madame de Sévigné confirme cette opinion ; et une méchante épigramme du temps nous apprend que cette passion fut *déracinée* dans le cœur de l'actrice par le *tonnerre*, c'est-à-dire par le comte de Clermont-Tonnerre.

Racine ne se laissait pas dominer par les acteurs et savait garder sa supériorité au milieu d'eux, fût-ce avec Baron, à qui il dit pourtant un jour, dans une répétition : « Pour vous, Monsieur, je n'ai pas d'instruction à vous donner ; votre âme et votre génie vous dirigeront mieux que tous mes conseils. » Mais Baron était d'un orgueil insupportable, et, s'étant avisé, pendant que Racine lisait une de ses pièces à l'assemblée, d'en dire son avis d'une façon peu séante, il s'attira cette apostrophe : « Baron, je vous ai fait appeler pour prendre un rôle dans ma pièce, et non pour me donner des conseils. »

Un des auteurs avec qui les comédiens eurent toujours les relations les plus respectueuses et les plus

empressées, ce fut Voltaire, qu'ils adoraient, qui les
flattait dans ses vers, à dont ils couronnèrent le
buste sur le théâtre à la représentation d'*Irène*. Cela
ne l'empêchait pas de les malmener parfois assez rudement dans le feu des répétitions : « Il faudrait avoir
le diable au corps, lui disait un jour mademoiselle Dumesnil, pour jouer ce rôle comme vous l'entendez. —
Eh! justement, Mademoiselle, c'est le diable au corps
qu'il faut avoir pour exceller dans tous les arts. Oui,
oui, sans le diable au corps, on ne peut être ni bon comédien ni bon poète. » Une autre fois, c'était Legrand,
dont il gourmandait rudement la mollesse dans le rôle
d'Omar, de *Mahomet*. Irrité de la platitude avec laquelle
il disait ces vers :

> Mahomet marche en maître et l'olive à la main;
> La trève est publiée, et le voici lui-même.

« Oui, oui, s'écria-t-il, Mahomet arrive : c'est comme
si l'on disait : Rangez-vous, voici la vache! .»

Le corps irritable des acteurs supportait ces boutades de sa part. Mais tous les écrivains n'étaient pas
si bien traités. On sait le méchant tour que Lekain,
malgré son attachement pour Voltaire, joua à Marmontel, l'ami et le protégé de l'auteur de *Zaïre*. C'était
à propos des corrections faites par celui-ci, d'après
le désir de madame de Pompadour, au *Venceslas*, de
Rotrou. Lekain, qui détestait Marmontel, après avoir
feint aux répétitions d'adopter ces changements pour
son compte, rétablit les corrections de Colardeau en
jouant à Versailles, ce qui troubla singulièrement les
autres acteurs et fit manquer à tout moment les répli-
ques et les effets. Marmontel, désespéré, jeta les hauts
cris, et voulait s'en plaindre dans le *Mercure;* le duc
d'Aumont, gentilhomme de la chambre, l'en empêcha [1].

1. *Mémoires de Marmontel*, l. VI, p. 190, in-8°, édit. 1819 ; *Mémoires de
Lekain*, p. 19.

Aux représentations suivantes, Lekain reprit le texte original.

En 1769, éclata une grande querelle entre Dubelloy, l'auteur du *Siège de Calais*, et les comédiens, qu'il croyait opposés, par suite de jalousies et de cabales particulières, à la reprise de son chef-d'œuvre. Il déclara en plein foyer qu'il retirait toutes ses pièces du théâtre. On échangea de part et d'autre des raisons et des injures, et le duc de Richelieu, à qui revint l'affaire, ordonna la reprise. La discussion recommença plus vivement sur la question des honoraires, et elle se termina par la même intervention, qui prononça encore en faveur du poète. Mais ce ne fut qu'une trève : les comédiens gardèrent rancune à l'auteur des expressions dont il s'était servi à leur égard, et ce dernier, de son côté, médita de faire imprimer ses pièces, avec permission à tous les théâtres, de quelque lieu que ce fût, de les représenter, sauf à la Comédie-Française ; mais il ne put obtenir ce privilège.

Lekain n'était pas facile avec les auteurs, et on l'accusa plus d'une fois, comme aussi Adrienne Lecouvreur, d'avoir mal joué, dans l'intention expresse de faire tomber les pièces qui ne lui convenaient pas. Quelques-uns de ses confrères étaient encore moins accommodants que lui. Molé surtout montrait aux écrivains cette hauteur qui ne l'abandonnait même pas dans ses rapports avec ses collègues. Un seul trait suffira pour donner une idée de tous les autres, et fera voir en même temps la manière dont ces messieurs se comportaient à l'égard de ceux qu'ils n'avaient pas de raisons particulières pour ménager. Le 26 septembre 1772, on donna la première représentation des *Chérusques*, tragédie de Bauvin, l'ami de Marmontel, qui débutait au théâtre, âgé de près de soixante ans. « Les comédiens n'ayant paru jouer cette pièce que par une pitié humiliante pour l'auteur, et le lui ayant fait sentir durement, il en a résulté un intérêt général du public en sa faveur. On a demandé l'auteur avec une fureur sans exemple..., au point qu'on n'a pu annoncer, et qu'on a eu beaucoup de peine à commencer la seconde pièce. — *30 septembre.* On a donné de suite les *Chérusques*, lundi et mardi, suivant les vœux du parterre, qui a paru protéger de plus en plus l'auteur et maltraiter les comédiens. Ce dernier jour, on a apostrophé publiquement les acteurs; on a dit au sieur Monvel, qui est venu annoncer : « On est assez content de vous; mais dites à Molé qu'il apprenne mieux son rôle; dites à la Vestris que nous sommes fort mécontents d'elle, qu'elle a très mal joué. » Et sur ce que l'orateur comique représentait qu'il ne pouvait se charger de faire des réprimandes de cette espèce à ses camarades, on lui a répliqué de les faire venir. Ce dialogue... a été bientôt interrompu par les alguazils, qui sont venu imposer silence. — *7 octobre.* Le sieur Molé, qui s'est donné les airs de faire attendre plusieurs heures à sa campagne d'Antony le pauvre auteur Bauvin, sans lui donner audience, sous prétexte qu'il allait dîner en ville, et ne qu'il ne pouvait l'écouter avant[1], a témoigné hautement dans le foyer sa surprise et l'injustice du parterre à son égard : « Comment ! a-t-il dit, parce qu'un homme meurt de faim, il faut que nous nous donnions la peine d'apprendre de mauvais vers ? » On lui a répondu que sa réflexion était juste, mais qu'il devait la garder pour lui; que, lorsque le public voulait bien avoir la charité de venir s'ennuyer à une tragédie, il était de son devoir de s'efforcer à la bien jouer, et surtout de ne jamais être insolent[2]. »

---

1. « Eh ! Monsieur, lui aurait-il dit dans une autre circonstance, suivant le *Journal de Collé* (III, septembre et octobre 1772), cessez de m'excéder! L'on jouera votre pièce, soyez-en sûr, et ne venez plus, de grâce, traîner dans mon antichambre. »

2. *Mémoires secrets*, t. VI, à la date.

C'était la même année qu'avait lieu dans la salle de la Comédie, à propos du *Suborneur*, la scène provoquée par Billard, une autre victime du despotisme et de l'orgueil des comédiens. Cet original, presque fou, n'en avait pas moins quelque talent, qui eût pu fructifier, s'il n'eût pas été rebuté avec tant de mépris.

Enivré de ses succès et de ses bonnes fortunes, Molé traitait presque toujours les auteurs du haut de sa renommée, ou d'un air de protection assez offensant. Il garda longtemps le manuscrit de l'*Inconstant*, de Collin d'Harleville, avant de daigner y jeter les yeux, faisant refuser sa porte au poète, ou, quand il était surpris, se tirant d'embarras par de vagues promesses, sans dissimuler sa mauvaise humeur [1]. On fit même, sur ce superbe laisser-aller, la *Matinée d'un comédien de Persépolis* ; cette pièce reposait, dit-on, sur une aventure arrivée réellement au célèbre acteur, à qui l'on avait remis un cahier de papier blanc, qu'il rendit sans l'avoir déroulé, en prétendant que c'était une œuvre pleine de défauts et tout à fait *injouable*. Mais il n'en était plus ainsi avec les écrivains à réputation établie, et il s'acharnait à faire valoir envers et contre tous, même au besoin envers le public, les pièces dont le rôle principal lui avait été confié.

Préville n'était guère de commerce plus aimable, et ce fut lui qu'on accusa particulièrement d'avoir causé, par son impertinence et ses mépris, la folie de Billard [2].

La superbe mademoiselle Clairon se montrait plus dédaigneuse et plus dure encore, si c'est possible. Une foule d'auteurs eurent à subir les rebuffades de son humeur altière, sans parler du chevalier de la Morlière son ennemi, à qui elle parvint à fermer momentanément la porte du Théâtre-Français, après l'avoir fait

---

1. Notice sur Collin d'Harleville, par Andrieux.
2. *Mémoires secrets*, VI, 270.

surveiller de près par des exempts chargés de s'opposer à ses cabales ; ni du Fréron, qu'elle voulait absolument faire envoyer au For-l'Evêque, pour avoir tracé son portrait, peu flatté quoique assez ressemblant, dans son journal : elle remua ciel et terre, écrivit aux gentilshommes de la Chambre, alla trouver le duc de Choiseul, assembla un comité d'amis et de comédiens, menaça de donner sa démission pour en venir à bout, et ce fut à grand'peine si la goutte de Fréron et l'intervention de la reine purent sauver l'écrivain de ses vindicatives fureurs.

Elle injuria Rochon de Chabannes, jeta un rôle au visage de Lemierre, qui s'était permis quelques représentations sur son jeu, et traita si mal Sauvigny qu'il fut obligé de sortir de l'assemblée : « Allez, Monsieur, lui cria-t-elle de la porte avec sa dignité ordinaire, si vous avez du talent, vous nous reviendrez. »

Saint-Foix lui avait demandé, dans une représentation à la cour (1765), un acte de complaisance en faveur de mademoiselle Doligny, et elle s'y était injurieusement refusée. Il se vengea par une lettre à Fréron, dirigé contre la tragédienne. Celle-ci y répondit en achetant un grand nombre d'épreuves du portrait de Saint-Foix, dont elle fit enlever la partie supérieure pour y substituer une tête d'hyène, et l'auteur, plus irrité que jamais, riposta en parodiant d'une manière sanglante un sixain composé jadis en l'honneur de la reine du théâtre.

Saint-Foix, d'ailleurs, n'était pas facile avec les acteurs de ses pièces (pas plus qu'avec n'importe qui), et ne leur ménageait pas, à l'occasion, l'expression de son mécontentement. Il avait donné le rôle de la fée à mademoiselle Lamotte dans l'*Oracle :* trouvant, aux répétitions, qu'elle ne prenait pas un ton convenable, et mécontent de l'emportement outré qu'elle donnait à son rôle, il lui arracha sa baguette en disant : « J'ai besoin d'une fée et non d'une sorcière. » Elle voulut répliquer, mais il lui ferma la bouche par ces mots : « Vous n'avez pas de voix ici ; nous sommes au théâtre et non au sabbat [1]. »

En 1769, Coqueley de Chaussepierre, qui était tout à la dévotion des comédiens, ayant été nommé censeur du *Journal des théâtres*, de Lefuel de Méricourt, un de leurs plus ardents ennemis, ils usèrent et abusèrent de leur influence sur lui pour lui faire traiter cette feuille avec une impitoyable rigueur. Le censeur censura si bien, en effet, et coupa si vigoureusement, malgré les cris de sa victime, que le journal demeura quelque temps sans pouvoir paraître. Il finit par tomber entre les mains de Le Vacher de Charnois, très humble serviteur des comédiens. Cette affaire, comme on pense, donna naissance à de nouvelles discussions.

Dans les autres théâtres, les relations étaient moins tendues. Citons pourtant la petite guerre particulière entre Marmontel et l'Opéra (janvier 1768), causée par l'indignation de l'académicien de voir qu'on eût introduit un double dans la distribution des rôles d'un de ses ouvrages. Ses fureurs furent telles, qu'elles mirent en fuite les acteurs, les actrices et l'orchestre, et que la répétition ne put avoir lieu ce jour-là. Pour éviter les suites d'une mésintelligence engagée sous de si fâcheux auspices, on enjoignit au poète, de la part du roi, de ne plus paraître aux répétitions. Des persifleurs ne manquèrent pas de saisir cette occasion au vol pour faire circuler toute sorte de facéties satiriques, qui envenimèrent la querelle.

En 1781, de Piis et Barré entrèrent en contestation avec les comédiens italiens, à propos d'un règlement nouveau, d'après lequel les auteurs étaient obligés de

1. Lemazurier, t. II.

soumettre d'abord leurs ouvrages à un comité qui devait décider s'ils étaient dignes d'être lus à la troupe. Ils prétendaient que cette loi ne les regardait pas, à cause de leurs nombreux succès. Le débat devint vif, surtout de la part des deux écrivains, à qui l'intervention de la cour finit par donner raison [1].

L'état d'hostilité, établi pour ainsi dire en permanence entre ces deux classes, qui ne pouvaient pourtant se passer l'une de l'autre, ne s'arrêtait pas toujours là, et se traduisait quelquefois par des faits plus brutaux. Un jeune auteur avait chansonné les actrices du théâtre de la Foire en parodiant les couplets qui terminent la *Chercheuse d'esprit* (1741). Le lendemain, comme il se trouvait à l'amphithéâtre, une de ces actrices, mademoiselle Briant, fut s'asseoir à côté de lui, et parvint à l'attirer dans sa loge. A peine est-il entré que toutes les comédiennes averties tombent sur lui à grands coups de verges. Délivré par l'officier de police, il s'enfuit à toutes jambes et s'embarqua, trois jours après, pour les îles, d'où il ne revint plus.

Mais ce ne sont là que des épisodes. Revenons au Théâtre-Français, et rentrons dans l'histoire des hostilités régulières, qui, après avoir couvé longtemps, en ne se manifestant guère que par quelques escarmouches d'avant-garde [2], allaient enfin éclater en une guerre sérieuse dont on peut suivre les développements pas à pas dans les *Mémoires secrets* et la *Correspondance secrète*.

Cette guerre eut une singulière origine. Lonvay de

1. Voir pour ces faits les *Mémoires secrets*, aux dates correspondantes.
2. Les auteurs n'avaient pas toujours le champ libre pour publier leurs sujets de plaintes, car, en 1775, un jeune homme, nommé Salaun, ayant fait un petit ouvrage contre les comédiens à propos de leurs démêlés avec Renou, l'auteur de *Térée* (voir l'amusante et vive préface de cet ouvrage), le lieutenant général de police lui enjoignit de s'en référer aux gentilshommes de la chambre, et le duc de Duras lui défendit expressément de faire paraître ce pamphlet. Mais, l'année suivante, Renou en appela lui-même au public, et Mouvel. qui se chargea de la réponse, trouva moyen d'en faire une diatribe qui atteignait tous les auteurs.

la Saussaye avait fait jouer, en 1774, la *Journée lacé-démonienne*, où il avait recommandé qu'on ne mît ni or ni argent dans les costumes, pour observer la couleur locale. Les dames réclamèrent; l'auteur résista si bien que, la colère s'en mêlant, les comédiens poussèrent aussi loin qu'ils purent le luxe de la mise en scène. Puis, de plus en plus irrités de l'aigreur de ses récriminations, donnant une interprétation normande à un article de leur règlement, ils lui présentèrent un mémoire à payer lorsqu'il vint pour toucher ses droits, et voulurent lui prouver qu'il était débiteur de 101 livres 8 sous 6 deniers, pour fourniture de décors, galons, broderies, marbre, pierres précieuses, etc. La question fut portée au conseil, où elle resta enterrée comme toujours.

Ce fut sur ces entrefaites que s'éleva (1775), l'affaire du dramaturge Mercier, qui fut le véritable chef de la révolte. Il avait publié un *Essai dramatique*, où les comédiens étaient assez mal traités ; ceux-ci refusèrent, en conséquence, non seulement de jouer un de ses drames, reçu depuis près de deux ans, mais de se réunir pour entendre la lecture d'un autre, disant qu'ils ne pouvaient rien avoir de commun avec un homme qui avait cherché à les couvrir de ridicule et d'infamie, et qu'ils ne voulaient ni se charger d'aucun de ses ouvrages, ni même les entendre, tant qu'il ne se serait pas justifié du libelle que tout le monde lui attribuait. Mercier, loin de se soumettre à cette décision, publia un mémoire à consulter, concluant à ce que les comédiens fussent forcés de jouer celles de ses pièces qu'ils avaient reçues, et punis pour avoir inscrit sur leurs registres un arrêté où ils le qualifiaient de libelliste.

Quelques autres auteurs ne tardèrent pas à se joindre à lui, surtout Palissot, qui, courroucé du refus de sa pièce des *Courtisanes*, décocha contre les actrices une épître satirique, sous le titre injurieux de *Remercîment des demoiselles du monde aux demoiselles de la Comédie-Française, pour la protection dont ces dernières ont bien voulu les honorer à l'occasion de la comédie des Courtisanes;* puis l'avocat Bohaire, dont on avait refusé de lire à l'assemblée le drame d'*Eulalie*, comme faible à tous égards et non susceptible de corrections; enfin le chevalier du Coudray, qui, voulant se venger du rejet de trois de ses pièces, publia une *Lettre à M. Palissot*, ouvrage assez médiocre, où il mit « les comédiens à leur vrai rang, disent les *Mémoires secrets*, c'est-à-dire au-dessous des valets de pied du roi. » On peut juger par là de l'urbanité qui régnait dans cette discussion.

Déjà auparavant, Le Sage, qui avait à se plaindre des comédiens, et qui, dans *Gil Blas*, en a souvent tracé la satire sous le voile d'une fiction transparente, avait écrit, en racontant la manière hautaine dont ils recevaient les auteurs : « Ces histrions les mettaient au-dessous d'eux, et certes, ils ne pouvaient les mépriser davantage. »

La cause de Mercier, vigoureusement soutenue, prit aussitôt une tournure tout à fait juridique. Il présenta une requête à la grand'chambre, et son avocat, maître Henrion de Pansey, fit paraître un mémoire plus étendu où il revenait sur les réclamations de Lonvay de la Saussaye. Les choses étaient en cet état, quand Mercier, s'étant présenté au théâtre, où il avait ses entrées, comme tout auteur dont une pièce était reçue, se vit refuser la porte, refus qu'il se hâta de faire constater par un commissaire et deux témoins, pour le joindre à ses chefs de plainte.

Quelque temps après, le lieutenant de police manda Mercier pour le tancer sur la violence de son mémoire et lui défendre de passer outre; mais celui-ci resta inébranlable, déclarant qu'il n'avait fait qu'user de la loi, que l'affaire était soumise à la justice et ne dépendait plus que de sa décision. Les menaces n'eurent aucune prise sur son âme. Informé bientôt qu'une lettre de cachet avait été décernée contre lui par les soins du duc de Duras, gentilhomme de la chambre, il alla se mettre sous la protection du Parlement. Sa fermeté imposa, et la lettre de cachet fut révoquée.

La querelle prit une tournure de plus en plus sérieuse, mais avec les lenteurs ordinaires. Il se produisit mémoires sur mémoires, rédigés et souscrits par les plus illustres avocats, Henrion de Pansey, François de Neufchâteau, Mallet, etc. M. de Malhesherbes, favorable aux gens de lettres, se chargea du rapport au conseil. La fermentation devenait chaque jour plus grande. Presque tous les auteurs se réunissaient dans un sentiment commun de révolte, et l'opinion publique se prononçait énergiquement en leur faveur.

Les griefs articulés étaient nombreux et importants. On se plaignait de l'insolence et des caprices des comédiens : ils violaient les règlements pour n'en agir qu'à leur fantaisie ; ils intervertissaient à leur gré l'ordre des pièces reçues ; ils faisaient attendre les auteurs si longtemps qu'il était arrivé plusieurs fois que ceux-ci n'étaient plus de ce monde quand on les jouait[1] ; ils employaient la ruse pour faire tomber une pièce dans les

---

1. Assez longtemps après, le Cousin Jacques ayant eu aussi à se plaindre des comédiens, qui, chaque année, refusaient à l'unanimité chacune de ses pièces, malgré ses succès sur d'autres théâtres, disait, dans une épître accompagnant l'envoi d'une nouvelle comédie :

Vous allez, suivant l'usage,	De ma pièce, et puis se dira
Employer dix ans à savoir	Il faut s'occuper de cela...
Si vous en ferez la lecture ;	Dix ans après, plus de délais ;
Pendant dix autres, l'on assure	Vous y songerez ou jamais...
Qu'au premier jour il faudra voir,	Mais priez bien vos descendants
Dix ans après, quelqu'un peut-être,	D'avertir alors le parterre
En me voyant se souviendra,	Que, depuis trente ou quarante ans,
S'il peut alors me reconnaître,	L'auteur est mort sexagénaire.

18*

règles et s'en approprier le produit ; ils s'affermissaient
de plus en plus dans des habitudes d'usurpation et de
confiscation ; ils avaient osé refuser à Racine fils d'entrer en compte avec lui pour les recettes d'un des ouvrages de son père, qui n'avait été mis au théâtre
qu'après la mort de celui-ci, etc.

Pourtant, c'étaient les mêmes comédiens qui, en
1769, voulant encourager leurs auteurs, avaient arrêté
de donner des pensions viagères de huit cents livres
aux deux sujets qui auraient le plus mérité d'eux.

On se mit à parler vivement de la création d'un second Théâtre-Français. N'oublions pas de nommer,
parmi ceux qui se signalèrent le plus dans cette nouvelle croisade, Cailhava, à qui une brouille avec Molé
avait fermé les portes de la Comédie, et qui trouvait
qu'on ne le jouait pas assez souvent. Il a raconté lui-
même toutes les mésaventures, les rebuffades, les affronts qu'il eut à supporter dans sa chasse aux représentations. A partir de 1772, Cailhava devint un des
plus rudes ennemis du Théâtre-Français. Non content
de se venger en épigrammes et en tirades gasconnes, il
écrivit un mémoire qu'il envoya partout, *sur les Causes
de la décadence du théâtre et les moyens de le faire re-
fleurir augmenté d'un plan pour l'établissement d'un
second Théâtre-Français.* C'était toujours à ce dernier
point qu'on en revenait.

L'affaire de Mercier, évoquée au conseil, resta *pendue
au croc,* comme les comédiens l'avaient espéré, et leur
insolence ne fit que s'accroître. L'infatigable Mercier,
qui était allé se faire recevoir avocat afin de pouvoir
plaider à son aise contre la Comédie, ne voyant plus
d'autre ressource pour la mettre de nouveau en cause,
s'arrangea de manière à faire constater un second refus
relativement à ses entrées, et assigna ses adversaires
au Châtelet, où ils furent condamnés par défaut à deux

cents écus de dommages et intérêts ; mais, grâce à la
protection des gentilshommes de la chambre, ceux-ci
parvinrent à faire encore évoquer au conseil cet autre
procès, comme incident, et annexé au premier.

Dès lors, il fallut bien se résoudre à un ajournement
indéfini des débats ; seulement le champ resta libre de
part et d'autres aux attaques particulières, et on ne s'en
fit pas faute. Le 29 octobre 1776, les comédiens jouèrent
une pièce du chevalier de Cubières, la *Lecture interrompue*, qui avait d'abord été intitulée le *Dramomane*,
et qui était surtout dirigée contre Mercier ; mais ce fut
à peine si cette rapsodie, malgré les efforts des acteurs,
put aller jusqu'à la fin. De son côté, le clan des auteurs
publia, en 1777, contre la troupe royale, une âpre satire, sous forme dramatique, portant pour titre : *Les
Comédiens ou le Foyer*, et pour épigraphe : *Quid facient
domini, audent cum talia fures* [1] ?

Ce fut sur ces entrefaites qu'un nouvel adversaire
s'éleva contre les comédiens, le plus habile et le plus
dangereux de tous. En 1776, le maréchal de Richelieu,
fatigué de ces différends continuels, avait invité Beaumarchais, en lui remettant les règlements anciens et
nouveaux de la Comédie, à étudier la question au point
de vue financier, pour vérifier si les plaintes des écrivains sur leurs droits lésés étaient justes [2]. N'ayant pu
avoir communication des livres de recettes et dépenses,
Beaumarchais attendit que le produit d'une de ses pièces
lui donnât le droit d'exiger un compte exact qui pût servir de base à ses recherches. Cette occasion se présenta
pour le *Barbier de Séville*, dont la première représentation remontait au 23 janvier 1775. Lorsqu'il eut été

1. L'analyse et un extrait de cette pièce se trouvent dans la *Correspondance secrète*, IV, 180-7.

2. Déjà Voltaire avait voulu soulever cette question des droits d'auteur, par l'intermédiaire de Piron, qui s'y refusa (*Vie de Piron*, par
Rigoley de Juvigny).

joué trente-deux fois, Beaumarchais demanda la note de ce qui lui était dû ; il eut mille maux de l'obtenir, et on se borna d'abord à lui envoyer, après une longue attente, quatre mille cinq cent six livres, qu'il n'accepta pas, parce qu'aucune pièce justificative n'était jointe à cette somme. Enfin, on se détermina à lui adresser un simple bordereau, sans signature, et non certifié véritable, qu'il n'accepta point davantage. Les comédiens résistèrent à toutes ses réclamations, alléguant qu'il y avait beaucoup de points sur lesquels ils ne pouvaient donner qu'une cote mal taillée, et que, du reste, ils suivaient avec lui l'usage reçu dans leurs relations avec tous les auteurs ; mais, mis au pied du mur par l'opiniâtreté de leur adversaire, et ne sachant comment lui échapper, ils allèrent se plaindre de ces persécutions au maréchal de Duras, gentilhomme de la chambre. Celui-ci, après s'être abouché avec Beaumarchais, l'engagea à renoncer à sa demande d'un compte exact, qui pouvait jeter les comédiens dans les plus grands embarras vis-à-vis des auteurs mécontents, et à travailler plutôt à un nouveau règlement qui sauvegardât, pour l'avenir, les droits des écrivains.

Dès lors, au bout d'un an de démarches inutiles, l'affaire changeait de face. Beaumarchais se hâta de convoquer ses collègues chez lui, et presque tous répondirent avec empressement à son appel. Presque tous, en effet, étaient en brouille avec la Comédie-Française, en particulier, outre ceux que j'ai déjà nommés, Piron, Collé et Sedaine, qui avaient abandonné ce théâtre pour la Comédie-Italienne, où ils se trouvaient beaucoup mieux traités.

C'est de cette époque que date, à proprement parler, la Société des auteurs dramatiques, et Beaumarchais en est le vrai fondateur. C'était à la fois l'âme et le bras droit de ces réunions : il était propre à mettre tout en

jeu, l'intrigue et l'éloquence, les armes du raisonnement et celles du ridicule. Il sortit de ce cénacle en
travail un ensemble de règlements nouveaux[1] qui firent
jeter les hauts cris aux comédiens, lorsqu'on les leur
communiqua, détachés, par ordre des maréchaux de
Richelieu et de Duras, des motifs qui les commentaient
et les appuyaient ; mais les auteurs se montrèrent dé-
cidés à les faire autoriser dans les formes juridiquss, ou
à réclamer la création d'un second Théâtre-Français.
On peut voir, dans le *Compte rendu* de Beaumarchais,
les lenteurs inouïes, les mauvais vouloirs, les résistances
actives ou passives, les embarras inextricables qui s'opposèrent aussitôt de toutes parts à l'exécution de ce
règlement, quoique approuvé par les gentilshommes
de la chambre, si bien que Beaumarchais finit par être
suspecté dans son zèle et sa sincérité par quelques-uns
de ses confrères.

Enfin, après trois ans de travaux perdus, on engagea
les commissaires des auteurs à revenir au premier mode
qu'on les avait priés d'abandonner, c'est-à-dire à la demande d'un compte exact aux comédiens. Heureusement, cette fois, M. de la Ferté, intendant des Menus,
fit remettre à Beaumarchais les états de recettes et de
dépenses de la Comédie pendant trois ans. Armé de ces
pièces, il parvint sans peine à démontrer que la somme
qu'on lui avait offerte pour son *Barbier* était de beaucoup inférieure à celle qui lui était due, parce que,
d'une part, les comédiens évaluaient les frais à un taux
bien supérieur à la réalité, et que, d'autre part, ils ne
faisaient pas entrer dans le compte des recettes, sur lesquelles l'auteur devait prélever le neuvième, le véritable produit journalier de l'abonnement des petites
loges. Les comédiens furent bien forcés de se rendre,

1. Voir quelques-unes des innovations proposées, *Mémoires secrets*, X,
347-8, Beaumarchais, *Compte rendu aux auteurs dramatiques*.

sur la plupart des points, à l'évidence des démonstrations, et le nouveau compte du *Barbier de Séville* fut réglé de part et d'autre pour servir de modèle à l'avenir.

On croyait tout fini, quand la guerre recommença, au sujet d'un nouvel arrêt du conseil surpris par les comédiens, et qui avait pour but de regagner clandestinement ce qu'ils avaient cédé, en relevant indirectement le taux au-dessous duquel une pièce tombait dans les règles et devenait leur propriété. Nous ne pouvons entrer dans tous les détails de cette nouvelle lutte, non plus que de l'ancienne. Il suffira de dire que l'acharnement et l'obstination y furent, de part et d'autre, poussés à leur dernière limite, et que le conseil, en décembre 1780, mit fin aux débats par un arrêt, d'ailleurs assez peu judicieux, qui détruisait d'une part ce qu'il établissait de l'autre, et ne pouvait que suspendre et non terminer définitivement la question, mais qui n'en était pas moins, sur plusieurs points, une consécration des droits des auteurs [1].

Pendant cette querelle, le blocus avait été appliqué à la Comédie-Française. Sauvigny, d'Arnaud, Ducis, portaient leurs pièces au théâtre de Versailles, dirigé par mademoiselle Montansier. Mercier était obligé de se faire jouer en province ou aux Italiens. La Comédie, privée de nouveautés, et ne pouvant plus guère aborder la tragédie de l'ancien répertoire, par suite de la mort de Lekain, se voyait désertée par la foule. Elle en fut réduite à user de son privilège pour enlever au théâtre de l'Ecluse les *Noces houzardes*, de Dorvigny, dont la grosse gaieté, après avoir subi quelques coups de sifflet, finit par ramener le public.

---

1. *Beaumarchais*, par M. de Loménie, t. II, ch. XIX. On peut voir cet arrêté dans l'*Abrégé de l'histoire du Théâtre-Français*, par de Mouhy, t. IV, p. 25 et suivantes.

Voici où en était notre première scène un peu avant 1780. Aussi concevons-nous parfaitement l'exclamation de mademoiselle Luzy : « Eh quoi ! n'y aurait-il pas moyen de se passer de ces coquins d'auteurs ? » Camerani, du Théâtre-Italien, disait la même chose : « Tant qu'il y aura des auteurs, notre théâtre ne pourra prospérer. »

Mais le bureau de législation dramatique n'avait pas fonctionné sans schisme et sans dissidences, tandis que les acteurs marchaient au combat parfaitement unis. Bret, Lemierre, Rochon, Sauvigny, s'étaient séparés des réunions, sous prétexte qu'on négligeait les questions les plus nobles et les plus réellement importantes, pour ne s'occupper que du lucre. Le second surtout, mécontent sans doute du peu de vigueur qu'on mettait à poursuivre l'accomplissement de ses deux propositions, — l'une de faire rendre à Mercier ses entrées, l'autre de soutenir de leurs conseils et d'un prêt de cinquante louis les héritiers de Racine, dans le procès qu'ils avaient intenté aux comédiens pour les honoraires d'*Athalie*, — se sépara avec éclat dans ses *Observations sur la nécessité d'un second Théâtre-Français*. En outre, Durosoy [1] et Dubuisson, qui n'avaient pas été appelés aux conférences, quoiqu'ils eussent des pièces reçues, écrivirent aux acteurs pour désavouer leurs confrères. Grâce à cette démarche politique, qui excite l'indignation des écrivains, ce dernier obtint un tour de faveur pour sa tragédie de *Nadir*, et, dans la préface de cette pièce, il prit encore plus résolument fait et cause pour les comédiens.

Malgré tous ces débats, où il avait joué le principal rôle, Beaumarchais ne s'efforça pas moins, un peu plus

---

1. Durosoy avait pourtant eu de vifs et publics démêlés avec les comédiens, à propos de ses deux tragédies d'*Andriscus* et des *Decius Français, ou le Siège de Calais*.

tard, de se rapprocher des acteurs, lorsqu'il voulut faire jouer son *Mariage de Figaro*. Ceux-ci ne lui cachèrent pas d'abord leur rancune, et Desessarts, et Molé surtout, le malmenèrent avec une hauteur qui ne dura point, parce que l'intérêt imposa bien vite silence au dépit.

S'ils traitaient ainsi Beaumarchais, on peut juger des autres. Plusieurs éprouvèrent les effets de leur ressentiment, favorisé surtout par le dernier article de l'arrêté, qui décidait que les ouvrages reçus seraient lus derechef. Dans une nouvelle édition de sa *Venise sauvée*, de la Place fit le public juge des tracasseries sans nombre qu'il avait eu à subir de leur part, et renonça a être joué par eux. La même année, Saint-Ange en appela également aux lecteurs de leur mauvais vouloir.

Tout cela n'amenait pas grand résultat, car nous voyons, quelque temps après, un nouvel exemple des procédés plus que cavaliers des comédiens. Molé avait, depuis sept à huit ans, une pièce oubliée dans son portefeuille ; il y pense tout à coup, la fait recevoir, y met un autre titre de sa propre autorité, et, comme il eût été trop long d'écrire à l'auteur, qui habitait Marseille, en refait lui-même le cinquième acte.

A la veille de la Révolution, Olympe de Gouges, qui, venant de dépasser ses trente ans, voulait troquer la gloire de Laïs contre celle de Sapho, en attendant qu'elle aspirât à une autre gloire encore, inonda de ses comédies les cartons du Théâtre-Français. Protégée par Molé, elle parvint d'abord à faire recevoir une de ses pièces ; malheureusement lorsqu'on la relut à froid, elle parut injouable. Sapho réclama, tempêta, présenta d'autres pièces, mais on les refusait avec une désespérante unanimité. Elle se fâcha, et ses plaintes devinrent d'une telle nature que son nom fut solennellement rayé des registres et son drame considéré comme non reçu.

Olympe essaya alors de ressusciter la coalition de Beaumarchais ; vivement soutenue par le chevalier de Cubières, elle écrivit à tous les poètes dramatiques, dont quatre lui répondirent, et se rendit chez l'auteur du *Barbier de Séville*, qui ne la reçut pas. Alors elle tàcha de rentrer en paix avec les comédiens, et en vint à bout, grâce aux bons offices de Molé. Mais, comme elle en profita pour apporter de nouveaux ouvrages, la trêve fut de courte durée. Il faut voir, dans sa brochure les *Comédiens démasqués ou madame de Gouges ruinée par la Comédie-Française pour se faire jouer* (sans date in-8°), le récit de toutes ses démarches, de toutes ses dépenses, de tous ses cadeaux, de toutes ses lectures, fait avec cette verve méridionale et cette haute opinion de soi qui distinguèrent toujours notre héroïne. Il faut y voir comment les comédiens la fuyaient, se faisaient tous dire malades ou sortis à chaque rendez-vous, et comment elle s'était logée en face du théâtre pour mieux les épier. Il faut y voir surtout le récit de la lecture de son *Molière chez Ninon* (qui n'est pourtant pas une mauvaise pièce), au bruit d'une porte qu'on est obligé de refermer sans cesse et des ronflements de l'auditoire : après quoi viennent les bulletins railleurs concluant presque tous au rejet.

Pour le coup, Olympe n'y tint plus : elle en appela à l'univers, en faisant imprimer son théâtre, en 1788, avec des pièces justificatives et sa correspondance ; elle jura que *toutes les nations* demandaient la représentation de son premier drame, qui ne fut joué (sans aucun succès hélas) qu'après la prise de la Bastille. Dans la préface de *Molière chez Ninon*, ses plaintes arrivent à une déchirante éloquence : elle regrette de n'être pas un homme, pour couper les oreilles à ces faquins d'acteurs.

La Harpe eut de fréquents démêlés avec la Comédie,

un entre autres, en 1784, au sujet des droits d'auteur de
Coriolan, que l'on ne voulait point lui payer, pendant la
dernière semaine avant la clôture, et un second, en
1786, qui fit délibérer si l'on remettrait sa tragédie de
Jeanne de Naples, et fournit à Brizard, Fleury, Dorival,
Desessarts, l'occasion de se prononcer nettement et
énergiquement contre lui[1].

En 1790, à la tête d'une députation d'auteurs dramatiques, il alla faire un discours à la barre de l'Assemblée
nationale, où il réclama, pour conclure, « la concurrence
légalement établie entre plusieurs troupes de comédiens
légalement autorisés à jouer toutes les pièces des auteurs morts ou vivants ». C'était, comme on voit, dépasser de beaucoup l'ancienne demande d'un second
Théâtre-Français. Les troubles et la licence du temps
allaient, d'ailleurs, se charger de réaliser à peu près ce
vœu, sans qu'il fût grand besoin d'une loi. En 1791, le
débonnaire Ducray-Duminil, à l'indulgence duquel on
était habitué, ayant, dans les *Petites Affiches*, rendu
compte en termes défavorables de *Paul et Virgine*,
opéra en trois actes, musique de Kreutzer, joué au
théâtre Favart, la cantatrice Saint-Aubin déchira sur
la scène, au milieu de son rôle, un exemplaire de cette
critique, et il se trouva, dit-on, un critique, — Fiévée,
— pour applaudir à cette exécution.

En 1791, une bonne partie de la Comédie-Française
émigra vers le théâtre de la rue Richelieu ; néanmoins,
malgré la guerre avec les auteurs, plusieurs lui demeu-
rèrent fidèles dans ce moment de crise : Collin d'Harleville, Andrieux, François de Neufchâteau, Arnault,
Peyre, Laya, etc. Du reste, cette séparation ne dura
pas longtemps : les efforts et les pétitions des écrivains
dramatiques ne purent empêcher les acteurs de se réunir à la fin du siècle, grâce surtout à la protection du

1. *Revue rétrospective*, 2ᵉ série, t. I, p. 297-304.

ministre de l'Intérieur, François de Neufchâteau, qui, après avoir débuté par écrire un Mémoire contre la Comédie, dans l'affaire Lonvay de la Saussaye, en était devenu l'ami et le protecteur.

Ce fut en 1791 aussi que Beaumarchais reprit une dernière fois la plume pour sa vieille cause, d'abord dans son *Rapport fait aux auteurs dramatiques*, au sujet de la prétention des comédiens français qui demandaient qu'on leur reconnût neuf cents livres de frais par jour, et à qui l'on en accorda que sept cents ; puis, dans sa *Pétition à l'Assemblée nationale*, contre l'habitude prise par les directeurs de spectacles en province de s'approprier les œuvres des écrivains, malgré eux, et sans leur offrir de rémunération. Il avait déjà tenté, en 1784, de faire reconnaître un droit aux auteurs sur leurs pièces jouées en dehors de Paris, et il n'avait pas réussi. En somme, c'est à lui que tel poète dramatique, ou même tel vaudevilliste, doit d'avoir pu amasser quelques millions ; pourtant son buste est à la Comédie et il n'est pas dans le cabinet de la plupart de nos vaudevillistes.

CHAPITRE XXII

Les originaux des coulisses.

Voilà un titre d'une étendue si vaste et si élastique qu'il en est infini. Ai-je besoin de dire que je ne veux envisager ce sujet qu'à un point de vue très restreint, sans me préoccuper de l'originalité du jeu, et présenter seulement aux lecteurs quelques figures singulières qui peuvent rester comme des types à part ? Encore me bornerai-je au théâtre français et au théâtre régulier.

Laissant donc de côté des physionomies telles que celles de Scaramouche, de Gaultier-Garguille et de ses compagnons Gros-Guillaume et Turlupin, voire de Jodelet et de Bruscambille, nous ouvrirons notre galerie par celle de Ragueneau, le pâtissier poète et comédien.

Ragueneau avait, dans la rue Saint-Honoré, vers le milieu du dix-septième siècle, une belle boutique, hantée surtout par des gens de plumes et des gens de théâtre. C'était un homme simple, mais plein d'aspirations poétiques, et ses clients, peu délicats, ne manquaient pas d'abuser de ses goûts, en mettant son étalage à contribution, sans le payer autrement qu'en quatrains ou en billets de comédie. Il arriva ce qui devait arriver ; Dassoucy va nous l'apprendre : « Ce fut un jour marqué de noir pour messieurs les poètes, que dès l'aube du jour on rencontra par les rues se torchant le bec après avoir pris chez luy le dernier déjeuner, qu'une troupe de sergens affamés, à la barbe d'Apollon, eurent bien la hardiesse de prendre au collet son cher et bien-aimé Ragueneau, et le mener, sans aucun respect ny de ses vers, ny de ses muses, dans le fonds d'une prison, dont (après un an de captivité) estant sorty pour donner au monde les excellents ouvrages qu'à l'imitation de Théophile il y avait composez, ne trouvant dedans Paris aucun poëte qui le voulust nourrir à son tour... il en sortit avec sa femme et ses enfants, luy cinquième, comptant un petit asne tout chargé d'épigrammes, pour aller chercher sa fortune au Languedoc. » C'est là que la vocation l'attendait. Dans les temps de sa splendeur les comédiens avaient toujours été ses hôtes les plus assidus, et, quoiqu'ils payassent moins encore que les poètes, si c'est possible, il en avait conservé un souvenir attendri ; aussi, ayant rencontré dans cette province une troupe comique il alla s'offrir à elle, en se prévalant de ses bons rapports avec le Marais et l'hôtel de

Bourgogne. Ces messieurs avaient justement besoin d'une utilité du dernier ordre, et notre Ragotin pâtissier « entra avec eux en qualité de valet de carreau de la comédie, où, quoy que son rolle ne fust jamais tout au plus que de quatre vers, il s'en acquitta si bien, qu'en moins d'un an qu'il fit ce mestier, il acquit la réputation du plus méchant comédien du monde ; de sorte que les comédiens, ne sachant à quoy l'employer, le voulurent faire moucheur de chandelles ; mais il ne voulut point accepter cette condition, comme répugnante à l'honneur et à la qualité de poëte. Depuis, ne pouvant résister à la force de ses destins, je l'ay veu avec une autre troupe qui mouchoit les chandelles fort proprement [1]. » Ce que Dassoucy ne nous dit pas, mais ce que nous apprend Grimarest, c'est que la troupe de comédiens rencontrée par Ragueneau dans le Languedoc était celle de Molière. « Cette troupe, dit celui-ci, était composée de la Béjart, de ses deux frères... d'un pâtissier de la rue Saint-Honoré, père de la demoiselle de la G. (de la Grange), femme de chambre de la Debrie.

Voilà tout ce qu'on sait sur la carrière théâtrale de ce curieux personnage, et c'est grand dommage que « l'empereur du burlesque » ne soit point entré dans plus de détails. Nous devons dire toutefois qu'il a calomnié, ce semble, son double talent d'acteur et de poète, car Ch. Beys n'a pas craint de louer ouvertement l'un et l'autre. Il est vrai que Beys est suspect, puisqu'on le soupçonne fortement d'avoir composé les vers que signait le pâtissier.

Le nom de Ragueneau, le pâtissier comédien, appelle logiquement celui du cabaretier Ramponneau, qui fut sur le point de suivre le même exemple. L'histoire mérite d'être racontée : elle a été la grande affaire de l'année 1760.

1. Dassoucy, *Aventures d'Italie*, ch. XII, p. 298, édition Delahays.

Ramponneau était un cabaretier bon vivant de la Courtille, et son nom est encore populaire aujourd'hui. La guinguette de ce joyeux compère, portant pour enseigne la trogne rubiconde du maître, à califourchon sur un tonneau, avait la vogue entre toutes les guinguettes des Porcherons. A côté des bons drilles qui allaient danser et faire la ripaille au «Tambour-Royal»; à côté des élégants qui s'y faufilaient pour jouir du spectacle, acteurs et auteurs du boulevard y venaient trinquer de concert. C'est là que Dorvigny composait ses Jocrisses; que Taconnet et Constantin, acteurs de Nicolet (et deux originaux aussi, le premier surtout), buvaient leurs vingt bouteilles de compagnie, en faisant des études de types populaires pour leurs rôles. Il est probable que le fameux Volange, dit Janot, s'y rendit plus d'une fois lui-même. Cette compagnie quotidienne, les faciles succès qu'obtenait Ramponneau au milieu de ses habitués, avec sa bonne physionomie niaise et radieuse, sa belle humeur, ses saillies au gros sel, tout cela finit par lui donner l'ambition et l'espoir de rivaliser avec la gloire de Volange. Il alla donc un jour trouver Gaudon, qui dirigeait, au boulevard du Temple, un petit théâtre en concurrence avec les Variétés amusantes, où trônait celui-ci, et s'engagea, par un traité en règle (27 mars 1760), à jouer dans son spectacle. C'était la fortune pour Gaudon, qui accueillit la proposition avec transport.

La chose arrangée et quelque argent touché d'avance, Ramponneau, en attendant son début, va donner une représentation d'essai à Versailles. Mais il ne réussit qu'à se faire huer. Il revient l'oreille basse, et, la veille du grand jour, Gaudon reçoit une lettre par laquelle Ramponneau, pris de scrupules religieux, annonce que sa conscience ne lui permet pas de tenir sa promesse. On peut juger des hauts cris jetés par Gaudon, qui avait déjà fait tous ses préparatifs et qui s'attendait à un succès fabuleux. De là, sommation, assignations, enfin procès, avec maître Elie de Beaumont pour avocat du directeur, et le facétieux Coqueley de Chaussepierre pour avocat du cabaretier. Tous les journaux, toute la ville, ne parlent plus d'autre chose : on s'en occupe à Versailles; on parie pour et contre. Elie de Beaumont fit de son plaidoyer une apologie de la comédie et des comédiens contre les détracteurs; mais, malgré son éloquence, on donna gain de cause aux scrupules de Ramponneau, qui, moyennant la restitution des deux cents livres reçues, put retourner à son cabaret.

Hélas! en approfondissant les pieux remords de Ramponneau, voici ce qu'on y a trouvé, outre sa crainte bien fondée d'un échec. Il avait vendu sa guinguette dans l'intervalle, au prix de quinze cents livres mais à la condition expresse, posée par l'acquéreur, d'y rester pour conserver le chaland. Voilà pourquoi il se sentait pris de scrupules. Du reste, cette affaire ne fit qu'accroître sa vogue et sa célébrité. Voltaire y ajouta encore par son malin plaidoyer en sa faveur. Dès lors, on voit les équipages stationner à sa porte ; on retient ses salons huit jours à l'avance ; les grandes dames vont aux Porcherons tout exprès pour le contempler et l'entendre, et le « Tambour-Royal » devient trop petit pour la foule [1].

Comme le pâtissier Ragueneau nous a rappelé le cabaretier Ramponneau, Ramponneau nous rappelle par quelques points, en sa qualité d'épicurien et de bon vivant, l'excentrique Camerani, acteur du Théâtre-Italien, qui avait débuté en 1767, et qui s'est fait une réputation beaucoup moins comme comédien que comme

---

1. *Histoire de l'Opéra-comique*, t. II, p. 449. Jal; *Dictionnaire de biographie et d'histoire*. Fr. M. Michel et Ed. Fournier, *Histoire des hôtelleries*, II 358-364.

gastronome. Grimod de la Reynière lui dédia son deuxième volume de l'*Almanach des gourmands*, et le comédien était digne de cet honneur, car il est l'inventeur, entre bonnes choses, d'un petit potage connu sous son nom, qui, rédigé avec la plus stricte économie ne revient pas à plus de cent vingt francs. C'est peut-être l'homme du monde qui a eu le plus d'indigestions. Camerani, membre de la commission d'examen des pièces de théâtre, n'était pas moins original dans ses fonctions que dans sa vie privée. « Lorsqu'il y avait dans une pièce un rôle de père, dit M. de Manne (*Nouvelle Biographie générale*), il ne manquait jamais d'engager l'auteur à en faire une soubrette. » Nous en dirions davantage sur son compte si, par le genre de ses excentricités, il ne sortait un peu du cadre de ce chapitre.

Le 9 juin 1729, débuta au Théâtre-Français un acteur du nom de Banières, qui mérite une bonne place dans cette galerie. Cet acteur était Gascon, et il avait fait dix métiers divers avant d'aborder le théâtre, portant tour à tour le petit collet et la robe d'avocat, puis passant à l'étude de la géométrie, ensuite s'engageant dans l'état militaire, et enfin lancé dans la carrière théâtrale par le succès qu'avait obtenu à Toulouse une tragédie écrite de sa propre main et où il jouait le principal rôle. Venu à Paris sans avoir jamais paru sur aucun théâtre public, il alla se présenter tout droit aux gentilshommes de la chambre, qui, frappés de son assurance, lui donnèrent un ordre de début. Avant le lever du rideau, Banières fait appeler le souffleur : « Je vous préviens, lui dit-il, que je n'ai nul besoin de votre secours ; je suis sûr de ma mémoire, ainsi je vous prie de ne pas chercher à m'aider, quand même je manquerais. » Le souffleur s'y engage. On lève la toile ; Banières s'avance vers la rampe, et, rassemblant toutes ses facultés d'ex-avocat, il entame une harangue préparatoire très bien tournée et fort applaudie. Mais à peine a-t-il débité dix vers de son rôle de *Mithridate* qu'oubliant absolument toute mesure, il met dans son jeu et son débit tant d'emportement bourgeois, tant d'emphase et de vivacité gasconne, que la salle éclate de rire, et il continue ainsi jusqu'au bout son rôle.

Tout autre se fût déconcerté, mais Banières poursuivit sur le même ton, sans le moindre trouble. Puis il adressa au public un nouveau discours, conçu en ces termes : « Messieurs, quelque humiliante que soit la leçon que je viens de recévoir, je vous invite à revenir samedi pour voir si j'aurai su en profiter. »

Le ton confiant avec lequel ces paroles furent prononcées excita de nouveaux éclats de rire et beaucoup d'applaudissements mi-joyeux, mi-ironiques. Les nouvelles de la soirée se répandirent si bien dans tout Paris, que le samedi il y eut une immense affluence pour voir l'original comédien dans Agamemnon, d'*Iphigénie*. On s'attendait à se divertir beaucoup, et on fut très étonné de trouver un jeu aussi modéré que savant. Dans ces trois jours, Banières était parvenu à transformer complètement sa manière. Il remplit encore, les jours suivants, avec tous les applaudissements des connaisseurs, les plus grands rôles tragiques, même celui de Joad, dans *Athalie*, et le rôle comique du marquis gascon des *Ménechmes*. Mais un incident terrible vint mettre fin à ses succès. Nous avons vu qu'il s'était engagé : son colonel, apprenant qu'il jouait la tragédie à Paris au lieu de faire l'exercice à son régiment, le fit traduire devant un conseil de guerre. Rien ne put le sauver : il fut fusillé. Ce qu'il y a de plus épouvantable dans cette destinée tragique, c'est qu'il n'avait quitté son corps assure-t-on, qu'en vertu d'un congé qui n'était pas expiré, mais que par malheur, il avait perdu. Tout invraisemblable que cela puisse paraître, il le serait certainement encore plus qu'un déserteur eût été assez follement imprudent pour venir jouer dans une ville comme Paris, à la Comédie-Française. sans même prendre la peine de déguiser son nom [1].

Nous nous garderons bien d'oublier Rousselet, qui, après avoir débuté sans succès, en 1740, à la Comédie, reparut en 1752 dans *Mithridate*. Il ne réussit pas davantage; et, comme il s'avançait pour haranguer le parterre, au milieu des sifflets. on lui cria ces vers de son rôle :

> Prince, quelque raison que vous nous puissiez dire,
> Votre devoir ici n'eût pas dû vous conduire.

Si sa carrière théâtrale n'avait. été marquée que par cet épisode, ce n'en serait pas assez pour lui faire les honneurs de ce chapitre. Ce qui les lui vaut, c'est la désopilante série des trois lettres qu'il adressa à l'abbé Raynal, rédacteur du *Mercure*, après avoir reçu son congé. Nous en citerons quelque fragments.

PREMIÈRE LETTRE

« C'est avec tous les égards qui vous sont dus, monsieur, que je me vois contraint de mettre la main à la plume pour vous faire remarquer que vous mettez tel débutant qu'il puisse être dans un moment de désagrément pour sa propre fortune, en analysant pas le talent avec lequel il a paru devant le public.

« Vous annoncez dans votre *Mercure* du mois de juin dernier : « M. Rousselet a paru dans la tragédie « de *Cinna*, et depuis dans celle de *Mithridate*; il joue « les rôles de roi. » Vous avez omis celui de Pharasmane dans *Rhadamiste ;* qu'il me soit permis de vous insinuer cette annonce...

1. Lemazurier, *Galerie*, etc., p. 265-8.

« Quel qu'ait été mon début, je me trouve très honoré de n'avoir pas déplu aux connaisseurs, puisque Monseigneur m'a fait l'honneur de m'écrire que mon ton et ma diction formaient le parallèle du débit de feu ce fameux acteur qui rétablit la scène après un temps considérable qu'il avait donné à ses loisirs. Il a rencontré juste avec quelques membres de l'Académie qui m'ont fait l'honneur de dire la même chose. Il est vrai que c'est un genre que je me suis fait... J'avoue, à ma honte, que je ne me suis point apprécié à cette déclamation heureuse qui fait la réputation des grands sujets qui brillent aujourd'hui ; le naturel est mon apanage, et si j'ai quelques défauts dans le geste, on ne blâmera jamais ma figure, ma voix, ma mémoire, mon raisonnement et mon bon sens. A l'égard de l'esprit, je ne vous en parle point : je n'ai que le moyen de l'adorer, et c'est mon occupation essentielle. Je suis géomètre dans mon art, sans avoir recours aux synthèses qui acheminent par énumération à la probabilité d'un tout. C'est à vous, Monsieur, à tirer maintenant parti de moi-même ; ne vous fiez point aux partisans de ceux qui ne sont pas les miens. Je respecte tout l'univers, et si le succinct de votre programme ne m'eût pas fait ouvrir les yeux, je serais demeuré dans la même sécurité qui me fait révérer ce qui est établi par la vogue, et qui fait dire hautement « c'est le goût d'à présent. » La monotonie a eu son règne ; les modes se succèdent mais on revient aux anciennes : il ne faut qu'un instant pour confondre une discorde. Le législateur a toujours consulté la loi naturelle, et la justice a toujours été appuyée par la vérité. J'ai l'honneur, etc. »

Nous passons la deuxième lettre, qui n'est pas d'un goût si relevé, quoique bien jolie encore, et nous arrivons à la troisième. Elle est adressée au chevalier de Mouhy. On y lit spécialement ceci :

« ... Comme je suis général, et que les masques de Térence sont gravés dans mon optique, je joue les rois, les paysans, les financiers, les pères nobles, les raisonneurs, et tant d'autres qui sont utiles à un comédien dans la province, soit dans l'italien, soit dans les opéras-comiques. Je suis même en état de faire un pari, si l'on veut, de jouer un rôle nouveau chaque jour pendant le cours d'une année, tant j'ai la mémoire libre et fraîche... Quoique MM. de Saint-Albin et de Riccoboni aient analysé les qualités nécessaires à un comédien, j'ai tâché d'apprécier leur sentiment avec le mien, en faisant un détail par principe de gradation, pour donner un acheminement solide à ceux qui sont amateurs du théâtre..... M. de Crébillon et M. de Voltaire vont de pair avec les Corneille et les Racine; il ne serait donc pas surprenant que je pusse plaire encore. Je me fais un sensible plaisir de débiter leurs ouvrages, et, sans prévention, je ne les ai jamais masqués. Je vous convie donc, Monsieur, d'être dorénavant un peu plus prolixe sur mon compte et de suivre le sentiment de Pline, qui dit que, pour soutenir le droit d'une bonne cause, on ne peut l'être trop. »

C'eût été dommage, on en conviendra, de priver nos lecteurs de ces admirables morceaux, que le rédacteur du *Mercure* se hâta naturellement d'imprimer. On ne l'inventerait certes pas. Les curieux pourront voir le reste dans Lemazurier[1].

Il ne faut pas oublier non plus la trop fameuse mademoiselle Montansier, actrice-directrice de spectacle, qui a laissé son nom à un théâtre. Méridionale des pieds à la tête, petite, ramassée, vive, sémillante, agaçante, criarde, douée, comme Sophie Arnould (une autre originale), de cet esprit naturel et hardi qui rencontrait souvent juste parce qu'il osait toujours, sans

1. Tome II, p. 374-81.

la moindre notion de l'ordre, ignorant le repos, donnant toute la journée aux plaisirs et aux affaires, et la nuit au jeu, dont elle poussait la passion jusqu'à la fureur, elle parvint à la vieillesse la plus avancée sans aucune incommodité. Criblée de dettes, la *virago* ne vivait que pour jouer de bons tours à ses créanciers : par exemple, en faisant rougir la clef de sa chambre à l'intention de messieurs les huissiers venus pour instrumenter, et trop empressés d'ouvrir la porte, ou en donnant l'ordre de faire entrer dans sa cour tous ses fournisseurs tumultueusement réunis, puis en leur apparaissant au balcon couverte d'un pet-en-l'air, un petit pain d'une main, une tasse de café au lait de l'autre, et en leur chantant ainsi le grand air de *Didon :*

> Ah ! que je fus bien inspirée
> Quand je vous reçus dans ma *cour* [1] !

A soixante-dix-huit ans, la Montansier épousa un danseur. Ce fut une de ses dernières originalités.

Dugazon, le roi des valets de la comédie, ce mime admirable dont la mobilité de physionomie était telle qu'il avait trouvé quarante manières de remuer le nez, peut passer pour un des plus intrépides mystificateurs qu'il y ait jamais eu. Tantôt c'était un maître d'écriture à qui il faisait croire qu'on venait de le décorer de l'ordre de Saint-Michel, et qu'il emmenait en gilet serin, en habit cerise, pour remercier le roi à l'aide d'une harangue en latin de cuisine qu'il avait eu soin de forger lui-même. Tantôt c'était son énorme camarade Desessarts, le but ordinaire de ses plaisanteries, qu'il conduisit en grand deuil chez le ministre pour lui demander, au nom de la Comédie-Française, de recon-

---

1. Du moins, plusieurs des biographes de la Montansier lui attribuent ces bons tours, mais j'en voudrais d'autant moins garantir l'authenticité qu'ils sont attribués à Champcenetz par madame Fusil, dans les *Souvenirs d'une actrice* (I, 141).

naître les longs services de cet excellent comédien, en lui accordant la survivance de l'éléphant qui venait de mourir à la ménagerie du roi. Desessarts, furieux, le provoqua en duel; sur le terrain, Dugazon tira de sa poche un morceau de blanc d'Espagne et traça un rond sur le ventre de son adversaire, en disant : « Mon ami, ta rotondité me fait la partie trop belle; laisse-moi égaliser les chances. Tout ce qui sera hors du rond ne comptera pas. » On connaît encore cette invitation à dîner du même au même dans un restaurant dont l'allée avait été choisie assez étroite pour ne pouvoir livrer passage à ce dernier. Dugazon était à la fenêtre décoiffant une bouteille, et lui criant qu'on n'attendait plus que lui pour manger les huîtres, tandis que Desessarts, violemment surexcité par cette vue, s'efforçait en vain de franchir le défilé. Il fallut transporter la table dans une maison voisine.

Dugazon en fit bien d'autres, qu'il serait trop long de rapporter ici.

Quant à sa manière de professer, c'était la bizarrerie même. Il s'agitait comme la flamme d'un volcan; il criait, il grimaçait, il *marchait à pieds joints* sur ses élèves. Dugazon avait du salpêtre au lieu de sang dans les veines[1].

Bordier, acteur des Variétés, se distinguait autant par la gaieté de son caractère et de ses saillies que par la facilité, la grâce et l'agrément de son jeu. En 1789, accusé d'avoir fomenté une insurrection à Rouen à propos des grains, il fut arrêté, jugé et pendu dans les vingt-quatre heures. Il donna alors une dernière et magnifique preuve de son sang-froid. Dans le *Ramoneur prince*, vaudeville de Pompigny, qu'il avait joué avec succès, se trouvait un passage où, près de monter à une

---

1. Voy. pour quelques-unes de ses autres excentricités, Roger de Beauvoir, *Mémoires de Mademoiselle Mars*, ch. I.

échelle, il s'arrêtait pour dire : « Monterai-je ou ne monterai-je pas ? » Arrivé au pied de l'échelle de la potence, il s'arrêta, et dit en souriant au bourreau : « Monterai-je ou ne monterai-je pas ? » Il fallut monter[1]. On remarqua encore que, peu de jours avant sa mort, il avait joué, dans *Ruses contre Ruses*, le rôle de l'Olive, où se trouvait ce funèbre pronostic : « Vous verrez que, pour arranger l'affaire, c'est moi qui serai pendu[2] ! »

Sous la Révolution, nous citerons, parmi les originaux des coulisses, Ribié, qui succéda à Nicolet en 1795. « Ribié, dit Brazier, qui avait été figurant, comparse dans sa jeunesse, était parvenu, par son intelligence et sa volonté, à être un acteur original, et un directeur de spectacle fort habile. Ribié exploitait souvent une demi-douzaine de théâtres à la fois. Je l'ai vu directeur de la Gaîté, de Molière, de Louvois, de la Cité et de plusieurs jardins publics. Son activité dévorante suffisait à tout. C'est lui qui inventa les affiches monstres et les spectacles incommensurables. Ils annonçait le dimanche : le *Moine*, mélodrame en cinq actes, avec une pluie de feu; le *Mariage du Capucin*, en trois actes; *Koskoli*, en deux actes, dans lequel M. Ribié battra de la caisse; le *Drôle de corps et le galant Savetier*, vaudeville; le *Ballet des marchandes de modes*, et des tours de physique. Tantôt on le voyait en phaéton, tantôt marchant à pied avec un parapluie; aujourd'hui menant le train d'un ambassadeur, demain occupant une mansarde; mais toujours gai, toujours insouciant,

---

1. Dumaniant, un autre *cabotin* célèbre, a publié un opuscule sur la *Mort de Bordier*. On a aussi la *Mort subite du sieur Bordier, acteur des Variétés. Lettre d'un négociant de Rouen à M. Guillaume, marchand de draps*, du 22 août 1789. *Les iniquités découvertes, ou l'innocence reconnue des sieurs Bordier et Jourdain*, etc. On peut voir sur sa mort une estampe curieuse dans le *Musée de la caricature*, où l'on trouvera également une curieuse vue du cabinet de Ramponneau.

2. Brazier, *Chronique des petits théâtres*, I, 57.

toujours heureux de sa position ; formant mille projets à la fois. En somme, il est mort comme il a souvent vécu : pauvre, mais toujours directeur de spectacle. »

Nommons aussi Plancher-Valcour, l'un des plus curieux et des plus excentriques personnages qui aient jamais monté sur les planches. Il commença par s'engager, à l'âge de quinze ans, en sortant de chez les Frères, dans une troupe rudimentaire, où il faisait au besoin les sauvages et mangeait de l'étoupe enflammée dans les entr'actes des Mystères qui composaient le répertoire. Après diverses pérégrinations trop longues à rapporter ici, il revint s'établir à Paris, où il obtint la permission d'ouvrir le petit théâtre des Délassements-Comiques. Il y remplit le triple rôle d'auteur, d'acteur et de directeur, et y prospéra si bien que les grands théâtres lui firent intimer l'ordre de jouer désormais derrière une gaze. Il fallut se soumettre, bien à contre-cœur ; mais aussitôt après la prise de la Bastille, Plancher-Valcour, en pleine représentation, creva le voile de gaze au cri de : *Vive la liberté !* Dès lors sa muse accoucha de pièces sans-culottides les plus monstrueusement extravagantes, qu'il signait de son nouveau nom d'Aristide Valcour. Le Directoire récompensa son zèle en le nommant juge de paix ! Mais ces fonctions placides ne durèrent pas longtemps : l'aventureux Valcour finit par rentrer au théâtre, et y finit ses jours dans la culture effrénée du mélodrame [1].

Révalard est un vrai type du Roman comique. Après avoir brillé à l'Ambigu dans les rôles de tyrans et de brigands, il exploita plus tard une troupe de comédiens de province. C'était l'homme aux ressources ; on ne le prenait jamais sans vert. Quelques-unes de ses saillies, à moins que ce ne soient des naïvetés, sont demeurées

1. Monselet, *Oubliés et Dédaignés.*

célèbres. Un soir qu'il avait donné un mélodrame où l'on faisait le bombardement d'une ville, la bourre d'un soleil alla frapper une personne placée à l'orchestre. Le lendemain Révalard, craignant que le léger accident de la veille ne nuisît à la recette du jour, fit mettre sur l'affiche, en gros caractères : « Les personnes qui, ce soir, nous honoreront de leur présence, sont prévenues que le bombardement n'aura plus lieu qu'à l'arme blanche. »

Une autre fois, après avoir donné dans une petite ville plusieurs représentations qui n'avaient attiré personne, il afficha la veille de son départ : « La troupe de M. Révalard, touché de l'accueil empressé que les habitants ne cessent de lui faire, a l'honneur de les prévenir qu'au lieu de partir samedi, ainsi qu'il l'avait annoncé, lui et ses camarades quitteront la ville demain matin à six heures[1]. »

Un personnage du même genre, d'une physionomie plus accentuée encore, est ce fameux Rosambeau, passé désormais en type mais dont le nom est bien plus connu que la vie. Il s'appelait Minet avant de monter sur la scène, et il est mort en 1843, après avoir joué non sans talent, au théâtre des Jeunes-Artistes, au théâtre Louvois, débuté aux Français, à l'Opéra, à l'Opéra-Comique, au Palais-Royal, à l'Odéon, s'être montré enfin, dans toute les villes de France, et à Londres, Vienne, Varsovie et Constantinople. Il passait partout sans s'arrêter nulle part, disent les *Mémoires de mademoiselle Flore*[2] où on est réduit à chercher le peu de renseignements de première main qu'on a sur cet original, c'était le Juif errant du théâtre. Il avait un caractère si facétieux, qu'il était impossible de compter sur lui. Voilà ce qui l'avait fait partir du théâtre de Caen. Il s'y était fait engager

1. Brazier, I, p. 62-4.
2. T. II, p. 90-7.

pour les premiers rôles. Ordinairement celui qui joue cet emploi possède sa garde-robe, c'est-à-dire tous les costumes nécessaires. Il demande, pour son début, le rôle du général dans la *Veuve du Malabar*, il est fort bien reçu du public. Le lendemain, le directeur lui dit qu'il jouera Oreste dans *Andromaque*. Le directeur vient sur le théâtre au moment où la pièce allait commencer. Il voit mon Rosambeau qui se promenait sur la scène en habit de général; il l'envoie s'habiller : Rosambeau répond qu'il l'est et qu'il a le droit de se présenter sous ce costume. Il entre en scène; on le siffle: « Messieurs, dit-il « si mon costume de général ne convient pas, c'est la « faute du directeur. Permettez-moi de vous lire mon « engagement. » Il le tire de sa poche et lit avec un grand sérieux : « M. Rosambeau jouera en chef et sans « partage, dans la tragédie, la comédie et l'opéra, les « rois, les grands amoureux, et tous les premiers rôles « en général. » A cette boutade, les éclats de rire succèdent aux sifflets. Rosambeau se vanta d'avoir plu « *en général* ».

Au sortir de Caen, il se rendit à Lisieux, où le trouva la troupe dont faisait partie mademoiselle Flore.

« En arrivant à Lisieux, nous demandâmes si la ville était privée de spectacle; mais l'aubergiste nous dit que depuis trois jours on avait l'Homme vert, qui faisait fureur, et qui précisément demeurait dans cette auberge.

« — Qu'est-ce que l'Homme vert ?

« — C'est un très bel homme, de la couleur que je vous dis, et qui arrive du Cap-Vert ou des îles Canaries.

« — Pourrions-nous le voir ?

« — Oui, en payant; il joue la comédie tous les soirs... Tenez le voilà qui descend pour dîner.

« En effet, nous vîmes arriver un homme parfaitement vert et luisant qui dit en nous voyant : « Tiens !

« c'est Volange, c'est Flore ! » On reconnut Rosambeau
sous la peau verte du phénomène. Il s'enrôla dans la
nouvelle troupe, qui débuta par le *Déserteur*, opéra-comique. Rosambeau était chargé du rôle de Montauciel
et il joua l'ivresse à merveille. Comme les habitants de
Lisieux manifestaient leur étonnement de voir qu'il n'é-
tait plus vert : « Messieurs, dit-il en s'avançant sur le
« bord de la scène, un acteur, pour plaire au public,
« doit savoir prendre la couleur de son rôle. Il y a
« quelques jours j'étais « vert, » aujourd'hui je suis
« « gris ».

A Marseille, il avait à jouer dans le *Maréchal de Saxe*,
et ne savait que son rôle de *Barberousse*. Il entre néanmoins en scène, après s'être entendu avec ses camarades, et débite sur un ton plein de feu le commencement de son rôle ; le public applaudit à tout rompre. Il
continua avec la même chaleur jusqu'au bout de la représentation, mêlant *Barberousse* au *Maréchal de Saxe*,
sans que le parterre mystifié cessât de battre des
mains. Vous êtes libre de prendre cela pour un bon
conte.

A Versailles, l'acteur qui devait jouer Bartholo dans
le *Barbier* étant venu à manquer à la répétition, Rosambeau se chargea du rôle et l'emporta pour l'étudier.
Mais, chemin faisant, il rencontre un ami qui l'engage
à dîner, et, naturellement, il accepte. Le soir venu, il
ne savait pas le premier mot de ce qu'il devait dire, et
on le siffle : « Messieurs, dit alors Rosambeau en
s'avançant vers la rampe, je vois par ma propre expérience la vérité du proverbe, qu'on ne peut bien faire
deux choses à la fois. Aujourd'hui, j'avais à apprendre
un rôle et à dîner ; j'ai parfaitement dîné et très mal
appris mon rôle. Une autre fois, je ferai le contraire.
En attendant, veuillez m'excuser, et me permettre de
lire le rôle, si vous tenez à l'entendre. » Ce *speech* au-

dacieux fut salué d'applaudissements unanimes [1].

C'est encore Rosambeau qui se teignit les jambes avec du cirage pour représenter des bas de soie noire qu'il ne possédait pas dans sa garde-robe, et dont il avait besoin pour un de ses rôles. C'est lui qui, fasciné par la vue du pantalon d'un gendarme qui lui semblait devoir produire un effet superbe dans un de ses rôles, parvint à séduire le naïf représentant de l'autorité, et à se faire céder, pour un soir, le costume convoité ; puis qui eut l'infamie de partir avec ce vêtement indispensable, tandis que le trop crédule gendarme l'attendait, les jambes nues, enfermé dans sa loge.

Mais que n'a pas fait Rosambeau, et surtout que ne lui prête-t-on pas ! Comme Hercule, Roquelaure et Calino, c'est un de ces personnages mythiques et légendaires sur le compte desquels on est habitué à réunir les exploits de vingt, de cent héros divers.

Citons en outre, sans appuyer, Desforges-Choudard, l'auteur du *Sourd*, qui fut assez longtemps acteur, et qui a raconté lui-même, dans de scandaleux Mémoires, les péripéties de son existence excentrique ; Tiercelin, *muscadin* à la ville, populacier sur le théâtre, et dont on pouvait dire, comme de Taconnet, que, sublime dans les savetiers, il eût été déplacé dans les cordonniers ; ayant quelque chose de l'humeur d'un spadassin, et cependant timide à l'extrême et passionné pour la guitare ; d'un comique irrésistible comme acteur, misanthrope et chagrin dans la vie privée, surtout sur ses vieux jours ; recevant ses visites à travers un judas, sans ouvrir la porte ; haïssant la scène qui avait fait sa gloire, les directeurs et ses camarades ; enfin poussant la manie pour les chats aussi loin que le cardinal de Richelieu.

Chapelle, l'excellent Cassandre du Vaudeville, épicier

1. Le *Boulevard du crime*, par Jouslin de la Salle (*Figaro*, du 3 octobre 1858).

en même temps qu'acteur, se rendit fameux surtout par une crédulité incroyable, soit dit sans jeu de mots. C'est à lui qu'un de ses camarades raconta cette histoire de la carpe apprivoisée remise depuis à toutes sauces, et resservie bien des fois comme un plat nouveau : cette carpe suivait partout son maître, comme un caniche, mais elle se noya un jour en voulant enjamber un ruisseau grossi par une pluie d'orage. « Oh ! quel malheur, s'écria le bon Chapelle, qui avait écouté avec le plus grand intérêt cette touchante histoire, je croyais que les carpes nageaient comme des poissons. » Sur la fin, on avait tant mystifié Chapelle, on lui avait tant persuadé de choses impossibles qu'il était devenu d'une méfiance extrême [1]. Un ami lui disait : « Bonjour, Chapelle ! — Laisse-moi tranquille, répondait-il d'un ton bourru. — Comment vas-tu ? — Tu veux m'attrapper encore. — Hein ! — Comme il a plu hier ! — Bon, bon. — Et comme il fait beau aujourd'hui ! — Oui, cherche ! — on ne s'y laisse plus prendre. »

On nous reprocherait peut-être de négliger mademoiselle Ida Saint-Edme, plus connue sous le nom de la Contemporaine, l'auteur putatif de ces fameux Mémoires qui ont plus fait pour la célébrité de son nom que son apparition sur la scène. Après avoir été longtemps la générale Moreau, mademoiselle Saint-Edme débuta à la Comédie-Française, se fiant un peu trop sur sa beauté pour réussir : elle fut sifflée, et un évanouissement l'empêcha de poursuivre. Draguignan et l'Italie furent les théâtres de ses autres tentatives, à peu près aussi malheureuses. Mais je renvoie à ses Mémoires ceux qui sont curieux de plus de détails sur le compte de cette excentrique aventurière.

La Contemporaine ne monta sur la scène qu'en passant et par occasion : il en fut de même d'un homme,

_____
1. Brazier, *Chronique des petits théâtres.*

aussi fameux qu'elle, mais dans un genre bien divers, et que la notoriété toute particulière de son nom me fait une loi de nommer au moins dans ce chapitre, quoiqu'il n'ait fait, pour ainsi dire, que se montrer sur le théâtre. Je veux parler de Vidocq. On ne sait généralement pas qu'il alla donner des représentations à Londres, lieu bien choisi, car les Anglais sont friands de toutes les exhibitions originales. Il y joua, dans un drame en cinq actes, *Julie d'Escars*, mêlé de vols, fausses clefs, tours de police et de *haute pègre*, dont il se tirait, comme on pense, en artiste consommé[1]. Dans une de ses *Soirées d'imitations*, il venait de jouer le rôle d'un charlatan italien et s'était retiré pour changer d'habit. Tout aussitôt un spectateur se mit à déblatérer contre lui, disant qu'il exécuterait les mêmes choses avec une égale facilité. D'autres prirent la défense de l'imitateur, et déjà la discussion s'échauffait. Lorsque soudain le mécontent pâlit, les traits de son visage se contractèrent, et il tomba en rendant le sang par la bouche. On pensa que le malheureux s'était brisé un vaisseau dans la poitrine. Un médecin allait venir, quand le malade s'écria qu'il se portait parfaitement bien. C'était encore Vidocq. John Bull l'applaudit à outrance[2].

On voit que Vidocq a été bien réellement acteur, et c'eût été dommage de l'oublier dans cette galerie.

1. J. Janin, *Histoire de la littérature dramatique*, IV, p. 263.
2. Ch. Maurice, *Histoire anecdotique du théâtre*, II, p. 398.

CHAPITRE XXIII

Les comédiens canonisés. — De la vertu et de la piété au théâtre.

Les comédiens canonisés ! Ce n'est pas là, sans doute, la moindre curiosité de ce volume de curiosités. En général, quand on veut des exemples de piété et de vertu pour la morale en action, ce n'est pas sur les planches qu'on va les chercher, et nous ne pouvons dire qu'on ait tort. On en trouverait bien quelques-uns pourtant.

Les gens de loi n'ont qu'un saint pour patron, saint Yves ; les comédiens, plus favorisés, pourraient en compter au moins une demi-douzaine. Il est vrai que ces comédiens n'ont pas été canonisés dans l'exercice de leurs fonctions, et qu'il leur a fallu y renoncer pour mériter cet honneur ; mais il est probable aussi, qu'on nous permette de le dire, que saint Yves n'eût pas été un si grand saint, s'il avait été un vrai procureur.

Saint Genest, acteur du temps de Dioclétien, dont la conversion, déclarée en plein théâtre, a fourni à Rotrou le sujet d'un beau drame, est le plus connu, je pourrais dire le seul généralement connu des six. Il faut y joindre saint Silvain, saint Porphyre, comédien d'Andrinople, qui, s'étant fait baptiser par Moquere, devant Julien l'Apostat, confessa ensuite hautement qu'il était chrétien, et eut la tête tranchée ; Ardéléon, acteur d'Alexandrie, qui fut frappé de la grâce à peu près comme Genest, dans une représentation où il tournait en ridicule les mystères du christianisme, et fut martyrisé sous l'empereur Justinien ; sainte Pélagie (cinquième siècle), la principale actrice de la ville d'Antioche, qui, étant allée un jour à l'église, pendant une prédication de Nonus, évêque d'Héliopolis, fut si touchée de ce qu'il dit sur la conversion des pécheurs qu'elle renonça au théâtre, reçut le baptême, donna tout son bien aux pauvres, et se retira, vêtue en homme, sous le nom de Pélage, dans la montagne des Oliviers, où elle mena jusqu'à sa mort la vie la plus austère; enfin le bienheureux Jean le Bon, fondateur de l'ordre des Ermites de Saint-Augustin, qui avait été histrion pendant quarante ans.

Le bon Chappuzeau, dans son *Théâtre français* (l. III), a un chapitre qui roule sur l'*assiduité des comédiens aux exercices pieux;* il fait le plus grand éloge, et le plus ingénu, de leur dévotion, de leur charité, de leurs vertus domestiques et autres. On ne peut suspecter, en le lisant, sa profonde conviction. Quelques passages du *Roman comique*, de Scarron viennent à l'appui, en nous montrant ses artistes nomades, malgré leurs fredaines, en bons rapports avec les ecclésiastiques qu'ils rencontrent. De même les comédiens ambulants de Rojas [1], au milieu de leur vie peu réglée, sont dévots, assistent à la messe et font partie de confréries pieuses.

Les comédiens italiens se distinguèrent toujours particulièrement par leur dévotion, peut-être parce qu'une faveur spéciale les exemptait de l'excommunication qui pesait sur les autres, à moins que ce ne fût cette dévotion, au contraire, qui les avait mis à couvert de l'anathème [2]. Le chef du *Comici fideli*, Giovanni Baptista

---

1. *El viaje entretenido*, sorte de *Roman comique* espagnol, qui parut quelques années avant le nôtre.

2. *Mémoires de mademoiselle Dumesnil*, 106. Nous rapportons, sans le garantir, ce prétendu privilège accordé aux comédiens italiens d'après une foule de témoignages plus ou moins authentiques. Nous en doutons pourtant, quant à nous, et ce passage de Dangeau semble donner raison à nos doutes : « Arlequin est mort aujourd'hui à Paris. On lui a donné tous ses sacrements *parce qu'il a promis de ne plus monter sur le théâtre* » (2 août 1688). D'autre part, la veuve de Molière, dans sa requête adressée à l'archevêque de Paris, le 20 février 1673, dit que M. Bernard, prêtre habitué en l'église Saint-Germain, avait administré les sacrements

Andréini, publia en France, dans le cours de l'année 1624, son *Teatro celeste*, recueil de sonnets en l'honneur des comédiens qui ont mérité la palme céleste[1]. Isabelle Andréini avait été enterrée, plusieurs années auparavant, avec une épitaphe qui la qualifie de *religiosa* et *pia*. Suivant Desboulmiers[2], le premier registre qu'ils tinrent après leur rétablissement, sous la Régence, débutait ainsi : « Au nom de Dieu, de la Vierge Marie, de saint François de Paule et des âmes du purgatoire, nous avons commencé le 18 mai 1716. » Il est vrai qu'un registre des comédiens français débute également de la sorte : « Commencé, au nom de Dieu et de la Sainte Vierge, aujourd'hui lundi 26 avril 1688 », et qu'on rencontre souvent, soit dans celui-là, soit les autres, à côté de leurs aumônes aux couvents, des mentions d'un caractère religieux. C'est parmi eux qu'on trouve le plus grand nombre d'acteurs pieux. Giovanni Buono s'était retiré dans un cloître, où il pleurait sur ses péchés autant qu'il avait ri et fait rire. Quand le capitaine Rhinocéros mourut en 1624, on trouva un très rude cilice dans son lit. Racine le fils disait avoir connu un acteur et une actrice de la Comédie italienne qui vivaient comme deux saints, et ne montaient jamais sur le théâtre sans avoir mis un cilice. Dominique communiait tous les ans et ne pouvait souffrir un mot contre l'Eglise. Carlin était très pieux. Madame Riccoboni, femme de Louis, connue sous le nom de mademoiselle Flaminia, après avoir pris sa retraite avec son mari, en 1733, passa trente-neuf ans dans le silence et la pratique des vertus. Mademoiselle Colombe offrait elle-même le pain bénit. Ces pratiques

au défunt à Pâques dernier (Eudore Soulié, *Recherches sur Molière*, p. 79), ce qui tiendrait à prouver, — car on ne peut guère soupçonner la véracité de cette assertion dans un document de ce genre adressé au chef du diocèse, — que le refus des sacrements aux comédiens n'était pas d'un usage inflexible et pouvait souffrir quelques exceptions.

1. L. Moland, *Molière et la Comédie italienne*, p. 141.
2. *Histoire du Théâtre italien*, I, 226.

religieuses n'empêchaient malheureusement pas la licence de leurs pièces et de leur jeu.

Madeleine Béjart avait fondé par testament deux messes hebdomadaires de *Requiem* à perpétuité dans l'église Saint-Paul, et une rente de cinq sous par jour, qui devaient être distribués à cinq pauvres de la même paroisse, « en l'honneur des cinq plaies de Notre-Seigneur »[1]. Ducroisy, le compagnon de Molière, retiré à Conflans-Sainte-Honorine, aux environs de Paris, s'y fit estimer de tout le monde, et entre autres de son curé, qui le regardait avec raison comme un de ses meilleurs paroissiens, et qui fut si touché de sa perte qu'il pria un de ses confrères de l'enterrer à sa place. Floridor et La Grange vécurent chrétiennement. Un certain nombre de comédiens ont été enterrés dans des églises. Rosimond avait publié une *Vie des saints pour tous les jours de l'année*, sous son nom de famille, J.-B. du Mesnil. Champmeslé fut frappé d'apoplexie, au moment où il venait de commander aux Cordeliers trois messes, l'une pour sa mère, l'autre pour sa femme, la troisième pour lui. Beaubourg mourut dans les plus grands sentiments de piété, comme avaient fait avant lui Bellerose, la Champmeslé et mademoiselle Desœillets.

Mademoiselle Gaussin quitta le théâtre par un principe de religion. D'autres ne se sont pas bornés là, et se sont retirés du monde, comme cette fameuse mademoiselle Maupin, dont les aventures scandaleuses ne semblaient pas annoncer un tel dénouement, et mademoiselle Luzy, la soubrette, dont un sarcasme bien connu de Sophie Arnould ne peut faire suspecter la conversion sincère. Mademoiselle Gaultier, du Théâtre-Français, se fit carmélite vers 1726[2]. Madame Toscano

1. Despois, le *Théâtre sous Louis XIV*, p. 218.
2. M. de Soleinnes possédait un « Abrégé manuscrit de la vie de mademoiselle Gaultier, religieuse carmélite à Lyon... 1° sa fuite du monde ;

et mademoiselle Le Febvre, toutes deux actrices de la Foire; mademoiselle Basse, mademoiselle Cécile, de l'Opéra, beaucoup d'autres encore, ont pris le voile et se sont ensevelies dans des couvents. On voit que ce sont surtout des femmes que nous avons à nommer. Cependant l'acteur forain Baxter se retira dans un ermitage, où il mourut chrétiennement en 1747 [1].

Madame Gontier était sévère sur les pratiques religieuses. On l'a vue souvent derrière une coulisse, sur le point de jouer un rôle nouveau, se signer, en disant tout bas avec émotion : « Mon Dieu, faites-moi la grâce de bien savoir mon rôle. » Étrange prière, qui serait une profanation, si elle n'était si naïve, et qu'on a attribuée aussi à Mazurier, célèbre clown, également fort pieux.

On sait que Moessard, de la Porte-Saint-Martin, remporta un des prix de vertu décernés par l'Académie française : il l'avait bien mérité par le dévouement avec lequel, malgré des ressources très insuffisantes, il avait recueilli chez lui, nourri, soigné comme une mère pendant onze ans, la veuve âgée et infirme d'un de ses camarades. Le prix Montyon est la canonisation de l'Académie.

Nous avons rapporté tous ces exemples pour l'édification et l'amendement des comédiens d'aujourd'hui. Nous prions le lecteur de ne point nous en vouloir si ce chapitre est plus court que les autres : ce n'est point notre faute.

2º sa conversion ; 3º sa vocation religieuse, » copié fidèlement sur le manuscrit authentique de l'ex-actrice, du moins à ce que prétend le titre.

1. Campardon, *Spectacles de la Foire*, t. I, p. 101.

CHAPITRE XXIV

Acteurs-auteurs.

Il nous a paru intéressant de finir ce livre en offrant à nos lecteurs une liste, que nous n'avons nullement eu la prétention de faire complète, malgré son étendue, des acteurs qui ont été en même temps écrivains, surtout écrivains dramatiques. Cette liste comprendra surtout des noms français; nous n'excluons pas les autres, loin de là, mais nos moyens d'information sont naturellement plus complets pour notre pays. Nous ne rangeons pas non plus parmi les acteurs, est-il besoin de le dire, ceux qui n'ont paru que sur des théâtres de société, comme l'abbé Genest et Malezieu, deux des comédiens ordinaires de la duchesse du Maine, ou ceux qui n'ont joué en public que d'une façon tout à fait épisodique et exceptionnelle, par exemple Remy Belleau, la Péruse et Jodelle, qui représentèrent tous trois la *Cléopâtre captive* de ce dernier, à l'hôtel de Reims, devant le roi Henri II et ses courtisans. Jodelle joua aussi le personnage de Jason dans un divertissement, en présence du mónarque, et eut le crève-cœur de demeurer court dans son rôle. Enfin, nous ne nous occuperons pas davantage, en règle générale, des acteurs de théâtres d'un ordre infime, et de ceux qui n'ont été auteurs que par collaboration, ou à qui l'on ne doit que des pièces sans portée et sans intérêt; autrement ce catalogue n'en finirait pas. Généralement, nous ne nous arrêterons qu'à ceux qui offrent quelque particularité intéressante, et nous négligerons les autres. Mais le lecteur saura bien faire toutes ces distinctions de lui-même

et comprendre nos omissions volontaires comme excuser nos oublis inévitables.

Pour plus de facilité, nous adopterons l'ordre alpha-
bétique.

ALBERT (de son vrai nom Thierry), ex-acteur de
l'Odéon, de la Porte-Saint-Martin, de l'Ambigu, etc., auteur ou collaborateur de plus de vingt ou trente pièces.

ANDREINI (François), chef de la troupe des *Gelosi*,
florissait à la fin du seizième et au commencement du
dix-septième siècle. Il se distinguait surtout dans l'emploi des capitans, et c'est à lui qu'on doit, entre autres
pièces, *le Bravure del Capitano Spavento* (1607), souvent réimprimées et traduites en français.

ANDREINI (Isabelle), sa femme, qui fut au premier
rang par son talent d'actrice et d'écrivain. Elle faisait
partie de l'Académie des *Intenti*, où elle portait le nom
significatif de l'*Accesa* (l'Enflammée). Elle avait étudié
la philosophie, et on lui doit plusieurs ouvrages dans
divers genres, pastorales, lettres, poésies, etc. Elle eut
les plus nobles comme les plus nombreux admirateurs
et une médaille fut frappée en son honneur après sa mort.

ANDREINI (Jean-Baptiste), fils des deux précédents.
On voit que les Andreini forment en quelque sorte une
dynastie d'acteurs-auteurs. C'est surtout en France
qu'Andreini se distingua comme comédien, et parmi
ses œuvres nous mentionnerons le drame d'*Adamo*, qui,
selon Voltaire, M. Villemain et beaucoup d'autres, a
fourni à Milton l'idée de son *Paradis perdu*. « Les principaux interlocuteurs, dit Ginguené, sont le Père Éternel, Adam, Ève, l'archange Michel ; des chœurs de
séraphins, de chérubins, d'anges et d'archanges, Lucifer, Satan, Belzébuth, des chœurs d'esprits ignés,
aériens, aquatiques et infernaux ; les sept Péchés mor-
tels, le Monde, la Chair, la Faim, la Mort, la Vaine
gloire et le Serpent. »

C'est dans les troupes italiennes qu'on trouverait le plus grand nombre d'acteurs-auteurs : nous ne pourrons, à beaucoup près, les mentionner tous. Du reste, ou peut dire que tous les comédiens italiens joignaient le talent d'auteurs à celui d'acteurs, car on sait qu'ils jouaient à l'improvisade, remplissant de verve, suivant l'inspiration du moment, les canevas adoptés, comme faisaient aussi nos anciens farceurs. Ainsi d'une même pièce ils tiraient au besoin cent pièces, qui paraissaient nouvelles cent fois de suite au même auditoire. C'était alors qu'il fallait de l'esprit, de l'imagination, de la sagacité, du sang-froid, pour être comédien. On ne pouvait croire que ces scènes si vives et si amusantes ne fussent que de pures improvisations. Un jour, raconte Desboulmiers, dans son *Histoire de l'Opéra-Comique* (I, 168), on les mit à l'épreuve brusquement sur un canevas préparé par Rémond de Saint-Albine : ils s'en tirèrent à merveille, et il fallut bien se rendre à l'évidence.

ANGELY (Louis), poète dramatique allemand, mort en 1835, débuta d'abord comme acteur aux théâtres de Riga et de Saint-Pétersbourg, et devint ensuite régisseur d'un théâtre de Berlin, pour lequel il écrivit un grand nombre de comédies et de vaudevilles, dont quelques-uns obtinrent un succès immense, sans parler de l'innombrable quantité de pièces françaises qu'il traduisit en allemand.

ARMIN (Robert), remplissait les rôles de *clown* dans la troupe de Shakespeare. On lui doit une comédie, et la bibliothèque Bodléienne, à Oxford, conserve de lui un manuscrit intitulé : *A Nest of Ninnies*.

ARNAL (Étienne), a écrit une épître en vers à Bouffé, les *Gendarmes*, « poëme épice » en deux chants, des contes et boutades en vers, mais pas d'ouvrages dramatiques, que nous sachions.

AUDINOT, le célèbre fondateur de l'Ambigu-Comique

a composé l'une des pantomimes représentées à son théâtre : *Dorothée*, précédée des *Preux chevaliers*, prologue, et *le Tonnelier*, petit opéra-comique à trois acteurs.

Banières, dont nous avons raconté la vie romanesque dans un de nos précédents chapitres, fit une tragédie, la *Mort de César*, qui n'a pas été imprimée, et un *Discours préliminaire sur la tragédie de Bélisaire* (1729), in-8°. Banières est le héros d'un roman d'Alexandre Dumas : *Olympe de Clèves;* il méritait cet honneur.

Baron. Son talent d'acteur, ses œuvres tragiques et comiques, et sa vie sont trop connus pour que nous ayons besoin de les rappeler. Disons seulement que la propriété de plusieurs de ses pièces lui a été contestée, et qu'on a attribué spécialement au père de la *Rue l'Andrienne* et *l'Homme à bonnes fortunes*, qu'il aurait mis sous le nom de Baron, parce que sa qualité de prêtre et de religieux lui interdisait de les signer.

Beauvallet, l'acteur célèbre du Théâtre-Français, a composé, en collaboration avec M. Davesne, le drame en vers de *Caïn* (1835), les deux tragédies de *Robert Bruce* (1847), et du *Dernier Abencerrage* (1851), etc. Son fils, Léon Beauvallet, qui a fait partie de la grande expédition dramatique de mademoiselle Rachel aux États-Unis, a aussi donné, seul ou en collaboration, plusieurs pièces de théâtre, indépendamment d'autres travaux dans un genre différent.

Béjart (Madeleine), de la troupe de Molière, si elle n'a pas composé des ouvrages entiers, en a du moins refait et arrangé pour la scène. On sait, par le registre de La Grange, qu'elle s'était chargée de raccommoder une pièce intitulée *Sancho Pança*, pour laquelle elle toucha des droits d'auteur. Son frère, Jacques Béjart, publia, en 1655, un *Armorial du Languedoc*, dont il fit hommage aux prélats et barons des états de Béziers.

BELLECOURT (Jean-Claude Gille, dit Colson de), un des principaux acteurs de notre première scène au dix-huitième siècle, fit représenter, le 17 août 1761, les *Fausses Apparences*, pièce en un acte, en prose, qui, malgré les efforts de l'élite de la troupe, n'eut que six représentations, et n'a jamais été imprimée.

BEYS (Charles) faisait partie de *l'Illustre Théâtre* avec Molière, comme on le voit dans un recueil de diverses poésies publiées chez Toussain du Bray, en 1648. Ces poésies et comédies, parmi lesquelles on remarque surtout l'*Hôpital des fous*, sont assez nombreuses. Beys, qui fut le maître de Scarron en poésie, était grand buveur, ami de la débauche, et cultivait également « Bacchus et Apollon ».

BIANCHI (Brigitte), plus connue sous le nom d'Aurélia, qu'elle rendit fameux à Paris sur la scène italienne, a composé, en l'imitant de l'espagnol, une comédie, l'*Inganno fortunato* (1659).

BIANCOLELLI (Pierre-François, dit Dominique) (1681-1734), entraîné par l'amour dans la troupe ambulante de Pascariel, s'illustra sous les masques successifs d'Arlequin, de Pierrot, et de Trivelin. On lui doit une grande quantité de comédies et de parodies, parmi lesquelles : *Agnès de Chaillot* (parodie de l'*Inés de Castro*, de La Motte) ; le *Mauvais ménage de Voltaire* (parodie de *Marianne*) ; les *Enfants trouvés, ou le sultan poli par amour* (parodie de *Zaïre*).

BONNELIER (Hippolyte), qui joua un certain rôle politique après les révolutions de juillet et de février, et dont les nombreux romans ont eu quelque vogue, eut l'idée, en 1845, de débuter à l'Odéon sous le nom de Max. Il y joua l'Oreste, d'*Andromaque*. Mais dit M. Th. Murat, dans l'*Histoire par le Théâtre*, il fut encore moins heureux comme tragédien que comme sous-préfet : au lieu d'un mois, sa carrière théâtrale ne dura qu'une soirée. On aurait dit que tous ses anciens administrés s'étaient donnés rendez-vous au parterre.

Bosquier-Gavaudan, après avoir fait plusieurs voyages au long cours, en qualité de mousse, alla débuter à Nîmes, puis entra au Théâtre Molière, d'où il passa à Feydeau comme chanteur. C'est surtout au Théâtre Montansier qu'il se distingua, de 1832 à 1836, par sa verve, sa rondeur et sa gaieté. On lui doit des vaudevilles et des mélodrames : *Cadet Roussel chez Achmet* (1804), *Montbars l'exterminateur* (1807), *M. Désortolants ou le Foyer du Théâtre* (1807), etc.

Bouffe a travaillé avec Bayard et Davesne au *Muet d'Ingouville*, comédie-vaudeville (1836).

Boursault-Malherbe (Jean-François), se livra d'abord à la carrière dramatique, et se distingua surtout comme directeur du Théâtre Molière, qu'il avait fait construire lui-même dans la rue Saint-Martin. Sa vie fut des plus agitées. Entré dans la carrière politique en 1792, il fut mêlé assez activement aux événements révolutionnaires. Vers 1807, il reprit la direction de la salle Molière, qu'il nomma *Théâtre des Variétés étrangères*. Il a composé l'*Ecole des épouses*, comédie en vers, le *Bon Tourangeau*, vaudeville, etc., etc.

Braham (1774-1831), célèbre chanteur anglais, a composé quelques opéras très bien accueillis.

Brandes (Jean-Chrétien), acteur allemand, a raconté lui-même dans ses *Mémoires*, toutes les péripéties de son existence romanesque. Successivement commis chez un petit marchand, vagabond et mendiant, apprenti menuisier, gardeur de pourceaux, batteleur au service d'un dentiste nomade, marchand de tabac et domestique, il monta sur les planches, en 1757, à Lubeck, et joua, avec un succès médiocre dans presque toutes les villes d'Allemagne. Son talent d'auteur était bien supérieur à son talent de comédien, surtout dans les œuvres légères. Il a publié à Hambourg (1790), une édition complète de ses œuvres dramatiques, en huit volumes. Il mourut dans la plus profonde misère. Sa femme et sa fille étaient des actrices consommées.

BRÉCOURT (Guillaume MARCOUREAU DE), acteur de l'hôtel de Bourgogne et de la troupe de Molière, eut également une vie des plus accidentées, qui, par malheur, ne fut pas toujours des plus honorables. Après avoir tué un cocher dans une rixe, il se sauva en Hollande, et, sur ces entrefaites, la cour de France ayant voulu faire enlever un particulier qui se trouvait dans cette contrée, Brécourt, dans l'espoir d'obtenir sa grâce, s'offrit à remplir ce délicat office ; il échoua, et sentant que sa vie n'était plus en sûreté dans les lieux où il venait de tenter son coup de main, il revint en France, où le roi daigna lui accorder sa grâce, en considération de sa bonne volonté.

Brécourt était fort brave. On connaît l'histoire de la lutte acharnée qu'il soutint un jour devant le roi, contre un sanglier auquel il enfonça son épée dans le corps jusqu'à la garde. Il aimait avec excès le vin, le jeu et les femmes, était un déterminé bretteur, et se livrait à des dépenses sans rapport avec sa fortune. Il excellait dans les rôles tragiques et comiques. On a de lui six comédies, parmi lesquelles il faut remarquer le *Jaloux invisible*, la *Noce de village* et l'*Ombre de Molière*.

BROCKMANN (Jean-François-Jérôme) (1745-1812), célèbre acteur allemand, a composé des pièces aujourd'hui oubliées.

BROHAN (Augustine), de la Comédie-Française, a écrit des proverbes et de petits drames : *Compter sans son hôte, Quitte ou double*, les *Métamorphoses de l'amour*, et a aussi collaboré au *Figaro*.

BRUNET (Jean-Joseph MIRA, dit), a collaboré à plusieurs des *Cadet-Roussel*.

BRUSCAMBILLE (DESLAURIERS, dit), commença par être le bouffon de l'opérateur Jean Farine, sur le pont au Change, puis courut la province, et entra à l'hôtel de Bourgogne, où il resta vers 1634. On lui doit des prologues facétieux, qu'il débitait sur la scène avant les pièces, et un certain nombre de petits ouvrages burlesques, fort recherchés de bibliophiles et très rares. Il ne faut demander ni goût, ni mesure, ni bienséance à ses œuvres ; mais elles ont quelquefois une certaine verve bizarre, malgré l'abus du galimatias, la trivialité cynique et ordurière qui les distingue. Il a fait des prologues « en faveur du crachat, — du rien, — de l'utilité des cornes. » Il s'entendait merveilleusement à prouver « qu'un pet est spirituel, » et autres choses de cette force, sur lesquelles nous n'appuierons pas.

CAMAILLE-SAINT-AUBIN, auteur de l'*Ami du peuple ou les Intrigants démasqués;* du *Moine*, et d'autres pièces révolutionnaires ou mélodramatiques.

CANDEILLE (Pierre-Joseph), avant de se faire connaître par ses compositions musicales, motets et opéras, avait été engagé à l'Académie royale de musique, en 1767, pour chanter la basse-taille dans les chœurs et les coryphées.

CANDEILLE (Amélie-Julie), actrice de l'Opéra, puis de la Comédie-Française et des Variétés, donna en 1792, sous le voile de l'anonyme, *Catherine ou la Belle Fermière*, qui eut un succès prodigieux, et en 1695, sous son nom, la *Bayadère*, qui tomba avec fracas et entraîna sa retraite. Elle publia aussi des romans et des morceaux de musique. Elle pratiqua largement le mariage et le divorce. On l'a accusée d'avoir figuré la déesse de la Liberté, et même celle de la Raison, dans les fêtes républicaines.

CARLIN (Charles-Antoine BERTINAZZI, dit), célèbre Arlequin du Théâtre-Italien, à Paris, un des plus féconds improvisateurs qui aient paru sur la scène, donna lui-même, en 1763, les *Nouvelles Métamorphoses d'Arlequin*, en cinq actes, pièce dont le succès ne fut pas dû à son seul talent de comédien.

CENT-LIVRE (Suzanna), dont la vie aventureuse, pleine de fuites, de déguisements, de péripéties romanesques, demanderait un volume, parut avec un certain éclat sur le théâtre anglais, au dix-huitième siècle, et composa des tragédies et des comédies qui eurent du succès.

CHAMPMESLÉ (Charles CHEVILLET, sieur DE), mari de l'illustre actrice de ce nom, dont nous avons raconté la mort singulière, a composé seul, ou en collaboration avec La Fontaine, des pièces remarquables surtout par la peinture satirique de la petite bourgeoisie, entre autres les *Grisettes ou Crispin chevalier*, la *Rue Saint-Denis*, le *Parisien*. Il paraît certain que La Fontaine mit sous le nom de ce comédien plusieurs de ses propres pièces.

CHARLEMAGNE (Armand) (1759-1838), successivement séminariste, clerc de procureur, soldat, adonné aux questions d'économie politique, industrielles et agricoles, enfin acteur et auteur dramatique. Il rédigea deux ans l'*Almanach des Muses*, et publia aussi quelques romans. Abruti par les liqueurs fortes et accablé d'infirmités, il termina sa vie dans un dénûment presque absolu, malgré le nombre de ses ouvrages, dont plusieurs avaient eu un notable succès.

CHATEAUNEUF (A.-P.-P. DE), comédien de M. le Prince, auteur de la *Feinte Mort de Pancrace*, en 1663.

CHEVALIER (J.), du théâtre du Marais, donna, de 1661 à 1668, plusieurs comédies, dont la plupart écrites en vers de huit syllabes, et rappelant les anciennes farces. Elles roulent presque toutes sur des sujets de circonstance et offrent des détails curieux pour l'histoire du temps. Nous citerons la *Désolation des Filoux* relatives à une ordonnance de police d'alors ; l'*Intrigue des carrosses à cinq sols*, qui nous apprend l'existence des *omnibus*, en 1662, et les *Amours de Calotin*, qui renferment quelques particularités sur Molière.

CIBBER (Colley), acteur remarquable dans les rôles de *grondeurs*, se distingua beaucoup plus par son talent d'écrivain. On connaît surtout son imitation du *Tartufe*, sous le titre de *the Non-Juror*, et ses Mémoires autobiographiques. Il eut le titre de poète lauréat. Ses œuvres ont paru en cinq volumes in-12 (1777).

CIBBER (Théophile), son fils, mort dans un naufrage, est surtout connu par ses *Vies des poètes de la Grande-Bretagne et d'Irlande*. Sa femme, qui se sépara de lui à la suite d'un procès en adultère, excellente actrice, a traduit en anglais l'*Oracle*, comédie de Saint-Foix.

CLAIRON (Mademoiselle), doit être rangée dans ce chapitre à cause de ses *Mémoires*.

CLAIRVILLE (Louis-François NICOLAÏ, dit), le plus fécond de nos vaudevillistes, débuta, comme on sait, par être acteur à *Bobino*, puis à l'Ambigu-Comique.

CLIVE (Catherine), 1711-1785, éminente actrice de Drury-Lane, non moins remarquable par sa vie exemplaire que par son talent, a composé de petites pièces qui ne sont pas restées au théâtre.

COLALTO (Antoine MATTIUZZI, dit), de la Comédie-Italienne, excellent acteur, homme instruit et du plus honorable caractère, a écrit plusieurs ouvrages pour son théâtre, entre autres les *Trois Jumeaux vénitiens*, où il remplissait trois rôles avec une admirable perfection.

COLLOT-D'HERBOIS, avant d'être le personnage politique qu'on sait, avait été comédien ambulant et en même temps auteur dramatique. Il avait paru, non sans quelques succès, sur les scènes des principales villes de France et de Hollande, et on assure que c'est pour avoir été rudement sifflé à Lyon qu'il conçut contre cette ville une haine dont il donna de terribles preuves en novembre 1793. Ses pièces sont presque toutes des espèces de pastorales ou de berquinades : le *Vrai généreux ou les Bons Mariages*, drame ; le *Bon Angevin ou l'Hommage du cœur*, le *Paysan magistrat*, etc.

CORSSE (J. B. LABENETTE, dit) (1760-1815), un de ceux qui, soit comme acteur, soit comme directeur, soit comme écrivain, ont le plus contribué au triomphe du mélodrame. Après avoir étudié la peinture sous Vien pendant quelque temps, il s'engagea chez Audinot pour jouer les *amoureux*, et passa successivement sur plusieurs théâtres jusqu'en 1800, où il prit la direction de l'Ambigu-Comique, sans cesser d'être acteur. Il payait ses pièces deux louis aux auteurs en vogue, quand les payait. Corsse a composé trois ouvrages dramatiques, seul ou en collaboration. Roger, l'ex-ténor de l'Opéra, est son petit-fils.

COTTENET (Emile), acteur de vaudeville, a fait pour la scène un assez grand nombre d'ouvrages, dont aucun n'est resté au répertoire.

CRATES, d'Athènes, poète comique, de l'ancienne comédie (vers 450 avant J.-C.), joua dans les pièces de Cratinus avant d'en composer lui-même.

DANCOURT (Florent CARTON). On sait que ce fut probablement son amour pour Thérèse Lenoir de la Thorillière, fille de l'acteur de ce nom, qui le fit entrer à la Comédie, quoiqu'il fût noble et qu'il parût destiné à exercer toute sa vie la profession d'avocat. Acteur très aimé du public, grâce à sa physionomie, à sa verve et à son entrain ; particulièrement accueilli de Louis XIV, que charmait son élocution abondante et facile, il fit un un grand nombre de pièces pleines de gaieté et de saillies, presque toujours basées sur une circonstance du moment qui en a fourni le sujet, et où il a usé et abusé du droit de prendre son bien partout. Dancourt, l'homme qui semblait le moins fait pour les scrupules religieux, finit cependant par en avoir, et il passa les dernières années de sa vie dans la retraite et la dévotion, en traduisant les Psaumes et en écrivant une tragédie sacrée. Au rebours de Baron, il ne jouait généralement pas dans ses propres ouvrages.

DANCOURT (L.-R.) (1725-1801), joua longtemps la comédie en province, et composa un grand nombre de pièces, dont plusieurs ont un vrai mérite et ont obtenu un succès légitime. Ce sont des amphigouris, des tragédies pour rire, des comédies, des divertissements, des opéras-comiques. Nous n'entrerons pas dans le détail des titres, et nous ne citerons de lui que le pamphlet suivant : *L. R. Dancourt, arlequin de Berlin, à J.-J. Rousseau, citoyen de Genève*, l'une des plus piquantes réponses qu'on ait faites à la lettre du philosophe contre les spectacles. Il mourut dans une complète misère à l'hospice des Incurables.

DAVIES (Thomas) (1712-1785), commença, après ses études à l'université d'Édimbourg, par être directeur d'une troupe de comédiens, puis se fit libraire; puis, ne réussissant pas dans ses affaires, il revint à la profession d'acteur. Une satire décochée contre lui par Churchill lui fit reprendre l'état de libraire, qui le conduisit à une banqueroute. Dès lors il se jeta dans les lettres; ce n'était pas le moyen d'arriver plus vite à la fortune. On lui doit la *Vie de Garrick*, les *Mélanges dramatiques*, et d'autres ouvrages analogues qui lui valurent une certaine réputation.

DAZINCOURT (Joseph J. B. ALBOUIS), l'une des gloires du Théâtre-Français à la fin du dernier siècle et au commencement de celui-ci, a lui-même raconté, dans ses *Mémoires*, ou plutôt dans les Mémoires composés par Cahaisse sur ses notes, les particularités les plus importantes de sa vie. Marie-Antoinette, qui jouait assez souvent la comédie dans ses divertissements particuliers, prit des leçons de Dazincourt, qu'elle récompensa magnifiquement. Il a écrit une *Notice historique* sur Préville.

C'est à lui qu'on doit surtout le rétablissement de la Société du Théâtre-Français, désorganisée pendant la Révolution. En 1808, quelque temps après avoir été nommé professeur de déclamation au Conservatoire, il obtint la direction des spectacles de la cour. Son jeu était fin et correct, mais un peu froid. Son camarade Dugazon l'appelait *un excellent comique, plaisanterie à part.*

DESFORGES (Pierre J. B. CHOUDARD), l'auteur du *Sourd ou l'Auberge pleine* et d'une foule d'autres ouvrages, pièces ou romans. Sa vie des plus agitées n'est pas faite pour entrer dans la *Morale en action*. Après avoir tour à tour étudié la médecine, puis la peinture, copié de la musique, traduit des ariettes italiennes pour vivre, fait partie des bureaux du lieutenant de police, il s'engaga, en 1769, à la Comédie-Italienne, pour remplir les *Clairval*; ensuite il passa dans une troupe ambulante, avec laquelle il parcourut la France, beaucoup plus occupé d'intrigues et d'aventures galantes que de sa profession. En 1779, il partit pour Saint-Pétersbourg, où l'impératrice Catherine II lui accorda quatre mille roubles de traitement, et assez de loisirs pour qu'il pût se livrer à la composition de plusieurs ouvrages, dont les manuscrits lui furent volés lors de son retour en France. Ce fut vers 1782 qu'il se retira du théâtre; mais sa femme demeura à la Comédie-Italienne, sous le nom de madame Philippe; peu de temps après il usa du divorce pour se séparer d'elle et se remarier. Desforges a laissé une scandaleuse autobiographie dans l'ouvrage intitulé le *Poète*, où il s'est attaché surtout à retracer sans aucune vergogne les plus scabreux souvenirs de son existence agitée.

DESJARDINS (Mademoiselle, devenue plus tard madame de VILLEDIEU) semble avoir été à Narbonne actrice de la troupe de Molière, en 1649, d'après un passage de Tallemant des Réaux [1]. Rien de plus étrange, dans tous les sens du mot, que la vie de cette dame. Sa mère l'avait élevée dans la lecture des romans d'amour et de chevalerie ; aussi, à dix ans, dit Voiture, son imagination était tellement exaltée, qu'en certains moments on l'aurait crue folle. A seize ans, elle se laisse enlever par un de ses cousins, avec lequel elle bat la campagne sans un sou dans sa bourse. Après quoi elle enflamma le cœur d'un officier, nommé M. de Villedieu, lequel lui offrit sa main. Il n'y avait à cette union qu'un petit obstacle : c'est que M. de Villedieu était déjà marié, et que sa femme ne se résigna nullement au bizarre projet de son époux légitime. Mademoiselle Desjardins, outrée de cette perfidie, se déguise en officier de cavalerie, et court provoquer Villedieu en duel. Mais elle se ravise sur le terrain, et nos amants délicats, après s'être réconciliés, se sauvent en Hollande, où un pasteur complaisant les unit sans objection. M. de Villedieu ayant été tué dans une rencontre particulière, sa veuve convola en secondes noces, cette fois avec un vieux marquis, mais qui était encore, comme son précédent époux, en puissance de femme. Elle était décidément prédestinée au maris bigames. Néanmoins cette union scandaleuse ne fut nullement inquiétée, et madame de Villedieu put se livrer en paix à son goût pour la littérature. Outre des romans et des poésies fugitives, elle a composé des tragédies et tragi-comédies : *Manlius*, *Nitétis*, le *Favory*, etc.

DESPRÉAUX (Jean-Étienne) (1748-1820), danseur français, mettait, comme la plupart de ses confrères, son art à si haut prix qu'il ne pouvait concevoir comment on n'avait pas réservé une place pour les danseurs

---

1. Voy. Emm. Raymond, *Histoire des Pérégrinations de Molière*, p. 39-45

dans la classe des beaux-arts de l'Institut. Il y a peu de danseurs qui se soient livrés à la culture des lettres, et l'on n'a jamais songé à s'en étonner : Despréaux forme une des plus heureuses exceptions. L'un des fondateurs de la Société des *Dîners du Vaudeville*, il y brilla aux premiers rangs par ses chansons. Il a composé pour le théâtre des parodies, vaudevilles, parades, entre autres : *Médée et Jason* (parodie de la *Médée*, de Clément), « ballet terrible en trois tableaux mouvants, ornés de danses, soupçons, noirceurs, plaisirs, bêtises, horreurs, gaieté, trahisons, plaisanteries, poison, tabac, poignard, salade, amour, mort, assassinat et feu d'artifice », 1780. Je ne donne pas cela comme un modèle de bon goût, je le donne comme un modèle du style badin de Despréaux. Ce danseur-auteur eut une carrière des plus brillantes et des plus fortunées. Il inventa un chronomètre musical, adopté par l'Académie royale de musique. La célèbre Guimard devint sa femme en 1787.

Desprez-Valmont (1757-1812), comédien du théâtre de Molière, puis de la Gaîté, où il fut successivement acteur, souffleur, secrétaire et régisseur, a donné des vaudevilles, des comédies, des mélodrames, des chansons, des romans et des poésies fugitives, le tout d'assez peu d'importance. Citons l'*Enfant de trente-six pères*, « roman sérieux, comique et moral » (1801, 3 vol. in-12), publié sous un pseudonyme ; il s'y montra le digne rival de Pigault-Lebrun : ne lui envions pas cette gloire.

Destouches (Philippe Néricault), paraît s'être enrôlé, jeune encore, dans une troupe de comédiens ambulants, et les avoir accompagnés à Lausanne. Sa famille a nié plus tard cette particularité, par un sentiment facile à comprendre, mais sans apporter une preuve positive à l'appui de ses dénégations. On connaît trop le *Philosophe Marié*, le *Glorieux*, l'*Irrésolu*, et toutes les pièces estimables, mais d'un comique un peu

froid, par lesquelles il a mérité un rang honorable
derrière Molière et Regnard, pour que nous ayons besoin de lui consacrer une notice plus étendue.

DIBDIN (Charles) (1745-1814), poète, compositeur, comédien anglais, se rendit célèbre par ses opéras et ses
pantomimes, dont le nombre et le succès ne l'empêchèrent
pas de mourir dans l'indigence. Parmi ses pièces, celle
qui est intitulée *the Quaker* est restée au répertoire.

DIBDIN (Thomas), son fils (1722-1842), eut Garrick
pour parrain, débuta, à quatre ans, par le rôle de Cu-
pidon, s'engagea, tout jeune encore, dans une troupe
ambulante, et passa enfin au théâtre de Covent-Garden. Pendant quatorze ans qu'il y resta, il fit jouer un
grand nombre de pièces, où l'on trouve, à défaut de
beaucoup d'art ou de talent, une gaieté communicative, une grande abondance de verve facile et populaire. Le théâtre d'Astley gagna 13.000 livres sterling
(325.000 francs) avec son *Fougueux Courrier*, et Covent-
Garden plus de 25.000 (environ 510.000 francs), avec
sa *Mère-l'Oie*. Néanmoins, fidèle aux traditions de
famille, il mourut aussi pauvre que son père.

DORFEUILLE (Antoine), fut le digne pendant de Collot-
d'Herbois. Comédien comme lui, quand éclata la Révolution, il quitta comme lui le théâtre pour se métamorphoser en personnage politique. Qui ne sait l'épouvantable
rôle qu'il joua dans les massacres de Lyon, après la
prise de la ville, en 1795? On a de ce misérable un
certain nombre de brochures politiques dont les titres
indiquent assez la nature : *la Lanterne magique patrio-
tique ou le coup de grâce de l'aristocratie ; Lettre d'un
Chien aristocrate à son maître aussi aristocrate*, etc.

DORFEUILLE (P.-P.), mort vers 1806, que l'on a quelquefois confondu avec le précédent, fut assez longtemps
comédien nomade, et directeur de troupe en province.
C'est à lui et à son associé Gaillard qu'on doit la cons-

struction de la salle du Théâtre-Français actuel. Outre
des comédies, il a laissé les *Éléments de l'art du comédien ou l'Art de la représentation théâtrale considéré
dans chacune des parties qui le composent* (1801), in-12.

DORIMON, comédien de la troupe de Mademoiselle,
établie rue des Quatre-Vents, en 1661, et qui ne paraît
avoir subsisté que quelques mois. C'était le fournisseur
attitré de son théâtre, dont ses pièces composent le seul
répertoire connu jusqu'à présent. Elles sont presque
toutes d'une extrême médiocrité, et parfois d'une
déplorable platitude. Les meilleures, ou plutôt les plus
curieuses à divers titres, sont le *Festin de Pierre ou
l'Athée foudroyé*, mise sous le nom de Molière, en 1679
et en 1683, par des éditeurs mal informés ou peu scrupuleux, qui ne pouvaient faire un plus triste cadeau à
notre grand poète comique ; la *Comédie de la comédie*
et les *Amours de Trapolin ;* la *Rosélie ou Dom Guillot ;*
la *Femme industrieuse*, qui offre plus d'un rapport, non
pour le style, mais pour le fond, avec l'*Ecole des Maris*,
de Molière, parce que tous deux avaient puisé aux mêmes
sources. La femme de Dorimon, comédienne de la même
troupe, cultivait aussi les Muses, comme on peut en
juger par ce huitain, qu'elle adressa à son mari à l'occasion d'une de ses pièces :

> Encore que je sois ta femme,
> Et que tu me doives ta foi,
> Je ne te donne point de blâme
> D'avoir fait cet enfant sans moi.
> Toutefois ne me crois pas buse :
> Je connais le sacré vallon,
> Et, si tu vas trop voir ta muse,
> J'irai caresser Apollon.

Voilà de l'atticisme ou je ne m'y connais pas !

DORMEUIL (Charles CONTAT-DESFONTAINES, dit), directeur du Palais-Royal pendant près de trente ans,

avait été acteur au Gymnase, sous la Restauration.

« On aimait à le voir, dit le *Grand Dictionnaire du xix*ᵉ *siècle*, père sensible et vertueux, oncle débonnaire, arrivant d'Amérique avec des bottes à revers et sa canne à pomme d'or, pour gourmander un mauvais sujet de fils ou un coquin de neveu, payer leurs dettes et unir de jeunes amants en chantant un couplet de facture. Personne ne savait mieux que lui frapper du pied dans un morceau d'ensemble et animer une scène en fermant avec fureur sa tabatière. » M. Dormeuil, qui avait été nommé juge au Tribunal de commerce, a écrit, en 1838, des *Réflexions sur la liberté des théâtres*, et il a été pour une moitié ou pour un tiers dans la confection de quelques vaudevilles, tels que le *Télégraphe*, la *Fête des marins*, etc.

DORVIGNY (Louis) (1743-1812), passait pour bâtard du roi Louis XV, avec qui il offrait une ressemblance assez frappante. Ce ne fut qu'après la mort de Louis XV qu'on le vit aborder le théâtre, pour lequel il travailla le reste de sa vie. On lui doit (outre *Christophe Lerond*, le *Désespoir de Jocrisse*, le *Tu et le Toi*, représenté en 1794, avec un énorme succès), la fameuse pièce de *Janot ou les Battus payent l'amende*, dans laquelle l'acteur Volange fit courir Paris tout entier pendant si longtemps, et que le directeur des Variétés-Amusantes dut même faire jouer deux fois par jour, pour contenter la curiosité de la foule. Volange, ayant momentanément émigré à la Comédie-Italienne, Dorvigny, pour empêcher que les représentations de sa pièce n'en fussent interrompues, s'offrit à le remplacer, mais il fut loin d'obtenir dans ce nouvel emploi les triomphes que lui avaient valus ses œuvres. Il a joué aussi à l'Ambigu, aux Délassements-Comiques, au théâtre des Associés et à celui des Grands danseurs du roi. Sa vogue était telle qu'en 1780, le Théâtre-Français crut se relever en empruntant au répertoire des boulevards sa pièce des *Noces houzardes*. Dorvigny a composé aussi des romans dans ses dernières années. Malgré cette activité de production, qui enfanta plus de quatre cents ouvrages, et ses succès, qui lui rapportèrent des sommes considérables, il vécut presque toujours dans la plus profonde misère. Il vendait ses pièces, surtout vers la fin de sa vie, pour la somme la plus misérable, qu'il allait aussitôt boire au cabaret. On le trouva mort dans son grenier.

Drouin, comédien du dernier siècle, est auteur de la *Meunière de qualité* et de plusieurs autres ouvrages.

Dubelloy (P.-L. Buyrette, dit), et non de Belloy, comme on l'écrit presque partout, l'auteur de ce fameux *Siège de Calais*, qui obtint un succès si prodigieux, avait débuté par s'expatrier, pour aller exercer la profession de comédien en Russie. Dubelloy était d'un amour-propre incroyable, et d'autant plus incorrigible, qu'il imprimait de bonne foi, dans une de ses préfaces : « On sait que je suis modeste. » Le triomphe exorbitant du *Siège de Calais*, devenu un véritable événement national, lui enfla tellement le cœur qu'il ne put résister à la chute de son *Pierre le Cruel*, en 1772, et qu'il en contracta une maladie de langueur dont il mourut.

Duberry, mort en 1750, acteur du théâtre de la Haye, fit jouer dans cette ville plusieurs comédies en vers : l'*Ile des femmes*, les *Rivaux indiscrets*, etc.

Dugazon. Nous ne reviendrons pas ici sur la carrière théâtrale et les traits d'originalité de ce fameux comique, dont il a été souvent question dans ce livre. Il a composé plusieurs pièces de circonstance, sous la Révolution ; nous ne citerons que le *Modéré* (1794), la seule qui ait été imprimée. Elles ont eu peu de succès.

Dumaniant (Antoine-Jean Bourlin, dit) (1752-1828), fit partie, comme auteur ou directeur, d'une multitude de troupes fixes ou nomades, parisiennes ou départementales. Auteur très fécond et doué d'une imagination infatigable, il donna, sur les divers théâtres par où il passa, un grand nombre d'ouvrages, parmi lesquels on connaît surtout dans ce genre fortement intrigué et plein d'incidents comiques où il triomphait : *Guerre ouverte ou Ruses contre ruses*, les *Intrigants ou Assauts de fourberies*, etc. Il a également écrit quelques tragédies très médiocres et des romans.

Duprez, l'illustre ténor contemporain, a fait, comme on sait, quelques opéras, entre autres la *Cabane du Pêcheur*, qu'il donna à Versailles, fort jeune encore ; *Joanita*, chantée par sa fille au Théâtre lyrique, en 1853 ; *Jeanne d'Arc*, dont on n'a pas oublié la chute éclatante au Grand-Théâtre parisien, en 1855 ; le *Jugement dernier*, oratorio exécuté au Cirque de l'Impératrice, en 1868, et dont il avait également écrit les paroles. Son frère, Edouard Duprez, d'abord acteur comique, a écrit plusieurs *libretti*, entre autres ceux des opéras que nous venons de citer.

Durval, auteur dramatique, qui vivait dans la première moitié du dix-septième siècle, avait été acteur. Dans les préfaces de ses pièces d'*Agarite* et de *Panthée*, il plaide contre les règles des vingt-quatre heures, devançant les réformateurs modernes.

Duval (Alexandre-Vincent Pineu) (1767-1842), un des poètes comiques les plus célèbres de l'école d'Andrieux, de Collin d'Harleville, de Picard, l'auteur des *Héritiers*, de la *Jeunesse de Henri V*, etc., etc., fut longtemps acteur, et acteur fort médiocre, ce qui ne l'empêcha point, par la suite, d'arriver à l'Académie.

Eckhof (Conrad) (1720-1778), surnommé, par les uns, le Roscius, par les autres, le Garrick allemand, a composé une comédie intitulée l'*École des Mères*.

Elleviou, le fameux chanteur de la Comédie-Italienne et du théâtre Feydeau, est auteur de trois opéras-comiques. Le catalogue manuscrit de H. Duval lui attribue en outre l'*Ecole de la Jeunesse*, en un acte. Rarement une vocation artistique eut à triompher de plus d'obstacles pour se produire. Le jour même de son début, au moment d'entrer en scène, il fut arrêté sur la requête de son père. Ramené à Rennes, il y reprit ses études avec tant de résignation apparente qu'on crut pouvoir, sans péril, le renvoyer à Paris pour les y achever. Il en profita pour monter sur la scène. Ce fut alors la réquisition qui se jeta à la traverse ; mais, à peine arrivé au corps, il parvint à se faire attribuer une mission fictive qui lui permit de revenir à Paris. Elleviou, affilié à la Société aristocratique des *Muscadins*, dut aussi se cacher pendant un certain temps, pour échapper aux poursuites de la police révolutionnaire.

ELLISTON (Robert-William) (1774-1831), comédien anglais, a arrangé plusieurs pièces de Shakespeare et imité un drame du français. Alléché par ses éclatants succès comme acteur, Elliston voulut également tenter la fortune comme directeur, et il administra successivement presque tous les théâtres de Londres ; mais il ne parvint qu'à une faillite éclatante.

ELSSLER (Thérèse), la sœur de l'illustre Fanny, danseuse comme elle, a composé le ballet de la *Volière ou les Oiseaux de Boccace*. Beaucoup d'autres danseurs, Dauberval, les deux Gardel, Noverre, Mazilier, Saint-Léon, etc., etc., se signalèrent aussi comme auteurs dans la même partie. Comme c'est là encore faire œuvre de chorégraphes, nous n'y reviendrons pas. Mais il faut noter que Noverre a composé autre chose que des ballets : je veux parler de ses intéressantes *Lettres sur les arts imitateurs en général et sur la danse en particulier* (2 vol. in-8°). Ajoutons aussi à ce petit catalogue le nom de mademoiselle Zélia Michelet, qui a publié les *Bluettes antimondaines d'une danseuse*, et de mademoiselle Sangalli, l'étoile de la danse, qui a écrit sur sa profession un volume intitulé Terpsichore.

ESCHYLE et EURIPIDE montèrent sur la scène et jouèrent dans leurs pièces. Pour éviter des redites, ajoutons qu'il en fut ainsi non pas seulement de Suzarion et de Thespis, mais d'Hégemon, de Phrynicus et de plusieurs autres poètes de la plus grande époque. Sophocle, dit-on, s'exempta de paraître sur le théâtre en prouvant que sa poitrine était trop faible pour la déclamation en plein air. On sait qu'Aristophane joua le rôle de Cléon dans ses Chevaliers.

EVE (Antoine-François), plus connu sous le nom de MAILLOT, ou DEMAILLOT, ou DESMAILLOT, était sergent, et tenait garnison à Sarrelouis, quand il déserta, et s'en fut exercer huit ans la profession de comédien à Amsterdam, après quoi il revint en France. Sous la Révolution, il se distingua, dans le club des Jacobins, par la violence de ses discours. Sous le Consulat et l'Empire, il fut persécuté par la police pour ses sentiments révolutionnaires, et emprisonné trois fois. En dernier lieu, il ne sortit de prison qu'au bout de six ans, et pour aller mourir à l'hôpital. On a de lui une dizaine de comédies : Madame Angot ou la Poissarde parvenue ; Figaro directeur de marionnettes, etc. ; de plus un Tableau historique des prisons d'Etat en France sous le règne de Bonaparte, brochure in-8°, en prose et en vers.

FABRE D'EGLANTINE (Philippe-François-Nazaire), après avoir été quelque temps comédien de province, renonça à cette profession pour devenir auteur dramatique. Il débuta par une série de chutes, dont il se releva enfin, en 1790, par l'éclatant succès du Philinte de Molière, qui le plaça aux premiers rangs. Nous n'exposerons pas ici le rôle politique qu'il joua dans la Révolution. A peine au sortir de l'adolescence, il avait remporté, dit-on, une églantine d'or aux Jeux Floraux, et c'est de là que, dans l'enivrement de son triomphe, il aurait pris le surnom sous lequel il est connu ; mais la chose ne paraît pas bien prouvée.

FARQUHAR (Georges) (1678-1702), renonça au théâtre comme acteur, après avoir blessé involontairement, sur la scène, un de ses camarades qui jouait dans la même pièce que lui. Il a laissé huit comédies fort spirituelles, écrites avec une verve facile et quelquefois licencieuse, et il en aurait fait davantage sans un goût extrême pour le plaisir, qui nuisit autant à sa santé et à sa bourse qu'à ses productions. Il résolut de rétablir sa fortune par un opulent mariage, et il épousa une jeune fille qui s'était fait fabriquer de faux titres de noblesse, et s'était vantée d'une richesse qui n'existait que dans son imagination. La ruse ayant été découverte, Farquhar, qui ne faisait rien comme un autre, au lieu de songer au divorce, se donna tout entier à sa femme, persuadé que c'était par excès d'amour pour lui qu'elle l'avait ainsi trompé.

FAVART (Charles-Simon) (1710-1792), un des pères de l'Opéra-Comique, à la prospérité duquel il travailla efficacement comme directeur, comme acteur et comme auteur. On connaît surtout, parmi ses très nombreux ouvrages : la *Chercheuse d'esprit, Comment l'esprit vient aux filles, Bastien et Bastienne*, les *Trois Sultanes*, etc.

FAVART (Marie-Justine-Benoîte DURONCERAY, madame), sa femme, débuta d'abord à l'Opéra-Comique sous le nom de mademoiselle Chantilly, qu'elle rendit célèbre bien vite. Elle eut le malheur d'attirer les regards du maréchal de Saxe, qui employa pour conquérir ses faveurs des moyens analogues à ceux qu'il mettait en usage pour battre les Anglais. On a publié sous son nom le cinquième volume des œuvres de son mari. Elle a composé aussi de jolis contes, que l'on trouve dans le recueil de l'abbé de Voisenon, le collaborateur de la famille.

FAVART (Charles-Nicolas-Joseph-Justin), fils des précédents, entra au Théâtre-Italien vers l'âge de trente ans, mais ne fut jamais qu'un acteur fort ordinaire. On a de lui des poésies fugitives, et diverses pièces d'assez peu d'importance. Mort en 1806.

FOOTE (Samuel) (1721-1777), composa un grand nombre de farces qu'il jouait lui-même sur les diverses scènes de Londres, et finit par devenir directeur et propriétaire de Hay-Market. Il exploitait surtout l'à-propos et les scandales du moment dans ses pièces, qui sont pleines de verve comique. Comme acteur, il possédait un entrain, une vivacité et une gaieté irrésistibles. C'est un des rares comédiens qu'on ait vus paraître sur la scène avec une jambe de bois.

FRANCISQUE aîné (Jacques-Antoine-François HUTIN, dit) (1796-1842), acteur de l'Ambigu, a composé plusieurs pièces, parmi lesquelles nous citerons *Lord Pikenkock*, vaudeville en un acte, qui a été imprimé; puis *Lequel des trois?* vaudeville en deux tableaux, et *Lucile*, pièce historique en un prologue et six tableaux en collaboration avec son frère FRANCISQUE jeune, seul nommé.

FUSIL (madame), a laissé des Mémoires curieux, intitulés *Souvenirs d'une actrice*.

GARCIA (Manuel), le père de mesdames Malibran et Viardot, se fit, en Espagne, comme compositeur d'opéra, une renommée bien dépassée par celle qu'il acquit comme chanteur.

GARRICK (David) (1716-1779), le plus illustre des acteurs anglais, également supérieur dans le tragique et dans le comique, donna un grand nombre de petites comédies, où il prenait soin de se ménager des rôles propres à montrer son talent dans tout son jour, composa plus de quatre-vingts prologues et épilogues, et remania plusieurs pièces de Shakespeare, son poète favori, et d'autres auteurs, pour les adapter aux nécessités de la scène. Il professait un tel culte pour Shakespeare, qu'il lui avait dédié, dans sa campagne, un petit temple orné de sa statue, et qu'en 1769, il fit célébrer avec la plus grande pompe, le *jubilé* de ce poète dans le lieu de sa naissance et sur le théâtre de Drury-Lane. Garrick fut enterré avec des honneurs extraordinaires. L'évêque de Cantorbery célébra l'office ; le duc de Dewonshire et les plus grands seigneurs tinrent le drap mortuaire, et on déposa le corps dans l'abbaye de Westminster.

GAULTIER-GARGUILLE (Hugues GUÉRU, dit), célèbre farceur de la première moitié du dix-huitième siècle, a laissé un petit volume de *Chansons* fort libres et divers prologues facétieux, qu'il débitait lui-même sur la scène de l'hôtel de Bourgogne.

GAVEAUX (Pierre)(1761-1825), chanteur remarquable, éclipsé vers la fin de sa carrière par Martin et Elleviou, fut contraint de quitter le théâtre à la suite d'une attaque d'aliénation mentale. Il a donné un grand nombre d'opéras, qui se distinguent par la facilité du style et l'entente de la scène.

GEFFROY (Edmond), du Théâtre-Français, a collaboré à la composition de quelques pièces. On sait qu'il se distingue aussi par son talent de peintre.

GHERARDI (Evarista) (1670-1700), qui se signala surtout dans les rôles d'Arlequin de la Comédie-Italienne, à Paris, fit représenter un grand nombre de ses *libretti*, quand il en fut devenu directeur. Le théâtre ayant été fermé par ordre de madame de Maintenon, qui avait cru se reconnaître dans la *Prude*, Gherardi utilisa ses loisirs en recueillant les pièces de la Comédie-Italienne, dont il dut composer le dialogue lui-même, car on sait que ce n'étaient que des canevas remplis par les improvisations des acteurs.

GOT (Edmond) (1822-1901), du Théâtre-Français,

était aussi littérateur à ses heures de loisir. C'est lui qui a fait les paroles de *François Villon*, et avec M. Foussier celles de l'*Esclave*, deux opéras de M. Membrée.

GRANDMESNIL (J.-B. FAUCHARD DE), occupait une position sociale des plus élevées, puisqu'il avait été nommé conseiller de l'amirauté en 1765, quand il se fit acteur. Ce fut un des meilleurs comédiens du Théâtre-Français, surtout dans les pièces de Molière. Lors de la formation de l'Institut, il fut nommé membre de la troisième classe (littérature et beaux-arts), dans la section de musique et déclamation. On lui doit le *Savetier joyeux*, opéra-comique qui n'a pas été représenté.

GRANDVAL (François-Charles RACOT) (1710-1784), un des plus élégants et des plus spirituels acteurs de la Comédie-Française, a composé un certain nombre de comédies-parades, fort libres, auxquelles il n'osa apposer son nom. Il serait à peine possible de citer les titres de quelques-unes. Son père, Nicolas Grandval, auteur du *Pot de chambre cassé*, tragédie pour rire, ou comédie pour pleurer, et du *Vice puni ou Cartouche*, poème en treize chants, etc., avait commencé par être directeur d'une troupe de dernier ordre.

GRINGORE ou GRINGOIRE (Pierre), poète de la première moitié du seizième siècle, dont le roman de *Notre-Dame-de-Paris* a surtout contribué à populariser le nom. Chef de la troupe du Châtelet, des clercs des basochiens, des Enfants sans souci, il représentait lui-même ses pièces, et on le voit jouer en particulier, au mardi gras de l'année 1511, le *Jeu du Prince des sots et de Mère Sotte*, dirigé contre Jules II. Bon nombre de ses confrères, appartenant aux mêmes corporations ou à des corporations analogues, devraient être rangés comme lui dans ce catalogue, par exemple J. de Pont-Alais, etc.

GUILLOT-GORJU (Bertrand HARDUIN DE SAINT-JACQUES, dit), célèbre farceur (1598-1648), succéda à Gaultier-Garguille, à l'hôtel de Bourgogne, en 1634. Il paraît qu'il avait laissé des manuscrits, que Molière fut accusé d'avoir achetés à sa veuve, pour en tirer parti.

D'HANNETAIRE (Jean-Nicolas SERVANDONI, dit) (1718-1780), fils naturel du célèbre architecte Servandoni, s'acquit principalement une brillante réputation dans les rôles à manteau. Il fut directeur de troupe à Aix-la-Chapelle, et principalement à Bruxelles, où sa maison, grâce à la fortune et à l'esprit du maître, était une sorte d'Académie dans laquelle se donnaient rendez-vous tous les beaux esprits. D'Hannetaire composait des vers, mais il est surtout connu par ses *Observations sur l'Art du comédien* (1764).

HAUTEMER (FARIN DE), auteur et comédien assez médiocre du dix-huitième siècle. Il a composé la *Toilette*, les *Femmes corsaires*, etc.

HAUTEROCHE (Noël LE BRETON, sieur DE) (1617-1707), de l'hôtel de Bourgogne, s'était fait comédien pour vivre, après s'être enfui de la maison paternelle, où on voulait le marier contre son gré. Les comédies de Hauteroche comptent parmi les meilleures de son temps, et plusieurs sont restées au répertoire, par exemple le *Deuil, Crispin médecin*, le *Cocher supposé*.

HAVARD, contemporain de Garrick; aussi médiocre comme auteur que comme acteur.

HONORÉ, comédien que sa vie aventureuse, ses bons tours et ses bons mots avaient posé en successeur du fameux Rosambeau, a donné un assez grand nombre de pièces, surtout de vaudevilles.

HUS (Madame), la mère, actrice de campagne, fit jouer avec succès au Théâtre-Italien, en 1758, la comédie de *Plutus rival de l'Amour*, dont elle avait pu étudier à fond le sujet dans le genre de vie de sa fille.

IFFLAND (Auguste-Guillaume) (1759-1814), s'échappa de la maison paternelle pour se faire acteur. Cette passion pour le théâtre l'avait pris dès l'âge de six ans ; elle ne l'abandonna qu'à sa mort. Ce fut lui qui accueillit le premier drame de Schiller, et qui contribua puissamment au succès en créant le rôle de Moor. L'écrivain ne fut pas chez lui à la hauteur du comédien, quoique ses nombreuses pièces ne soient pas sans mérite et lui aient acquis une réputation. Iffland a publié lui-même ses œuvres dramatiques en dix-huit volumes. On lui doit aussi des Mémoires, et divers traités sur l'art théâtral.

JOHNSON (Benjamin, plus connu sous le nom de BEN-), contemporain et ami de Shakespeare, d'abord maçon, comme Sedaine, s'engagea dans la carrière dramatique, pendant sa jeunesse, et ne réussit jamais comme acteur. Comme auteur, il s'est élevé fort haut, et c'est, après Shakespeare, le plus grand nom du théâtre anglais. Nous ne citerons que sa comédie du *Volpone ou le Renard*, âpre et terrible satire des vices qu'engendre l'amour de l'or, et ses *Masques*, divertissements lyriques joués à la cour par les courtisans, genre qu'il renouvela et agrandit. Ses compositions sont excessivement nombreuses. Il avait le titre de poète lauréat. On l'enterra à l'abbaye de Westminster, avec cette épitaphe : « O rare Ben-Johnson ! »

KEMBLE, famille d'acteurs-auteurs anglais. — John-Philipp (1755-1823), comédien excellent, surtout dans les rôles héroïques, n'a fait jouer que des farces. — Charles (1775-1854), son frère, acteur fort célèbre aussi, a composé un certain nombre de pièces, qui ne sont guère que des traductions ou des imitations, entre autres le *Point d'honneur*, tiré du *Déserteur*, de Mercier, qui est resté au répertoire. — Sa femme, Maria-Theresa de Camp, mistress Kemble (1774-1838), d'abord figurante, puis danseuse, a fait représenter deux comédies remarquables. — Frances Anna, dite Fanny, fille des deux précédents, quitta le théâtre, après y avoir obtenu de brillants succès ; mais elle a continué d'attirer l'attention par ses lectures dramatiques de Shakespeare, à Londres, et même à Paris. On a d'elle deux tragédies qui ont réussi, un journal de sa résidence aux États-Unis, des poésies, etc.

LACHAPELLE, acteur, puis directeur du théâtre Molière, exécuté le 24 mars 1794. On a imprimé ses ouvrages dramatiques en 1 volume in-12, 1786.

LAFONTAINE (THOMAS, dit), le célèbre acteur qu'on a vu tour à tour au Gymnase, au Théâtre-Français, à l'Odéon, etc., a fait jouer en 1877, au Gymnase, une intéressante pièce populaire : *Pierre Gendron*, en collaboration avec M. G. Richard.

LAFFITE, du Théâtre-Français, comédien médiocre ; c'est à lui qu'on doit les *Mémoires de Fleury*, plus spirituels qu'authentiques.

LANOUE (Jean SAUVÉ, dit) (1701-1761), du Théâtre-Français, acteur d'une haute intelligence, qui sut lutter heureusement contre un physique ingrat et un organe défectueux, fut répétiteur des spectacles des petits appartements, et directeur du théâtre du duc d'Orléans, à Saint-Cloud. Il a donné, entre autres, une tragédie de *Mahomet II* et la *Coquette corrigée*, comédie.

LARIVE (Jean MAUDUIT, dit) (1749-1827), qui brilla au premier rang sur le Théâtre-Français, entre la mort de Lekain et l'avènement de Talma, a composé des *Réflexions sur l'art théâtral*, un *Cours de déclamation*, et *Pyrame et Thisbé*, scène lyrique.

LA RUETTE (Jean-Louis) (1731-1792), du théâtre Favart, qui a donné son nom aux rôles de pères et de tuteurs, s'est fait remarquer aussi comme compositeur, surtout dans les ariettes de quelques opéras-comiques.

La Thorillière (Le Noir de), comédien de la troupe de Molière, était gentilhomme et officier dans les troupes du roi quand il s'engagea. Il a fait jouer la tragédie de *Cléopâtre*, en 1667.

La Thuillerie (Jean de), de la troupe royale, a laissé un volume de tragédies et comédies, qu'on attribue, les unes au père La Rue, les autres, et la plupart, à l'abbé Abeille. Si cette attribution est vraie, comme tout porte à le croire, La Thuillerie ne devrait donc pas plus être admis dans cette liste que les comédiens grecs Callistrate et Philonide, sous le nom desquels Aristophane donna ses premières pièces.

La Val (P.-A.), a publié une réponse à la *Lettre sur les théâtres*, de J.-J. Rousseau, *la Haye*, 1758, in-8°, et une comédie, l'*Innocente Supercherie*.

La Valette (Greve, dit), comédien de province, a donné le *Théâtre à la mode*, et *Annibal à Capoue*.

Léger (F.-P.-A.), comédien du Vaudeville, fonda avec Piis, en 1799, le théâtre des Troubadours, dont il fut un des principaux fournisseurs dramatiques. En 1792, à la première représentation d'une de ses pièces, l'*Auteur d'un moment*, un grand tumulte s'éleva dans la salle, à ces deux vers qui terminaient un couplet dirigé contre le *Charles IX*, de Chénier :

> Il faut renvoyer à l'école
> Celui qui régente les rois.

Les uns crièrent *Bis !* les autres s'opposèrent vivement à la répétition du couplet. Les choses en vinrent au point que Léger dut s'enfuir, que la salle fut évacuée, et que, le lendemain, on brûla un exemplaire de la pièce sur le théâtre.

Legrand (Marc-Antoine) (1672-1728), du Théâtre-Français, a composé pour cette scène une vingtaine de pièces, sans compter celles qu'il fit pour la Comédie-Italienne et la Foire ; presque toutes ont eu du succès, surtout *Cartouche* et le *Roi de Cocagne*. La gaieté de Legrand tombe plus d'une fois dans la licence.

LEKAIN (Henri-Louis) (1728-1778), a laissé, comme on sait, des *Mémoires*, ou plutôt le récit de ses premières relations avec Voltaire, et quelques écrits spéciaux, qu'on a publiés sous le titre de *Mémoires de Lekain*.

LEMAITRE (Frédérick) a mis sa signature ou on lui attribue une part de collaboration à quatre ouvrages : le *Prisonnier amateur*, comédie en prose (1826), le *Vieil artiste ou la Séduction*, mélodrame (1826) ; le *Chasseur noir*, mélodrame (1828), et *Robert Macaire*. « Il n'a jamais rien écrit pour le théâtre, dit le catalogue Soleinnes, quoique son nom se trouve sur trois pièces ; la plus célèbre est *Robert Macaire*, pièce commandée aux auteurs de l'*Auberge des Adrets*. On dit qu'une vingtaine d'auteurs y concoururent... Frédérick la leur acheta pour en être seul propriétaire, et il a toujours refusé la permission de l'imprimer. » — Son fils, Charles-Frédérick Lemaître, qui joua le vaudeville et le drame, a écrit plusieurs pièces.

LHÈRIE (Victor), acteur des Variétés, a composé un grand nombre de pièces de genres divers, revues, vaudevilles, à-propos, drames même, en collaboration avec son frère Brunswick, avec A. Dumas, Dupeuty et vingt autres.

LEPEINTRE jeune (Emmanuel-Augustin), l'énorme acteur des Variétés, a composé des à-propos et des pots-pourris, que l'histoire littéraire peut négliger sans lacune, aussi bien que les *Bêtises de Lepeintre jeune*, *calembours*, *jeux de mots*, etc., et autres recueils du même genre, mis également sous son nom.

LOCKROY (Joseph-Philippe SIMON, dit), a joué quelque

temps la comédie et le drame. Il a fait, presque toujours en collaboration, un grand nombre de pièces dont plusieurs ont eu un grand succès : *Périnet le Clerc*, *Passé minuit*, *Un Duel sous Richelieu*, et beaucoup de libretti d'opéras-comiques.

Lola-Montès (Maria-Dolorès Porris y Montez, dite), ex-danseuse qui parut en cette qualité à la Porte-Saint-Martin en 1840, donna en 1852, dans l'Amérique du Nord, des représentations où elle était héroïne et actrice tout à la fois : elle jouait les *Aventures de Lola-Montès en Bavière*. Depuis, elle visita l'Australie à la tête d'une troupe dramatique. Elle a fait sur son propre compte des *Lectures* qui ont été imprimées en anglais. Les aventures qui l'ont rendue célèbre ne sont pas du ressort de ce livre.

Longchamp (Anne Legrand, femme du comédien Henri Pitel de), souffleuse à la Comédie-Française, y fit jouer en 1687 la petite pièce du *Titapouf ou le Voleur*.

Macklin (Charles) (1690-1797). Nous avons déjà parlé des singularités de sa vie et de sa longue carrière dramatique. Il a fait des pièces, dont deux sont restées au répertoire : l'*Amour à la mode* et l'*Homme du monde*.

Martainville, le spirituel rédacteur du *Drapeau blanc*, le collaborateur d'Etienne à l'*Histoire du Théâtre-Français pendant la Révolution*, auteur d'un très grand nombre de pièces dramatiques, avait été comédien à l'époque du Directoire ou du Consulat.

Martelly (Honoré-Antoine Richaud, dit) (1751-1817), célèbre acteur de province, qui rivalisa avec les meilleurs comédiens de Paris, n'est plus guère connu, comme auteur, que par les *Deux Figaro*, pièce jouée en 1790, et dirigée contre Beaumarchais.

Merville (Pierre-François Camus, dit) (1783-1853), avait joué la comédie en province, puis à Cassel, dans la troupe qu'y avait appelée Jérôme Napoléon, roi de Westphalie, enfin à l'Odéon. Il quitta la scène vers 1814, pour se donner tout entier aux lettres. On remarque, parmi ses pièces, les *Deux Anglais* et la *Famille Glinet*, représentées en 1818 avec un succès considérable et dont Louis XVIII passa pour avoir été le collaborateur.

MINETTE (Mademoiselle), actrice du Vaudeville, auteur de *Piron au café Procope*, joué sur le même théâtre.

MOLÉ (François-René), s'appelait Molet, nom qu'il trouva, avec raison, peu assorti à la nature habituelle de ses rôles. C'est le premier acteur qu'ait eu la Comédie-Française, pour les fats et les petits-maîtres. L'engouement public à son égard tenait du fanatisme. Il a laissé des *Mémoires*, et le *Quiproquo*, comédie en un acte. Il était membre de l'Institut.

MOLIÈRE.

MONNET (Jean), né vers le commencement du dix-huitième siècle, mort en 1785. A la suite d'une jeunesse orageuse et dissipée, où il avait essayé de tout, même de la Trappe, fantaisie qui ne dura pas, il devint directeur et régénérateur de l'Opéra-Comique, dont il fit le spectacle à la mode. Il a laissé le *Supplément au Roman comique*, c'est à dire ses *Mémoires*, qui sont des plus curieux, et une *Anthologie française*, en 3 vol. in-8°. A la suite de ses *Mémoires* se trouvent les *Mystifications de Poinsinet*.

MONNIER (Henry), a joué en province, puis aux Variétés, au Palais-Royal, à l'Odéon, etc., surtout dans des pièces composées par lui : la *Famille improvisée*, *Grandeur et décadence de Joseph Prudhomme*, le *Roman chez la portière*, etc. On connaît les *Scènes populaires*, qui ont fait sa réputation, et qu'il a toujours reprises et retournées depuis en cent façons diverses.

Monrose (Louis Barrizin, dit), fils de l'illustre acteur de ce nom, sociétaire de la Comédie-Française depuis 1852, retiré depuis longtemps, a composé, soit seul, soit en collaboration, plusieurs comédies, par exemple : l'*Obstacle imprévu*, les *Viveurs de la Maison d'Or*, *Figaro en prison*.

Montfleury (Zacharie Jacob, dit), né vers le commencement du dix-septième siècle, mort en 1667, l'un des plus célèbres comédiens de l'hôtel de Bourgogne, a laissé une tragédie : la *Mort d'Asdrubal*.

Montigny (Adolphe Lemoine, dit), ex-acteur, a été directeur du Gymnase pendant trente-trois ans, a écrit divers vaudevilles et drames, la plupart en collaboration. *Un fils* (1839) est la seul pièce qu'il ait signée à lui seul.

Monvel (Jacques-Marie Boutet, dit) (1745-1811), un des plus grands acteurs du Théâtre-Français, exilé par la police en 1781, pour un motif qui n'est pas nettement connu, se distingua, sous la Révolution, par la chaleur de son patriotisme ; sous l'Empire, il fut professeur au Conservatoire de musique et de déclamation, et membre de la quatrième classe de l'Institut. On a de lui vingt-six pièces, parmi lesquelles l'*Amant bourru*, les *Victimes cloîtrées*, et des opéras-comiques ; en outre, un roman et des poésies. Mademoiselle Mars était la fille de Monvel.

Murville (M. de), quoiqu'il n'ait pas été comédien en titre, mérite d'être cité pour la singularité de son apparition sur la scène. Le 24 décembre 1792, on le vit jouer au Théâtre-Français, dans sa tragédie d'*Abdélazis et Zuléima*, en remplacement de Monvel, qui était indisposé. Cette excentricité n'eut pas grand succès ; on le hua pour sa déclamation.

Nanteuil (D. C. de), qui, sur le titre de ses pièces s'intitule comédien de la reine, a laissé plusieurs ouvrages dramatiques d'une incroyable platitude : le

22

Comte de Roquefeuille, l'*Amour sentinelle*, l'*Amante invisible*, etc., tous très rares. Selon plusieurs bibliographes, il est le même que Châteauneuf, dont nous avons parlé plus haut. Il écrivait dans la seconde moitié du dix-septième siècle.

NEUVILLE (DUBOURG, dit); était fils d'un professeur de mathématiques spéciales, avait fait de bonnes études et commencé son droit. Il joua sur la plupart des théâtres de Paris et fut engagé au théâtre impérial de Saint-Pétersbourg, Neuville était surtout célèbre par ses *imitations*. On lui doit non seulement quelques drames et un assez grand nombre de comédies-vaudevilles, mais les *Pensées d'un croyant*, poésies publiées en 1862, sous le nom de Dubourg-Neuville.

NOURRIT (Adolphe), le fameux chanteur, qui, dans un accès de folie, se jeta par une fenêtre en 1839, a concouru à la composition de plusieurs ballets-pantomimes : la *Sylphide*, l'*Ile des pirates*.

ODRY, le *balourd* des Variétés, a mis son nom, mais rien que son nom, à trois pièces : la *Voix de Duprez ou le Sirop musical*, le *Comte Odry*, et la *Bande joyeuse*. Arnal a publié aussi ses *Gendarmes* avec ce faux titre : *Chef-d'œuvre d'Odry*.

PATRAT (Joseph) (1732-1801), d'abord *cabotin*, puis auteur, a composé, dit-on, jusqu'à cinquante-sept pièces, dont beaucoup n'ont pas été imprimées. L'*Anglais ou le Fou raisonnable* est une des plus connues.

PERLET, l'excellent comédien, a fait quelques pièces en collaboration, entre autres l'*Artiste*, avec M. Scribe.

PICARD (Louis-Benoît) (1769-1828), après avoir commencé par jouer la comédie bourgeoise, parut publiquement sur la scène, comme acteur, de 1797 à 1807, où il renonça à son titre de comédien pour entrer à l'Académie. Depuis 1801, il remplissait les triples fonctions d'acteur, auteur et directeur. Son activité suffisait à tout. On connaît trop ses principales pièces pour qu'il soit besoin de les énumérer ici.

Pierron, acteur du Vaudeville, du Théâtre historique, de l'Odéon, dont il fut régisseur général, mort en 1865, a écrit une biographie de Déjazet, de nombreux rapports pour l'Association des artistes dramatiques, et plusieurs petites pièces, en particulier *Livre III, chapitre I.*

Pigault-Lebrun, dont nous n'avons pas besoin de rappeler les comédies et les romans fort peu moraux, fut comédien en province dans le cours de sa vie aventureuse et comédien pitoyable, qui ne parvint à lasser les sifflets qu'à force de belle humeur. Il joua également à Bruxelles et à Liège, et fut même engagé au Théâtre-Français comme acteur, régisseur et metteur en scène, engagement qu'il rompit pour en contracter un autre dans les dragons.

Pittence (François-Antoine Lesage, dit), fils de l'auteur de *Gil Blas*, a travaillé pour le nouveau Théâtre-Italien.

Plancher-Valcour (Philippe-Alexandre-Louis-Pierre Plancher, dit aussi Aristide Valcour), dont nous avons raconté la vie en abrégé dans nos *Originaux des coulisses*, a composé des comédies, des drames lyriques, des mélodrames, etc., par exemple : le *Vous et le Toi*, la *Discipline républicaine*, le *Tombeau des imposteurs et l'inauguration du Temple de la Vérité*, etc.

Poisson, famille célèbre au théâtre, où plusieurs de ses membres se distinguèrent doublement. — Raymond, de l'hôtel de Bourgogne, mort en 1690, excellent Crispin, a laissé un certain nombre de petites pièces curieuses, presque toutes en un acte, par exemple : *Lubin ou le Sot vengé*, la *Hollande malade*, les *Faux moscovites*. Il a compris dans l'édition de ses œuvres, données par lui-même en 1687, la *Comédie sans titre*, de Boursault, ce qui ferait penser qu'il y a eu quelque part. — Philippe, son petit-fils, 1682-1743, bon acteur dans les deux genres, a écrit une dizaine de comédies, où il y a de la verve et du naturel.

PONTAU (BOIZARD DE), entrepreneur de l'Opéra-Comique et directeur de troupes de province, a composé diverses pièces, prologues, pantomimes, comédies, pour le théâtre de la Foire, avec Carolet, Fuzelier, Panard, Piron, Laffichard : l'*Heure du berger*, *Arlequin*, *Phaéton*, la *Méprise de l'amour*.

POTIER (Charles) (1775-1838), de la famille des Potier de Blancmesnil, de Gesvres et de Novion. Talma disait de lui que c'était le comédien le plus complet qu'il eût connu. Il a laissé un certain nombre de pièces sans importance, faites la plupart en collaboration, et qui parurent sur les scènes de la Gaîté, de l'Ambigu, des Folies-Dramatiques, de Comte, du nouveau théâtre Molière, du Panthéon, etc. Son fils, Charles, qui a joué sur divers théâtres des boulevards, a aussi travaillé pour la scène.

QUINAULT aîné, comédien ordinaire du roi, reçu en 1712 au Théâtre-Français, mort en 1744, a fait la musique des *Amours des déesses*, ballet avec prologue, de Fuzelier, représenté en 1729, et a composé des divertissements pour différentes pièces. C'était le frère de Quinault-Dufresne et de la charmante mademoiselle Quinault cadette, fondatrice de la Société du Bout du banc.

RAGUENEAU (François), ex-pâtissier de la rue Saint-Honoré, qui fit partie de la troupe ambulante de Molière, comme nous l'avons déjà vu, cultivait les Muses. On a conservé de lui un curieux sonnet adressé à maître Adam, et placé par celui-ci en tête de la seconde édition de ses *Chevilles*. Ch. Beys a loué son talent poétique ; par malheur, cet éloge est suspect, car Beys est fortement soupçonné d'avoir fait les vers que signait Ragueneau.

Raisin aîné (Jacques), auteur du *Niais de Sologne*, de *Tricassin rival*, *Merlin gascon*, et de plusieurs autres pièces représentées et non imprimées, était le fils de cet organiste de Troyes, dont l'épinette merveilleuse avait excité l'admiration de Paris et du roi. Il quitta le théâtre en 1694.

Raucourt (Françoise-Marie-Antoinette Saucerotte) (1756-1815), débuta aux Français en 1779, par le rôle de *Didon*, avec un succès inouï dans les annales dramatiques, et dont on peut avoir une idée en parcourant les *Mémoires secrets*, où il n'est question que d'elle à cette date. Elle est nommée alors *Raucoux* dans cet ouvrage. Sa grande beauté entra dans son triomphe pour une part égale à la perfection de son jeu. Les *Mémoires secrets* constatent qu'elle fut assaillie dès ce moment de nombreuses et séduisantes propositions, et qu'elle les repoussa avec une vertu qui, par malheur, ne devait pas se soutenir. En 1776, mademoiselle Raucourt, poursuivie par ses créanciers et les cabales de ses envieux, dut se réfugier en Russie. Elle rentra au Théâtre-Français trois ans plus tard. Sous la Révolution, après avoir été emprisonnée avec les comédiens, elle les rallia à l'Odéon, qui ne tarda pas à être fermé. Elle reçut de l'empereur le privilège de la direction des théâtres français en Italie. On sait de quels scandales son inhumation devint le prétexte, parce que la sépulture ecclésiastique lui avait été refusée. Elle a composé *Henriette*, jouée en 1782, au Théâtre-Français.

Régnier (François-Joseph), le célèbre sociétaire du Théâtre-Français, a collaboré à la *Joconde*, avec M. Paul Foucher, et passe pour avoir pris part à la composition de plusieurs autres pièces jouées sur la même scène. Il a rédigé l'histoire du théâtre, dans le recueil intitulé *Patria*, et publié dans le *Monde dramatique* des *Mémoires inédits pour servir à l'Histoire de Théâtre-Français*.

Ribié (César), dont nous avons déjà parlé, directeur d'une foule de scènes, concerts et jardins publics, et fondateur, en1798, du Théâtre d'Emulation, qui ne dura que huit mois et demi, a fait jouer des mélodrames et comédies, tels que *Geneviève de Brabant*, les *Calomniateurs ou le Jugement de Dieu*, et beaucoup d'autres pièces avec René Perrin, Pompigny, Martinville, etc.

Riccoboni (Louis, dit Lelio) (1677-1753), premier amoureux et chef de la troupe italienne à Paris, à composé plusieurs comédies, et traduit quelques tragédies françaises en italien. Il a écrit un poème sur son art, une *Histoire du Théâtre Italien*, des *Observations sur la comédie et le génie de Molière*, etc. Sa femme, née Hélène-Virginie Baletti, dite Flaminia, a fait aussi quelques pièces, presque toujours en collaboration.

Riccoboni (Antoine-François), leur fils, acteur médiocre, ne s'éleva pas beaucoup plus haut comme auteur. Ce fut un des fournisseurs les plus actifs du Théâtre-Italien, où il travailla le plus souvent en collaboration avec Dominique et Romagnesi. Cependant, il a fait une douzaine de pièces à lui seul. On lui doit aussi l'*Art du théâtre*, 1750, in-8°.

Riccoboni (Marie-Jeanne Laboras de Mézières, dame) (1713-1792), femme du précédent, d'abord comédienne, obtint peu de succès dans cette carrière. Comme romancière, elle a eu une très grande réputation, aujourd'hui bien diminuée. Elle a laissé l'*Histoire du marquis de Cressy*, les *Lettres de Julie Catesby*, les *Lettres de miss Fanny Butler*, où l'on voulut voir l'histoire de ses propres chagrins domestiques, *Ernestine*, la *Suite de Marianne*, etc.

Romagnesi (M. Antoine, dit Cinthio). Le catalogue Soleinnes cite de lui plusieurs pièces qui sont demeurées manuscrites : les *Métamorphoses d'Arlequin, Arlequin esprit follet, A fourbe fourbe et demi*, etc.

Romagnesi (Jean-Antoine)(1690-1742), son fils, excellait dans les rôles d'ivrogne, de Suisse et d'Allemand. On a publié en 2 volumes in-8° (1774), un choix des parodies et pièces bouffonnes qu'il avait composées soit seul, soit avec Riccoboni et Dominique. Citons le *Temple de la Vérité*, *Arcagambis*, l'*Ile de la Folie*, etc.

Rosidor, comédien de province, vint en 1691 à Paris pour remplacer Baron, mais ne fut pas admis. On a de lui deux pièces : la *Mort du Grand Cyrus* et les *Amours de Merlin*.

Rosimond (J.-B. du Mesnil, dit), comédien du Marais, entra dans la troupe de Molière, après la mort de celui-ci. Il a laissé un certain nombre de pièces, dont la plupart sont très faibles de versification et d'intrigue. Nous citerons comme les meilleures, les *Quiproquos*, l'*Avocat sans etude*, qui n'est guère que la reproduction, avec des améliorations notables dans le style, de l'*Avocat savetier*, publié six ans auparavant, sous le nom de Scipion, comédien du roi, et le *Festin de Pierre ou l'Athée foudroyé*, la dernière en date des pièces composées sur ce sujet, mais non la moins bonne. C'est celle qui est conçue dans le sentiment le plus moderne : le caractère de don Juan y est raisonné; il appuie ses crimes sur des sophismes, il les raisonne, il en démontre la légitimité au nom de la nature [1]. Il publia aussi en 1680, sous son vrai non de J.-B. du Mesnil, les *Vies des saints*, pour tous les jours de l'année, ouvrage qu'on n'eût pas attendu de lui.

Ruzzante, poète comique italien, suivant quelques-uns, a surpassé Plaute en composant ses comédies, et Roscius en les représentant. De même, à en croire Varillas, Machiavel joua souvent dans ses propes pièces avec suceès.

1. On peut voir cette curieuse pièce dans le tome III de nos *Contemporains de Molière* (F. Didot, in-8°).

Saint-Ernest (Louis-Nicolas Brette dit), a collaboré à diverses pièces, spécialement à *Don Pèdre mendiant*, *Henri le Lion*, etc.

Samson (Joseph-Isidore), l'acteur du Théâtre-Français, a composé diverses pièces de vers et des comédies,
parmi lesquelles la *Famille Poisson*, la *Belle-Mère et le
Gendre*, la *Dot de ma fille*.

Scala (Flaminio), acteur italien du seizième siècle,
fit des comédies médiocres et souvent scandaleuses,
tenant le milieu entre les anciennes farces et les nouvelles pièces régulières.

Shakespeare (William), fut quelque temps souffleur,
dit-on; en tout cas, il monta sur la scène, mais n'y
joua que des rôles secondaires, même dans ses propres
pièces. Nous croyons parfaitement inutile de les rappeler ici; disons seulement que certains amateurs de
paradoxes historiques et littéraires ont voulu, dans ces
dernières années, en attribuer l'honneur à Bacon.

Shéridan (Thomas) (1721-1788), père du célèbre
orateur et poète dramatique du même nom, successivement acteur, directeur de théâtre et professeur de
déclamation, a laissé une *Vie de Swift* et un *Orthoepical
Dictionary*, qui fait loi pour la prononciation anglaise.
Sa femme (1724-1766), a écrit des comédies et des romans qui ont été traduits en français.

Tabarin, farceur du commencement du dix-septième siècle, associé à l'opérateur Mondor, à la boutique duquel il attirait les chalands par ses lazzis
saugrenus. Tabarin procédait surtout par voie de
dialogues bouffons avec Mondor; il jouait aussi de
petites farces grossières à quatre et cinq personnages,
dont quelques-unes ont été conservées. On a imprimé
dans le temps, et réimprimé plusieurs fois de nos jours
les œuvres de Tabarin, rencontres, questions, fantaisies, farces« et autres gaillardises. » Le pont Neuf était

alors plein de semblables farceurs et saltimbanques. Les œuvres de plusieurs d'entre eux ont été publiées; ainsi nous avons les chansons du Savoyard, et Grattelard, bouffon du charlatan Desiderio Descombes, a fait ou laissé imprimer sous son nom des *Rencontres* presque textuellement copiées dans le Recueil tabarinique.

TACONNET (Toussaint-Gaspard) (1730-1774), acteur qui s'est rendu célèbre par la vérité avec laquelle il rendait les rôles populaires, surtout ceux d'ivrognes et de savetier, débuta sur le théâtre de la Foire, il joua ensuite chez Nicolet. Il est l'auteur d'une multitude de farces, telles que le *Procès du chat* et la *Mort du bœuf gras*. Il mourut dans la plus profonde misère, à l'hôpital de la Charité.

TALMA (François-Joseph) (1766-1826), le plus grand acteur de la scène française, a composé des *Réflexions sur Lekain et sur l'art théâtral* (1825, in-8°.)

TALMA (Madame, née VANHOVE), la femme du précédent, a publié des *Etudes sur l'art théâtral*, suivies d'anecdotes inédites sur Talma, etc. (1836, in-8°).

THIBOUST (Lambert), le spirituel auteur de tant de joyeux vaudevilles, remporta en 1848 un prix de tragédie au Conservatoire, et joua quelque temps non seulement à l'Odéon, comme le dit Vapereau, mais à Beaumarchais et même en province. Il joua à Caen, en 1850, le Barberoux de la *Charlotte Corday*, de Ponsard, ce qui ne devait pas être le moins gai de ses souvenirs de jeunesse.

TOUSEZ (Etienne-Augustin, dit ALCIDE), le célèbre comique du Palais-Royal, a signé quelques petits ouvrages, par exemple : la *Vie de Napoléon racontée dans une fête de village* (1834), qui est plutôt une scène épisodique qu'une pièce.

TRISTAN L'HERMITE, sieur DE VOZELLE (Jean-Baptiste), frère du poète François Tristan l'Hermite, à qui l'on doit *Marianne*, fit partie de la troupe ambulante de

Molière. Il a laissé la *Chute de Phaéton*, tragédie (1639).

Véronèse (Carlo), Pantalon du Théâtre-Italien, a fait beaucoup de pièces sous les vocables d'Arlequin ou de Coraline : les *Vingt-six infortunes d'Arlequin, Arlequin génie*, — *Coraline esprit follet, Coraline magicienne, Coraline Arlequin*, etc. Il a aussi retouché ou raccommodé plusieurs canevas de ce théâtre.

> Depuis le front jusqu'au talon,
> Tout s'exprime dans Véronèse,

disait un quatrain fait à sa louange.

Villaret, l'historien, continuateur du grand ouvrage de Velly, s'était fait comédien sous le nom de Dorval dans sa jeunesse, et avait joué dans plusieurs villes de provinces.

Villiers (N. de), acteur de l'hôtel de Bourgogne, dont il faisait déjà partie en 1663, puisque Molière le raille dans l'*Impromptu de Versailles*, et d'où il se retira vers 1670. Excellent comédien, surtout dans les rôles de petits-maîtres et de valets; il n'est pas sans mérite non plus comme auteur. On lui doit, outre des poésies burlesques et une lettre sur les affaires du théâtre, où il attaque vivement Molière, quelques pièces, entre autres les *Ramoneurs*, les *Coteaux*, la *Vengeance des marquis*, en réponse à l'*Impromptu de Versailles*, et le *Festin de Pierre ou le Fils criminel*.

Villon, qui fit tant de métiers, semble avoir exercé aussi celui de joueur de farces.

On sait que Plaute remplit un emploi infime dans une troupe de comédiens. Livius Andronicus paraît avoir joué dans ses pièces, comme nous avons vu Aristophane remplir lui-même un rôle dans sa comédie des *Chevaliers*.

Dans ce catalogue, nous n'avons pas compris une foule d'acteurs trop complètement inconnus, ou qui ont composé trop peu de chose pour être rangés au nombre des auteurs : tels sont, par exemple, les comédiens du roi, Armand et Derozée, qui écrivent, le 23 décembre 1751, l'*Heureux événement ou le bienvenu*, vaudeville de circonstance ; Marignan, auteur des Éclaircissements donnés au *Journal encyclopédique* sur la musique du *Devin du village* (1781) ; Révalard, qui a composé la moitié d'une petite pièce pour les jeux gymniques ; Marty, qui travailla pour le théâtre des troubadours, de 1799 à 1801, avec Philibert et Laveaux ; l'excentrique Lamiral, Emile Taigny, qui composa avec M. Hostein l'*Hôtellerie de Lisbonne*, drame en trois actes, etc.

On a pu remarquer aussi que nous n'avons fait entrer dans notre série, parmi les personnages vivants, que les acteurs du Théâtre-Français, et ceux, en fort petit nombre, que leur renommée ou leur haute position désignait d'une manière spéciale. Il en reste bien d'autres, à chacun desquels nous ne pouvions donner un article spécial, par exemple, MM. Ballande, auteur d'un drame en vers : les *Grands Devoirs*, joué en 1875 ; Berthelier, qui a composé la musique de plusieurs de ces romances ou chansonnettes, et même aussi quelquefois les paroles ; P. Berton, qui a fait les *Jurons de Cadillac ;* Blondelet, Boisselot, Brisebarre, qui parut, dans sa première jeunesse, sur quelque scène des environs de Paris ; Charles Deslys, le romancier ; Duquesnois, auteur d'ouvrages sur la déclamation ; Laferrière, qui a écrit ses *Mémoires ;* Latouche, Gaston Mestepès, auteur de *libretti* d'opéras-comiques, autrefois acteur sous le nom de Gaston ; Porel et Monval, à qui l'on doit une *Histoire de l'Odéon ;* G. Richard, auteur de *Nos Enfants* ; Roger, Saint-Germain, Tuffet (Salvador de son vrai nom), Taillade, Tisserant, qui a eu part, avec M. Eugène Nus, au *Vicaire de Wakefield*, et a publié le *Plaidoyer pour ma maison*, rangé plus d'une fois par les rédacteurs de catalogues dans les ouvrages de jurisprudence.

Madame Desbordes-Valmore, l'illustre poète, fut actrice dans sa jeunesse, et ne put supporter longtemps les dégoûts de cette profession. Avant de se faire connaître dans les lettres par ses *Causeries de mademoiselle Mars* et ses petites comédies, madame Roger de Beauvoir avait brillé sur notre première scène, alors qu'elle n'était encore que mademoiselle Doze.

Il y a aussi un certain nombre d'acteurs et d'actrices que nous n'avons pas cités, quoique des Mémoires aient été publiés sous leur nom : c'est parce que ces Mémoires furent écrits par d'autres, et qu'ils n'ont fait que les signer eux-mêmes. Ceux de mistress Bellamy, publiés sous le titre d'*Apologie*, et traduits en français dans la *Collection des mémoires sur l'art dramatique*, avec une préface de M. Thiers, sont attribués à Alexandre Bickneel. Ceux de la contemporaine, qui fut quelque temps comédienne, comme nous l'avons déjà dit, ont été rédigés par M. Malitourne ; ceux de mademoiselle Dumesnil, par Coste d'Arnobat ; ceux de Fleury, par Laffite ; ceux de mademoiselle Flore, par Dumersan et Gabriel ; ceux de Préville (qui fut membre de l'Institut) et de Dazincourt, par M. H. Alexis Cahaisse ; ceux de Talma, par Alexandre Dumas, etc. On a pu lire aussi, dans le journal l'*Eclair*, les *Mémoires* de madame Saqui, dus, assure-t-on, à la plume de M. Venet, anciennement rédacteur du feuilleton des théâtres dans le *Monde*.

On voit que, malgré de nombreuses omissions volontaires et des oublis inévitables, le chapitre des acteurs-auteurs est encore d'une belle dimension, et qu'il comprend même la plupart des noms qui se sont illustrés sur la scène.

FIN

TABLE ANALYTIQUE

E

F

G

H

L

N

O

P

FIN DE LA TABLE ANALYTIQUE

TABLE DES CHAPITRES

FIN DE LA TABLE DES CHAPITRES

TOURS, IMPRIMERIE DESLIS FRÈRES 6, RUE GAMBETTA.

www.ingramcontent.com/pod-product-compliance
Lightning Source LLC
Chambersburg PA
CBHW051351220526
45469CB00001B/207